U0138951

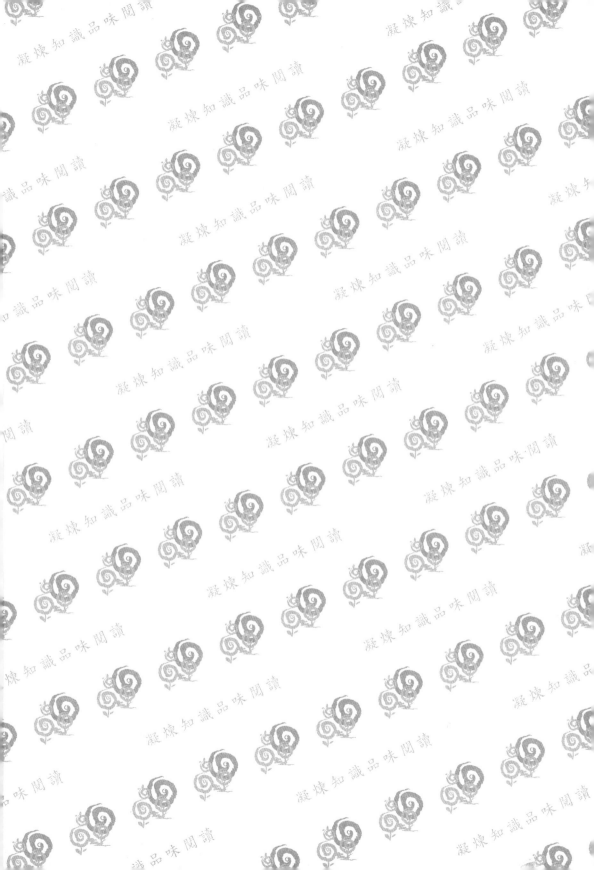

臺灣幼教史

洪福財　著

五南圖書出版公司 印行

目錄 Contents

CHAPTER 1 幼托分立到幼托整合 1

第一節　走過幼托分立的景象 3

第二節　《幼兒教育及照顧法》的變革 10

第三節　幼教史——亟待開拓的學術領域 20

第四節　探討脈絡區劃 23

CHAPTER 2 西方的幼教思想啟蒙 27

第一節　近代西方對幼教發展重要性的論述 28

第二節　西方幼教思想的萌芽——從路德到裴斯塔洛齊 44

第三節　幼教思想傳承與機構出現 50

第四節　南陳北張——幼教思想及其深耕 59

CHAPTER 3 幼教制度源流探究 —— 清末到民初中國　79

第一節　模仿與遷化的制度開端 80
第二節　幼教機構的學制定位 90
第三節　妥協式到專門化的師資培育 111
第四節　幼教發展的歷史意義 123

CHAPTER 4 幼教制度的萌發 —— 1895至1949年　133

第一節　機構肇始 —— 臺人自辦關帝廟幼兒園............ 134
第二節　師資養成 —— 日籍與臺籍師資的消長與轉變.. 144
第三節　幼教發展的歷史意義 155

CHAPTER 5 幼教制度多元進展 —— 1949年迄今　161

第一節　公私失衡的機構設置 162
第二節　管道多元與學歷提升的師資培育.................... 185
第三節　尋求公義的經費挹注 204
第四節　幼教發展的歷史意義 228

CHAPTER

6 世界各國幼教現況與比較　　　　　　　　243

第一節　比較議題的選擇與聚焦 246
第二節　機構名稱與幼兒入園率 252
第三節　幼兒入園年齡 278
第四節　幼教經費 287
第五節　幼教生師比與師資資格規範 300

CHAPTER

7 歷史經驗與未來展望　　　　　　　　　321

第一節　歷史經驗及其啟示 323
第二節　臺灣幼教未來發展的展望 346

附　錄　　　　　　　　　　　　　　　359

附錄一　蒙養院及家庭教育法章程 359
附錄二　幼稚園設置辦法 364
附錄三　幼稚教育法 368

參考書目　377

幼托分立到幼托整合

CHAPTER 1

　　走過20世紀 —— 堪稱世界科技與人文發展的重要世紀，人類在各發展面向都做出劇烈的改變。

　　在政治方面，經過數次的軍事抗衡，各國政治權力不斷解構與重整；在經濟方面，隨著新興經濟體的發展與消長，經濟發展雖有高低擺盪但總觀呈現成長；在社會方面，生活型態及家庭結構等轉變，人我互動方式多樣化，性別差異呈現縮小化，社會秩序與價值不斷重整與改造；在文化方面，多元包容的文化對待型態逐漸成形，文化演替重現多樣面貌也成就許多可能；在科技方面，網路與新興科技的快速成形與功能蛻變，便利人類生活並改變互動型態，一方面對未來的生活塑造出無限的發展空間，同時也形成許多前所未見的兩難議題亟待化解。

　　面對前述的成長與轉變，教育不僅是造就前述各面向發展的重要推手，各領域的發展也同時回過頭來嚴厲督促著教育的樣態與內容，這一來一往之間的變化，成就出今日所見的教育樣貌，幼兒教育的發展同樣臚列其中。

　　檢視20世紀臺灣的幼兒教育發展，整體而言是符應著世界的發展趨向。在外在脈絡方面，經歷過政治的變動移轉、經濟的攀升擺動、社會的變遷嬗替、文化的濡化沉澱等，複雜的脈絡變化牽動著對幼教的需求與發展轉型；在內在脈絡方面，幼兒逐漸獲得獨特的主體觀感、幼教制度的仿製與扎根、學術的移植萌芽等，幼教不僅區劃出獨特的教育場域，在學科領域與學術殿堂上也經營出一番全新氣象。臺灣幼教作為一新興發展領域，經歷不同政治實體的統治，在制度、型態，以及實施內容等均經歷了許多次非自發性或自發性的轉變；尤其1960年代以來，幼教機構數量的大幅增加、幼教學術領域草創成形，再製西洋學術主流文化，便是成就前述發展的主要影響力量。

　　衡諸東、西兩方對幼教的觀感，對於幼兒受教需求的態度並無二致，近幾世紀兩方也不乏著名哲學家及教育學家提出有關幼教重要

性、方法，以及內容等見解，並對幼教發展產生相當程度的影響；但對於幼教進行系統論述並彙整爲一獨特學術領域，西方學術力量的造就實爲其首，其影響迄今猶存。如能了解前述幼教發展的脈絡，並檢視幼教的在地需求與自有的文化特色，對於思考臺灣幼教的發展走向當能提供更爲鉅觀且富有體系的見解。

第一節　走過幼托分立的景象

回顧東方的幼教發展，傳統上實與家庭教育及女子教育緊密關聯。

以古中國爲例，《禮記》的〈禮運〉篇中，便萌生「故人不獨親其親，不獨子其子，使老有所終，壯有所用，幼有所長」等內容，其中「幼有所長」、「不獨子其子」的慈幼觀念，便逐漸烙印在文化的傳承之中；而慈幼觀念的達成，則要建基在和諧且緊密的社會運作體系之下。前述和諧且緊密的社會運作體系，曾是以宗族、家族爲主體，惟家庭在其中與往後的發展上，早已被視爲幼教的實施主體。

中國自春秋戰國始，《論語》記載孔子教兒學詩學禮的庭訓；《列女傳》記載孟子母親三遷其居的事蹟；其後續出現《顏氏家訓》、《溫公家範》、《放翁家訓》等論述家庭和家族倫理等刊，對子女的長成教養自是主要的論述對象；《三字經》、《百家姓》、《千字文》、《養正遺規》、《教女遺規》等，則是常見家庭教育用以育兒的啓蒙與家教書籍（杜成憲、王倫信，1998）。在女子教育方面，「男女有別」的文化下，《教女遺規》中「有賢女然後有賢婦，有賢婦然後有賢母，有賢母然後有賢子孫」，將古代中國女子的角色與家庭責任做出生動刻劃；在《女訓》、《女誡》、《教女遺規》等普及的教育讀物中，無不傳達著女教與幼教間的密切結合。

　　為幼兒訂出社會教育機構並協助承擔家庭教育的責任，則是晚近之事。在中國，首次出現以招收幼兒為主的教育機構，可回溯到清光緒29年（1904）《奏定學堂章程》出現的「蒙養院」（其後改稱幼稚園）。蒙養院的出現，主要仿效西方幼稚園而來，衡諸該章程內容可發現此等變革主要仿自日本。所謂蒙養院，是指提供幼兒接受部分時間（每日不得超過4小時）、家庭以外的教育機會，在機構性質方面係定位為教育機構，這也是中國將幼兒時期的教育納入正式學制之始。國民政府遷臺後依舊沿襲原學制，將幼稚園定位為教育機構，且轄于教育行政單位，其規模則由1950年的28所，發展迄今已有3,000餘所，機構性質由最初的公辦為主轉為今日私辦為大宗。

　　依據表1-1，2002-2011年幼稚園的數量雖有所減少，但大抵維持在3,000多所的規模。在班級數方面，10年間班級數約減少900餘班，總班級數在9,000多班之譜。在招收幼兒數方面，呈現明顯的下降規模，呼應了臺灣近年討論的少子女化現象，招生規模約為18萬餘名。

表1-1　2002-2011年幼稚園概況

		園　數	班級數	幼兒數
2002	合計	3,275	10,233	241,180
	公立	1,331	2,900	76,382
	私立	1,944	7,333	164,798
2003	合計	3,306	10,417	240,926
	公立	1,358	2,772	74,462
	私立	1,948	7,645	166,464
2004	合計	3,252	10,229	237,155
	公立	1,348	2,811	73,177
	私立	1,904	7,418	163,978
2005	合計	3,351	10,713	224,219
	公立	1,474	3,166	69,186
	私立	1,877	7,547	155,033

表1-1　2002-2011年幼稚園概況（續）

		園　數	班級數	幼兒數
2006	合　計	3,329	10,282	201,815
	公立	1,507	3,036	73,334
	私立	1,822	7,246	128,481
2007	合　計	3,283	10,173	191,773
	公立	1,528	3,110	73,224
	私立	1,755	7,063	118,549
2008	合　計	3,195	9,820	185,668
	公立	1,544	3,051	73,329
	私立	1,651	6,769	112,339
2009	合　計	3,154	9,602	182,049
	公立	1,553	3,062	72,991
	私立	1,601	6,540	109,058
2010	合　計	3,283	9,492	183,901
	公立	1,560	3,076	72,027
	私立	1,723	6,416	111,874
2011	合　計	3,195	9,335	189,792
	公立	1,581	3,112	71,335
	私立	1,614	6,223	118,457

資料來源：教育部統計處（2011）。各級學校概況表（80-100學年度）。
　　　　　臺北：作者。2012年2月10日下載自http://www.edu.tw/files/site_
　　　　　content/b0013/b.xls。

　　臺灣除幼稚園外，托兒所也是提供幼兒保育照料的另一主要機構。臺灣在日據時期即有托兒所設置，1928年臺東即出現日本人在移民村（日本至臺灣拓墾發展的團體）開設的農村托兒所（翁麗芳，1995）；光復以後，協助農村保育幼兒的農忙托兒所出現。之後隨著社會經濟型態的轉型，托兒所的發展也歷經型態變遷，逐漸發展為一常設制度。其功能定位在協助家庭照料幼兒，轄于社會福利行政單位；其定位為福利機構，規模由1945年度的2所，發展至近4,000所，機構性質以私立為經營主體。

　　依據表1-2，2002-2011年托兒所數呈現消長的現象，最多曾達4,300餘所，2011年則有3,700餘所，總數約較幼稚園多500餘所。在招收幼兒數方面，則是呈現逐年遞減的現象，曾經招收總數超越30萬名，2011年則約有25萬餘名。值得注意的是，在托兒所的機構性質方面，私托所數超過總數的9成，公托所數未達1成，但公托招收的幼兒數量約達總數四分之一，這種在規模上「大公托、小私托」的現象，成為當時臺灣幼教的另一特色。

表1-2　2002-2011年托兒所概況

		合計	公立	私立	社區
2002	所數	3,897	296	3,505	96
	幼兒數	327,125	94,960	224,557	7,608
2003	所數	4,082	291	3,705	86
	幼兒數	302,571	81,721	216,374	4,476
2004	所數	4,257	288	3,896	73
	幼兒數	300,257	83,156	212,229	4,872
2005	所數	4,307	280	3,960	67
	幼兒數	290,218	76,393	209,375	4,450
2006	所數	4,213	278	3,872	63
	幼兒數	267,855	70,511	193,622	3,722
2007	所數	4,112	276	3,790	46
	幼兒數	254,206	65,938	184,785	3,483
2008	所數	4,008	276	3,696	36
	幼兒數	238,220	60,621	175,278	2,321
2009	所數	3,887	276	3,576	35
	幼兒數	240,172	60,969	177,002	2,201
2010	所數	3,825	275	3,538	12
	幼兒數	236,942	57,903	177,494	1,545
2011*	所數	3,756	274	3,472	10
	幼兒數	253,266	61,754	189,965	1,547

*本年統計以6月底為界，其餘則以12月底為界
資料來源：內政部統計處（2011）。內政統計年報。臺北：作者。2012年2月10日下載自http://sowf.moi.gov.tw/stat/year/y04-06.xls。

　　幼稚園與托兒所的產生各有其時代背景，兩機構的實質功能分化隨著時間演替而漸次消弭；於是，兩機構功能逐漸重疊混淆、或與原設置宗旨的落差日鉅，另方面也增加家長在選擇幼兒安置機構時的辨識難度，一時間機構性質竟成為混淆家長選擇幼教機構的變項，甚或引來「同年齡幼兒無法得到相同（適當）品質照料」之批評（暫不論此等論述正當性是否充分），更添此議題待解決的迫切。

　　1990年代，教育改革成為臺灣社會的重要盛事，其討論主體泛從高等教育乃至幼稚教育。關於幼教的論述方面，幼教機構數量從1970年代以來快速成長（其中又以私立為盛），幼兒接受社會機構式教育日益普遍，致使幼教成為家庭普遍正視的議題；加上行政單位對幼教機構的設置採自由取向的管理，使得幼教機構整體數量日增，幼教品質也隨之成為眾所關注的議題焦點。其次，幼稚園與托兒所是臺灣提供幼兒教保服務的主要機構，隨著兩機構的規模逐漸擴展，原先機構設置的功能隨社會變遷、家長需求、經營理念等主客觀環境的轉變，致使兩機構間的功能交集日增。另方面，社會對幼教品質的要求益漸提升，兩機構的功能、品質、教保內容、成員素質、數量等落差應如何加以調適，遂成為近年論述幼教發展的重要議題。於是，期待藉由幼稚園與托兒所兩機構的整合，達成前述議題的合理解決。

　　為解決「幼兒托育與教育整合」，或謂「幼稚園與托兒所整合」（以下稱幼托整合），幼托整合成為臺灣20世紀末重要的教育改革議題之一。臺灣社會對於該議題解決的必要性其實存有相當共識，另方面也受到日本「幼托一體化」的影響，更促使此議題的討論。在具體的規劃方面，幼托整合的討論出現不少版本，官方自2001到2002年間陸續宣示幼托整合的政策方向，有關該議題內涵的討論或企圖規劃處理的內容，則是定調於解決既有「幼稚教育」與「托育服務」體制有關6歲以下幼兒的教育與托育等功能重疊。

　　幼稚園原為實施幼稚教育之機構，收4足歲至入國民小學前之兒

童；托兒所為辦理托育服務之一種兒童福利機構，主要收托2足歲至6歲之兒童。惟依實際運作情形來看，幼稚園與托兒所在收托孩子的年齡及其服務的內涵，具有極高的重疊性與相似性。但制度面上，幼稚園與托兒所又分屬教育與社會福利兩個行政部門管理，並由教師與保育人員分別任職，各依其培育、任用資格等負責幼稚教育與保育工作。

隨著「幼稚園托兒所化」、「托兒所幼稚園化」的發展下，兩個主管機關、兩種人員資格與兩套設施辦法，更突顯出「相同年齡孩子，在兩種不同機構中，接受不同品質的教育與照顧」之現象，致有幼托整合之倡議，旨在藉由政策釐清，提供6歲以下幼兒較具一致性的教養環境。

於是，由教育部與內政部兩行政部門合作，各推代表若干組成跨部會「幼托整合推動委員會」進行研議，委員會成員由兩部分別推舉托育及幼教之專家學者、地方政府及民間代表成立，並由兩部政務次長擔任召集人，所研提的幼托整合政策內涵可就如下的政策定位、目標，以及原則等獲得清晰的輪廓：（內政部兒童局，2002）

一、整合定位

1. 因0至6歲幼兒對教育及保育之需求是無法切割的，因此，為整合學前幼托機構所發揮之功能，宜統一事權，至於統一事權機關為何，可再詳議。
2. 在上述前提下進行整合，應配合就專業人員認證及設施條件等訂定基本規範。

二、整合目標

1. 提供幼兒享有同等幼托品質。

2. 滿足現代社會與家庭之幼托需求。

3. 確保立案幼稚園、托兒所暨合格幼托人員之基本合法權益。

4. 整合運用資源，健全學前幼兒幼托機構。

三、規劃原則

1. 幼托整合現階段應配合現行國民小學學制，以提供6歲以下兒童之綜合性（整合性）照顧與教育方案為制度設計之優先目標；同時將6歲以上之課後照顧服務與刻正規劃中之5歲幼兒納入國民教育正規體制（免學費教育）制度一併考量。

2. 為因應社會變遷所引起之普遍性托育需求，相關制度設計應以平等、普及、吻合兒童身心發展為基礎，充分提供幼兒整合性幼托服務方案。

3. 幼托制度之設計應注重提升整體社會之成本效益，減輕家庭負擔，同時避免政府財政負擔過重。為達此目標，除了多元化的私立幼托機構外，需要逐步建立一個互利、共決、共用的公共幼托體系。

4. 幼托品質的良窳決定於工作人員之培訓、資格認定、工作品質與權益保障，因此，制度規劃應就前述妥為設計。

　　前述規劃為臺灣幼托整合政策發展建立基調，其後雖然政策規劃與落實的步調放緩，但邁向幼托整合已成為共識主軸。2011年6月《幼兒教育及照顧法》（以下簡稱幼照法）在立法院三讀通過，宣示著臺灣幼托分立的狀況將有明顯的轉變。

☺ 第二節 《幼兒教育及照顧法》的變革

幼教政策的變革，無疑是21世紀初臺灣社會的重要議題之一。各界聚焦於研商幼教政策變革，則與臺灣少子化現象有著相當程度的關聯。以下分就少子化現象的對應與幼托整合的呼籲等兩面向，將相關內容說明如後。

一、少子化現象的對應

第二次世界大戰後，臺灣受戰後嬰兒潮、許多人口由中國大陸遷臺、醫藥與衛生環境進步等影響，人口快速成長；為舒緩人口成長速率與提升人民素質，1968年及1969年相繼訂頒「臺灣地區家庭計畫實施辦法」暨「中華民國人口政策綱領」，積極推行人口政策及家庭計畫，人口成長率由1951年每一婦女生育高達6名以上子女，至1984年降為每一婦女生育2名子女，達到人口替換水準（行政院，2008）。

近年來，臺灣的生育率大幅下降，以2006年為例，總生育率降至1.1人，遠低於美國2.0人、瑞典1.8人、英國1.8人、法國1.9人、荷蘭1.7人；略低於德國1.3人、日本1.3人、新加坡1.2人（行政院，2008）。若前述生育率下降的趨勢不變，臺灣未來的人口將呈現負成長。

面對生育率下降的現象，官方在本世紀初也開始採取較為積極的回應態度。以內政部頒布的「中程施政計畫」為例，因應生育率下降趨勢提出施政規劃回應首見於2005年至2008年的「中程施政計畫」，並將「少子化」一詞納為官方文書用語（洪福財，2005）。2005年至2008年的中程施政計畫，分別從三個面向提出新階段的施政規劃方向，其中第一面向（業務面向策略績效目標）提出九點策略績效目標規劃，與因應少子化趨勢及育兒照料有直接關聯者有「加強戶政效能落實人口政策」、「建立尊嚴與正義的福利體系」等兩項，

分別提出「提升人口質與量」、「落實兒童少年保護與家庭支持」作為現階段的施政規劃目標（內政部，2005：2-59）。

　　面對少子化的人口變遷，幼兒教育向下扎根與品質優化，已為臺灣回應人口變遷的重要教育政策趨向。近年來，我國幼兒入園／所比率逐步攀升，入園機會的普及程度絲毫不遜於其他先進國家，如何更進一步了解教育需求並提供家長與幼兒必要支持，便成為當前施政待解的要項。為此，行政院曾核定「發放幼兒教育券實施方案」，自2000年8月起針對全國滿5足歲並實際就讀於已立案私立幼稚園／托兒所之幼兒，發放每人每年1萬元之幼兒教育券，其目的在於縮小公、私立幼托園所學費差距，以減輕家長教養子女之經濟負擔（行政院，2000），為大規模補助幼兒進入幼托機構的首見政策。

　　其後，教育部推動「扶持5歲弱勢幼兒及早教育計畫」，旨在提供弱勢地區與一般地區經濟弱勢之5歲幼兒充分的就學機會，並作為規劃全面實施國教向下延伸1年之配套機制，自2004年8月1日之後3個學年度，分別針對離島地區5歲幼兒、原住民地區54鄉鎮市5歲幼兒，以及全國5足歲經濟弱勢幼兒為辦理對象，提供前述對象學費補助，期能結合各項補助達成滿5足歲之低收入戶幼兒「免費」及中低收入家庭幼兒「免學費」就讀公立幼托；因公立幼托供應量不足而就讀私立幼托者，每人每學期最高補助1萬元（教育部，2005）。同時間，原發放幼兒教育券方案仍持續實施。

　　2007年，前述以社會福利概念為主的計畫，因實施對象不再侷限於少數弱勢家庭幼兒，計畫名稱調整為「扶持5歲幼兒教育計畫」，自96學年度（2007-2008）開始以每2年為實施週期，規劃3實施階段，依家戶所得及子女數給予不同級數之補助額度（教育部，2008）。

　　2008年總統大選期間，候選人馬英九則提出具體的幼兒教育政見為「5歲免費入學，促進幼托合一」，就任後則重申5歲免費入學為政府優先實施的教育政策之一。教育部長吳清基曾於2009年9月30

日於立法院會議中再次重申教育部優先實施的項目：「……第三項是5歲免費入學促進幼托整合。年輕父母最希望孩子有人照顧，減少他們的負擔，針對這一點，我們會在民國100年達成5歲免費入學的目標」（立法院，2009年10月16日）。

2010年9月1日，教育部與內政部發布「5歲幼兒免學費教育計畫」，以離島及原住民鄉鎮市全體5歲幼兒為實施對象；2011年3月，教育部與內政部提請行政院「12年國民基本教育推動會」討論「5歲幼兒免學費教育計畫修正案」，通過自2011年8月起，計畫補助對象擴展至全國5歲幼兒（教育部，2011；行政院，2011年3月14日）。前述係參探國民教育精神，將5歲幼兒就學視為準義務教育的概念，比照國民中小學學生就學免學費概念，提供5歲幼兒學費補助以達成免學費政策目標；另為減輕經濟所得相對較低家庭育兒負擔，再依家戶年所得，提供其他就學費用之補助。2010年開始分階段逐步執行前述計畫，以減輕家長育兒負擔及提高5足歲幼兒入學率，同時於該計畫內容中補強建構優質之教保環境與教保品質：（教育部、內政部，2011）

由於現代社會幼兒養育、教育費用昂貴，而年輕父母正值創業階段，經濟負擔相形沉重，亟待政府提供完善之學前教育，因此我們主張由政府提供5歲兒童免費的學前教育；並將實質補助私立幼教機構，讓就讀私立幼教機構的5歲學童也可享受免費教育。

前述計畫不僅對於5歲幼兒進行普遍性的免學費補助，對於家庭收入狀況符合特定條件的5歲幼兒，更提供加額補助，這項需常態性地以70餘億經費支應的新政策，對於幼教產生的影響，值得關注並持續追蹤成效。無論是5歲幼兒免學費或幼照法立法，已成為教育或社會福利領域的重要議題，相關議題的後續發展及其對幼教生態與家

庭育兒等層面的影響，都將是幼教人員不可忽視的課題。

二、幼托整合的呼籲

　　回溯內政部與教育部聯合的「幼托整合推動委員會」初步規劃內容，幼托整合、課後照顧服務都是規劃內容的要項；但由於課後照顧服務涉及面向多元，向來非屬學制且不具嚴謹的管理機制加以引導，致使相關討論逐漸以幼托整合為主軸，成為後續政策發展的主要方向。

　　在思考幼托整合的議題前，對於臺灣幼托分立形成的背景與意旨應有初步認識。臺灣在日據時期即分別出現幼稚園與托兒所，究其根源可謂仿自日制。在日本，依據《學校教育法》規定，幼稚園的教育目標是「保育幼兒，助長身心發展」，幼稚園被定位為教育機關，托育時間一日以4小時為原則，大多數送孩子上幼稚園的母親是全職家庭主婦或是兼差、鐘點工等短時間就業者。另依據《兒童福祉法》，托兒所旨在「接受家長／監護人的委託，對欠缺保育的嬰兒或是幼兒進行保育」，以家長／監護人因就業等原因不能完全照護的小孩為對象，保育時間一日以8小時為原則，是以一體進行養護及教育（教保合一）為特徵的（翁麗芳，2010）。

　　近年來，日本受到經濟景氣不佳以及婦女就業率提升等因素影響，幼稚園收托的時間逐漸延長，致使幼、托之間的差異益加難辨，「幼托一元化」便成為各界討論的議題。反觀臺灣的幼稚園與托兒所的實際收托並未如日本形成明顯區隔，但兩機構確實分屬不同行政管轄且適用法規殊異，在實質的運作條件如師資、課程、環境等規範均有所差異。受到日本「幼托一元化」議題影響並衡酌臺灣幼教現況，各界逐漸廣泛論述幼托整合議題，期待幼托能整合成兼顧教育與照顧等功能的新體系，利於家長辨識並確實使幼兒獲益。

　　將現有幼稚園與托兒所進行功能整合，目的除在增進幼兒受教的

品質外，另希望藉此舉能有益於家長的教育選擇。無論是日本或臺灣，幼托整合的討論重點均著重在如何促進教育與照顧整合功能的發揮，討論的面向除機構整合外，更在於實質內容的整合討論。就實質面言，幼托整合所涉及包含招收對象、環境、師資條件、班級師資配置、課程與教學等不同層面，牽涉既有機構的適應與調整，在創新與保障既有機構等思維下，如何建構符合幼托整合理想的新體系，確實是一大挑戰。

惟近年日本對於「幼托一元化」的議論內容逐漸轉向，非以機構整併為政策或制度調整的首要改革方向，改以研商如何使既有幼托機構提供適性的教保內容為焦點。反觀，臺灣則是在2011年立法通過幼照法，率先以政策引領制度變革，並期能導引教保內容的改變，顯與日本的改革走向有所落差。

有關幼照法的發展背景及對幼教生態的影響等，將於後續章節再續討論。關於幼照法的主要內容及其對幼托生態的可能影響，茲分項要述如後。

(一) 機構名稱

提出「幼兒園」名稱為首見，將此機構功能定位為「對幼兒提供教育及照顧服務之機構」，昔日幼稚園與托兒所等機構名稱將隨幼照法完全落實之後，以幼兒園名稱取代之。

(二) 招收對象

幼兒園以2歲以上至入國民小學前的幼兒為招收對象，至少涵蓋4個不同的年齡層。幼照法實施前，原托兒所招收年齡為2歲至6歲，幼稚園招收年齡為4歲至入國小前，招生對象各有所別；幼兒園可招收對象包含2歲至入國小前的幼兒，招收對象與原托兒所相同，但幼兒園得權衡自身的條件設定適合的招收年齡與班別。關於招收機構的條件等，幼照法則有別於昔日托兒所的規範。

(三) 主管機關與機構屬性

關於幼教業務的主管機關，明訂在中央為教育部，在直轄市為直轄市政府，在縣（市）為縣（市）政府；換言之，幼兒園的定位明確地定位為教育機構，並由教育部門管轄。幼托整合前，幼、托業務分別隸屬於教育與社政部門主管，幼教主管機關一體化規劃是該法主要改變之一。

(四) 幼兒園教保目標

幼兒園機構屬性定位為教育機構後，教保目標的規劃也朝向教育規劃，以成就幼兒身心健全發展為核心思維。依幼照法，幼兒園教保服務之實施，應與家庭及社區密切配合，主要目標有九：「一、維護幼兒身心健康；二、養成幼兒良好習慣；三、豐富幼兒生活經驗；四、增進幼兒倫理觀念；五、培養幼兒合群習性；六、拓展幼兒美感經驗；七、發展幼兒創意思維；八、建構幼兒文化認同；九、啓發幼兒關懷環境。」綜合前述教保目標，幼兒園在維護幼兒身心健全發展的基礎下，重視生活、認知、情意等學習經驗的擴展，特別是新增美感、創意與文化認同等目標，更可視為本次修法的特色之一。

(五) 幼兒園人員資格

幼兒園應設置的專任教保服務人員計有：園長、幼兒園教師、教保員，以及助理教保員。援引幼托整合前的人員資格，在園長方面，需具備幼兒園教師或教保員資格並任職5年以上，且經幼兒園園長專業訓練及格；幼兒園教師則依《師資培育法》規定取得幼兒園教師資格；教保員與助理教保員方面，則與之前保育員與助理保育員之規範相同。至於幼兒園教師與教保員間資格的相互轉任，僅有幼兒園教師得以學歷資格逕行認定為教保員，教保員欲轉任為幼兒園教師，則須依據《師資培育法》規定取得教師資格。

(六) 幼兒園人員配置

有關人員配置採「分齡、依收托數」進行規範。由於幼兒園招收年齡層包含2歲入小學前之幼兒，含括的收托年齡層達4年，該年齡階段的幼兒個別差異頗大，人員配置的規範也有所不同。首先，招收2歲以上至未滿3歲幼兒之班級，每班招收幼兒8人以下者，應置教保服務人員1人；其次，招收3歲以上至入小學前幼兒之班級，每班招收幼兒15人以下者，應置教保服務人員1人；再次，5歲至入小學前幼兒班級，每班應配置一人以上為幼兒園教師。除專任教保人員外，幼兒園得視需要配置學前特殊教育教師及社會工作人員，並依收托幼兒數配置護理人員。

(七) 家長權利與義務

將幼兒家長的權利與義務另闢專章規範，可視為此次修法特色之一。在幼兒家長的權利方面，該法明訂幼兒園家長得成立家長會，並得加入地區性學生家長團體；其次，家長有向政府主管機關請求幼教相關資訊的權利；再次，家長對於幼教機構提供之教保服務內容有異議時，得請求機構說明；最後，家長對於子女受教權益受損害時，得循行政管道的申訴、訴願或訴訟。在幼兒家長的義務方面，則明訂家長有繳費、參與親職座談或特教個案研討會議，以及主動告知幼兒特殊身心狀況等義務。昔日幼托機構被視為社區性教保服務機構，機構組織的定位相對鬆散；但從該法內容觀之，加強對幼兒園行政組織的課責，幼兒園如何建構適切的管理方式據以回應，值得關注。

(八) 幼兒園管理

關於幼兒園的管理方面，該法對於幼兒園的收費、財務管理、優先收托條件，以及應接受檢查、輔導或評鑑等均進行規範；此外，要求幼兒園應與收托之幼兒父母或監護人訂定書面契約，則是該法另一

受到關注的重點。書面契約的意義，係指由雙方當事人將合意的意思表達簽立為書面文字，具有相互約束的法律關係；但在教育場域將教育者與受教者間的關係以書面契約方式立結的情形相當罕見，即便訂有可資參照的契約範本，雙方當事人對合意的意思理解狀況是否相同？契約內容是否具體可明確辨明而無爭議？以及契約化對教育將產生何等影響等等，都值得深入觀察。

(九) 幼兒園罰則

幼照法的另一特色，是將幼兒園經營可能出現的問題加以列舉並明訂罰則，總計列有八項條文；舉凡未經許可逕自招生、聘用未合格教保人員、環境未符合或違反衛生保健之強制或禁止規定、無正當理由洩漏幼兒資料等，均有明文記載。詳列幼兒園罰則的作法，有利於將來行政機關依法行政，並使幼兒園有明確方向可資遵循，但規範是否合理可行且利於幼兒園遵循而不易誤觸罰則內容？行政輔導與嚴格執法間的分際為何？又罰則執行單位為直轄市、縣（市）主管機關，執行單位實際執行罰則內容的認定與執法時可能遭遇哪些問題？同樣值得關注。

「中國幼稚教育學會」曾在2011年9月，就幼教法實施的可能問題廣邀行政、學界與現場教師參與討論。當時對於即將實施的新法，與會人員仍普遍存有擔憂，各界對該法的認同度與熟悉度顯然仍待加強。洪福財（2011）將該次座談會議結論集結成下述十點：

1. 政府積極進行幼托整合的努力值得肯定，幼托整合將有助於降低家長選擇的困擾。
2. 政府有關幼照法的規劃資訊仍不甚透明，造成各界疑慮頻生；尤其法案施行期程在即，前述情形亟待改善。
3. 相關子法多達二十餘項，該法賦予行政機關另立子法的空間是否過當？值得討論；其次，行政機關確保相關子法內容適

切性的相關資訊明顯不足，容易造成幼教學界與業界恐慌。

4. 法令內容為整合現有幼托機構，多見妥協現況的整合作為，對於提升幼教品質的規劃有所不足。

5. 幼教師與教保員的權益與互動值得正視。首先，公幼未來是否將優先聘任教保員以節省公帑？如此是否箝制幼教師出路？其次，兩者同工不同酬，是否將打擊教保員工作士氣，並徒增兩者磨合困難？再次，法案規定教保服務人員的資格、權益、管理及申訴將另訂法令，用意為何？

6. 在人力配置方法，有別於幼稚園時期每班配置兩名教師的規定，新法將導致班級可能出現十餘名幼兒僅配置一名教師或教保員的情形，此等人力配置是否充分？值得關切。

7. 公立幼兒園未來的招生對象是否向下延伸？是否遍及現有公幼並擴增規模？前述發展影響私立幼兒園的招生與營運，如何取得兩者間的適切平衡，誠為各界關切的議題。

8. 行政機關許多作為易增幼教機構的不安感，如日前以執行幼照法之名，要求幼教機構配合申辦合作園所作業，但後續行政作為又與原先規劃不同，徒增擾民之譏。

9. 幼照法中有關書面契約的規定，實際規劃內容為何？是否侵害幼教機構的專業權並致使親師互動朝向不利的發展，令人憂心。

10. 各縣市政府對於法令實施的規劃情形是否一致，令人關切。各縣市政府應增闢適切的溝通管道與幼托從業人員溝通，務期法令屆時得以順利實施。

　　幼教制度的變革，影響為數40多萬幼兒的受教權益，也挑戰臺灣政府對於政策變革的應對能力。對統籌幼教發展的教育部而言，管理的幼兒園數量遠較幼稚園時代為多。以105學年度（2016-2017）為例（見表1-3），全國的幼兒園數量為6,310所，私幼數量的比例為

64%；在招收的幼兒數方面，幼兒園收托人數達492,781名，其中私
幼收托人數比例同樣近71%。

表1-3 各縣市公私立幼兒園及其招收幼兒數──105學年度（2016-2017）

地區	園數					幼兒數		
	公立附設	公立獨立	私立	總數	私幼比	公立	私立	總數
全國	2,002	263	4,045	6,310	0.64	145,225	347,556	492,781
新北市	244	26	812	1,082	0.75	23,618	53,611	77,229
臺北市	149	14	519	682	0.76	18,412	31,667	50,079
臺中市	131	15	378	524	0.72	10,273	37,521	47,794
臺南市	164	22	478	664	0.72	15,226	57,043	72,269
高雄市	184	17	325	526	0.62	10,444	32,806	43,250
宜蘭縣	212	12	445	669	0.67	12,336	41,759	54,095
桃園縣	56	12	38	106	0.36	5,210	5,037	10,247
新竹縣	62	14	142	218	0.65	2,974	12,021	14,995
苗栗縣	66	9	98	173	0.57	2,802	8,216	11,018
彰化縣	73	25	223	321	0.69	8,203	17,133	25,336
南投縣	99	10	65	174	0.37	4,185	5,688	9,873
雲林縣	47	20	62	129	0.48	5,818	7,262	13,080
嘉義縣	85	13	43	141	0.30	3,863	4,627	8,490
屏東縣	125	19	125	269	0.47	5,298	9,318	14,616
臺東縣	94	14	9	117	0.08	2,886	1,624	4,510
花蓮縣	85	10	35	130	0.27	3,632	3,140	6,772
澎湖縣	18	4	1	23	0.04	1,140	545	1,685
基隆市	41	3	58	102	0.59	2,856	3,595	6,451
新竹市	28	1	131	160	0.82	2,403	10,141	12,544
嘉義市	15	2	54	71	0.763	1,595	4,625	6,220
金門縣	19	1	4	24	0.17	1,759	177	1,936
連江縣	5	-	-	5	0	292	-	292

資料來源：教育部統計處（民106）。105學年度各縣市幼兒園概況。下載自
http://stats.moe.gov.tw/files/main_statistics/k.xls。

幼照法的實施，從法令與機構面而言，或許可稱解決我國長期以來幼托分立的現象；但隨著前述幼托行政與組織的整合，課程、教保環境、師資培育，乃至教保品質等是否隨之積極地提升，更是各界關注與討論的焦點。持續追蹤政策變革及其對幼教生態所衍生的影響，顯然是必須面對的嚴肅課題。

第三節　幼教史——亟待開拓的學術領域

　　歷史學跟其他許多學科一樣，過去並沒有自然而然地把注意力放在那些卑微、尚無顯赫能力、未留下什麼痕跡的人或事上，年幼的孩子不過也屬於此集體「空白」的一小部分。也就是說，假使歷史沒有特別「忽略」或「歧視」兒童的話，它最少重視了其他許多東西，是更代表當時大家的公眾價值所在（值得一記、值得注意的事物）。作為一個鑽研對象，在人的知識旅程中，「兒童」的浮現是一個非常晚近的現象，而且這現象發生，背後頗有一段值得玩味的故事。

　　　　　　　　　　　　　　　　　　　　（熊秉眞，2000：14）

　　在歷史發展的洪流中，兒童是個被「隱沒」的對象，童年則同樣是被「隱沒」的概念。

　　以中國文化言，雖然極早留有像《三字經》、《千字文》、《百家姓》等啟蒙教材，許多個人傳記、私人詩詞，甚至醫療用書都有關於兒童的紀錄，但這些素材都來自於成人，陳述著成人眼中的兒童，或是一般人眼中的孩子（熊秉眞，2000）。前述史料多呈現訓誨式的文字，說明管教孩子的必要性，或是臚列有關兒童管教的原理原則。如果從兒童主體的角度言，前述史料並未給兒童足夠的「發言權」，單向陳述著成人眼中的兒童，兒童僅是「待教化」的角色或階

段。

　　對照西方兒童史的研究，1960年法國學者亞希埃（P. Ariés）的《古代的兒童與家庭生活》（*Lènfant et la vie familiale sous làncien regime*）曾提到，12世紀以前西方的中世紀藝術並不知道有兒童期或想要畫兒童，可能的解釋是在中世紀並未留給兒童餘地；直到13世紀才開始發現到兒童期，之後歷經15、16世紀，直到16世紀末及整個17世紀，發展的證據才變得豐富而重要。換言之，兒童期的觀念並不存於中世紀的社會，但這不意味兒童被忽略、遺棄或輕視，只是說他們並未察覺到兒童期的特質，該種特質使兒童與成人、甚至青年人有別（周愚文，1998）。[1]

　　亞希埃所稱西方「兒童期的發現」（discovery of childhood），事實上與當時普遍關切社會中最無權力及最需依賴的族群有關。當時社會的改革者關心奴隸、心理病患、囚犯等，兒童也成為該情境下受關切者，作家、藝術家也紛紛關切這年幼的一群，不僅表示這個時期是值得描述的，與成人相較，更是獨特的（Strickland, 1992）。

　　從中西歷史發展的觀點，兒童在史上受到重視的時間相當晚，童年在歷史上也是待爬梳的階段。儘管中西文獻有著許多關於兒童的描繪，但這些以成人視野為主的描繪掩蓋了兒童的視角，更缺少對兒童需求的描繪與關切，至今仍為亟待開發的領域。

　　其次，不僅歷史上對於兒童的「發現」極晚，教育學上對於幼兒教育的看重，也是晚近之事。

　　教育學的發展當溯及20世紀，其學門發展建基於部分早先發展的學門或學科知識上，致使教育學一向被認為是一門科際整合的學門（inter-disciplines），而後逐步建立獨特的理論體系。幼教的體系化發展則又更晚於教育學，其跨學科整合的特性與逐步獨特理論建立的發展，仿似循著教育學發展的路徑。

　　教育學係一門學術性科學，旨在促使教育行為學習更為有效且更

為正確，不僅包括一些健全而圓滿的理論體系，且有可以實際、切實可行的法則與技術，以作為問題解決的依據；但考其體系建立，則是西洋近代科學形成以後之事，且目前已具有相當健全而圓滿的理論體系（郭為藩，1969）。因此，教育學的發展，除有其學科的獨特性考量外，實為教育問題的解決尋求更為周延的學理支持，期使有效率地解決該等問題，並期符合社會科學的規範，以建立其獨特的理論體系。

為達成前述理想，教育學體系建立的過程運用跨學科的知識內容，包含有哲學、歷史學、人類學、生物學、心理學、社會學、倫理學、經濟學、政治學、生態學等相關行為科學可資其體系建立的基礎，其中歷史學對教育學體系的建立，匯集教育發展的歷史經驗，積累人類教育成就的思想與作為，不僅豐富教育學科的理論內涵，同時對未來教育的走向具啟發性意義。

相似於教育學的發展，幼教學門的體系化發展，其旨同為發展一健全圓滿的理論體系，並期發展適切的法則與技術，以供幼教問題切實、有效率地解決，其中跨學科的發展對幼教理論體系化建立有著重要的貢獻，諸如歷史學與幼教學門的關係，實期藉歷史思潮、現象以及事件等探索，提供具體的歷史經驗內容，並為省思幼教未來發展的豐富素材。這些跨學門或學科的特性，滋養著教育學和幼教學門的內涵與發展。此際充實幼教史的研究，不僅補足昔日學門發展的不足，對於鞏固幼教學門的專門化，是有其積極意義。

環顧臺灣幼教學門的發展益見蓬勃，除持續引進各方最新的研究經驗與心得，如何持續從歷史的觀點掌握幼教變遷的始末、形塑關於幼教發展經驗的評價眼光、協助進一步轉化為對我國幼教發展的鞭策力量，當是關心幼教發展者可積極正視並投以關注之處。筆者曾在教育大學擔任「幼兒教育史」、「近代幼教思潮」等學科授課，環顧師培大學列有幼教史相關課程者並不多見，扎根師資與研究者對於幼

教史的專門知識顯有亟待強化的發展空間；再者，對於有志於修習幼教史課程者，如何提供適切的蹊徑並有助其建立幼教史的研修觀念，從而立下研究與發展志向，同樣有待充實幼教史領域的探究以為之支撐。透過研究環境的營造與研究交流機會的擴增，與志於幼教史的研究後進共同開闢研究新徑。

🙂 第四節　探討脈絡區劃

臺灣在1895年成為日本帝國的殖民地。日本來到臺灣之後，一邊統治一邊學習，另方面同時研究法國和英國殖民地的歷史，以作為治臺的參考（黃昭堂，1995）。治臺給日本帶來獨特的經驗，臺灣也在日人兼具同化和近代化雙重取向的殖民教育下，在50年間建立規模與基礎（吳文星，1995）。就教育發展的進程而言，日據時期是臺灣近代西式教育制度的發軔期，從初等、中等，乃至高等教育機關漸次完備，幼教由無到有，到與其他層級教育同樣的綴染日本軍國色彩（翁麗芳，1998：211）。日據時期的教育狀況對臺灣幼教所呈現的影響情形，直到二次世界大戰後仍不墜。

1945年日本戰敗，面對50年的殖民生活後，臺灣人民重新適應新政治實體的統治。國民政府遷臺，廢棄日據時期臺灣總督府所訂的幼教法規，昔日以日本幼稚園為模範的制度，隨著政治權力的轉移，轉而全盤移植國民政府所帶來的法規、制度，致使制度調適成為是時面臨的主要挑戰。衡諸近代幼教發展史，可簡單歸結臺灣幼教的兩大特性：（翁麗芳，1998：216-218）

1. 日本式與中國大陸式幼兒教育的融合。

2. 1930年代「中國的幼稚園課程」的延伸發展。

如追溯前述幼教史的發展，臺灣幼兒園的發展歷史堪稱逾百年，百餘年前便曾在此土地出現「幼稚園」。如要細數臺灣幼教的發展源

流，可以抽繹出日本帝國、中國，以及臺灣本土等三股力量影響，[2]百餘年來，臺灣歷經不同的政權輪替，使得幼兒園發展也成為跨文化影響的成果。為了解今日臺灣幼教的發展，日本帝國、中國統治勢力，以及臺灣本地的不同勢力影響就成為不容忽視的源流。其次，國府遷臺後，中國法規制度的引進及臺灣本地人民對幼教的貢獻，亦為另一股造就臺灣幼教發展的重要勢力。在前述影響臺灣幼教發展的勢力中，或可以稱中國幼教發展經驗為最早，前述經驗也確實在國府遷臺之後成為幼教制度的重要基礎。

本書所探討的範圍，在時間起始部分，以1897年「臺南關帝廟幼稚園」的成立為起點，探討迄今成為幼兒園的歷程狀況。在時空交會部分，有鑒於臺灣幼教發展受到不同勢力的歷史影響，討論範圍將涵蓋國府遷臺前的中國、日據時期的臺灣，以及日據時期後的臺灣等；惟日據時期後的臺灣，初期處於戰後恢復階段，面臨國府遷臺，法規、制度與相關經驗等又以全盤引入的方式重塑，故將以國府遷臺以後作為探討的重要時空劃分。

是以，在探討脈絡的區劃上，本書將分就清末至國府遷臺前的中國、日據至國府遷臺前的臺灣以及國府遷臺後的臺灣等三個主要階段（見圖1-1），討論幼教的發展情形。

西元	臺灣	中國
1895	《中日馬關條約》簽訂，臺灣讓與日本	
1897	臺南關帝廟幼稚園成立	
1902		欽定學堂章程頒行
1904		奏定學堂章程頒行（癸卯學制）
1905	臺北幼稚園成立	
1907	臺北幼稚園停辦	
1909	私立臺北幼稚園開辦	
1913		壬子癸丑學制
1919	臺灣教育令頒行	
1922		壬戌學制
1939		幼稚園規程頒行
1943		幼稚園設置辦法頒行
1945	臺灣光復	
1949	國府遷臺	
1970	幼稚園設置辦法首次修訂	
1973	幼稚園設置辦法二次修訂	
1977	幼稚園設置辦法三次修訂	
1979	師範教育法頒訂	
1981	幼稚教育法頒行	
1983	幼稚教育法施行細則公布	
1994	師範教育法修正，名稱更為師資培育法	
2001	成立幼托整合推動委員	
2011	幼兒教育及照顧法經立法通過	
2012	幼兒教育及照顧法正式實施	

圖1-1　本書探討脈絡圖

附註

1 對於兒童期的發現是否始於近代，學者亦提出與Ariès不同的看法。原因是Ariès從分析與詮釋西洋繪畫提出的觀點，激盪社會與文化學者認真地對西洋史不同階段做更嚴密的兒童史或童年史考究，而相關研究成果批判以往西方人並非對兒童沒有概念，而是Ariès對西方藝術史素材的詮釋以及其他很多的陳述多半只是一些大膽的假設；雖然如此，學者對於Ariès提出「假設」的努力並激發對兒童史關注與研究的成就表示肯定。參見熊秉眞（1996）。

2 由於臺灣曾為日本殖民地，幼教發展受日影響甚深。1945年，日本戰敗，臺灣人民在面對50年的殖民生活後，重新適應另一個政治實體的統治。國民政府來臺，廢棄日治時期臺灣總督府所訂立的幼教法規，而以往以日本帝國幼稚園為模範的幼教，隨著政治權力的轉移而消失，轉而面臨國民政府全盤移植來臺的幼教法規、制度。翁麗芳（1998：216-218）曾歸結臺灣幼教有兩大特性：(1)日本式與中國大陸式幼兒教育的融合；(2)1930年代「中國的幼稚園課程」的延伸發展。

西方的幼教思想啓蒙

CHAPTER 2

程朱理學與陸王心學，毫無疑問是近世幼教文化上的兩大路線之爭，前者主澹靜，惡嬉戲，重管束，與後者從良知良能說出發，強調自由、自然、鼓勵舒暢、活動，與反對拘束體罰，在理學與心學許多有理氣二元及人性論的爭辯中，都隱約可見。朱熹《童蒙須知》和王陽明的《訓蒙大意》之映照，都將此對比帶到又一頂點。

（熊秉眞，2000：134-135）

近代西方的幼教思想是臺灣幼教發展的啓蒙源流之一，當前幼教學術化的發展尤然。

本章擬先探討近代西方對幼教發展重要性的論述；其次，系統地分析西方的幼教思想；[1]最後，就西方的幼教機構的演進情形加以探究。茲分節論述如後。

第一節　近代西方對幼教發展重要性的論述

隨著社會思潮變遷，幼教理論基礎日益豐富，發展亦日漸成熟。幼兒教育的發展除需政策支持，社會環境、經濟、幼教理論等健全發展與配合當不可或缺。

近代西方對幼教的論述，1960年代以後快述增加，不僅在學術界的相關研究日興，國際組織對於兒童及其發展的論述與立場宣示更加引人注目。例如：1979年「國際兒童年」（International Year of the Child）發表的文件，以及從經濟合作與發展組織（Organization for Economic Cooperation and Development; OECD）、歐洲議會（Council of Europe）與聯合國教科文組織（United Nations Educational, Scientific and Cultural Organization; UNESCO）等陸續發表的報告可以看出（Katz & Mohanty, 1985）。

　　關於近代西方對於幼教發展的重要性論述，可歸結成七方面加以說明如後（洪福財，2000）。

一、幼教有益於人類成長的本質性需要

　　烏申斯基（K. D. Uschinski）強調，要正確地進行教育，就必須正確地了解教育的對象，必須認識作爲教育對象的人。如果教育學希望從各方面去教育人，就必須從各方面去了解人；而所謂從各方面了解人就是要研究人的生理和心理特質，研究社會環境、時代精神、時代文化以及先進社會思想對人的影響（詹棟樑，1994：110-111）。幼兒需要被了解與關懷；唯有從了解與關懷幼兒開始，幼教方有具體實踐的可能。此等重視人類本質與性質的探討，進而致力「全人」（the whole person）教育的培育與理想，正爲人類學應用於教育的重要蘊義（王連生，1985：35）。

　　人類學應用於兒童教育形塑了兒童人類學此一新領域。有關兒童人類學的緣起，一般皆以盧梭對兒童本質的研究爲起點（王連生，1986：87；詹棟樑，1994：2）。詹棟樑（1994：121）曾經定義兒童人類學的理念如下：

　　兒童人類學的成立，植基於兒童發展的生物學基礎，即兒童是循序漸進的發展，「成熟的可能性」是其前提；另一方面則是「教育的需要性」，也就是教育對兒童而言是不可或缺的。其理論肯定爲：發展邁向成熟，發展過程中兒童依賴教育而成長。

　　自從盧梭探討幼兒本質始，哲學家與人類學家著手探討人的本質，藉多元的研究成果形成不同幼兒觀，以供人類教導及養育幼兒的參考。從了解兒童獨特性爲起點，有效地改善其行爲，進而促使其邁

29

向成熟，達成全人成長的方向。

歷來相關研究提出的幼兒觀主要有下述七項：（Morrison, 1995:
25-31）

1. 小大人（miniature adults）：幼兒只是大人的縮影，並不存
   在獨特性。

2. 有能者（competent child）：重視幼兒及其學習，並促使專
   業人員與家長重新思考早期學習在終生學習中的地位。

3. 負罪者（the child as sinful）：主要基於原罪的想法，需透
   過懲罰的手段使幼兒遵守紀律並消除其不當行為。

4. 空白板（blank tablets）：假定幼兒並未具有遺傳或先天的
   特質，幼兒的發展完全依賴經驗特徵及本質的總和。

5. 生長物（growing plants）：視幼兒為生長的植物，教師與家
   長為園丁；學校與家庭為溫室，幼兒在該溫室中順著原本的
   生長型態和諧地成熟與生長。

6. 所有財（property）：將幼兒視為父母或家族的財產或所有
   品，父母擁有支配權並使其勞役。

7. 遠投資（investments in the future）：與「所有財」的概念
   相似，將幼兒視為父母未來的財富，因而育兒只是一種未來
   的投資，養兒旨在防老而已。

持不同幼兒觀的教師或家長扮演殊異的角色，進而影響教導與養
育幼兒的立場與作法。隨著幼兒獨特性受到肯定，研究者逐漸重視以
幼兒為主體的研究，分從人權保障與發展獨特性分析幼教的價值，其
中關於幼兒發展的研究成果至為豐碩。其次，在幼兒發展與教育的關
係部分，發展與教育之間被視為存在一種辯證關係，發展不僅促進幼
兒成熟的機會，也成為接受教育的預備；教育不僅提供幼兒成熟的機
會，也成為更進一步發展的準備。

綜上，人類學的研究透過對人類本質的理解，進而分析導引或改

變人類本質的可能性；人類學應用於幼教，不僅象徵對幼兒本質的尊重，也是幼教發展的一種進步體現。隨著幼兒成爲研究主體，幼兒的特性逐漸被了解，教育與幼兒發展的關聯更形密切。因此，了解教育對幼兒發展的重要意義，提供良好品質幼教，自然成爲學者專家與社會大眾關切的課題。

二、早期經驗攸關爾後的健全成長

近年來引發各界對人類早期經驗的探討與重視，神經醫學與心理學的發展功不可沒。神經醫學旨從生命科學的探索，提供人類發展的生理證據；由於科技的進步，神經醫學研究的成果日益豐富並臻成熟，其中關於人類早期發展的研究直指早期經驗的重要性。以1998年《新聞週刊》（Newsweek）及《時代》（Time）等國際雜誌爲例，相繼報導相關研究成果以說明人類早期發展的重要性，《時代》雜誌更以〈發現的幼年〉（The new age of discovery）爲題出版1998年特刊。上述刊物對於幼兒發展重要性的主要論述重點有三：

1. 0-3歲幼兒的發展存在關鍵期，不容忽視與錯過。

2. 錯過關鍵期的照料，幼兒的發展將無法回溯。

3. 若幼兒於此時期受到良好的照料，將對其未來發展產生影響。

其中，魏丁坦（C. H. Waddington）提出通路形成（canalization）無疑爲了解神經成長的關鍵觀念，意指任何有機系統跟隨某種獨特發展路徑的趨勢，反映出高度的生化機制。此外，可塑性的概念更得到不少證實；例如：科恩（W. M. Cowan）認爲神經盤（neural plate）前端爲前腦和眼睛的神經部分，如在發展早期去除外胚組織一小部分，相鄰細胞會增生，眼睛與腦部發展仍維持正常發展，反之則將造成前腦或眼睛的永久傷害；再者，古德曼（P. Goldman）也證

實神經系統確有關鍵期存在（莊安祺譯，1998：63-64）。

　　除神經醫學為早期發展的重要性提供佐證外，心理學的研究對人類早期經驗的重要性同樣持肯定態度，關於幼教重要性的證據不斷出現。心理學的研究發現指出，人類行為在發展的歷程中，身心特徵呈現規律性的改變，其共同特性可歸結如下述七項原則：（蔡樂生等，1995：33）

1. 幼稚期長且可塑性大。
2. 早期發展是個體發展的基礎。
3. 發展遵循可預測的模式進行。
4. 行為發展的速率各不一致。
5. 發展具有顯著的個別差異現象。
6. 發展呈現明顯的階段，每一階段均有顯著特徵。
7. 身心需求的滿足，具行為發展動力。

　　心理學為研究人類行為發展的一門科學，所謂發展係指個體從生命開始到終了的一生期間，在行為方面產生擴展性與連續性改變的歷程，其範圍廣泛地包含幼兒與父母的社會、情緒、認知以及身體健康等層面（Brooks-Gunn & Liaw, 1994）。許多證據則指出早期經驗的重要性：（Hauser-Cram et al., 1991: 13）

1. 在關於母親與嬰兒分開或共同相處以及育兒過程中迴避或不提供刺激環境的研究顯示，早期受到剝奪的幼兒將造成長期且具破壞力的影響結果。
2. 在關於動物的研究中顯示，一些環境因素的剝奪將造成正常生理成長的永久性中斷。

　　因此，幼教的特質及重要性逐漸得到支持，專業人員及社會大眾也日漸體認早期經驗對後來發展的重要影響，尤其是對後來學校生活的影響，帶動幼教快速的擴張、研究、革新及發展（Katz & Mohanty, 1985），進而影響心理學相關理論的提出，並以之為幼教發展

的佐證與啓示。其中成熟理論的興起，使教育重視幼兒個體發展過程，劃分不同年齡層的發展現象，提供教育者設計更適合的課程；行為學派提供塑造、矯正行為具體而系統化的方法；心理動力論重視人格的發展，強調早期經驗的重要；認知發展論提示了幼兒認知上的發展特質，強調幼兒的主動學習（黃迺毓、簡淑眞，1988）。足見心理學不僅提供幼教存在的證據，更提供幼教日後發展重要的參考依據。在神經醫學與心理學陸續提供實證證據，更使各界接受早期經驗的重要，重視幼教存在的價值。

三、良好的成長環境影響幼兒健全發展

1970年代以來，布郎芬布來納（U. Bronfenbrenner）提倡以生態學（ecology）模式探討人類發展，成為幼教的重要發展觀點。

布郎芬布來納蒐集多種學科的實證研究結果予以分析整合，最早擇取1870年在柏林（Berlin）所進行關於幼兒鄰居對幼兒概念發展影響之研究，逐漸形塑布氏的研究架構，並使布氏致力於理論派典（paradigm）的發展。生態學系統建基於勒溫（K. Lewin）心理學的場地論觀點，認為生態環境就如同一套巢狀結構，由裡到外層層相扣（Meisels, 1994）。具體言之，即是指個體與環境間的相互關係（王連生，1985：29），從整全生態的角度探討個體與環境之間的互動關聯及影響。因此，源於生態學研究的啓示，幼兒發展的研究有必要討論與幼兒互動的一切生態因素。

生態學模式是一個理論與研究的結合體，主要是關於掌握人類在生活實際的環境下發展的過程與一切情況。生態學模式主要的命題有二：（Meisels, 1994）

1. 人類自始至終的發展乃透過主體（包含生物有機體及人類）、客體及其所處環境的象徵符號間交互作用而來。

33

2. 影響發展過程的形式、力量、內容與方向是多種特徵多元且系統混合的作用，包含發展個體的特性、發展過程的環境，以及經過慎思下發展結果的本質。

生態學派典的擴張象徵著人類發展遺傳角色的再概念化。這種新的形式取代以往解釋行為發生的「變異比」（percentage-of-variance）模式的主要假定，尤其在加入系統用語以結合環境的明確測量之外，同時也允許一些無法相加的、非成文的遺傳環境互動影響，就如「生物—生態模式」（bio-ecological model）所認為，身體基部的發展過程是透過基因形式（genotypes）轉向表現形式（phenotypes）的實證測量機制。更進一步說，就理論與實證而言，遺傳被行為遺傳學家界定為「源於遺傳變異的所有表現形式的變異總和」，事實上是受到環境事件與情況的高度影響（Meisels, 1994）。

分析幼兒發展可知，早期經驗與幼兒發展間存在密切關聯，家庭背景、父母特性甚至家庭外的社會環境等均為影響幼兒發展的重要因素。源於人類群居的特質，幼兒發展單從遺傳或家庭因素尋找證據終將顯得薄弱，藉由對幼兒發展生態因素的了解，方可就其發展提供更充分及全面性的解釋；因而探討幼兒發展除採以往行為科學的觀點外，生態學提供解釋幼兒發展另一層面的補足（見圖2-1）。從研究範圍言，幼兒發展的影響因素除源於遺傳與家庭教養外，家庭之外的生態環境亦是不容忽視的層面；從整全觀點言，為尋求幼兒各層面健全發展，遺傳與家庭教養提供部分解釋，家庭外的教養環境不僅滿足另種發展需求並為潮流之趨，如何得到高品質的幼教方案支持將成為幼兒發展過程的關鍵因素。

四、幼教方案有助於消減階級差異的影響

隨著社會變遷，引發社會結構、家庭結構及思潮等改變；幼教位

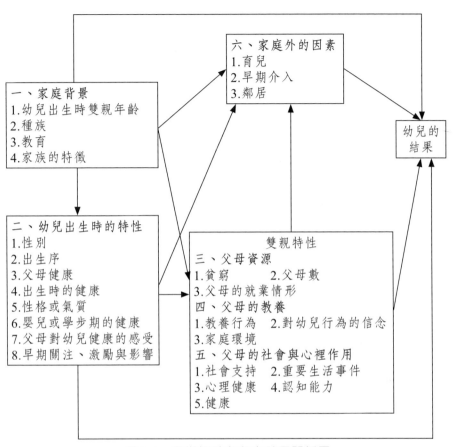

圖2-1　早期經驗與兒童發展關係圖

資料來源：Brooks-Gunn, J., & Liaw, F. (1994). Early experience and human development, in T. Husen, & T. E. Postlethwaite (Eds.), *The international encyclopedia of education* (2nd ed.), vol.3. Oxford: Pergamon Press, p.1638.

居社會系統的一環，自難免於社會變遷的影響。在社會變遷的過程中，如何維持社會的公平與正義，避免變遷導致教育機會不均等，遂使社會階級差異對幼教影響成爲研究者關注的課題。

　　由於社會階級差異可能影響孩子的早期經驗，甚至影響未來學習成就的研究結果，陸續出現以彌補社會階級差異爲訴求的幼教方案，

期由幼教方案以提供補償可能形成的差異或缺憾,最著名爲美國自1960年代起實施的「起始方案」(Head Start Program)。起始方案依據的前提,即認爲幼教可提供貧窮幼兒與家庭實質上的助益。因此,該方案主要的目標有下:(Hauser-Cram, et al., 1991: 15-16)

1. 改善幼兒的生理健康與能力。

2. 鼓勵幼兒增強自信、自發行爲、好奇心、自律等行爲,以協助其情緒與社會發展。

3. 改善幼兒的心理過程與技巧,尤其是概念及語言技巧。

4. 建立幼兒成功的模式與型態,將使幼兒對未來學習更有信心。

5. 增強幼兒與家庭及成員正向互動的能力,同時也強化家庭對幼兒及其問題的正向處理能力。

6. 發展幼兒與家庭對社會負責任的態度,鼓勵社會協同貧窮家庭共同解決問題。

7. 增加幼兒與家庭的尊嚴與自我價值感。

起始方案是由聯邦奧援經費,旨在提供低收入家庭的幼兒有關學業、社會及健康服務,使孩子進入公立學校能準備得較好,並得到成功學習,其後並陸續出現「接續方案」(Follow through)等計畫(Wortham, 1984)。相關方案均針對貧窮或低收入家庭的兒童爲對象,在績效責任(accountability)的要求下,1960年代後期出現大量的研究評估各幼教方案的成效。

1970年代,12位研究者進行有關早期介入的研究來驗證1960年代幾個研究,進而做9到19年左右的追蹤研究。結果證實幼教方案對不利幼兒在學校表現、發展能力、態度與價值、對家庭的影響等四個領域呈現長期且顯著的影響(Lazard & Darlington, 1982: 55)。之後,爲提供更多證據論述幼教方案的效能,部分學者重新檢視拉薩德(Lazard)及達林頓(Darlington)等人原來的研究結果;1978年懷

卡特（Weikart）的縱貫研究成果及1984年戴伊（Dye）的研究均爲幼教機構產生的正面影響提供具體的證據（Curtis, 1992）。

此外，在50篇關於「起始綜合方案」（Head Start Synthesis Project）的研究顯示，有證據可說明該方案對於改善幼兒平均智能表現並使該改變維持數年。再者，有七個長時期研究發現好的幼教方案對貧窮幼兒產生重要的長期影響，其中有四個研究是以18至21歲的年輕人爲受試者：（Schweinhart, 1992）

1. 裴利學前教育研究（The Perry Preschool Study）。
2. 早期訓練方案研究（The Early Training Project Study）。
3. 「希望」方案研究（The Project HOPE Study）。
4. 喬治亞州羅馬城的起始方案研究（The Head Start Study in Rome, Georgia）。

另外三項研究是以9-13歲的青少年爲研究對象：

5. 賽拉庫斯研究（The Syracuse Study）。
6. 哈樂研究（The Harlem Study）。
7. 紐約公立學校學前班研究（New York Public School Prekindergarten Study）。

每一項研究都將曾在幼兒時期參加上述方案的人與其未參加上述方案的同儕相比較，發現群體之間在下述重要社會特性存在差異：（Schweinhart, 1992）

1. 有六個研究顯示，參加幼教方案的人後來較少進入特殊學校或被留級。
2. 有四項研究指出，較多人從高中畢業。
3. 三項研究中有兩項指出，學生平均測驗成績高於同年級。
4. 三項研究中有兩項指出，較少學生因觸蹈法網而遭監禁。
5. 一項研究指出，較多人找到職業，只有少數人領取福利津貼。

6. 納稅人發覺從這些方案的投資中得到很多效益。

　　相關研究發現提供低收入家庭幼兒高品質的幼教方案，對幼兒有正向及長期的影響，因而影響起始方案及公立學校學前班（public school prekindergarten）出現（NAEYC, 1997: 6）。巴奈特（Barnett, 1995: 40）的研究指出，相關研究的結論相當一致地指出幼兒的照顧與教育對於未來幼兒的就學表現有正向的幫助，更促成各界對良好幼教方案的信心。史波迪克及布朗（Spodek & Brown, 1992）則指出，幼教方案的長期影響並非表現在幼兒智能表現的改善，而是在協助兒童扮演更成功的學生角色。更進一步的說明就史溫哈特及懷卡特（Schweinhart & Weikart, 1997）所言：

1. 好的幼兒方案經驗使兒童在初入學校的前幾週得到更多成就。
2. 由於上述成就，他們發展更高的動力及較佳的學校表現，並且得到教師及同儕更多注意。
3. 成功的學校經歷使他們有更多機會從高中畢業、得到工作並減少犯罪惡行。

　　起始方案的相關研究，提供幼教重要性的論據，對於社會階級差異可能造成教育機會不均的問題，藉補強幼教可消弭教育機會不均形成的差異；提供社會不利幼兒受教機會，證實幼教對於改善社會階級差異所衍生的補償性成效更甚於積極性，促使各界重視幼教的價值。前述研究使各界正視幼教的意義，體會其重要性，並致力各項方案的研究與改進；期能以提供良好品質的幼教方案，協助各社會階層幼兒充分開展的機會，以達教育機會均等的理想。

五、幼教方案支持女性與家庭變遷的發展

　　關於幼教發展日益蓬勃，史溫哈特（Schweinhart, 1992）曾提出

影響幼教蓬勃發展的四項原因，其中最主要的即爲婦女就業率提升，該項原因正是社會變遷導致的變革。

　　從生態系統的觀點，社會變遷與幼教發展存在辯證性關聯，幼教發展無可避免地會受到環境因素影響，並將隨變遷情形予以調整。追溯近年社會變遷的情形及其對幼教發展的影響，主要可從下述三種變遷情況加以論述：

(一)女性主義的反思促成幼兒教育本質的再省

　　女性運動的發展對幼兒及其教育產生巨大且長期的影響。隨著女性運動的發展，女性對自己的生活與幼兒生活方式擁有更多的選擇權，致使女性要求由社會機構部分分擔其長期以來持續的育兒工作與責任，遂逐漸重視高品質的家庭外育兒措施與更多的社會育兒機會。在女性運動的促動下，父母更加反思爲人父母應有的角色與權力；協助父母如何自處，並提供更好的健康服務、幼兒與親職教育方案與照顧，以及家庭式的工作環境，成爲幼教的重要目標與動力（Morrison, 1995: 33-34）。

(二)雙親就業率增加創造幼兒教育方案的需求

　　幼教受到重視的原因，部分係由於婦女外出工作數量增加所致，其數量甚至遠較工業或準工業時期爲甚（Katz & Mohanty, 1985）。依據1987年、1989年美國統計局（Bureau of the Census）的統計，美國在1950年育有6歲以下幼兒的婦女投入職場比例僅占14%，家庭提供所有育兒的照料及需求；然1987年，育有5歲以下幼兒的母親投入職場比例高達61%，54%將育兒工作由父母或其他親屬照料，46%則將育兒工作轉由社會幼教方案負擔（Schweinhart, 1992）。婦女工作權得到保障、工作機會增加、兩性經濟平等的思潮與風氣日盛，婦女工作收入勢將較以往增加，而社會（或國家）終將承接雙親外出工作所遺留的育兒難題，須提出適當的幼教方案，滿足社會變遷導致的幼

教需求。在此變遷過程中，有人對於婦女大量外出工作恐將對幼兒依附行為產生影響，擔心在生命早期與雙親分離將導致負面效應，故而引發有關母親是否應全時照料幼兒的爭論；然而卻也出現相關研究指出，只要有適當品質的幼教方案，該項顧忌是可以免除的（Philips et al., 1987）。

（三）家庭的改變

家庭的轉變致使幼教必須提供幼兒與家庭不同型態的服務。家庭轉變的形式主要有下述三項：（Morrison, 1995: 7-9）

1. 結構部分：隨著社會變遷，家庭結構不再僅限於核心家庭形式，可能改變的形式有：(1) 單親家庭形式；(2) 延伸家庭（extended families）形式，包含祖父母、親屬，或不具親屬關係的成員。

2. 角色部分：父母及其他成員角色的轉變。例如父母外出工作以致少有時間陪孩子；工作中的父母必須兼具多種角色。

3. 責任部分：父母育兒責任的轉變。例如父母由於自身的問題增加以致少有精力用在幼兒身上，或是社會一些病態現象叢生致使父母在管教上無力以對。

4. 生活空間部分：由於人口遞增，生活可使用空間減少、擁擠度增加，家庭可提供幼兒自由活動的空間蛻減，需尋求家庭外的生活空間支援。

女性主義觀念興盛、雙親就業率提高以及家庭型態與結構的調整，不僅創造幼教需求，同時激發社會成員對幼教本質的反省。幼教方案隨著社會變遷逐漸多元化，數量也逐漸增多，致使幼兒除接受家庭教育之外，亦得到更多家庭外的教養與社會互動機會。

六、良好的幼教方案對人類發展具有正向影響

檢視歷年幼教相關研究，幼教方案研究除針對貧窮與低收入兒童，另有針對中產階層家庭幼兒接受保育的研究，旨在檢視不同品質的保育方案對幼兒未來發展的影響，試圖找出組成育兒經驗的相關變項並檢視保育對幼兒某些特殊層面的影響結果。

關於育兒經驗與幼兒未來發展的影響部分，其中一項研究針對87位從3歲起就接受高品質保育的幼兒發現，在控制家庭特性的影響下，結果顯示高品質且穩定托育經驗，可以預測兒童的學業成就、學校適應，而且男女生在一年級都少有行爲問題（Bredekamp, 1996）。

此外，在相關幼教方案提供幼兒主動性及其對幼兒發展的影響部分，歷來得到正面研究成果肯定。史溫哈特及懷卡特自1967年開始，針對接受不同幼教課程的幼兒發展情形進行縱貫研究。該研究以重視幼兒主動學習之「高廣度學前課程」（High/Scope Preschool Curriculum）、「直接教學」（Direct Instruction）、「傳統托兒所學前課程」（Traditional Nursery School Preschool Curriculum）等不同模式相互比較，採分層隨機方式取樣68位研究對象，觀察接受不同課程模式之幼兒發展情形是否存在差異。研究結果發現，接受「直接教學」一組在15歲時，具有不檢行爲的比例較其他組高出2.5倍；23歲時，其犯罪率更較他組多出3倍，故不具預防犯罪之效。接受「高廣度學前課程」一組，幼兒的計畫與社會推理能力不僅較佳，貧窮兒童且有較佳的教育、經濟成就及僅一半的犯罪率，相較於納稅人的教育投資，其報酬率高達7倍；是以，基於幼兒主動、重視幼兒主動的幼教課程模式，顯然較重視教師主動的課程更具有預防價值（Spodek & Brown, 1992）。

歸納相關研究結果，好的幼教方案品質包含幾個要素：（Curtis,

1992: 2; Schweinhart, 1992）

1. 提供支持性的情境讓兒童選擇自己的學習活動並負責去完成。

2. 教師受過幼兒發展及課程取向使用的訓練。

3. 教師從專長特殊課程及組織目標頗有研究者處，得到支持性的課程視導及在職訓練。

4. 班級人數小，每2個大人不超過16到20個3-5歲幼兒；每3個大人不超過12名2歲幼兒；每2個大人不超過8個1歲幼兒；以及1個大人1位嬰兒。

5. 在幼兒發展過程中，老師與家長形成夥伴關係。

6. 教師對幼兒的身體、健康、營養需求、家庭育兒需求以及社會服務需求敏於感知。

7. 具發展適宜的評鑑過程。

幼教方案對於幼兒正向及持續發展的潛在影響陸續受到研究支持，相關研究也指出，除非各方案能夠維持高品質，否則前述影響將很難出現（Bredekamp, 1996）。各項研究對幼兒教育重要性的驗證，促成各界對幼教的關注；不僅關注幼教經驗的有無，更要求提供高品質的幼教方案，以對幼兒未來發展形成正向影響。

費藍德理（Friendly, 1997）曾探討社會大眾對保育的旨趣，連結出幼教與各領域間重要性關聯（見圖2-2）。幼兒照料對於幼兒身心健康、親子關係、未來就學準備、女權均等、未來的生存競爭力、經濟自主、犯罪預防、社會和諧、特殊與貧窮兒的照料、多元文化的欣賞、工作創造與就業準備等，皆具積極性的貢獻。基於前述，再再說明了幼教的重要性。

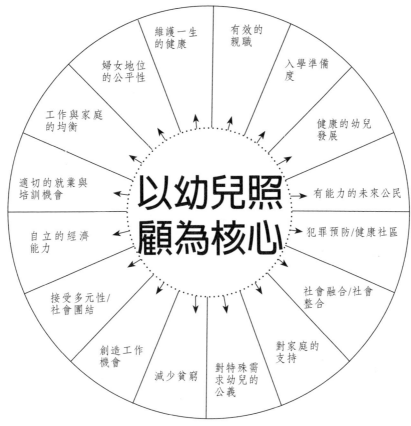

圖2-2　社會大眾對幼兒照顧的旨趣

資料來源：Friendly, M. (1997), What is the public interest in child care? in
　　　　 policy options: *January-February.* Montreal: Institute for Research
　　　　 on Public Policy. Retrieved October 31, 1999 from the World Wide
　　　　 Web http://www.childcarecanada.org/home/cc_circle.html.

七、幼兒教育是保障幼兒權利的積極作為

　　人文主義的興起與對人權的尊重，帶動歷史發展逐漸以人為思
考重心。近代西方人權與教育及平權教育運動的肇始，可追溯路德
（M. Luther）對人權的提倡及平等教育權的大力鼓吹；爾後幼兒本
位教育思想湧現，視幼兒為教育的主角，重視幼兒本性、能力、健

康、情緒、行為等的合理且穩定發展，認為幼兒是一完整而獨立個體的想法散播開來，幼教逐漸受到重視（黃迺毓、簡淑真，1988）。幼教在康門紐斯（J. A. Comenius）、洛克（J. Locke）、盧梭（J.-J. Rousseau）、裴斯塔洛齊（J. H. Pestalozzi）、福祿貝爾、杜威、蒙特梭利等人貢獻下，逐漸成為一思潮完整並廣獲重視的領域。

　　隨著尊重人權觀念的鞏固，幼兒身心健康發展也成為關切目標。關於幼兒基本健康的關懷雖然改善緩慢，但始終持續進行，並逐步將社會與智能發展納入幼兒身心健康關懷的重點（Katz & Mohanty, 1985）。除對幼兒身心健康發展的關切外，幼兒權利的內涵與保障亦於近代廣受重視。20世紀聯合國陸續發布《兒童人權宣言》、《兒童權利宣言》，對兒童人權具重要的宣示意義。1989年，聯合國大會中159個會員國接受《兒童權利公約》，該公約並陸續得到各國認可後於1990年公布，對所有簽署國具有法定約束力（Morrison, 1995: 31），兒童人權無疑已為全球性的關注議題。在兼顧身心健全發展與權利保障下，教育已然成為保障幼兒發展與權利的重要作為。

　　幼教的重要性雖然廣獲接受，但此一新興學科更待充實理論研究，方有助其學術地位的確立並朝向系統化發展。歷史學作為幼教發展的基礎學門之一，從歷史觀點構築幼教發展經驗，並就歷史經驗進行系統的歸納與解讀，是協助幼教學門系統化發展的重要工作，也將是此際進行幼教史探究的重要理由。

第二節　西方幼教思想的萌芽 —— 從路德到裴斯塔洛齊

　　近代幼教受到重視與民主及人文思潮的興起有極大關聯。就西方而言，歐洲自從文藝復興、宗教改革、啟蒙運動、科學革命等歷程，

不僅引領思潮、世界觀與方法論、生產方式乃至生活型態的轉變，人存在的意義與價值同時受到討論與重視。歷史發展逐漸以人爲思考中心，社會制度如此，學術發展亦然。在肯定人存在價值的前提下，如何孕育、發掘、彰顯該價值，自然引發廣泛討論，而教育逐爲重要的討論核心。

　　近代西方人權與教育及平權教育運動的肇始，叮追溯路德對人權的提倡及平等教育權的鼓吹；康門紐斯建立完整教育體系，範圍擴及幼兒教育，爲教育發展立下根基；洛克與盧梭關於幼兒本質的討論，激起對幼兒特性的重視並對其特性做出註解；裴斯塔洛齊承繼盧梭等對幼兒特性尊重的理念，在「教育愛」中具體踐行該理念，成爲後世幼教研究者的楷模。茲分別將前述代表人物的思想論述如後。

一、路德：人權運動的倡導

　　追溯近代西方幼教的起源，必溯及人權運動的肇始；至於人權何以能在神權至上的傳統中崛起，則不得不回溯宗教改革的努力。基督新教路德引領的宗教改革，爲普及教育與平民教育布下開端。

　　中世紀及文藝復興時期，教會自認爲是宗教教育與道德教育的正當機構，並且是俗世教育的保護者。但路德1524年發表〈爲建立基督教學校致日爾曼所有市長和長老書〉（Letter to the Mayors and Aldermen of All City of Germany in Behalf of Christian School），提出人人應受教育且有相同受教育機會的主張，人應具備閱讀聖經的能力，免除君主或教會之中介，得以與神溝通（Brewer, 1995）。路德提出政府擔負宗教與道德教育的職責，主張由國家提供教育而教會負責教學與視導，希望透過政府與教會的相互制衡，培養大眾讀經與判斷的能力，進而個人有權、有能力依據個人的智力判斷以領略上帝在聖經中的指示（林玉体譯，1980：394-397）。與彼時喀爾文（J.

Calvin）等人對基督教義的詮釋以及當時的社會環境相較，路德的主張相對激進，對日後教育普及化奠下根基。

二、康門紐斯：普遍與完整的教育知識體系的建構

　　正如波普（K. Popper）論述開放社會的敵人一般，不理性且不自由的論辯空間及追求「絕對真理」的妄想，形成的社會桎梏鎖住的不僅是人的軀殼，也牽絆著著思想與行動（陳曉林，1995）。此等牽絆與桎梏正是宗教改革及文藝復興努力對付的目標。

　　文藝復興以來，各種試圖解開封建桎梏的努力，同時在彰顯人的主體地位；康門紐斯身處歐洲自封建向資本主義社會的擺渡時期，立於反封建、反教會的立場，總結長期的教育實踐與理論研究的經驗，提出「泛智」（pansophia）的教育主張及重視感官教學的觀點，希望所有人皆能獲得一切有用的知識與智慧得到普遍發展（楊漢麟、周采，1998：69），試圖建構普遍與完整的教育知識體系，同時為幼兒教育的發展立下根基。

　　康門紐斯將幼教視為整個學制系統的最初階段，不僅於《大教學論》（*Great didactic*）中用相當篇幅討論幼教問題，又在1632年出版之《母親學校》（*The Mother School*）對幼教進行深入且全面的闡述，是為歷史上第一部幼教專著（單中惠、劉傳德，1997：99-100；戴本博，1995）。康氏建議設立與家庭結合在一起的幼兒學校，這種學校特別要提供食物、睡眠、新鮮空氣及運動，以使健全的心靈寓於健全的身體（林玉体譯，1980：481）。所有幼兒應入學校，經由整合及實用課程的提供，幼兒可主動地學習並發展各項能力；而此等主動學習的想法後來得到杜威（J. Dewey）、蒙特梭利（M. Montessori）、皮亞傑（J. Piaget）等人的回應（Brewer, 1995: 38）。

　　康門紐斯除強調廣泛學習的重要與必要性，試圖建構普遍且完整

的教育學體系並涵蓋所有的受教年齡層，尤其《母親學校》一書不僅具有首度幼教專著的歷史意義，康氏強調人類受教體系的完整性以及重視幼教扎根教育的想法，也促成各界對幼教更多的關注。

三、洛克：人類本質的追求

洛克係17世紀英國傑出的哲學家。洛克的歷史地位除建立在其反對專制的君權神授、堅持國家起源於契約及自然權利的社會政治觀點外，其在哲學上繼承培根以來的唯物主義經驗論以及論證著名的「白板說」（tabula rasa），致力回歸人類本質的討論，對教育的發展產生相當程度的影響。

洛克在關於人類本質的議題方面主張白板說，反對天賦觀念說，對環境教育等外力作用給予高度評價，並認為生活中所見到每個人的好或壞均是由於教育之故。洛克在1684年所著的《教育漫談》（*Some Thoughts Concerning Education*）一書中，強調幼教的重要，認為幼兒的心靈好比一張白紙或一塊蠟，通過教育可以隨心所欲作成任何樣式：（楊漢麟、周采，1998：89-90）

幼小時所得到的印象，那怕是極微小，小到幾乎察覺不出，都有極重大極長久的影響，正如江河的源泉一樣，水性很柔弱，一點點人力便可以把它導入他途，使河流的方向根本改變，最後流到十分遙遠的地方去了。

在洛克的思想裡，教育是一本萬利的重要事業，旨在培養未來社會所需有理性、有才幹、有作為的健全「紳士」。身為經驗主義的大師，洛克在其所著的《教育漫談》一書，試圖論述他包含幼教在內的教育思想體系，科學地依序論述體、德、智三育的發展，提出「陶

冶」（discipline）論（林玉体，1990：31），從後天的環境規範出紳士所需的完善人格，指出家庭是最重要的環境，並就家庭教育應擔負的職責與任務詳予論述。雖洛克後來難免受到「重家庭教育、輕學校教育」的譏議，但重視家庭教育的想法，適當點出家庭不可或缺的地位。

四、盧梭：以自然的觀點詮釋教育的發展

幼兒究竟是「小大人」還是「獨特個體」？此等幼兒觀問題的浮現，代表幼教發展的一種反省，也象徵另一層次的蛻變。亞希埃指出文藝復興時期，5或6歲之前的幼兒被視為小大人，與成人的學習方式相同，柏拉圖、亞里斯多德等也認為幼兒應經嚴格的特質訓練以為適當學習的基礎；直到盧梭才開始脫離上述觀念（Seefeldt, 1987: 2; Wortham, 1984: 5）。

盧梭是18世紀法國傑出的啟蒙與教育思想家。盧梭的哲學觀點部分受到洛克的影響，承認感覺是認識的來源，同時又認為精神是自然界積極的本源，並宣傳天賦道德觀念及自然神論，使其哲學成為二元論（楊漢麟、周采，1998：103）。在教育思想部分，盧梭反對當時經院主義教育，認為教育應回到自然、適應自然乃至於建立在自然的基礎上；而所謂的「自然」則是回歸幼兒本性的討論。故提供符合幼兒本性的教育，當是教育措施重要的方向。

盧梭認為，所有教育的決策應基於幼兒的本質，他在《愛彌兒》（Emile）一書中提出幼兒的成長階段，並指出各階段有其內在次序及和諧，幼兒必須從與自然環境直接互動下方得使內在順序順利開展。盧梭以較為激進烏托邦式的理想構築兒童教育的方向與內容，這種浪漫情懷，雖成為後人批評的焦點，[2]但激起各界對幼兒獨特性的討論，恐是盧梭所始料未及。

　　源於環境對幼兒本性發展可能形成的影響，教育的重要性實無庸置疑。關於教育的重要性，盧梭在《愛彌兒》一書中曾提到：（戴本博、陳炳文，1995：139-140）

　　我們生來是軟弱的，所以我們需要力量；我們生來是一無所有的，所以需要幫助；我們生來是愚昧的，所以需要判斷的能力；我們在出生的時候所沒有的東西，我們在長大的時候所需要的東西，全都由教育賜與我們。

　　因此，教育能提供成爲自然人所需，順著幼兒本性的發展，創造出能促進幼兒自然發展的適當環境。於是盧梭更進一步在《愛彌兒》中，爲主角愛彌兒從出生到成長的過程依序描述各個時期應受到的教育景象，再度爲其崇尚自然、愛好自由的理想勾勒教育藍圖，爲後來幼教研究提供重要論據。林玉体（1990：12）曾論述盧梭的貢獻：「盧梭的教育著作，確實掀起了兒童研究的狂潮，兒童也拜盧梭之賜，多多少少從傳統權威的鐐銬中掙脫出來。」應可視爲對盧梭貢獻的中肯註解。

五、裴斯塔洛齊：藉教育愛讓幼兒展現本質

　　盧梭有關幼兒獨特性的呼籲，提醒各界關注幼兒的特性與幼教的價值；惟切實遵循且具體踐行盧梭的理想者，首應推舉裴斯塔洛齊「教育愛」的實踐體現。

　　裴斯塔洛齊是瑞士著名的民主主義教育家，其學說深受盧梭自然主義與萊布尼茲（G. W. Leibniz）「單子論」的影響，認爲每個人具有一些自然所賦予的潛在力量與才能，該潛在力量與才能具有渴求發展的傾向，教育目的即在全面地和諧發展人的一切才能與天賦。然

而，人的本性並不盡完善，亟需教育的協助，將發展傾向及可能性的才能適當地發展開來，故教育者應多方面研究兒童的自然發展，使教育與幼兒的自然發展相一致（任代文，1995：242-243）。

由於幼兒是教學的順從接受者，教學應有高度道德感，否則幼兒易處於高度危險社會（Seefeldt, 1987: 3）。「教育愛」的目的，不僅在關注教育條件較差的幼兒，另則希望經「教育愛」的施予，滿足幼兒成長的需求，激發幼兒潛能，積極達成教育的目的。是以，經由啟發式「直觀」，幼兒體會「教育愛」的存在，嘗試與環境感通互動，透過參與真實及有意義的活動，開展蘊藏的能量，養成各種能力（林玉体，1990）。

裴斯塔洛齊將愛與理想具體實踐在創立的孤兒院及往後的學校裡，對於貧困兒童的照料與教育，使裴氏廣受尊敬並激起各國對兒童教育的關注。裴氏對教育愛的主張與執著，至今仍為師資培育者樂道的內涵與努力的標竿。

🙂 第三節　幼教思想傳承與機構出現

有組織的幼兒教育，是經濟發展到工業生產之後出現的產物（何曉夏編，1989：75；陳漢才，1996：270-271）。經濟變革的結果，造就幼教機構出現的需求，然中下階層與新興中產階級對於子女教育的需求卻各異其趣。由於社會大量勞動力需求，中下層階級兒童有長時間投入勞動市場的普遍現象，為保障兒童福祉並確保兒童不因過度工作受到傷害，遂有保護性質之幼教機構出現。相對地，新興中產階級則在物質生活改善之餘開始重視子女教育，企求透過教育尋求子女轉往上流階層之機會，遂有專門幼教機構出現，提供滿足中產階級父母所需之幼教服務（翁麗芳，1998：13）。幼教機構基於不同需求漸次演進，形成近日幼教機構的面貌。

　　福祿貝爾1837年於德國創設學齡前幼教專設機構，並於1840年定名為「幼稚園」（kindergarten），發起聞名於世的幼稚園運動。在福氏創設幼稚園之前，歐柏林（J. F. Oberlin, 1740-1826）、歐文（R. Owen, 1771-1858）等分別於法、英兩國創設「編織學校」（Knitting School）與「品格形成學園」（Institution for the Formation of Character），為幼教機構的設立奠下重要根基。隨著幼教機構陸續出現並廣獲社會認同，杜威、蒙特梭利、克伯屈（W. H. Kilpatrick）等人陸續在幼教領域貢獻，並分別提出幼教主張，更使幼教發展的內涵益加豐富。茲將前述重要人物之幼教思想論述如後。

一、歐柏林與編織學校

　　幼教機構肇因於不同需求或設立宗旨，主要人物的教育思想也呈現在幼教機構的多元型態。追溯近代西方幼教機構的起源，歐柏林於1767年左右在法國亞薩斯（Alsace）創辦的「編織學校」招收50位2至6歲幼兒可列其首（Spodek & Brown, 1992；單中惠、劉傳德，1997：128）。

　　歐柏林為牧師，編織學校的設立為其社會服務工作之一。編織學校的教學內容包含運動、遊玩、學習法文、手工編織及透過圖片學習自然與歷史；教學重視口頭方式，不強調讀、寫，只經由直接教學並以圖片輔佐。在歐氏過世前，同類學校增加至6所；受到法國革命及反對教會干預政治的態度等眾多因素影響，該等設校方式與教學並未受法國或歐洲各國採用（Spodek & Brown, 1992）。

　　衡諸編織學校創立的宗旨係提供社會服務，參加的幼兒不需擁有特殊的社會階級，教育理念旨在提供幼兒動手操作的機會，透過遊戲、編織以及圖片直接教學等方式，提供幼兒直接得到經驗的機會，該機構後來雖未廣獲歐洲各國仿效設立，但在幼教發展史上具重要的意義。

二、歐文與品格形成學園

除法國出現編織學校外，同樣重視幼兒的思潮約於同時出現在英國，主要代表人物為歐文。

歐氏係社會主義者與教育改革家，歐氏曾任一棉織廠的經營者，想法受到同時期裴斯塔洛齊的教育改革及源於啓蒙運動以來激進社會理論的影響（Harrison, 1969），期望創建既富生產力又公正的新工廠次序，因而有意將位於蘇格蘭紐拉納克（New Lanark）的棉織廠轉化成一個烏托邦社區。歐氏一面亟思提高棉織品的生產效率，另方面想藉由禁止10歲以下兒童工作、維持全薪的前提下減少工時、低租房屋、免費醫療服務、低學費學校等，改善工人的生活（Strickland, 1992）。試圖由其工廠的努力，勾勒重組社會的藍圖。

受到啓蒙思潮影響，歐文如洛克一般堅信人性本質的可塑性；社會必須透過教育逐步轉化，方能達成其重組社會的理想。為達理想，創辦學校顯然是最好的手段，故1816年於蘇格蘭紐拉納克創設「性格形成學園」，歐氏即企圖提供1歲起各年齡階段所需的教育（Strickland，1992；翁麗芳，1998）；其中「幼兒學校」（infant school）為招收1至6歲幼兒的學前教育機構，其建立不僅基於父母托育幼兒的廣大需要，亦為訓練幼兒良好生活習慣、適應未來新社會而準備。

在幼兒學校，幼兒被教讀、寫、算的基本技巧，以及如手工、唱歌、跳舞、實際道德原則，為未來社會先預做準備。幼兒學校的發展難跳脫成為初等學校之預備教育的框架，此種情形仍可在歐文之後陸續成立的幼兒學校看見，甚至一些地區的幼兒學校師資訓練，乃由小學教師擔綱（Ekwall, 1987）。

自歐文工廠所在地推行以來，1825年在英格蘭、蘇格蘭以及愛爾蘭地區至少有55所幼兒學校（郭靜晃、陳正乾譯，1998：

36）。同樣在美國、瑞典等地亦大量仿效（Ekwall, 1987; Holloway, 1984）。1824年歐氏首度訪美，掀起一陣建立烏托邦社區的旋風，美國東岸的大城市湧現幼兒學校社區（Strickland, 1992）；然1830年代中期這股旋風卻漸宣告結束（Harrison, 1969），其中經濟大恐慌導致經濟蕭條、一般人不認爲幼兒應至學校式機構學習之保守觀念、強調親子的「爐邊教育」（fireside education），以及大眾漸不滿歐氏追隨者如奧考特（A. Alcott）的主張等，都是影響的原因（Harrison, 1969; Strickland, 1992）。

從企業經營者到立志爲社會改革家，歐文冀圖提供受雇者良好的工作及教育環境的努力與成就當獲得肯定。從幼兒學校旨在提供未來社會需要而服務的情形看來，歐氏的幼教又有落入過度社會準備的危險，雖提供完善的制度與設備，但是否眞正符合幼兒發展需求，成爲研究者批判的焦點。

三、福祿貝爾與幼稚園

福祿貝爾（F. W. A. Fröbel）1837年於德國柏藍根堡（Blankenburg）創設學齡前幼兒教育專設機構，並於1840年定名爲「幼稚園」。在系列報載關於幼稚園的訊息及廣泛宣傳其幼兒教育理念下，福氏的幼稚園廣獲世界各國注意（楊漢麟、周采，1998：177）。但受到政治因素的影響，德國境內的幼稚園一度遭遇關閉的命運，1848年德國發生革命運動後，部分人士移居美國，同時將幼稚園制度移植入美國本土，但卻限於創辦人未深入了解福氏幼教理念而多限於形式上的模仿而已（Spodek & Brown, 1992）。[3]

福祿貝爾的哲學深受克勞賽（K. C. F. Krause）主張的「全體」、費希特（J. G. Fichte）所提出的「行動」以及謝林（F. W. Schelling）的「同一哲學」所影響，而其教育理論則是以裴斯塔洛齊

的教育學說爲主要骨幹，並依福氏自己的哲學見解加以改進（田培林，1978：690-694；黃光雄，1965：206）。因而關於幼兒心理的看法，福氏認爲不是幼兒「有」活動，而是幼兒「即」活動；亦即活動的歷程實蘊藏在幼兒本身之「內」，非在幼兒本身之「外」。故幼教工作即是自內而外的發展幼兒的本質，而達到使內成爲外，然後再由外而充實內。在內與外合而爲一的歷程下，來完成人的教育工作（田培林，1978：682-683）。福氏認爲幼兒的發展即一系列漸進階段的歷程，正如同植物的生長一般，故將幼教的方案命名爲幼稚園，意即「兒童的花園」（Adams & Goranson, 1988），期提供幼兒良善的生長環境，完成福氏「人的教育」理想。

在對人天性的看法部分，福祿貝爾接受盧梭視幼兒天性善良的看法，認爲幼兒天性表現爲活動、認識、藝術及宗教等四種本能，活動的本能隨著年齡增長還會發展爲創造的本能。福氏並進一步對每一種本能進行宗教神祕主義的解釋，把它們都歸結爲「神的本源」的體現。因而父母以及幼稚園教育應當在遵循自然的原則下，善加導引各項本能的發展（楊漢麟、周采，1998：180），更彰顯家庭教育及幼教的重要意義。

關於教育以及幼兒發展的看法，福祿貝爾追隨盧梭與裴斯塔洛齊（Adams & Goranson, 1988），認爲教育是幼兒生活的過程，應當以兒童經驗與活動爲基礎。福氏特別強調在教育中幼兒的「自動」——即自發活動或自我活動，並以之作爲教育過程的出發點和基本原則（任代文，1995）。因此教育重視幼兒的主動與能動特性。

在幼教部分，福祿貝爾在《人的教育》（*The Education of Man*）一書論述幼兒期是「真正的人的教育」開始的時期，此時期的對象，直接的是幼兒本身，間接的卻是幼兒的母親。福氏深受裴斯塔洛齊的影響，認爲幼兒從母親接受教育，不僅合乎自然，而且容易有效。所以他主張幼教工作不應該只注意幼兒而忽略了幼兒的母親

（田培林，1978：681-682）。因此，幼教的推行，也促進了婦女教育的發展。但是他不主張幼稚園的教育代替家庭教育，幼稚園的任務只是有計畫的、有意義的使幼兒的本質得到發展，補正家庭教育的缺點而已。所以幼稚園早上進行的方案，訓練母親熟悉此方案，下午則在家進行教育，幼稚園教育是家庭教育的補充而非替代（Spodek & Brown, 1992）。

雖然福祿貝爾的教育哲學後來受到流於神祕主義的批判，但其思想所顯現對兒童的尊重、對發展延續性的詮釋、自我活動的重視、遊戲的提倡、創造活動的鼓勵、對自由的限制等（黃光雄，1965），進而籌建幼稚園並發明「恩物」等貢獻，象徵幼教發展的重要里程，對後來幼教思想與制度的發展均造成極大的影響。

四、杜威與芝加哥大學實驗學校

杜威是20世紀重要的教育學家之一。1896年創辦包括幼兒部在內的芝加哥大學實驗學校，進而實驗、補充並完善其教育理論，對20世紀教育發展產生不小的影響。此外，1919年曾應邀至中國講學兩年，民國初年中國重要教育思想家均曾直接或間接受到杜氏思想啓迪，對於中國教育的啓蒙與發展影響至深。

杜威的哲學思想淵源於兩方面，一是西方歷史上以兒童爲本位的思想，其中受盧梭的影響最大；其次是以社會本位的思想，強調教育的社會功能與社會需要，該思想濫觴於柏拉圖、孔德（A. Comte）、黑格爾（G. W. F. Hegel）等（楊漢麟、周采，1998：250-251）。受到上述哲學思想的影響，杜氏應用到教育則論述教育中的「雙中心」──兒童中心以及社會中心，形成其教育哲學重要闡釋論點。

在教育的本質論述部分，杜威提出「教育即成長」、「教育即經驗的改造」、「教育即生活」，分從心理學與哲學的發展角度論述

教育的本質。在強調兒童中心的觀點下，杜氏認爲「改革傳統教育的方法是把教育中心搬一個家，從學科上面搬到兒童身上——依照兒童成長的進程，使他們逐漸發展他們的本能，直到他們能自己教育自己爲止」（王炳照主編，1994：277）。其次，杜氏認爲自幼兒時期即蘊藏學習與成長的能量與潛力，在具備「依賴性」及「可塑性」兩大特質下，幼兒透過主動成長的動力，不斷地與環境互動改造並重組經驗，達到幼兒身心與個性健全的發展境地。再次，基於實驗主義的精神，杜氏主張實行先於認知的經驗歷程，認爲教育應提供幼兒充分活動的機會，幼兒在解決問題的過程中透過「做中學」的行動學習，重視活動過程的思考歷程，實現其教育的理想（黃迺毓、簡淑眞，1998）。

1896年杜威於任職的芝加哥大學哲學、心理學和教育學系創辦一所隸屬該學系的實驗學校，依據兒童發展階段進行編制，其中幼兒部（或稱前初等教育班）招收4到8歲幼兒（楊漢麟、周采，1995：271-273）。在秉持幼兒具發展潛能的前提下，杜氏持實用主義的立場提供幼兒生活化的學習經驗，尊重幼兒成長的興趣與需求，建立了美國20世紀初期進步主義幼稚園運動的理論基礎。中國著名的幼教家如陳鶴琴、陶行知等人也因直接或間接受到杜氏學說影響，其教育思想與主張明顯存有杜氏的色彩（唐淑、鍾昭華，1996：221、239）。

五、蒙特梭利與兒童之家

蒙特梭利（M. Montessori）爲義大利特殊教育與幼教學家。蒙氏在1896年得到義大利首位女醫學博士的頭銜，專注心智障礙兒童的醫療與研究；隨著不斷積累實務經驗，使其研究方向轉爲心智障礙兒童的教育服務，肯定教育對心智障礙兒童的重要，並認爲「兒童智能缺

陷主要是教育問題，而不是醫學問題」（楊漢麟、周采，1998：277-
278），終使其轉向教育問題的研究，於20世紀初期致力於正常兒童
研究，著重於3到6歲幼教的探討，於1907年在羅馬工人階級爲數眾
多的地區開設「兒童之家」（Casa dei Bambini）（Spodek & Brown,
1992）。透過實驗與發展幼兒教育課程及方法，奠定其在20世紀幼教
發展的重要地位，其學說風潮不僅風靡20世紀初期的美國，直至今日
仍對世界各地的幼教發展存在相當程度的影響。[4]

　　蒙特梭利的幼教學說主要受到盧梭、裴斯塔洛齊、依塔德（J.
Itard）、賽金（E. Seguin）等哲學及教育家的影響，尤其是爲殘障幼
兒設計一套教育課程模式，主要基於賽金之說（Kramer, 1988）。有
關幼兒發展的看法部分，如同福祿貝爾所持的理念一般，蒙氏視幼兒
發展爲一種開展的過程，認爲教育是一種自我的活動，因而自律、自
立以及自我導引與修正的觀點成爲蒙氏的重要幼教主張（郭靜晃、陳
正乾譯，1998：49）。在幼兒發展過程應尊重幼兒、相信幼兒自我
開展的能力，教師成爲環境的準備者，幼兒則爲新經驗的主動找尋與
追求者。

　　蒙特梭利認爲幼兒知識的發展基於其對世界的知覺，而非源於代
表抽象符號的物體操作，故幼兒的感覺應經由實際物體的訓練，以確
保幼兒得到完整的知覺經驗。因此，蒙氏重視幼兒的感官教育訓練，
進而創製「蒙特梭利教具」並發展教法，藉由發展無數的活動及材
料以訓練幼兒的發展（Spodek & Brown, 1992）。在實際操作的過程
中，每個材料均具獨特用途，幼兒可自我修正且不在教師視導下使
用。此外，實際生活的經驗對幼兒獨立與自由成長具重要意義，故日
常生活的訓練也成爲蒙氏教育重要的一環。

　　蒙特梭利的幼教學說在強調幼兒自動學習的精神、重視日常生活
的經驗、注重感官教育的訓練並創製蒙特梭利教育與教學法等貢獻
下，爲幼教發展奠下重要的基礎（盧美貴，1998：81-82）。

六、克伯區與方案教學

克伯區在1871年11月20日生於美國喬治亞州，1965年2月13日病逝於紐約並葬於出生地。克氏在1912年獲得哥倫比亞大學博士學位，並於1918年升爲該校教育哲學的完全教授（full professor），是著名的學者與演說家，因推動「方案教學」（project method）並承繼杜威的思想，成爲進步主義運動的重要人物之一，同時讓方案教學成爲20世紀前半進步主義運動的里程碑（Lascarides & Hinitz, 2011: 209）。

克伯區曾在其出版的書籍《*The Project Method: The Use of the Purposeful Act in the Educative Process*》中提出方案教學的內涵。他指出，方案教學是一種統整的學習，這種學習強調行動的元素且偏好專心一致的嚴格活動，我們要提供場地適當地實踐學習的原則，在實踐的同時也不能忽視倫理的執行品質。1923年，他的博士生克林斯（Ellsworth Collings）曾出書提到方案教學的原則如下：（Lascarides & Hinitz, 2011: 210）

1. 學生必須爲所做的內容訂出目的。
2. 實際學習不可以單獨行動。
3. 學校所鼓勵的學習之所以必須在學校進行，因爲這些學習的確需要在學校才能發生，而且學校此刻正在爲發展更好的產業而默默努力。
4. 課程是一系列受到指引的相關，現在學到的，未來將會有助於提升或充實後續的經驗流。

克伯區指出，有目的的行動是民主社會中有價值生活的基礎，也是學校過程中的需傳遞的核心；所指的「有目的」，便是推進方案完成的指引或重要力量。克氏爲推展方案教學的同時，相關著作對於當時其他的教育系統進行過尖銳的批判，也由於他和希爾（Patty Smith Hill）及其他學前教育學者共事，有機會認識福祿貝爾和蒙特梭利的教育理論。他曾出版《*Froebel's Kindergarten Principles Critically*

Examined》，被稱爲是美國激進福祿貝爾論者（Froebelianism）的喪鐘；《*The Montessori System Examined*》一書的發行也連帶中止蒙特梭利教學在當時輸入美國，直到1950年代才影響漸失（Lascarides & Hinitz, 2011: 210）。

克伯區認爲社會、課程以及教學方案之間必須密切關聯。他認爲：「由於家庭和社區的教育功能下降，並且依據對於學習過程的新觀點，學校必須成爲一個生活、眞實經驗得以不斷持續的場所。」（Lascarides & Hinitz, 2011: 211）。學習必須結合當前社會的批判，使得孩子能有融入生活並促進思考的體驗。這種立於生活、強化思考、反饋於社會的課程觀，對於幼教課程的發展，注下另一股重要的發展力量。

在盧梭、裴斯塔洛齊、福祿貝爾、杜威、蒙特梭利、克伯區等人的努力下，突顯了幼兒在發展過程中的主體地位，更循幼兒的特質提倡適合幼兒的教育、課程或教學方法等主張，或成立幼兒專屬的幼教機構，使得幼教往後發展得以朝向系統化與專門化的方向。

第四節　南陳北張——幼教思想及其深耕

20世紀的幼教呈現多元的發展，除西方的幼教思想先驅外，民初以來中國也出現具代表性的幼教學者，投入幼教學術與實務工作。自民國以降，中國各方面都以步向現代化爲圖，教育方面也尋求建置科學化、大眾化以及中國化的出路，幼教領域出現多位領導人物如陶行知、張雪門、陳鶴琴、張宗麟等；隨著國民政府遷臺，前述領導人物有諸多的幼教貢獻也隨著制度或教育內容移轉到臺灣本土，其中張雪門半生留在臺灣，對臺灣本土的師資培育、幼教課程與教學等影響均不容忽視。

臺灣在解嚴之後陸續散見前述許多幼教學者的專著介紹。以博

碩士論文及期刊論文為例，在張雪門部分，有黃常惠（2001）一篇碩士論文專題探討其思想與實踐情形，另在期刊論文部分僅有翁麗芳（1992）等四篇；在陶行知部分，有呂秋慧（1997）、曹常仁（1998）等碩、博士論文各乙篇分別探討其社會教育與師範教育思想與實踐，期刊論文部分則有陳光輝（1994）等十一篇。[5]在陳鶴琴部分，期刊部分僅有丁碧雲（1996）、王靜珠（1996）兩篇文獻就陳氏的生平與幼教貢獻做初步的概括描述，呂國豪（2007）、黃慧莉（2010）、陳映潔（2014）等三篇碩士論文探討其教育思想，另有洪福財（2004）以專書探討其活教育思想及其幼教啓示則是臺灣首見對陳氏思想的系統論著。在張宗麟部分，則未見論文專著及期刊之系統介紹。反觀海峽對岸，各地普遍設立各家教育思想研究會（如陶行知研究會、陳鶴琴教育思想研究會等），對前述學者的研究論著豐富，並積極系統地整理其論著；臺灣幼教學界對前述幼教學者的探討有待積極補強。

前述幼教學者中，張雪門與陳鶴琴的生長時空背景相近，兩人同為浙江省人且年齡僅差一歲，同樣地在師資培育、幼教課程等領域長期投身鑽研。張雪門早年的教育志業多在中國北京及華北地區，陳鶴琴多在江南地區，在教育界同樣地受到推崇與敬重，當時贏得「南陳北張」的稱號。

陳鶴琴在民初留學美國，學成後投入社會與教育改革運動，以其教育心理、兒童心理的研究專長，在南京擇定一幼稚園當作其幼教思想發展與改革的基地，後來遠赴江西泰和創辦一所公立幼稚師範學校以實踐其「活教育」（living education）理念，在幼教思想與課程實踐等領域的貢獻，迄今仍廣受推崇（洪福財，2004）。張雪門則是以北平香山慈幼院幼稚師範及其所屬中心幼稚園為實驗基地，影響遍及東北、華北、內蒙、天津、北平等地區和省市（戴自俺，1994a）；民國35年（1946）獲邀赴臺主持開辦保育院業務（其後稱

「省立臺北育幼院」並任院長）。推敲自6年（1917）開始從事幼兒教育工作，直到62年（1973）病逝，始終致力於從事幼兒教育的研究與實踐工作（盧樂山，1991），所提倡之「自然教學法」與「行爲課程」等廣獲推崇，培育的師資生如李蟾桂、華霞菱等人，對近年臺灣幼教的發展也多有貢獻。

　　篇幅所限，以下僅就陳鶴琴與活教育思想、張雪門與行爲課程等兩部分，分別介紹如後。

一、陳鶴琴與活教育思想

　　關於陳鶴琴的生平與所提倡之活教育思想，茲分述如後。

(一)生平

　　陳鶴琴於1892年3月5日（清光緒18年2月初7）生於浙江上虞縣百官鎮茅家弄，卒於1982年12月30日，享壽91歲。父陳松年，母親張氏，家中計有五子一女，排行最末，爲民初中國著名的兒童教育學家及教育心理學家。幼時曾接受中國傳統與新式教育，少時接受中、西教育，曾留美學習教育及教育心理，學成後返回中國投身教育並爲民國初期有關教育心理、心理測驗，以及兒童教育等領域的學術翹楚，教育領域橫跨幼兒教育、小學教育、家庭教育，以及師資培育等（洪福財，2004）。

　　光緒32年（1906）8月下旬，陳鶴琴在友人楊信一的介紹下入杭州蕙蘭中學讀書，由私塾轉爲接受西式教育，改變了他往後的學習生活規劃。蕙蘭中學畢業後，懷著「要濟世救人，非有學問不可；要有學問，非讀書不可」的信念，在他的四哥的實質協助下進入上海「梵王渡大學」（聖約翰大學[6]）就讀。同年秋，通過省城與京城兩階段考試，進入清華學堂[7]高等科就讀理科；但不到兩個月値武昌起義，返鄉南下避難；民國成立，再度北上清華學校[8]求學。清華學校本是

美國退還部分「庚子賠款」所建立的留美預備學校，[9]陳鶴琴在民國3年（1914）畢業後，如願獲得留學美國的機會。[10]

赴美留學原以習醫爲目標，陳鶴琴進入「約翰霍普金斯大學」（Johns Hopkins University）就讀；民國6年（1917），陳氏改申請進入「哥倫比亞師範學院」[11]（Teachers College, Columbia University）學習教育，受到該校著名的教師如杜威（J. Dewey）、克伯屈（W. H. Kilpatrick）、孟祿（P. Monroe）、麥考爾（W. McCall）等人教育思想的啓蒙。7年（1918）夏天，陳氏獲教育碩士學位，彼時中國南京高等師範學校郭秉文校長爲聘請該校的合適師資親自赴美，郭校長力邀其返國投入該校教職；8年（1919）8月，陳氏履行與郭校長的約定，赴南京師範學校教育科到職（洪福財，2004）。

陳鶴琴返國之初，在期許改造社會與教育的想法下，與陶行知、鄭曉滄、廖世承、陸志書、俞子夷、涂羽卿等人共倡新教育運動。民國9年（1920），陳氏與俞雅琴女士結婚；次年，與廖世承合著《智力測驗法》一書出版，以東南大學爲研究與發展基地，[12]帶領測驗的發展。12年（1923），在鼓樓自宅創辦南京「鼓樓幼稚園」並自任園長，辦園並觀察幼兒的學習特性；14年（1925）新園舍成立，將全園定名爲「東南大學教育科實驗幼稚園」，請助教張宗麟併同協助（洪福財，2004）。1928年，受大學院之聘起草《幼稚園課程暫行標準》，該暫行標準後經修訂定名爲《幼稚園課程標準》，爲後來指導臺灣幼稚園課程發展超過一世紀的官方版本。

民國16年（1927）6月，陳鶴琴應南京特別市教育局局長陳劍修之請，擔任該市教育局學校教育課課長。17年（1928），轉赴上海出任「上海工部局華人教育處」處長職，掌管該局所轄的華人子弟教育。26年（1937）抗日戰爭開始，陳鶴琴呼籲社會以「保育民族幼苗」爲旨，投入難童的教育與生活救濟工作，並籌立「兒童保育會」任理事長，陸續開辦十所「報童學校」、一所「兒童保育院」以

及兩個成人「報販班」，協助貧童與失學成人得以接受教育。29年
（1940）2月，應江西省教育廳廳長程柏盧之邀赴江西省泰和辦學，
開始「活教育思想」的實驗工作（洪福財，2004）。

　　民國28年（1949），陳鶴琴任中央人民政府政務院文化教育委
員會委員，後又任華東軍政委員會文教委員、中央大學師範學院院
長、南京師範學院院長；歷任中共全國政協一、二、三、四、五屆委
員，全國政協文化教育委員會委員，全國文字改革委員會委員，中國
人民保衛兒童全國委員會委員，江蘇省政協副主席，江蘇省人大常委
會副主任，九三學社中央常委等職。47年（1958），陳氏受資產階
級批判，「買辦階級思想」、「與黨爭權」、「冒牌學者」、「撈取
政治資本」、「活教育是反動的」等罪名齊出，受免除南京師範學院
院長職務；55年（1966）「文化大革命」時期，陳氏遭下放待遇；
60年（1971）9月方獲平反，准許折價歸還抄家物資、補發工資並恢
復以往政治待遇。同年（1971）12月罹患腦血栓，體質漸衰；71年
（1982）12月30日病逝於南京，享壽91歲（洪福財，2004）。

(二)活教育思想

　　陳鶴琴自返國服務後，對於中國傳統教育的沉寂與死板感到憂心
不已，這種「死一般的教育」，成爲他致力改善的目標。但面對積習
已久的文化，改革難度甚鉅，也免不了受到旁人的嘲諷與譏訕；但他
並未因此而裹足，始終以學風改革爲志。民國28年（1939），陳氏
與陳選善共同創辦《小學教師》月刊，陳氏在發刊詞描述著中國教育
腐化的情形以及應改進的方向，可以看出活教育的主張已然萌發：[13]

　　「教死書，死教書，教書死。讀死書，死讀書，讀書死。」這兩
句話是陶行知先生在10年前描寫中國教育腐化的情形，這種死氣沉
沉的教育，到今天恐怕還是如此，或許更糟一些。

我們應當怎樣使得這種腐化的教育，變爲前進的、自動的、活潑的、有生氣的教育？我們怎樣使教師：教活書，活教書，教書活？

我們怎樣使兒童：讀活書，活讀書，讀書活？

在改革舊腐學風、活化教育生氣的理念下，陳鶴琴力求改變，嘗試提出教育文化的前瞻想法。所謂活教育思想，與當時實驗主義的教育思想存在密切關係：[14]

我們爲什麼要提出兒童教育思潮的趨勢和杜威的學說呢？因爲我們現在提倡的活教育是接受著世界新教育的思潮，並和杜威一樣的在創造理論，也創造方法。我們活教育的實驗沒有成法可按，只靠我們自己努力研究，努力實驗，從做中求進步，講結果。

最近的教育思潮是注重實驗，這是從美國實驗主義派的哲學來的，杜威、彌勒等主張得最有力。這個思潮，影響到各種教育，使各種教育的各個方面都起了變化。其實從實驗所得的結果來看，實驗主義比較來得適用。

於是，活教育思想以鼓樓幼稚園爲主要實驗基地，立基多年的科學研究成果，秉著科學研究的精神不斷地實驗及發展，使得活教育思想具備科學的特性。此外，陳鶴琴任職上海工部局華人教育處處長期間，赴歐洲進行長達七個多月的教育考察，先後到了11個國家：英國、法國、比利時、荷蘭、德國、丹麥、蘇聯、波蘭、奧地利、義大利、瑞士等，對於西方的教育發展有貼近的認識。但在引進西方教育思想之餘，陳氏曾在〈我們的主張〉一文中列舉發展幼稚教育的主張，首項即明白揭示：「幼稚園是要適應國情的」；陳氏認爲教育思想的發展要改變長久習洋而未能適應中國特性，所以他提出的活教

育思想首要目標便是：「做人，做中國人，做現代中國人」，[15]讓活教育思想同時可以汲取西方經驗的長處，同時要彰顯中國的特性與需求。

　　陳鶴琴的活教育思想起於對傳統教育的批判，以追尋能化解傳統教育帶來的僵化、與生活脫節、無法接觸自然，以及剝奪幼兒學習主權的弊端，期能引領幼兒的學習生氣、適應社會生活，乃至成為全面發展的個體。陳氏曾將活教育與死教育之間的差異，對稱列出十大區別（如表2-1）。

表2-1　活教育與死教育的十大區別

活教育	死教育
1.一切設施，一切活動以兒童做中心的主體。學校裡的一切活動差不多都是兒童的活動。	1.一切設施，一切活動，教師（包括校長）是中心的主體。學校裡一切活動差不多都是教師的活動。
2.教育的目的在培養做人的態度，養成優良的習慣，發現內在的興趣，獲得求知的方法，訓練人生的基本技能。	2.教育的目的，在灌輸許多無意義的零星知識，養成許多無關重要的零星技能。
3.一切教學，集中在「做」，做中學，做中教做中求進步。	3.一切教學，集中在「聽」，教師口裡講，兒童用耳聽。
4.分組學習，共同研討。	4.個人學習，班級教授。
5.以愛以德來感化兒童。	5.以威以畏來約束兒童。
6.兒童自訂法則來管理自己。	6.教師以個人主見來約束兒童。
7.課程是根據兒童的心理和社會的需要來編訂的，教材也是根據兒童的心理和社會的需要來選定的，所以課程是有伸縮性，教材是有活動性而可隨時更改的。	7.固定的課程，呆板的教材，不問兒童能否了解，與時令是否適合，只是一節一節的上，一課一課的教。
8.兒童天真爛漫，活潑可愛，工作時很靜很忙，遊戲時很起勁很高興。	8.兒童呆呆板板，暮氣沉沉，不好動。
9.師生共同生活，教學相長。	9.師生界線分明，隔膜橫生。
10.學校是社會的中心，師生集中力量，改造環境，服務社會。	10.校牆高築，學校與社會毫無聯繫。

說明：原文為1941年陳鶴琴在《小學教育》第三卷第一期發表〈活教育與死教育〉摘錄而來。見《陳鶴琴全集》，第五卷，頁30-31。

65

活教育思想的提出源自對傳統教育的反動，藉由實際的驗證，在理念、課程、教法、環境，乃至師資等層面，進行有別於傳統教育的改革，藉以達成提升幼兒能力的全面發展，並養成幼兒適應社會生活的能力。

關於陳鶴琴主張的活教育思想內容，洪福財（2004）曾歸納為八項主要內容，茲說明如後：

1. **目的**：活教育思想的目的，以做人為主軸，由內而外地擴及到世界人的理想，提出以「做人、做中國人、做世界人」的主軸。為達成前述目的應具備的五項條件——健全的身體、創造的能力、服務的精神、合作的態度，以及世界的眼光；此外，做世界人另應具備「愛國家、愛人類、愛真理」等條件。

2. **幼兒**：關於幼兒的本質假定是偏向性善或無善無惡的觀點，對於幼兒的發展持「環境論」的觀點。幼兒具有下述六項特性——具有天生的好奇心；具有天生的遊戲心；生性向來是好動的；喜歡模仿；可教的、好群而不願獨處的；喜歡至戶外活動的，故教育應充分地掌握前述特性，提供適應幼兒的教育內容。

3. **課程**：活教育思想的課程主要有五項特色——取材於大自然大社會、應與幼兒生活環境相結合、應提供幼兒動手的機會、應強調聯繫的課程結構，以及應提供課程編製的彈性等。故課程編製應滿足不同身心發展特性的幼兒，同時應有益於不同成長環境的幼兒學習，故編製時宜保留較大的彈性以適應不同地區、發展情形的幼兒，在必要時甚至允許重編。

4. **教師**：對從事活教育思想的師資條件要求可歸結為三個面向——首先，在身心狀況方面，須維護身心的健全發展，樂

觀、並有創造環境、改造環境的意願與能力；其次，在專業素養方面，須擁有幼兒發展的知能，能關心、願意去接近並了解兒童需要，並能秉持研究精神，求真求是地作為幼兒的榜樣；再次，在專門知識方面，除本國語文涵養外，須發展獨特的學科能力專長，提供幼兒多元的學習刺激。

5. **教學方法**：教學是一連串的歷程，主要分做四個步驟——一是實驗，二是參考，三是發表，四是檢討；在此歷程中，教師應善用教學方法，讓幼兒獲得完整的知識和能力。

6. **行政**：行政是以尊重幼兒、慈愛的方式進行，學校與幼兒站在同一陣線，師生間共同合作、共同參與各項活動，幼兒之間懂得服務合作，並能有組織的運作與自我管理，幼兒表現的評量則著重在動態活動方面。

7. **設備**：包含環境中可見的軟硬體設施，為滿足幼兒需求並達成學習目的所規劃。設備應了解兒童心理，環境不僅要整潔美麗，設備取材來源多使用自然物，圖書教具要豐富，且幼兒能主動參與設備的規劃與布置。此外，課桌椅的安排應採活動方式，允許幼兒依需要移動，使兒童主動學習的意願增加並有助提高學習成效。

8. **訓育觀**：重視幼兒的習慣養成、讓幼兒真正體會行為意義，進而養成自助與自動的態度與情操；加強家庭與學校的聯繫，以幫助幼兒行為習慣的養成；教師應重視以身作則，對於幼兒的負向行為應積極地探詢動機並予輔導，更具積極意義。

　　陳鶴琴開展其活教育思想的內涵並成體系，思想體系化的過程能重視科學實驗的精神以創發符合時代性與本土性，實屬難得。其後以「江西省立實驗幼稚師範學校」（中國第一所公立幼稚師範學校）為基地，實現其辦中國化幼稚教育、由國人自己培養幼教師資的宏願。

直至今日，海峽兩岸仍有諸多研究者持續闡釋其教育主張，對兩岸的幼教發展都產生實質影響。

二、張雪門與行為課程

關於張雪門的生平及其所提倡之行爲課程內容，茲分述如後。

(一)生平

張雪門，浙江省鄞縣（寧波市）人，生於光緒17年（1891）3月10日，民國62年（1973）4月18日逝於臺北。早年曾用名承哉、塵芥，晚年曾用筆名潛光、伏驥（戴自俺，1994），與陳鶴琴、陶行知等並稱爲現代著名幼教專家。

張雪門幼年從塾師讀《四書》、《五經》，後畢業於浙江省立第四中學。民國元年（1912）出任鄞縣私立星蔭學校（現寧波市海曙中心小學）校長，7年（1918）星蔭學校校董、鄞縣潘火橋旅滬富商蔡琴孫爲其母作50大壽，在星蔭學校附近的參議廟創辦「星蔭幼稚園」，聘請張雪門爲首任園長，爲鄞縣歷史上第一所由國人自己辦的幼稚園。星蔭幼稚園使張雪門跨入了幼稚教育之門，從此他畢生獻身於幼教事業，先後在中國和臺灣出版了二、三十本幼稚教育的專著，並撰寫了50多篇幼稚教育的論文（胡宙巖，2017）。

張雪門自述26歲以前的生涯是老家安排的，以後的生涯是自己發現的，說的便是識得「幼稚園」後的幼教研究生涯（翁麗芳，1998）。民國9年（1920）「上京」，成爲張氏幼教生涯重要關鍵，時年方29歲。同年4月，張氏與鄞縣其他六名教育界知名人士創辦一所二年制幼稚師範，名爲「星蔭幼稚師範」，受到當時北京大學教授馬幼漁和北京孔德學校總務長馬隅卿的支持。之後張氏應邀到北京孔德學校任小學部主任，他利用機會參觀京、津一帶的幼稚園，繼續他的幼教研究工作，不久之後又返回寧波（胡宙巖，2017）。

　　民國13年（1924），張雪門重返北京擔任北京大學註冊課職員，並在教育系學習；他曾在《北大校刊》刊登啓事，徵求有志從事兒童早期教育者籌組學會研究小組，敦請劉廷芳教授擔任指導。15年（1926）5月，張氏編譯《福祿貝爾遊戲輯要》和《福氏積木譯文》，請北大教育系高仁山教授指教。他向高仁山教授表示，將以兩年的時間研究福氏和蒙氏教育，以一年時間研究世界各國幼稚教育，立志終身從事中國的幼稚教育。17年（1928）春，張氏和幾位朋友成立「北平幼稚教育研究會」，暑假之後孔德學校設置幼稚師範，由張氏負責主持。在辦孔德幼師的過程中，他領會到「騎馬者應從馬背上學」的道理，採取半日授課半日實習的措施；除孔德幼師自辦幼稚園外，還借了一個蒙養園作爲幼師學生的實習場所（胡宙巖，2017）。

　　民國19年（1930）初，張雪門應北平「香山慈幼院」院長熊希齡之聘，到香山慈幼院編輯《幼稚師範叢書》。同年秋，在香山見心齋創辦「北平幼稚師範學校」，該校是「中華教育改進社」的實驗學校，又屬香山慈幼院，稱香山慈幼院三校。該校的教育採半道爾頓制，除講授書本知識外，特別重視對自然和社會的認識與技能態度的培養。20年（1931），北平幼師由香山遷到西四帝王廟，同時創辦一中心幼稚園做爲師範生的實習場所，還借用北平市幾個幼稚園（當時爲半日制，下午不上課）辦了幾個平民幼稚園，完全由師範生自主自理。22年（1933），北平市社會局組織起草幼稚園具體課程實施方案，張氏應邀參加，爲起草委員之一；23年（1934）秋，張氏到上海山海工學團與陶行知面商，聘請該團輔導主任戴自俺到北平，協助他在北平西郊開辦鄉村教育實驗區。這段期間是張氏著作多產時期，陸續發表著作如：《幼稚園的研究》（1926；1929，北新書局）、《幼稚園的學理與實施》（1930，北平香山慈幼院）、《幼稚園研究集》（1930，北新書局）、《幼稚園教育概論》（1931，

上海商務印書館）、《新幼稚教育》（1933，上海兒童書局）、
《幼稚園組織法》（1934，上海兒童書局）、《幼稚教育新論》
（1936，上海中華書局）（翁麗芳，1998；胡宙巖，2017）。

　　民國26年（1937）8月8日，日軍占領北平，張雪門離開北平幼
稚師範隻身南下，徵得熊希齡院長的同意與南開大學校長張伯苓先生
的協助，將北平幼師遷往桂林，開辦「北平香山慈幼院桂林分院廣西
幼稚師範」，由張氏任校長。31年（1942），張氏應「國立西北師
範學院」之聘，到陝西城固西北師院任教。32年（1943）秋，離城
固去重慶，是時北平幼師遷到重慶，仍由他主持校務。張氏於抗戰勝
利次年（1946）元旦返北平，立即投入北平幼師的復校工作；但當
時原北平幼師的校址（西四帝王廟）已改辦了「女三中」，為請求發
還校址恢復北平幼師，他奔走半年但未獲北平市教育局同意，之後恰
好有人相邀至臺灣，即決定離平赴約（胡宙巖，2017）。

　　民國35年（1946）11月，臺灣行政長官公署民政處下設「兒童
保育院」在北投開辦，由張雪門擔任院長；兒童保育院的組織分小學
部、幼稚部、育嬰部等，次年（1947）改名「臺灣省育幼院」，之
後（1948）又更名為「臺灣省立臺北育幼院」。張氏除主持開辦保
育院業務外，同時也培訓幼教師資、輔導地方兒童福利事業等，一直
服務到42年（1953）自請退休止，負責院務前後約七年（翁麗芳，
1998）。

　　身體健康情況日下，是影響張雪門幼教志業的重要原因。民國
38年（1949）8月，張氏罹患青光眼症，經手術但視力未能恢復；41
年（1952）又進行左眼白內障手術治療；不久，右眼病復發且傳染
左眼，經摘除右眼球後，左眼亦僅能保持微弱的視力；同年10月，
專著《幼稚園行為課程》出版。42年（1953）春天，張氏離開臺北
育幼院的工作，在歡送會留下一首七律：「七年海外此棲遲，萬里空
餘故國悲。老樹浮雲春寂寂，落花流水雨絲絲。夢回小閣三秋病，愁

絕蕭齋一夕詩。願爲兒童共珍攝，暫時相別莫相疑。」（盧樂山，1991）。

民國43年（1954），空軍總部創刊發行《幼教輔導月刊》，刊載幼稚園五指活動課程、行爲課程的實施案例；同年中華婦女反共聯合會空軍分會在臺北劍潭設立「第一幼兒園」，其後在空軍當局的支持下於眷區大量開辦，迄年底爲止全臺開設62團、招收幼兒數達7,500人。考幼兒團設立應源於張雪門在二戰前中國辦理幼兒團的經驗，前述幼兒團在46年（1957）一律改名幼稚園，約占當時幼稚園總數十分之一的比重（翁麗芳，1998）。49年（1960），張氏患腦溢血，行動更爲不便，惟病中仍讀書寫作，關懷幼稚教育；62年（1973）年，病逝於和平醫院，享壽83歲。

張雪門先任小學校長，其後投入幼教工作直到1973年病逝，始終致力於幼教與幼教師資培育的研究與實踐工作。戴自俺（1994）曾就其在幼教師資培育的努力方面，歸結如下四項重點：

1. 堅持培養理想的幼兒師資，是辦好幼兒教育的根本。
2. 所主辦的幼師有明確的培養目標，能爲普及平民幼兒教育和廣大農村幼兒教育造就新一代國民而獻身的幼兒教師。
3. 特別重視實習。
4. 注重繼續教育。

張雪門在海峽兩岸促進幼教制度的發展，從思想引進、機構建置、師資培育、課程與教學的創新推動，乃至促成幼教的本土化發展等，超越半世紀的光陰投注於幼教工作，對中國與臺灣的幼教發展貢獻卓著。

(二) 行爲課程

投入幼教工作之初，張雪門發現即使民國元年（1912）公布教令第23號《學校系統改革案》中便有幼稚園收受6歲以下兒童的規

定，但綜觀同年12月新學制課程標準起草委員會中並無幼稚園的課程標準；當時幼教人才少有且社會缺少對幼稚園的理解，張氏也不禁感嘆：「唉！幼稚園！你的足跡到了英美是何等的光榮，為什麼到了中國便不一樣呢？」（張雪門，1929：51）。

　　張雪門深知課程是推動幼教的核心要素之一，自投身幼教工作開始，便積極關注幼教課程發展，進行幼教課程的相關實驗研究，其中最具代表性的，便是民國27年（1938）創始「行為課程」一詞，成為後人探究張氏幼教思想的主要內容（翁麗芳，1998）。張氏以為，幼稚園課程應當是「從生活而來，從生活而開展，也從生活而結束。不像一般的完全限於教材的活動。在今日以教材為中心的氣氛中，我們特別來提倡行為課程，自有不得已的苦衷。」（張雪門，1966）關於對幼教課程研究的投入時期與情形，張氏有著如下描述：（張雪門，1929：2）

　　從十二年度到十四年度止，這三年的時間，老天使我有一個清閒的機會，自己既貧且懶，別人也差不多忘掉了我。因之想在機械的生活中，只開闢一個心靈的世界，預備對於幼稚教育。從福祿培爾研究起，再經蒙臺梭利，最後才根據現在我們孩子的環境創造自己的樂園。可是我這一期研究的態度，已經由被動而變為自動，積極變為消極，應用而變為理論了。

　　張雪門曾經在民國初年參觀中國的30所幼稚園之後，完成〈參觀三十校幼稚園後的感想〉一文；他將參觀過的幼稚園分成三類評述如後：（張雪門，1929：55-58）

1. **宗教式**：有美麗的教室、小巧的桌椅、精緻的恩物。但保姆
   的職務是教會的職務，不是教育的職務，她們願意給教會造

成功一批教徒的心比替社會造成一批健全分子的心熱烈，所以她們是爲她們自己的教會盡職，不是爲教育服務，是爲的宗教，不是爲的孩子。……要想改良，除非捨宗教的狹義而爲廣義，略宗教的形式而取精神，然而這哪裡能夠！

2. **日本式**：又可以叫做小學式的幼稚園，因爲很像是小學校。……保姆高高地坐在上面，孩子一排一排地坐在下面。固然！這種教育從系統上管理上給保姆不少的便利；然而，他們所顧到的是成人的主觀，卻忘懷孩子的心身。……在這種幼稚園裡，很容易發現他和小學校銜接的苦心，只有這一點，是值得讚美的；然而它銜接的路徑走錯了。……所以我認爲這一種幼稚園，是談不到改良的，除非破壞了重新建築。

3. **普通式**：這些有完全的訓練（福祿培爾的教育法），而卻無宗教的束縛，發揮福祿培爾的精神，同時又可以吸收蒙臺梭利的血液，我所認爲頂有希望的就是這一種幼稚園。

　　面對各類幼稚園教育內涵的分析，張雪門認爲普通式幼稚園是最可以發展的類型；在清末以來模仿外國幼稚園，或是採用外國教材的幼教現象，是張氏眼中的「幼教病象」。張氏一方面推動「中國的」幼稚園課程，另方面主張「兒童本位」的課程；從生活中取材且開展，便成爲他選擇解決前述課程病象的主要徑路。

　　張雪門（1929）指出，有人以爲幼稚園課程應當以教材爲中心，但不論教材是現成的或是創造的，教材的目的都是爲了充實幼兒的生活，而非用以灌注幼兒的熟料。當教師忽略生活是流動的事實，過度以教師的成人取向，成人的知識則是專長的、孤絕的、且抽象的。對於幼兒而言，他們沒有學科的概念，是以統整且具體的角度看待宇宙間的一切；如果教師能夠運用自然與社會的環境，喚起幼兒生

活的需要，擴充其生活的經驗，培養其生活的力量，這樣便是行為課程了。

行為課程的價值，在於能統一教師和幼兒的生活與視野；實施行為課程時，必須要能夠留意到下列三項原則：（張雪門，1929）

1. 課程固由於自然的行為，卻須經過人工的精選。
2. 課程固由於勞動行為，卻須在勞動上勞心，任何行為都離不開勞動，但勞動並不一定都有價值。
3. 課程固由於兒童生活中取材，但須有遠大的客觀標準，課程內容想適合幼兒的行為，自然應在他們生活中取材。

對幼兒而言，幼稚園課程有助於補齊自然經驗的不足。張雪門（1929）指出，經驗的範圍有二：一是自然經驗，無目的，無定時，也無一定的地方，在生長上是堆積的經驗；二係人為經驗，有目的，有定時，有定地，且按一定的步驟所獲得的經驗，在生長上是有機的經驗。前述自然經驗存在下述四項缺點：零碎不全；紊亂散漫而沒有系統；其獲得也太不經濟；僅足以對付簡單的環境。為了幫助前述自然經驗不足並增加其效率，幼稚園裡具體的實踐就是透過課程，而課程的規劃則必須要顧及下述幾項標準：

1. 應合於兒童的需要。
2. 應顧到社會生活的意義。
3. 應在兒童自己的環境裡蒐集材料。
4. 應顧到社會生活的重要。
5. 上面所述還沒有道及的一切衝動、習慣、態度。

社會需求與幼兒個體的發展，是決定課程目的的兩大考量主軸；一旦決定課程目的之後，就可以掌握課程設計的中心，也就是可以具體地規劃並發展出教案，課程便形成有系統且有目的性的組織。為使幼兒的行為可以達成規劃的目的，教師必須做好下述五項準備：（張雪門，1966）

1. 知識上的準備。

2. 技術上的準備。

3. 作業程序分析的準備。

4. 工具、材料的準備。

5. 集中心力的準備。

當教師做好前述的課程準備後，便可以依規劃地實施課程。在課程實施的過程中，教師必須提供知識、技術、習慣，以及態度等不同面向的指導，讓幼兒的學習經驗可以更加地全面且充實。當課程實施完成，教師還得進一步完成四項工作：（張雪門，1966）

1. 對幼兒行為有所檢討。

2. 對幼兒行為應有繼續的注意。

3. 對幼兒行為應有紀錄。

4. 對幼兒行為經驗應有估計。

綜觀張雪門的行為課程主張，立志為幼兒建構出符合本土民情、社會需求以及幼兒發展特性的課程，為使課程能顧及各面向的發展，課程應立於幼兒生活，有益於幼兒行為操作，便成為行為課程最重要的發展內涵。在行為課程的規劃與實施方面，張氏系統地從理念、目的、實施原則、教師準備、課程實施，以及課程評鑑面向，提出完整的論述，使行為課程的論述符合科學性、系統性與可行性。在兼顧理念與實踐的雙重前提下，行為課程在中國與臺灣兩地的幼教現場與師資培育領域，留下了寶貴的實踐足跡。

附註

1　幼教思潮演變乃延續承襲，不若物質世界可行絕對的區劃；故欲擇取重要歷史事件劃分近代幼教思潮演變，以正式幼教機構出現爲區隔標的無疑是最簡便的區辨方式。擇取正式幼教機構出現爲劃分點，一方面爲突顯幼教的責任與方式已由全屬家庭延伸至社會，具有幼教發展的指標意義；再者，幼教型態的轉變，意味著幼教思潮轉折醞釀出型態變遷，同時也隱蘊幼教型態轉變對思潮發展、教育內容等可能的影響。本書部分雖基於便利考量取正式幼教機構出現爲區劃點，但權衡正式機構出現對幼教發展的影響，該區劃點即便未爲最佳，實頗具討論價值。

2　盧梭在1755年發表《論人類不平等的起源和基礎》一書是最早論述他有關「自然人」的概念，在書中論述所謂「自然狀態」與「自然人」的概念。然此書問世後，立即遭到許多人的誤解與攻擊，連伏爾泰這樣偉大的啓蒙思想家都誤解其思想，他在給盧梭的信中提到「這部著作是反對人類的書，人們讀了它就很想用四隻腳爬行」。可想見盧梭當時受到的壓力與責難。參見戴本博、陳炳文（1995），頁132。

3　幼稚園制度移植美國後，1850-1860年陸續出現幼稚園。1856年由福祿貝爾的學生休茲（M. Schurz）在威斯康辛水城（Watertown, Wisconsin）主持第一所幼稚園，但以德文教學；第一所以英文教學的幼稚園則於1860年由皮巴德（E. Peabody）在波士頓（Boston）開辦，皮氏沿用的幼稚園模式係源於英國，爲福氏幼教模式的修正。上述兩個幼稚園皆未長期存在，直到幼稚園納入公立教育體系後始見改善。第一所公幼是在1873年密蘇里州的聖路易士（St. Louis）由布勞（S. Blow）創建，得到哈里士（W. T. Harris）的全力支持，之後美國各州陸續成立幼稚園，並由教會、工廠、貿易商、安定之家等主辦，然卻漸流爲貧窮移民幼兒的社會救濟場所。參見Adams & Goranson（1988）；Spodek & Brown（1992）；田培林（1978）。

4　蒙特梭利的教育方法在本世紀初期雖受到美國與部分歐洲國家的接受，但

1920年代卻因爲其關於兒童智力及早期發展、感官訓練以及師生關係的主張與當時一般看法迥異，並時值行爲主義學說盛行，且蒙氏研究對象主要以特殊兒童爲主等因素下，致其學說發展之初雖廣獲重視，但旋即於1920年代即衰弱，直至1950年代才逐漸受到重視。參見楊漢麟、周采（1998），頁308-311。

5　有關陶行知的討論篇數雖多，其中陳光輝著有三篇，曹常仁著有五篇；從探究的廣度方面仍顯不足。

6　該校成立於1879年9月1日，爲美國聖公會Bishop Samuel Schereschewsky主教辦理的教會高校，設立於上海，創始之初稱爲聖約翰書院。書院先後設立文理學部、神學部、醫學部和預科。1888年聖公會傳教士F. L. Hawks Pott掌書院後，注重英語和自然科學，並於1890年設大學部，1905年升格爲聖約翰大學，是清末上海地區最有影響力的大學之一。見喻本伐、熊賢君（2000），頁394-395。

7　清末光緒帝在1898年6月11日頒布《明訂國事詔》正式宣告推行變法新政之始，先是諭各省、府、廳、州、縣之大小書院及民間的祠廟，一律改爲兼習中學西學之學校；其後再令各省、府、州、縣一律改書院爲學堂。孫孝恩、丁琪（1997），頁363。

8　清華學堂是今中國清華大學的前身，始建於1911年，是由美國退還部分「庚子賠款」所建立的留美預備學校。1912年，清華學堂更名爲清華學校。1925年設立大學部，開始招收四年制大學生。見清華大學（2002）。

9　美國退還部分庚款助中國政府遣留學生赴美留學的政策，是美國總統羅斯福於1907年首度提出，並於1908年獲參、眾兩院通過的政策。總計1909年至1929年間，由庚款派遣或享受庚款津貼的各類留學美國學生即達1,800餘人。田正平（1996），頁97-98、111。

10　清華學校選派留美學生也訂出一些條件和規範，其中基本條件必須是該校三育俱優的畢業生及臨時考取之專科生與女生爲合格；其餘條件可參見李喜所、劉集林（2000），頁86-87。

11 1910年代，著名的中國留學生團體遠赴美國哥倫比亞大學師範學院就學，其中包括知名領導人物陶行知、胡適、張伯齡、陳鶴琴等，他們也受教於知名哲學家John Dewey及Paul Monroe的門下。這些留學生學成回國後，觸動中國教育思想的發展。他們積極安排杜威赴中國各地演講，孟祿則為改進當時中國教育制度而分赴各地調查、演講，其他教育學院成員尚有如Will McCall和William Heard Kilpatrick等人也都應邀為中國教育改革做出貢獻。

12 南京高等師範學校後併入東南大學。在1952年高等院校調整前，中共先行將境內教會辦理的學校統由教育部接辦，將教育權澈底地回收，也免除宗教可能對政治思想的干預；其中以1950年10月12日將天主教會於1925年辦理的私立輔仁大學接收自辦為最先。12月29日政務院通過《關於處理接受美國津貼的文化教育救濟機關及宗教團體的方針的決定》，於是1951年大規模地接辦教會學校，除大學外，尚有200多所教會中學和1,700多所教會小學也由政府接辦；1952年的高等院校調整，進一步將這些接收的學校分別併入他校。見廖蓋隆、莊浦明主編（2001），頁34。

13 《陳鶴琴全集》，第四卷，頁314。

14 《陳鶴琴全集》，第二卷，頁29。

15 同註13，頁371。

幼教制度源流探究
——清末到民初中國

CHAPTER 3

清末中國出現新學制的興革，取替科舉制度的選才方式，影響所及，從幼教到高教階段皆然。

若以幼教機構出現的始點觀之，臺灣出現幼教機構甚至早於清末中國，但臺灣幼教機構發展初期未能穩定成就體系；相對地，中國歷經清末與民初的學制變革，反倒形成幼教的另一風貌。

即使臺灣幼教機構出現稍早於中國，但中國幼教制度隨著國民政府全盤引入臺灣，反而形塑臺灣幼教制度的主要樣貌。本章將介紹近代中國幼教制度的發展，回探幼教制度發展的源流。

第一節　模仿與遷化的制度開端

就中國言，古代幼教機構的產生可溯至西周「孺子堂」的成立（陳漢才，1996），但封建制度的政治社會情勢與經濟，卻未能供給幼教機構形成予足夠的支持，遂使幼教發展仍舊依附家族及家庭。近代中國幼教制度的確立，使中國社會將以往屬於家庭教育、未有結構與制度化關注的幼教搬上檯面，隨著新教育制度的產生，幼教制度也得以初建（何曉夏編，1989）。

長期以來，中國身處封建體制的封閉空間，穩定的政治、文化傳承以及自給自足的經濟形式，維持幾千年的穩定生活；當中西文化接觸時，微弱的聲音及少量的衝擊，充其量不過是曇花一現。西方教育思想的傳入，可溯至17世紀初年傳教士來華活動；雖出現如高一志（A. Vagnoni, 1566-1640）的《童幼教育》（1620）、艾儒略（G. Aleni, 1582-1649）的《西學凡》（1623）與《職方外紀》（1623）等西方教育思想與制度的翻譯叢書（吳式穎、閻國華編，1997：213），仍舊未能對當時社會激發改革的潮流或省思。

當洋槍大砲逼近，舉國上下皆對洋人的船堅砲利感到驚懼，面對長久以來所謂的「蠻邦」，不得不重新估量。鴉片戰爭轟開中國的

封閉枷鎖，眼見無法抵擋列強層層的攻勢，偏安的心態與安穩已久的政治、軍事、經濟等，隨勢調整與讓步必不可免。在政治方面，高傲與獨尊的政治姿態隨勢調整，同意接受西方各國的平等溝通；經濟方面，銳利的槍砲使得中國門戶洞開，資本主義經濟體制大舉入侵；[1]社會方面，經濟體系變革造就社會秩序的重組，封建制度造就的階級以及社會流動的網絡，跟隨相關因素的變動進行調整；文化方面，中西交通往來頻繁，促成文化流通的機會與可能性，隨著傳教士大量增加以及教會活動的變革，對中國文化蛻變產生衝擊，對於從事教育活動的傳教士來說，當時中國社會所表現出的強烈向西方學習的意願，為其開展工作提供了巨大的機會。[2]

社會經濟變遷激起各社會階層的因應。面臨列強的入侵，鄙視者有之，模仿者有之，認為應酌予採用者也有之，當外來勢力終難抵擋之際，有識之士分別就社會變革提出看法，希望挽救中國社會得不湮滅於這股狂瀾中。此時期幼教得以受到重視的原因主要有五：[3]

一、工商業興盛創發出幼教需求

西方列強入侵，瓦解封建中國原有自給自足式的經濟型態；傳統中國經濟體系一方面面臨變革的危機，另方面列強帶來的壓力反而造就經濟變革的無窮活力。西方工業革命帶動工業勃興，傳統農業與手工業的經濟生產型態轉為大機器的使用，生產方式的改變使得就業人口由家庭走向社會，大量的人力需求更促使女性就業人口走向工廠。

道光22年（1842）、咸豐10年（1860），清政府外因鴉片戰爭與英法聯軍失利而相繼賠款，內有太平軍之亂，更導致民生蕭條。容閎（1977：76）在《西學東漸記》中對於前往太平縣產茶地之旅行沿途居民的生活情形有如下描述：

　　既首途，溯江上行。途中經大城三，爲太平軍所占據，居民甚少，田園荒蕪，蘆葦高且過人；多數市鎮，亦寂無居人，慘澹情狀，不堪屬目。若在平時，此長途所經地方，至少有五十萬戶，今則不知流離何所。存者才數十人耳，亦復形容枯槁，衣裳垢敝，生氣蕭索，遠望之幾疑骷髏人行也。……

　　兵災過後，農田失收，政府復行重稅，民膏已竭，不得不轉爲出洋圖生（李志剛，1981：125）。然出洋之路崎嶇，華工遭虐情事頻傳；本土的茶、絲、棉花、紡織品的產銷，在帝國主義政治強權與工業化快速發展的雙重壓力下，更是年年衰退，終至蕭條（史念海，1991）。民不聊生的結果，促成中國社會改變經濟型態：19世紀後期，開始有部分商人、地主和官僚投資新式工業，採用機器生產，漸轉向近代企業，中國的工人數，從1872年的一萬人到1894增加爲九萬多人（陳漢才，1996：273）。大量的勞力需求以及傳統家庭經濟的變革，婦女開始走出家庭，投入就業市場以分擔家計；但緊接所面臨的，就是幼兒的照應問題。經濟型態轉變創造出大量的幼教需求，迫切議題即是如何妥善地安置幼兒，讓婦女安心就業、從事生產，成爲轉型後工商主義經濟必須面對的課題。

二、西方思想引介燃起幼教之苗

　　西方教育思想發展的黃金時期是與西方資本主義制度的確立、思想領域啓蒙運動的爆發和大工業生產的崛起相伴隨的（吳式穎、閻國華編，1997：206）。前述西方教育思潮的興起，對中國幼教發展也產生一定程度的衝擊。

　　西方幼教思想與幼教機構的主張東移，從19世紀後期傳教士來華活動、華人留學歸國的思想引進以及大量外文資訊的轉譯等管道

可略窺端倪。其中，傳教士來華初期，熱衷於教育事業的發展；例如容閎在7歲時，即在父親的高度期望下，隨父至澳門入英教士葛茨洛夫（Gutzlaff）夫人所設的西塾（容閎，1977：2）。容閎父親將其送進西塾的目的意在啓蒙，以當時西式教育機構未興，可將其視爲一種幼教機構。另一位傳教士狄考文（W. M. Calvin）來華初期，也將注意力轉向教育。1864年，在其所住的觀音廟，協助妻子建起最初的蒙養學堂；當時一方面爲吸引學生，另方面也因狄考文夫婦中文不通，學校聘請中國教書先生，依照中國當時的地方初等教育機構——亦即私塾的形式，以準備使學生應科舉鄉試爲招牌，開始對外招生（史靜寰，1991：52）。傳教士來華初期的教育活動中，對於教育機構的建立多有著力；只是爲適應當時中國社會的需要，在教育目標與辦學方向等層面不得不有所讓步。截至光緒28年（1902），外國教會在中國創辦6所「小孩察物學堂」（即幼稚園），招收幼兒194人；這些教會創辦的幼稚園，都採取福祿貝爾幼稚園的模式與經驗，科目活動多種多樣，生動活潑，管理較嚴密，爲國人自辦幼稚園提供了參照（陳漢才，1996：278）。

　　此外，留學人數日增，西方學術的大量轉譯，對學術界與社會產生不小的衝擊。當時國外重要書籍文獻多有翻譯，期刊雜誌也紛就最新的外國書籍進行介紹，對於西方教育思想傳播來華，扮演重要的中介角色。再者，當時在中國教育界甚具影響力的刊物——《教育雜誌》，[4]更於民國16年（1927）發行之第9卷第2號，以「幼兒教育」爲題，發行「幼兒教育專刊」。其中，杜威、孟祿（P. Monroe）、克伯區（W. H. Kilpatrick）等人曾於民初來華，《教育雜誌》除報導外國學者來華的消息與在華活動的情形外，並將學者來華的演講稿翻成中文，成爲當時傳播教育新知的重要工具。中國的幼教發展遂在西方幼教思想大量傳入下，逐漸得到知識分子的重視與認同，成爲一新興發展的重要領域。

三、留日與仿日之風引介幼教制度

　　中國真正開始大量傳入西方教育思想、學說和理論著作，應始於甲午戰後，而且主要是以日本為傳播管道。正如歷史學家費正清所指出：「從1898年到1914年這段時間，人們可以看到日本在中國的歷史進程中的重大影響。」20世紀前後，西方各國一些著名教育家的學說和著作，大多假手日本介紹過來（周谷平，1996：5）。

　　清末留學政策，無非為實踐「師夷之長技以制夷」的信念。容閎的留美經驗與歸國後的鼓吹，使得留學政策得到清政府的支持；在保守派人士的阻撓下，容閎的留美主張雖只維持了9年（1870-1878），但民間自力出國留學的風潮始終未中斷。甲午戰後，日本的勝利經驗讓中國朝野刮目相看，朝野興起一股日本經驗的省思，紛紛想從這個小國的成功經驗，思索中國富國強兵之道。

　　康有為在光緒24年（1898）5月上〈請開學校折〉時談到學校制度的設立與健全，誠為日本戰勝的關鍵（湯志鈞等，1993：51）。康有為認為學校制度優越是日本帝國國力興盛的主因，而後戊戌政變的政策多仿自日本，正是朝野亟想學習日本的證明。此外，日本的勝利經驗也帶動中國留學風潮的轉向，一則日本的經驗令人嚮往，再則日本的地理環境與文化較近中國，成為吸引留學人潮的新貴。張之洞曾在〈勸學篇〉裡，指出中國當時為何應選擇仿日的原因如下：（李桂林、戚名琇、錢曼倩編，1995）

　　遊學之國，西洋不如東洋，一路近省費，可多遣，一去華近，易考察，一東文近於中文，易通曉，一西書甚繁，凡西學不切要者，東人已刪節而酌改之。中東情勢風俗相近，易倣行，事半功倍，無過於此。

　　一時之間，政治措施得宜、經濟富強、教育發達、民族性格團結等關於日本成功的原因均有人提及，留日學習富強之道的有志青年紛至沓來，一一步向日本領土；另一方面，戊戌政變失敗者逃亡日本，這些人士後來多成為留日學生，對日後中國社會產生不小影響。

　　光緒25年（1899），日本駐京公使矢野文雄向中國政府正式提出書面建議，表示日本政府擬與中國「備敦友誼」，佐中國選派學生前往日本學堂學習，由日本方面支其經費，人數約以兩百人為限。是年，清政府總理衙門奏〈遵議遴選生徒遊學日本事宜片〉，是為清政府正式派學生赴日本留學的第一份政府文件，組織留學日本遂成為一種國策（王炳照，1994：195）。赴日留學成為當時學生冀望的深造管道，並得到雙方政府的支持，開啟較具制度性的發展。

　　再者，日本在西書翻譯領域的快速與細膩，成為吸引有志之士學習日本的重要原因。這可從後來中國幾本重要期刊如《教育雜誌》、《東方雜誌》所刊登的大量日文翻譯文獻略窺一二；《教育世界》甚至譯刊日本教育規章制度114則，其中亦包含少數歐美教育規章制度的介紹，可見當初日本的確是中國取得新知的重要來源。而清政府為借鑑日本教育經驗，主動派員赴日考察，如姚錫光、李宗棠、羅振玉等人先後赴日考察教育；[5]此外，清政府還派遣代表團赴日參觀；例如：光緒28年（1902）4月，清政府管學大臣張百熙派京師大學堂總教習吳汝綸一行，赴日本考察教育制度，參觀日本東京、京都、神戶、大阪等七個城市，歸國後寫成《東游叢錄》一書；爾後，曹廣權赴日本考察教育，結識教育家中村五六，曹氏帶回福祿貝爾恩物與幼稚園經驗，回國後廣為介紹，更在其家中開辦「曹氏家庭幼兒園」，實踐赴日所學之經驗（陳漢才，1996：277-278）。

　　留日、仿日的經驗，確實帶給中國朝野全新的資訊與經驗；而日本的教育制度與內容，深刻地影響當時中國幼教的發展。嚴仁清在〈回憶祖父嚴修在天津創辦的幼兒教育〉一文中，談到當時蒙養院的

教學情形，提到玩具（福祿貝爾恩物）、設備，甚至唱歌歌詞與故事等，均是來自日本（李桂林等，1995：21-22）。舒新城（1927：2）在探討中國幼教發展之歷史時，提到中國幼稚園施教內容可分為宗教式、日本式、普通式等三種，更可見日本對中國幼教發展的影響。

綜結前述，日本對當時中國幼教的影響，不僅在制度與硬體設備層面，連教學內容與文化層面的滲透，更是無所不在；但透過模仿，中國的蒙養院與日本幼稚園相較，顯然容易多了；光緒29年（1904），清政府抄襲日本五年前公布的《幼稚園保育及設備章程》，[6]訂出了中國第一份幼教法規《奏定蒙養院及家庭教育法章程》，但從章程內容觀之，蒙養院充其量只能謂之為「將就湊合下幼教機構的開端」罷了（翁麗芳，1998：138）。是以，模仿設置是幼教在此時期之主要成就，距離真正中國化的幼教發展，顯然還有一段長路。

四、心理科學鋪陳幼教學科化發展基礎

近代中西文明交會，促成西方學術思想東移；在文藝復興、啓蒙運動、工業革命、科學革命等激盪下，西方學術社群走向科學化的方向。1879年，馮德（W. Wundt）在德國萊比錫成立第一個心理學實驗室，心理學的發展正式步入科學化的境地。透過學術思想的傳布，兒童發展的科學化研究陸續出現，霍爾（G. S. Hall）、比奈（A. Binet）等人對兒童發展特質的探究，促成各界對兒童發展特質重視。清末維新派人士，在最初引進西方心理學上起了重要作用（何曉夏，1989：80）。光緒28年（1902），梁啓超〈教育政策私議〉介紹了關於兒童心理發展的分期及特點，「取日本人所論教育次第」為榜樣，將學程分為四個時期：（璩鑫圭、唐良炎編，1991：163-169）

五歲以下：家庭教育，幼稚園期，亦稱幼兒期；

六歲至十三歲：小學校期，亦稱兒童期；

十四歲至二十一歲：中學校期，亦稱少年期；

二十二歲至二十五歲：大學校期，亦稱成人期。

　　從梁氏的學程分類明顯看出，學程劃分主要採取兒童發展的不同階段，依幼兒、兒童、少年、成人等期，循序設置；每時期皆按照「身體發達」、「知」、「情」、「意」、「自觀力」五個方面的情況和達標要求，施以不同的教育（陳學恂，1994：161）。此種主張兒童受教育應有次序，要依照不同年齡階段的心理特點，應是一種不小的進步。對於教育應有次序、不宜躐等躁進的想法，梁氏在同文中也曾提到：（璩鑫圭、唐良炎編，1991：169）

　　教育之次第，其不可以躐等進也明矣。夫在教育已興之國，其就學之級，自能與其年相應。

　　此外，康有為也曾在流亡日本期間繼續修改《大同書》，論述他認為理想的教育體系。康有為借鑑福祿貝爾的經驗，提倡在初等教育學段中創設「人本院」、「育嬰院」等社會學前教育機構（陳漢才，1996：276）。康氏在採取三級教育階段劃分之餘，仍注重幼教的重要性，並在考量兒童發展階段之下劃分教育體系，頗具科學化的精神。

　　1900年以後，心理科學的研究在實用主義的推波助瀾下，開始了實證性、量化的研究風貌。心理測驗的發達，代表心理科學研究領域走向科學化與實證化的境地。民國以後，西方心理測驗逐漸傳入我國；早在民國4年（1915）克雷頓就在廣州用機械記憶、條理記憶、交替、比喻等項的心理測驗，對五百人進行測試。樊炳清在5年

（1916）首先介紹「比奈─西蒙測驗」，引發了國內的教育心理測驗研究（申荷永，1994：37）。在中國正式介紹並採用科學的心理測驗，當舉廖世承和陳鶴琴於9年（1920）在南京高等師範開設測驗課程，以心理測驗測試學生；兩人並於是年出版《智力測驗法》，是中國近代測驗發展的重要工作。11年（1922）4月比奈量表由賈培杰譯成中文《兒童心智發達測量法》，同年張耀翔在《教育叢刊》上發表心理測驗和新法考試的文章，並在北京高等師範首先將心理測驗列為入學考試科目之一，西方心理測驗正式傳入中國（張厚粲，1994：7）。

科學化心理測驗傳入中國後，教育部門極力提倡利用測驗實施新法考試，同時心理學者也藉助測驗開展研究，心理與教育測驗快速發展。留學學人如陳鶴琴、王國維、廖世承等人回國的倡導，在中國推廣心理科學的新知與研究，並致力將心理科學的研究成果應用於教育，為「教育心理學」學科鋪路，帶動教育心理科學化研究，同時促成幼教的科學化發展（黃書光，1998）。兒童發展成為心理科學的主要研究主題，著手於兒童發展特性的探討，促成對兒童成長特質一致性與殊異性的了解，從科學角度提供兒童成長的證據，以尊重個體發展的主體性與獨特性，紮實了兒童發展的知識基礎。

五、幼教師資因女子教育啓蒙而獲益

在「保育多於教育」的信念下，幼教從家庭教育漸轉向社會性教養機構領域；「男不言內，女不言外」的傳統，使幼教在傳統中國社會自然成為女子的「分內事」，男子不僅少過問，甚至不經手。此種情形直到幼教機構設立依舊如此，無論保姆、乳媼或幼教機構教師等工作，都是由女子擔任。但處於「三從」、「男外女內」分明、「宗桃繼承」觀念盛行的中國社會，是女子不能與男子處於平等地位，

而居於附庸的原因（盧燕貞，1989：2-3）。長期以來女子教育權低落，未能提供女子充足的教育訓練以及學習機會，致使幼教師資來源成為待解的重要課題。

　　清末傳教士來華的教育活動，設女學，為女子教育注入一股活力。之後，《萬國公報》（*The Globe Magazine and A Review of the Times*）[7]發行，因勸誡纏足以及比較歐美社會與中國婦女社會男女平權等事件，帶領一股女權運動。狄考文曾於公報發表〈振興學校論〉中即指陳，中國教育的五大缺失在缺乏啟發性、所學範圍太狹、不重口授、不重女學、缺乏啟蒙書籍。日俄戰後，林樂知（Y. J. Allen）認為中國應當速起仿效，他認為：「中日之大不同，在於一重女學，一輕女學。」（廖秀真，1980：36-38）。傳教士對女權的思想傳布，激發中國社會反省長久壓抑婦女的事實。

　　但清政府在20世紀初期依舊存在固陋的成見。在《奏定蒙養院及家庭教育法章程》中，對女子的歧視依舊清晰可見，如「少年女子斷不宜結隊入學，遊行街市，且不宜多讀西書，誤學外國習俗，致開自行擇配之漸，長蔑視父母夫婿之風。故女子祇可於家庭教之，或受母教，或受保姆之教，另其能識應用之文字，通解家庭應用之書算物理，及婦職應盡之道，女工應為之事，足以持家教子而已。其無益文詞，概不必教。」（中國學前教育史編寫組，1989：95-96），對女子接受教育的諸多偏見可見一斑。

　　中國知識分子從各國教育經驗與社會變遷，體察婦女在未來中國社會發展的重要角色。光緒19年（1893），鄭觀應即以人才乃興國之本，介紹各國學制，以各國男女幼童皆入學堂，致國無棄才，主張中國女子也應接受教育。梁啟超則攻擊「女子無才便是德」的看法，在23年（1897）〈論女學〉一文中，批判此等想法實「禍天下之道」，闡述了女子受教育的重大意義，指出女子受教育涉及國民經濟的增值、社會的風貌、兒童教育等，因此「婦學實天下存亡強弱之大

原也」（何曉夏編，1996：83）。爲倡女學，是年，梁氏復作〈倡設女學堂啓〉，主張女學成立的必要性，足見女學倡設獲得當時不少知識分子支持。

女學的倡議，成爲戊戌變法期間的重要訴求；後雖戊戌變法受到慈禧太后的短暫阻撓而失敗，但女子受教的需求與呼聲，終究難以抵擋。在鄭觀應、梁啓超、蔡元培等人多年的努力，加上教會傳教士在華多年的耕耘，清政府終有善意的回應。光緒28年（1902）張之洞、榮慶、張百熙等人參酌日本學制，擇其適用者，經過數月的商討研修，於29年11月26日（1904年1月13日）奏上，獲准實行，是爲「癸卯學制」。此章程除主張設立初高兩等小學堂、中學堂、大學堂、優級師範學堂、初級師範學堂及各種實業學堂外，並訂有《奏定蒙養院及家庭教育法章程》，明訂保姆的養成與資格取得，提供女子學習與擔任保姆的機會。從現代女子教育角度觀之，前述作爲雖仍顯落後，但其提供女子受教、確立幼教師資養成方式及促成大量培養幼教師資的可能性等作爲，實有其重要的歷史貢獻。

工商業興起創造社會的幼教需求，心理科學與幼教思潮演進促使各界關心幼教學術化與科學化發展，女子教育日興提供幼教必須的師資，而仿日的幼教制度，更是近代中國幼教發展制度化的重要因素。雖然社會需求與本土人士的努力持續爲幼教發展扎根，但仿日的制度移植，無疑是促成近代中國幼教發展的關鍵。

第二節　幼教機構的學制定位

清同治初年，中國爲引進西方新式技術，加強本國人才的培育，專門學校陸續出現；清政府考量實際需要，開始培養西文翻譯、武器機械、軍事指揮等人才，因而專設的學校陸續出現，如京師同文館、福建船政學堂、天津水師學堂等，爲中國新式學校創建之始。這些新

教育制度的出現，旨在救亡圖存、富國強民與適應社會變遷。新式學校「應急」地草創發展數年後漸獲認同，光緒27年（1901）12月，張百熙時任管學大臣著手擬議學堂章程，逐漸建立系統的學校制度。[8]

　　清光緒28年（1902）頒行之《欽定學堂章程》，是中國新式學制的濫觴，但幼教未見於首度學制改革中；29年（1904）《奏定學堂章程》頒行，在學制中納入「蒙養院」，係將幼教納進學制之始。[9]民國初年（1912-1913）的「壬子癸丑學制」，「蒙養園」也列入學制中；11年（1922）的「壬戌學制」，官方學制中首度出現「幼稚園」的名稱，往後的幾次學制變革繼續沿用之；17年（1928）的「戊辰學制」、21年（1932）「辛未學制」等對學校組織進行變革，惟「幼稚園」在學制中的定位不變。「幼稚園」名稱的確定，在學制變革中確實代表一個轉折點；「壬戌學制」（又稱「新學制」）的改革，也是今日臺灣學制之基礎。

　　關於學制變革與幼教機構的發展，茲併同討論如後。[10]

一、湖北幼稚園──中國第一個幼稚園

　　雖說《蒙養院及家庭教育法章程》係首度將幼教機構納入學制，但於該章程頒定前，中國已出現幼稚園。

　　光緒29年（1903）8月，湖北巡撫端方（1861-1911）於武昌創辦「湖北幼稚園」，是為中國大陸第一所幼稚園（中國學前教育史編寫組，1989；何曉夏，1989；翁麗芳，1995）。該園聘請戶野美知惠等三名日本保姆來華經辦，由於開園之初係招收6至10歲兒童，性質類似初級小學（葛承調，1935：13）；設園之精神與運作，則仿日幼稚園方式，雖招生年齡與幼稚園不符，仍可視為中國最先設立之幼稚園雛形。

　　湖北幼稚園開辦之議是起於光緒28年（1902）湖廣總督張之洞（1837-1909，後以原兩江總督歿），張之洞奉命赴南京代行兩江總

督職，端方因此兼任湖廣總督而接掌創辦（中國學前教育史編寫組，1989：91-92）。開園之初由戶野美知惠任園長，以巡撫端方之名招生，入園幼兒有84名，都是上層階級子弟，開園當日有眾多達官顯要參加開園儀式（翁麗芳，1995）。然湖北幼稚園方開辦數月，即因《蒙養院及家庭教育法章程》公布，辦理內容與章程內容規定部分有違，引來原幼稚園創立倡議者張之洞之批評，是以就辦理內容些予修正，並更名為「武昌蒙養院」（或稱「武昌模範小學蒙養院」）（中國學前教育史編寫組，1989：91-92）。

二、《奏定學堂章程》頒行──幼教機構首見納入學制

中國西式學校制度的發展，在清末逐漸醞釀成形。

雖然《欽定學堂章程》中，與幼教階段最相近之教育機構係「蒙學堂」，但其入學年齡、課程規劃以及教學方式，皆係彌補或為幼童上「尋常小學堂」準備，故不稱屬幼教範疇（璩鑫圭、唐良炎編，1991：233）。此外，未見章程內有其他幼教相關機構設立之規定。

幼教機構遲未設立，但有關籌設幼教機構的聲音陸續出現。例如羅振玉在光緒29年（1903）發表的〈學制私議〉中，將教育階級由6至27歲依序規劃尋常小學（亦稱蒙學）、中等學或尋常師範學、高等學或專門學亦或高等師範學、分科大學、大學院等五個階級，文中對於教育階段劃分乃以尋常小學為始，而非始於幼稚園，惟其提到：「將來必立幼稚園，以3至5歲為保育年限。此刻女學未興，無保姆，故緩之。」[11]可見幼教已開始有人關注，只因相關措施未能配合，成立時機尚未成熟。

《欽定學堂章程》未及施行，張百熙等人有感「人心浮動，好為空論，往往有跅弛之士，從前未經科舉艱苦，粗習譯書，妄騰異說，弊由于未入學堂之故」[12]，為將一切章程詳加釐定，並做必要之

修改，遂上〈奏請添派重臣會商學務折〉，清廷諭請張之洞會同張百
熙、榮慶重行商訂章程事宜。幾過幾個月的商訂，張之洞等人遂於光
緒29年（1904）呈〈重訂學堂章程折〉，即《奏定學堂章程》（是
為「癸卯學制」）。此學制將教育進程分為三段七級，整體學制規劃
如後（見圖3-1）。

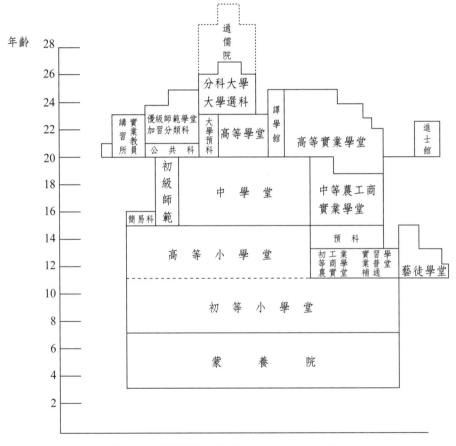

圖3-1　癸卯學制系統圖（光緒29年公布）

資料來源：孫邦正（1973）。《中國學制問題》。臺北：臺灣商務印書館。
說明：1.………表法令無明確年齡限規定
　　　2.--------表同一階段不同級別分野
　　　3.——表法令有明確年齡限規定

　　修訂學堂章程時，張之洞等人發現「蒙學堂」的定位有問題，於是廢除「蒙學堂」，仿外國制度改立「蒙養院」，並頒布新法予以定位：[13]

　　……原章有蒙學堂名目，但章程內所列，實則外國初等小學之事。查外國蒙養院一名幼稚園，茲參酌其意，訂爲《蒙養院章程及家庭教育法》一冊。此就原訂章程所有而增補其缺略者也。……

　　《蒙養院及家庭教育法章程》的內容有四，涵蓋層面極廣；與今日相關幼教法規比較，此章程之內容仿若將《幼稚教育法》、《幼稚園課程標準》、《幼稚園設備標準》等法規集於一身，對於幼教的目的、蒙養院的設置、師資來源、課程內容取材、房舍建築、行政人事等均作規劃。依章程內容之分類觀之，第一部分是爲《蒙養家教合一章》，第一節明白揭示蒙養院設立的目的：

　　蒙養家教合一之宗旨，在於以蒙養院輔助家庭教育，以家庭教育包括女學。

　　由於蒙養院旨在輔助家庭教育，幼兒到蒙養院的時間自不宜長，該章程第二節規定招生年齡與入院時間：

　　蒙養院專爲保育教導三歲以上至七歲之兒童，每日不得過四點鐘。

　　按各國皆有幼稚園，其義即此章所設之蒙養院，爲保育三歲以上至七歲幼兒之所，令女師範生爲保姆以教之。中國此時情形，若設女學，其間流弊甚多，斷不相宜。既不能多設女學，即不能多設幼稚園，惟有酌采外國幼稚園法式定爲蒙養院章程。

　　《奏定學堂章程》的頒行，確立幼教機構在學制上的地位，官方於是著手興辦第一批幼教機構。由於各地聘請日本保姆、教習來中國負責辦園和訓練師資，使中國幼教從教育觀點、課程設置到教材教法受日本的影響最深；此外，外國傳教士在中國創辦幼稚園與幼教師資訓練班的時間，也早於中國自辦（中國學前教育史編寫組，1989：86）。中國幼教發展初期爲何往日本徵才，若考查《蒙養院及家庭教育法章程》內容，不難發現其主要仿自日本。

　　考察《蒙養院及家庭教育法章程》內容，與早五年（明治32，1899年）日本發布之《幼稚園保育及設備規程》內容幾乎一字不差。翁麗芳（1995）就上述兩規章進行分析，發現兩規章相異處只是《蒙養院及家庭教育法章程》多了「按各國皆有幼稚園，其義即此章所設之蒙養院……」等文字。查幼稚園係指當時日、德、法等國所設之幼稚園，但在傳統父權觀念影響之餘，認爲「若設女學，其間流弊甚多，斷不相宜」，一種爲政者面臨保守與開放間之複雜矛盾情結正在發酵，終也向傳統屈服，保守地由限定女學之機會，以使從根源處「防弊」；是以，做成了「既不能多設女學，即不能多設幼稚園，惟有酌采外國幼稚園法式定爲蒙養院章程」此等看似開放、實則封閉的決議，利用官辦或民間私立收容孤兒及寡婦之場所附設蒙養院，並首度納入正式學制，蒙養院只得附設於育嬰、敬節兩堂內，其性質充其量只得稱爲附屬救濟的「社會福利機構」。

　　《蒙養院及家庭教育法章程》的公布，首先即對先前設立的湖北幼稚園造成影響。原在湖北幼稚園開辦之初，未有法規以資規範，爾後章程公布，使先前開辦之湖北幼稚園若干措施與新頒章程相違。爲此，張之洞在光緒30年（1904）6月10日《札學務處辦敬節育嬰學堂》摺中提出若干批評：（中國學前教育史編寫組，1989：91-92）

95

　　照得奏定學堂章程，各省設立蒙養院。應就育嬰、敬節兩堂，擴

充屋舍，增加額數。即于堂內劃出一區爲蒙養院，令其講習爲乳媼
及保姆者保育教導幼兒之事等。……茲查湖北省城所設幼稚園，係在
《奏定學堂章程》未經頒發之前，以致辦法未能畫一，且於園內附設
女學堂，聚集青年婦女至六七十人之多，與《奏定學堂章程》尤爲不
合，若不亟予更正，誠恐習染紛歧，喜新好異，以致中國禮法概行淪
棄，流弊滋多。

　　爲符合章程精神，湖北幼稚園後以更名與更正辦學方式以資回
應。

　　章程頒行後，各幼教機構也陸續出現。光緒29年（1904），
「北京京師第一蒙養院」成立；30年（1904）及31年（1905），
上海「務本女塾」及上海「城東女塾」先後附設幼稚舍；33年
（1907），於上海幼稚舍附設保姆傳習所；同此數年間，廣東、廣
州亦有蒙養院及保姆傳習所之設（陳鴻璧，1927：29234-29235；
張雪門，1994：454）。此外，此時期教會亦籌辦幼教機構：依據
林樂知《五大洲女塾通考》第10集記載，28年（1902）基督教各會
在華建立「小孩察物學堂」6所，學生194人，此後又陸續於寧波、
上海、北平、福州、漳浦等地創設此類機構（唐淑、鍾昭華主編，
1996：83）。關於此時期幼教機構設立情形，張雪門於〈我國三十
年來幼稚教育的回顧〉一文有如下描述：（中國學前教育史編寫組，
1989：198）

　　湖北幼稚園於是年（1904）更名爲武昌蒙養院，聘日本保姆三
人，是年北京京師第一蒙養院也成立，並辦有保姆師範，……修業
期限訂爲五年。……隨後上海務本女學、愛國女學、無錫竟志女學以
及北京、天津名公巨卿間聘日本保姆以教子女者亦頗有人。光緒33
年，吳朱哲女士從日本保姆養成所學習歸國，創辦保姆傳習所于上海

公立幼稚舍……。同此數年間，廣東等地方也漸設立。

　　此時期幼教機構陸續出現，官方與民間熱心人士開始投入幼教及師資培育等工作。然幼教機構制度化的努力至此時仍屬起步，幼教機構的設立仍止於北京、天津、上海、廣州等較繁華地區，是以全國接受蒙養院教育的幼兒數平均也僅三千餘人而已。袁希濤曾就當時學部統計資料摘錄初等小學及蒙養院之人數如後（見表3-1）。

表3-1　光緒33年至宣統元年初等小學堂、蒙養院學生數

年期	初等小學學生數	蒙養院幼兒數	半日學堂學生數	女學生數	學生與幼兒總數	蒙養院數
光緒33年	895,471	4,893	18,222	--	918,586	428
光緒34年	1,153,780	2,610	22,813	755	1,179,958	114
宣統元年	1,481,389	2,660	25,251	13,498	1,522,793	92
平　　均	1,176,880	3,388	22,095	7,127	1,207,112	211

資料來源：
1.舒新城（1927）。〈中國幼稚教育小史〉，《教育雜誌》，第19卷，第2號，頁4。
2.唐淑、鍾昭華主編（1996）。《中國學前教育史》。北京：人民教育出版社，頁79。

　　依據表3-1，光緒33年（1907）開始，全國蒙養院院數及幼兒數逐年下降，而初等小學堂學生數則呈逐年增加趨勢。相較於是時初等小學堂學生數平均1,176,880人，並逐年大幅成長之情況，蒙養院幼兒數平均為3,388人，蒙養院幼兒數遠低於初等小學堂學生數；其次，女學生數雖就整體學生數言所占比例仍低，但宣統元年（1909）呈現快速增加，值得注意。總之，清末蒙養院發展的難題，首推如何提供幼兒更多學習機會，顯然還有很長一段路要走。

三、民國成立後的發展

民國成立（1912），政治體制由封建轉爲共和，蒙養院的發展逐漸脫離社會福利而轉向學校形式規劃，首項變革即是更改幼教機構名稱。隨著政治逐漸穩定，各種民間力量也加入籌辦幼教的行列，幼教機構園數與招生人數也多有擴增，發展情形較清末爲盛。以下分就幼教機構名稱、類型、數量、性質、法令等，說明民國成立後幼教的發展情況。

(一)名稱

1. 蒙養園時期

民國初建，元年（1912）7月，教育部召集臨時教育會議於北京，[14]商議重定學校制度，[15]並於是年9月3日正式公布；2年（1913），陸續頒布各種學校令，與元年所訂者略有出入，綜合兩年的改革稱一系統，是爲「壬子癸丑學制」（見圖3-2）（孫邦正，1973：12）。此學制一改「癸卯學制」修業年限冗長的現象，對學制系統兩端中大學院與蒙養園的修業年限未做規定，不過幼教機構已一改以往的「蒙養院」而改稱「蒙養園」。

民國元年（1912）9月3日，教育部公布《學校系統令》，但「蒙養院」未列其中。依照隨後公布《師範教育令》第10條第2項規定：「女子師範學校於附設小學校外，應設蒙養園，……女子高等師範學校於附屬小學校外，應設附屬女子中學校並設蒙養園」（錢曼倩、金林祥，1996：179）。由此可見，蒙養園是附設於女子師資培育機構中。隨後公布《師範學校規程》第68條第2項規定：「女子師範學校並應附設蒙養園。」（中國學前教育史編寫組，1989：244）。2年（1913）「壬子癸丑學制」的確立，納入「蒙養園」一級；4年（1915）公布《國民教育令》第11條規定：「國民學校得附設蒙養園」，隨後《國民學校令施行細則》第72條也規定：「蒙養

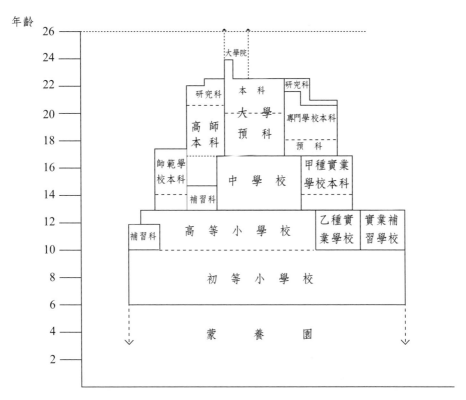

圖3-2　壬子癸丑學制系統圖（民元年至2年陸續公布）

資料來源：孫邦正（1973）。《中國學制問題》。臺北：臺灣商務印書館，
　　　　　頁12。
說明：1.┄┄┄表法令無明確年齡限規定
　　　2.┅┅┅表同一階段不同級別分野
　　　3.──表法令有明確年齡限規定
　　　4.本次學制改革對「蒙養園」入園年限未有特別法令規定

園以保育滿三周歲至入國民學校年齡之幼兒為目的」（中國學前教育
史編寫組，1989：225）。蒙養園不僅可附設於女子師資培育機構，
國民學校亦得附設之。而在名稱部分，清末所用「蒙養院」的名稱消
失，取而代之的名稱為「蒙養園」，成為民國初年的幼教機構名稱。

　　民初將「蒙養院」名稱改為「蒙養園」，一來是呼應新學校系統
的「學堂」為「學校」，二來是提升幼教機構形象──將「蒙養院」

附設於救濟機構的形象，提高到學校附屬及可獨立設置「蒙養園」的
教育機構地位（翁麗芳，1995）。「蒙養院」從附屬於育嬰堂與敬
節堂等社會福利救助機構，轉為附屬於學校教育機構並更名為「蒙養
園」，從機構名稱更易的緣由而言，似乎象徵著幼教機構往「學校
化」的改變。爾後幾年蒙養園的發展也見教會勢力介入，[16]西洋幼教
思想與措施陸續引進中國，與東洋日本長久對中國幼教之影響，共為
民國初年影響中國幼教發展的重要勢力。

　　民初除法定「蒙養園」名稱外，部分地區亦多見使用「幼稚
園」的名稱。以民國7年（1918）上海地區的幼教機構名稱言（見表
3-3），「幼稚園」名稱顯多獲上海地區幼教機構接受，此情形實與
民初幼教發展受到日本影響有關。因此，雖然《師範教育令》、《師
範學校規程》、《國民學校令》等稱幼教機構名稱為「蒙養園」，但
隨著「幼稚園」名稱普獲接受，11年（1922）學制改革終以「幼稚
園」在學制系統內定名。

2. 幼稚園定名

　　儘管「壬子癸丑學制」業已頒行，但中國面臨政治、經濟、社
會文化的劇烈變動，因此有關教育變革的建言不斷出現。「全國教
育會聯合會」自民國8年（1919）第五屆年會開始，進行學制變革的
討論；第六屆年會，有關學制部分的討論，有鑑於學制系統影響層
面深遠，決議請各省區成立學制系統研究會，著手研究學制；[17]10年
（1921）10月召開第七屆年會，三十件討論議案中，有關學制系統
改革占八件，《學制系統草案》著實為本屆會議之主要議決案，[18]並
於10月30日討論通過。11年（1922）9月教育部召集「學制會議」，
就全國教育會聯合會議決之新學制進行討論，修訂後於同年11月1日
公布施行，是為「壬戌學制」（見圖3-3）。[19]

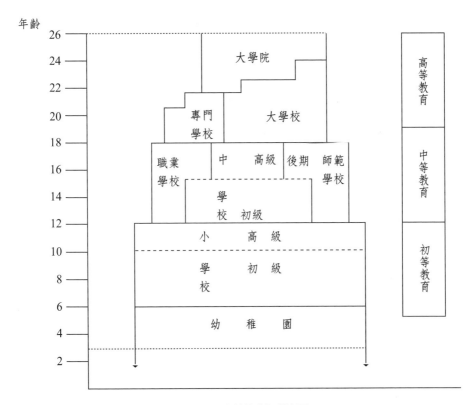

年齡

圖3-3　壬戌學制系統圖

資料來源：楊牧之、石家金編（1994b）。〈學校系統改革案〉，載於編
　　　　　者：《中國教育大系—歷代教育制度考（下卷）》。湖北：湖北
　　　　　教育出版社，頁2200。
說明：1.————表法令無明確年齡限規定
　　　 2.╌╌╌╌表同一階段不同級別分野
　　　 3.——表法令有明確年齡限規定

　　「壬戌學制」的內容存在實用主義的影子，[20]採行「六三三制」，方向明顯由仿日轉而習美。[21]學制改革之主要標準有七：(1)適應社會進化之需要；(2)發揮平民教育之精神；(3)謀個性之發展；(4)注重國民經濟力；(5)注意生活教育；(6)使教育易於普及；(7)多留各地方伸縮餘地。《學制系統草案》之總說明提及學校系統之階段劃分，「大致以兒童身心發達時期為依據，即童年時期為初等教育段，

少年時期爲中等教育段，成年時期爲高等教育段」，並認爲「教育以兒童爲中心，學制系統宜顧及其個性及智能」（璩鑫圭、唐良炎編，1991）。

在實用主義的精神下，新學制強調普及化、生活化、個性化的教育精神，據此規劃不同教育階段內容，「幼稚園」的名稱首度出現於官方學制，確定幼稚園的名稱及其在中國學制上的地位。此變革在中國幼教發展史上，具有象徵性之指標意義。

(二) 類型

民國初年幼教機構的類型主要可分成宗教式、日本式、普通等三類。清末蒙養院成立主要受到日本影響，辦學內容沿襲日式自不待言；民國初年日式保姆養成所日趨停辦，教會適時填補其不足，成爲另一重要幼教機構類型；此外則爲國人自辦的幼教機構。張雪門在民國15年（1926）發表〈參觀三十校幼稚園后的感想〉一文，提到他從7年（1918）起參觀過的三十所幼稚園，地點分布於北京、天津、蘇州、無錫、上海、南通、杭州、寧波、奉化等地，主要可分爲宗教式的、日本式的、普通的等三種，數量依序爲12、5、13所（張雪門，1994：52-53）。其中宗教式的設施，係教會所辦理；日本式者，除日本人辦理者外，尚有少數仍仿照二十年前之日本方式辦理；普通者則完全爲本國人自辦（舒新城，1927：29244）。2年（1913），依據基督教全國會議議案規定，各地教堂都要附設幼稚園，更使幼稚園數大增；據10至11年（1921-1922）中華基督教教育調查團的報告，基督教教會幼稚園在「五四運動」前夕共有139所，幼兒4,324人；南京一女師於13年（1924）也調查全國共有190所幼稚園，其中教會占156所，約爲幼稚園總數之八成（何曉夏主編，1989：132）。

總之，就辦學主體言，民國初年由外國人籌辦的幼稚園數量顯然

超過本國人自辦，此三種不同類型構築民國初年以來中國幼教機構之形貌。

(三) 數量

　　幼教機構的設立受到法令提倡，蒙養園的數量日漸增多。除女子師範必附設幼稚園外，其他如師範學校、高等師範、國民學校等均可附設（舒新城，1927）。依據教育部與「中華教育改進社」調查統計，民國初年小學與幼稚園的發展情形如後（見表3-2）：

表3-2　民國初年小學與幼稚園發展情形

項目 年度	數量（所）		兒童數（人）		經費（元）	
	幼稚園	小學	幼稚園	小學	幼稚園	小學
元	86,318		2,795,475		19,334,480	
2	107,286		3,485,807		23,531,124	
3	121,081		3,921,727		24,899,807	
4	128,525		4,149,066		23,881,730	
5	120,097		3,843,454		23,497,097	
11	177,751		6,601,802		31,449,963	
18	829	190,156	31,967	8,850,110	379,954	64,341,071
19	630	240,553	26,675	10,542,526	591,947	214,540,651
20	829	258,228	36,770	11,658,575	960,496	261,081,303
18-20 年度平均	763	229,646	31,804	10,350,404	644,132	179,987,675

資料來源：
1. 多賀秋五郎（1976）。《近代中國教育史資料民國編（中）》。臺北：文海出版社，頁873-877。
2. 申報年鑑社編（1933）。《申報年鑑》。上海：編者，頁Q18。
3. 申報年鑑社編（1934）。《申報年鑑》。上海：編者，頁R66-69。
4. 申報年鑑社編（1935）。《申報年鑑》。上海：編者，頁S68-70。
說明：6-10年度資料缺；11年前小幼合計，18年後小幼分開計算。

　　民國初年缺乏獨立蒙養園發展情形統計，相關統計資料係與小學併陳；再就整體幼稚園與小學校數、學生數、經費言，呈現逐年成長

趨勢。從18至20年度（1929-1931）資料觀之，幼稚園數並未呈現成長趨勢，平均每年幼稚園數為763所；但就招收之幼兒數與經費數量言，則可見成長趨勢，18年度（1929）與20年度（1931）之幼稚園數量雖然相等，但招收幼兒數卻增加近4,800人，經費則成長約2.5倍。

如以18至20年度（1929-1931）資料平均為準，幼稚園數約為小學數之0.3%，以此比例推估，民國初年之蒙養園數每年約有400所；就幼兒數言，幼稚園生亦約為小學生數0.3%，則以此比率推估民國初年之蒙養園每年招生數約13,000人。依推估民國初年每所蒙養園招收幼兒數約為30多人，可見民初蒙養園規模並不大。

另據「江蘇教育會幼稚教育研究會」在7年（1918）3月之研究報告指出，上海共有幼稚園12所，校名及開設狀況表述如後（見表3-3）。

表3-3　民國7年上海幼稚園一覽表

校名	開設年月	幼生總數（人）	保師人數（人）
養真幼稚園	宣統元年	15	2
旅滬廣東幼稚園	民國元年	87	9
城西幼稚園	民國元年	72	8
啟秀幼稚園	民國2年8月	46	2
進德幼稚園	民國2年	31	2
興華中西女塾附設	民國4年正月	25	4
培真幼稚園	民國4年	25	3
晏摩氏附設	民國4年	20	3
中國女塾附屬	民國5年	44	2
博文幼稚園	民國5年	34	4
清心幼稚園	民國7年	30	3
守真堂附設	--	10餘人	--
平均		39	3.8

資料來源：陳鴻璧（1927）。〈幼稚教育之歷史〉，《教育雜誌》，第19卷，第2號，頁29235。

說明：由於守真堂附設幼稚園之人數不確定，故不列入計算平均值。

　　從7年（1918）上海地區幼教機構招生情形看來，幼稚園的招生規模約為39人，與前述推估吻合；就當時上海地區規模最大的「旅滬廣東幼稚園」言，園生總數不過87人，規模最小的「養真幼稚園」園生人數僅15人，足見當時幼稚園規模均屬小型。

　　15年（1926）冬，該會再次對上海地區幼教機構進行調查，發現原7年（1918）調查之幼稚園僅存6處，然幼稚園之總數增至21所，招收之幼生不及千名（見表3-4）（陳鴻璧，1927：29237）。

表3-4　民國7年、15年上海幼稚園情形

調查年月 ＼ 調查事項		幼稚園數		幼生數	保師共數
		教會立	其他		
民國7年3月 第一次調查	小計	6	12	439	42
	合計	18		439	42
民國15年12月 第二次調查	小計	8	21	851	62
	合計	29		851	62

資料來源：陳鴻璧（1927）。〈幼稚教育之歷史〉，《教育雜誌》，第19卷，第2號，頁29235。

　　從7年（1918）、15年（1926）上海地區幼稚園的成長情形觀之，幼稚園數約成長1.61倍，招收幼兒數亦增加約1.94倍，無論幼稚園數與招收之幼兒數均呈增加趨勢；其次，就規模言，每所幼稚園招生數均約三十餘人，其規模應為小型，符合5年（1916）《國民學校令施行細則》第6章第8條規定：「蒙養園之幼兒數須在百人以下；但有特別情事者，參酌地方情形定之。」及同細則9年（1920）再次修正第6章第79條規定：「蒙養園之幼兒數，須在百人以下；但有特別情事者得增至百六十人」（中國學前教育史編寫組，1989：226），實際招生人數甚至遠低於上述法令要求。

　　由於五四運動後提倡教育的影響，並且得到陳鶴琴、張雪門、陶

行知、張宗麟等人的提倡，同時也受到國外如蒙特梭利、福祿貝爾等幼教思潮影響，使得幼稚園發展逐漸蓬勃。依據教育部統計（見表3-5），18至35年度（1929-1946）全國平均每年幼稚園有816所，招收幼兒數平均為55,213人，每年平均經費約6,700多萬元，其間發展情形雖有變化，但整體而言幼稚園數、招收學生數、經費數均呈現成長趨勢。其次，18至25年度（1929-1936）幼稚園數量快速增加，雖然26年（1937）對日戰爭開始使幼稚園發展數量減少（抑或因戰時變化數據欠精確），但幼稚園的發展已漸形成規模。再者，從歷年幼兒畢業率觀之，對日戰爭前後之幼兒畢業率明顯高於對日戰爭期間，顯示對日戰爭前後幼稚園招收之5歲幼兒比例明顯多於戰爭期間，一方面可能因戰亂影響5歲幼兒持續學習的畢業率，另方面則表示戰爭期間5歲以下幼兒占較高比例，一般家庭送低年齡幼兒至幼稚園的比例較非戰爭期間增加，幼稚園在戰時也承擔部分低年齡幼兒的教保責任。

表3-5　民國18-35年度中國幼稚園發展統計

年度	幼稚園數	班級數	幼兒數（人）			畢業率%	教職員數比（人）	經費數（元）
			計	男	女			
18	829	1,585	31,967	22,469	9,498	--	1,580	379,954
19	630	697	26,675	15,098	11,577	36	1,376	468,329
20	829	1,318	36,770	21,275	15,495	33	1,839	610,451
21	936	1,407	43,072	24,798	18,274	31	2,056	712,863
22	1,097	1,449	47,512	27,432	20,080	33	2,219	828,280
23	1,124	1,599	59,498	36,582	22,916	25	2,472	940,769
24	1,225	1,666	68,657	42,071	26,586	21	2,443	1,076,225
25	1,283	1,988	79,827	46,597	33,230	--	2,607	1,091,459
26	839	1,180	46,299	27,150	19,149	21	1,400	461,706
27	857	1,157	41,324	23,836	17,488	20	1,491	416,253

表3-5 民國18-35年度中國幼稚園發展統計（續）

年度	幼稚園數	班級數	幼兒數（人）			畢業率 %	教職員數比（人）	經費數（元）
			計	男	女			
28	574	754	40,479	27,444	13,038	19	946	208,195
29	302	791	28,517	15,897	12,620	29	973	248,901
30	367	925	58,339	34,730	23,609	21	789	430,600
31	592	1,398	51,749	33,199	18,550	28	1,014	1,108,841
32	441	1,190	46,202	27,565	18,637	35	1,021	2,563,361
33	428	1,527	50,491	30,885	19,606	40	1,393	4,745,442
34	1,028	2,889	106,248	66,827	39,421	27	2,407	45,125,394
35	1,301	2,267	130,213	81,147	49,266	42	2,502	1,152,314,733
平均	816	1,433	55,213	33,611	21,613	29	1,696	67,429,542

資料來源：

1. 中國學前教育史編寫組（1989）。《中國學前教育史資料選》。北京：人民教育出版社，頁360。
2. 多賀秋五郎（1976）。《近代中國教育史資料民國編（下）》。臺北：文海出版社，頁1233-1239。

（四）性質

　　關於幼稚園性質部分，全國此時期幼稚園多為公立（國、省縣、市立等），私立幼稚園部分主要由教會及關心幼教人士籌辦。以19年度（1930）為例（見表3-6），在全國630所幼稚園中，公立幼稚園占447所，占幼稚園總數71%；35年度（1946）幼稚園數增至1,301所，公立幼稚園數為947所，占幼稚園總數的73%；是以此時期公、私立幼稚園數量比例維持約7：3，主要由官方負責籌辦。

表3-6　民國19及35年度中國幼稚園概況

年度	項目	校數		學級數		幼兒數	
		公立	私立	公立	私立	公立	私立
19	小計	447	183	451	246	19,380	7,295
	%	71	29	65	35	73	27
	合計	630		697		26,675	
35	小計	947	354	1,563	704	100,058	30,155
	%	73	27	69	31	77	23
	合計	1301		2,267		130,213	

資料來源：
1. 教育部編（1981）。《中國教育年鑑第一次》（第五冊）。臺北：宗青圖書公司，頁161。
2. 多賀秋五郎（1976）。《近代中國教育史資料民國編（下）》。臺北：文海出版社，頁1233-1239。

　　然而，在發展較快的幾個城市的幼稚園設置現象則不同：依張克勤（1935：190）於1930年代初對上海、南京等7市幼稚園概況調查，私立幼稚園的數量卻較公立幼稚園爲多，比例約爲2：1（見表3-7）。在發展較快的地區，民眾對幼稚園的發展有較高的需求，相對地當官方提供學習機會不足，會有私人願意籌辦幼稚園，以供實際需要。可見此時期幼稚園雖多由官辦，但各地區依發展程度不同，對幼稚園的需求程度亦有差別，而發展較快的幾個城市明顯對幼稚園需求程度較高，致使該地區私人辦理幼稚園的數量多於官方。

表3-7　1930年代初期上海等7市幼稚園概況比較表

地區	園數			幼兒數		
	公	私	小計	公	私	小計
上海市	23	96	119	1,449	4,066	5,515
南京市	16	5	21	883	240	1,123
杭州市	5	6	11	251	196	447
天津市	5	9	14	294	285	579

表3-7　1930年代初期上海等七市幼稚園概況比較表（續）

概況 地區	園數			幼兒數		
	公	私	小計	公	私	小計
北平市	2	10	12	--	--	--
青島市	7	1	8	--	--	403
漢口市	3	1	4	202	--	202
總計	61	128	189	3,079	4,787	8,269

資料來源：唐淑、鍾昭華主編（1996）。《中國學前教育史》。北京：人民教育出版社，頁120。

(五)法令

　　綜觀民初以後的幼教機構設立雖歷經學制改革並確立定位，但由幾次學制改革發現，關於幼教的法令規定仍十分有限。「壬子癸丑學制」實行後，只有民國4年（1915）《國民教育令》及其後之《國民學校令施行細則》對幼稚園設立形式與招生年限做出規定，但未見有關幼稚園實際運作內容的相關法令。

　　「壬戌學制」實施後，賦予各地方彈性，各地方實際執行情形不一。17年（1928）5月，國民政府大學院召集第一次全國教育會議於南京，對於「壬戌學制」加以修正，通過《中華民國學校系統案》，惟並未經政府公布實行，是為「戊辰學制」。整個學制修訂精神，事實上與「壬戌學制」無異，且學制內容係因襲「壬戌學制」而來，變更不多（孫邦正，1973：21-22）。其中關於幼教部分，更是未做任何更動。

　　18年（1929）4月26日國民政府發布《中華民國教育宗旨及其實施方針》，確立三民主義為教育中心的指導原理，由教育部委由專家學者從事課程標準之修訂，並於同年8月公布《幼稚園暫行課程標準》，對於長久以來附屬於小學而言，課程標準的提出無非是幼稚園教育地位確立的具體表現。[22]歷經數年試驗推行，彙集各地的實

際經驗，於21年（1932）年10月由教育部正式公布《幼稚園課程標準》，是中國開始具獨立且統一的幼稚園課程標準。

26年（1937）抗戰開始，教育部要求各級學校教育目標需隨抗戰需要做變更，各級學校課程亦著手修訂，[23]《幼稚園課程標準》小幅增刪，但幼教之基本目標依舊未做實質更動。28年（1939），教育部公布《幼稚園規程》，列舉幼教目標，詳列幼教招生方式與課程及教材實施，成為往後幼教發展的重要法令依據。32年（1943），教育部頒布《幼稚園設置辦法》，規定幼稚園附設於國民學校、中心國民學校或小學，並得單獨設立，其中明確規定幼稚園的招生對象為4至6足歲幼兒，必要時得報請主管教育行政機關收3足歲以上幼兒；幼稚園可由政府與民間共同設立，旨在維護幼兒身心健康發展，培養未來社會之重要棟樑。34年（1945）為戰後復員所需，國府也加強幼教之發展，首先普設幼稚園及托兒所，加強幼兒健康、生活與倫理教育，以期培養健全幼兒（王靜珠，1992：160）。至此，幼稚園不僅獨立於小學發展，有關其設立型式、招生對象與年限等規定日漸成熟，發展型式趨於穩定。

「壬戌學制」以後至國府遷臺前的學制發展狀況，一方面為維持戰時社會穩定，另方面亦因戰事日緊致無暇兼顧內部社會變革，學制的發展依循舊制不做更動，幼稚園發展也因逢戰事，未有大幅度更動；在民間與政府單位可見之幼教機構，多為因應戰時幼兒保育之需要所設之非常機構與措施。[24]《幼稚園課程標準》脫離小學校的課程規範而單獨訂定，以及其後《幼稚園規程》、《幼稚園設置辦法》等法令的陸續頒行，讓幼稚園的發展越見獨特。

第三節　妥協式到專門化的師資培育

　　清末的蒙養院雖然開啓了幼教機構發展的序端，但機構成立與發展的過程艱辛，重要的分子組成——師資培育也是另一個待解的課題。

　　清末倉促地模仿外國設置幼教機構，但對幼教師資由誰培育、如何培育、培育多少數量等問題，未能同時一併規劃，致使幼教師資培育只得摸溫摸索；民國初年，隨著女子受教育益見普及，逐漸發展出以師範學校爲培育師資的主軸。[25]幼教經費也如師培一般幾經摸索，即便幼教機構納入學制，遲遲未見專門且系統的幼教經費挹注，經費成長相形緩慢。有關清末到民初的幼教師資培育與經費狀況，茲分項說明如後。

一、節婦女媼——最早的「法定」師資

　　依據《蒙養院及家庭教育法章程》規定：「蒙養院內附設師資養成機構，培育女師範生擔任保姆職，以爲蒙養院之主要師資。」[26]前述文義期望由女師範生任保姆，但另方面又顯示普及女學之擔憂，矛盾情節顯示在章程內容中。其中〈蒙養家教合一章〉第二節規定：（中國學前教育史編寫組編，1989：93）

　　按各國皆有幼稚園，其義即此章所設之蒙養院，爲保育三歲以上至七歲幼兒之所，令女師範生爲保姆以教之。中國此時情形，若設女學，其間流弊甚多，斷不相宜。既不能多設女學，即不能多設幼稚園……

　　因設蒙養院致使多設女學，本爲章程制訂初即力防之「弊」，面

對可能壯大女學的現象，實同爲當局所憂心。爲促進幼稚園發展，在張之洞主持下附設了女子學堂，女子赴學堂上課卻反成轟動一時的新聞，人人視爲一大怪事，路人爭相觀看，甚至與學堂門衛衝突（何曉夏，1989：96）。基於「防弊」立場，張之洞進一步提出「防弊」之道：（中國學前教育史編寫組，1989：91-92）

查省城賓陽門內之敬節分堂，地方僻靜，應即將該堂擴充屋宇，添建講堂，即名曰敬節學堂。挑選粗通文理之節婦一百名，作爲傅姆科正額；延聘日本女教習，講習女子師範家庭教育，以備將來紳富之家延充女師之選。又該堂西南有保安火藥局基地兩所，地段廣闊，堪以歸併修建改作育嬰學堂。附設蒙養院于其中，挑選略能識字之乳媼一百名，作爲保育科正額；延聘日本女教習，講習保育幼兒教導幼兒之事，以備將來紳富之家雇傭乳媼之選。至歷年就有之敬節、育嬰兩堂，聽其循舊辦理，不與此兩學堂相涉。其原設幼稚園內附設之女學堂，即行裁撤。

既需女師，又擔心多設女學之「流弊」，最後終究選擇設立。當時提供女學的目的非從教育需求的角度，而是蒙養院運行「不得不然」的決定。爲預防滋生「流弊」，章程內容進一步陳述此等女學應達的待遇水平──「資質高於女傭、酬庸足以餬口」當是可接受的範圍。在〈蒙養家教合一章〉第七節中曾指出：（中國學前教育史編寫組編，1989：94-95）

中國因無女師範生，故於育嬰敬節兩堂內附設蒙養院，所學雖然較淺，然其中緊要理法已得大要，已遠甚尋常之女傭，各省貧家婦人願爲女媼及抱兒之保姆女傭資以餬口者甚多，此事學成不過一年，領有憑單，展轉傳授雇值必可加豐，實爲補益貧民生計之大端。

　　略施女學讓領有「蒙養院學過保姆憑單」的女子資質勝過尋常女傭，再者可補家用，應令女子滿意。〈蒙養家教合一章〉第九節規定教育的內容是：（中國學前教育史編寫組編，1989：95）

　　……唯有刊布女教科書之一法，應令各省學堂，將《孝經》《四書》《列女傳》《女誡》《女訓》及《教女遺規》等書，擇其最切要而極明顯者，分別次序淺深，明白解說，編成一書，并附以圖，至多不得過兩卷，每家散給一本，并選取外國家庭教育之書，擇其平正簡易與中國婦道婦職不相悖者，昔日本下田敬子所著家政學之類，廣為譯出刊布，其書卷軼甚少，亦宜家置一編。此外如初等小學字課本，及小學前二年之各種教科書，語甚淺顯，地方官宜廣為刊布……。

　　既然女學非關緊要，所學內容自無庸深化；處於傳統文化威權下，女學的教材自宜以鞏固社會結構為鵠的，以《孝經》、《四書》、《列女傳》、《女誡》、《女訓》、《教女遺規》等材料緊繫道德傳承，當是最令在位者放心不過。由淺薄化的保姆培訓，可見當時並不認為保育或教導幼兒亟需高深學理。如此令人懷疑負責制訂《奏定學堂章程》的張之洞，在所呈《札學務處辦敬節育嬰學堂》提到「延聘日本女教習，講習保育幼兒教導幼兒之事」，其所欲女子學者究為何物，以及是否中國無相關文籍故為外求。總之，此章程顯示女學設立及女學內容存在的矛盾，當是中國女子教育跳脫桎梏必須逾越的關卡。

二、仿日師培成為另股勢力

　　清末幼教師資除自行培育外，仿日成為師培的另股勢力。除前述章程制度仿日外，師資培訓與教材內容也不脫仿日色彩，主要管道即

透過引進日本師資與派人赴日學習雙途並進（見表3-8）。

「湖北幼稚園」（後更名爲「武昌蒙養院」）設立之初，曾引進日本保姆戶野美知惠等三人籌辦幼稚園並協助培訓師資相關事宜；「湖南官立蒙養院」則聘日本春山雪子、佐藤操子任保姆；北京「曹氏家庭幼稚園」延致日本飯塚、加藤兩人爲師（曹斐等，1910）。爾後，續有國人赴日接受幼教師資培訓後返國服務者。

張雪門在描述清末幼教師資時，曾就湖北幼稚園成立之後的師資概況描述如下：（中國學前教育史編寫組，1989：198）

湖北幼稚園於是年（1904）更名爲武昌蒙養院，聘日本保姆三人，是年北京京師第一蒙養院也成立，並辦有保姆師範，院長由日本保姆師範畢業，又聘日本教師二人，修業期限訂爲五年。……隨後上海務本女學、愛國女學、無錫竟志女學以及北京、天津名公巨卿間聘

表3-8　清末與中國幼教有關的日本女性

姓名	任職單位及職務	出身
加藤貞子	京師第一蒙養院保姆科	東京女子師範學校
小野八千代	弁敏女學堂幼稚園	東京女子師範學校
酒井余野	布政使衙門幼稚園保姆	清韓語學校
河瀨梅子	福州幼稚園保姆養成	神戶縫紉學校
武井佐藤	湖北女子師範學堂附屬小學校幼稚園保姆科	--
山口政子	奉天第一蒙養院教師	--
前田新子	奉天第二蒙養院教師	--
戶野美知惠	湖北幼稚園	東京女子師範學校
春山雪子、佐藤操子	湖南官立蒙養院	--
飯塚、加藤	北京曹氏家庭幼稚園	--

資料來源：中島本次郎（1910）。〈日清間的教育關係〉，載於唐淑、鍾昭華主編（1996），《中國學前教育史》。北京：人民教育出版社，頁79。

日本保姆以教子女者亦頗有人。光緒33年，吳朱哲女士從日本保姆養成所學習歸國，創辦保姆傳習所于上海公立幼稚舍……。同此數年間，廣東等地方也漸設立。

此外，光緒31年（1905），湖南省派20名女子至日本「速成師範科」學習；33年（1907）「奉天女師範學堂」派21名學生到日本學習，就讀日本實踐女學校師範科，是年江西亦派出10名官費女學生赴日留學。直至33年（1907）止，僅日本東京一地便有中國女留學生近百名（何曉夏，1989：136）。

前述女留學生赴日學習日本式的幼教理論與方法，返國後亦如實地將日本所學移植國內；例如吳朱哲女士回國後在上海公立幼稚舍開辦保姆傳習所，悉採日本式的學習內容與管理方法，「仿日」則成為本時期師資培訓的另股勢力與特色。

清末的仿日風潮，與當時日本展現的軍事實力及地理環境相近於中國等因素有關。但張雪門（1994：454）認為，清末在一味仿日且未能建立正確的學習態度與知識的前提下，難能習得他國精要：

> 這個時期蒙養院保育的要旨是抄襲日本的，就是師資大多數亦無不是直接間接地仰給于日本，甚至於教材也都是從日本搬來的熟料，由是內地所謂節婦乳娘出身的保姆，都起而仿效，其教法仍舊根據從前書房是背誦記述。其材料不過把《三字經》、《百家姓》變做了遊戲、唱歌、談話等罷了。這時期的幼稚教育雖帶了日本的軍國民主義，但和中國原來的士大夫教育倒相差不遠。

當保姆所學亦嫌死板且淺薄，幼教師資培育形式甚至與中國士大夫教育極其相似，此等結果實超乎預料。仿日讓中國快速獲得培育師資的經驗與條件，但模仿的過程中過度側重形式而未得精髓，僅能得

到照本宣科式的經驗，不僅未能替中國幼教發展開闢新徑，反使當時中國幼教陷入另一端迷思。

三、專門化師培制度的出現

民國元年（1912）1月教育部頒布《普通教育暫行辦法》、《普通教育暫行課程的標準》，其中與幼教師資有關的改革為「初等小學可以男女同學」、「女子不另設課程標準，但就其各級學校增損其學科」等（盧燕貞，1989：54）。將以往雙軌教育制調整為單軌，使女子同具接受男子教育內容的機會。前述女子受教機會提升，間接帶動了幼教的發展。

女男教育的平權，係中國教育發展重要里程碑。昔日專以男性為服務對象的教育措施面臨轉型，教育方式由雙軌制改為單軌制，不啻為重視人權的進步表現。除初等教育的變革外，師範學校亦成為提供女子教育的重要機構；其中女子師範學校的設置，提供女子接受較高教育的機會，成為民初蒙養園師資的主要養成來源。

關於民初以來中國的幼教師資培育情形，茲將分從相關法令與實際作法等探討如後。

(一)相關法令

雙軌制的教育制度在民國成立之後逐漸更易。女子教育機會的增加，女子師範以「造就小學教員及蒙養園保姆」為目的，並在《師範教育令》規定下必設蒙養園，蒙養園隨女子教育機會增加同獲發展機會。

當時有關蒙養園保姆養成，主要依民國元年（1912）公布《師範教育令》第10條規定：「專教女子之師範學校稱女子師範學校，以造就小學校教員及蒙養園保姆為目的。」第11條規定：「女子師範學校除依前項規定外，並得附設保姆講習科。」4年（1915）公布

《國民學校令施行細則》第76條規定：「蒙養園得置園長。」第77條規定：「蒙養園保育幼兒者為保姆。保姆須女子有國民學校正教員或助教員之資格，或經檢定合格者充之。」第78條規定：「蒙養園長及保姆任用懲戒，依國民學校教員之例。」蒙養園師資的教育程度相當於中學程度，[27]與今日幼兒園師資教育程度相比雖顯略低，但女子受教所蘊含的意義，以及師資納入正式學制系統培育等，為往後師資培育奠定基礎。

11年（1922）「壬戌學制」後，陸續投入有志幼教工作者，各縣市也陸續出現幼教師資培育機構。值得一提的是，自19年（1930）第二次全國教育會議後，當時在大學裡也開始增設幼教課程，如四川燕京大學、金陵女大、齊魯大學及華西大學等校之家政系和社會系內，開始從事幼教師資之培育（廖季清等，1988：27）。從教育程度言，此階段出現大學程度的幼教師資培育機構，足見當時在熱心幼教工作者的努力下，展現前所未有多元發展的活力，為中國幼教發展勾勒令人期待的願景。

21年（1932）、22年（1933）頒行《師範學校法》、《師範學校規程》後，又將師資培育拉回「閉鎖制」（羅廷光，1948：13），幼教師資改由師範學校幼稚師範科培育，招收初級中學畢業生修業二至三年，幼教師資之教育程度又回歸至中學程度。此種培育方式至此定型，且到國府遷臺前均未嘗改變。

(二) 培育狀況

民國初年，張謇在南通新育嬰堂設立「幼稚園傳習所」，5年（1916）「北京女子師範學校」附設「保姆講習所」，6年（1917）「江蘇省立第一女子師範學校」開設「保姆講習所」，9年（1920）張雪門在寧波市創辦一所兩年制的幼稚師範學校（唐淑、鍾昭華主編，1996：94）。11年（1922）新學制頒布，規定師範學校和女子

師範學校可附設幼稚師範科,是年南京的「江蘇省立第一女子師範學校」即設立幼稚師範科。幼教師資培育由短期培訓逐漸轉變成學校系統培訓,無論在師資選擇與培育內容等方面,均有質、量的變化與提升。

民初將培育保姆與培育小學校教員並列為女子師範學校的辦學目的,無疑對幼教師資素質提升具有正面意義,也為中國幼教師資培育開啟本土化的出路。但值得注意的是,幼稚園師資並未因納入正式學制培育而獲得應有的重視;反倒是西洋教會努力經營幼教師資培育工作,並陸續於各地開設師範學校,如蘇州的「景海女學幼稚師範科」、福建廈門的「懷德幼稚師範學校」、浙江的杭州「私立弘道女學幼師科」、北京「協和女書院幼稚師範科」、北京的「燕京大學幼稚師範專修科」等(何曉夏,1989:138)。15年(1926)張雪門曾列舉所知的幼教師資養成學校狀況如後(見表3-9)。

表3-9 張雪門於1926年列舉所知的幼教師資養成學校

校名	曾否辦過畢業	現狀	畢業生服務地點	備考
北京女高師附屬保姆科	民六、民十一辦過畢業各一次	業已停辦	北京天津	國立
燕京女學附設幼稚師範科	辦過	繼續進行	北京天津湖廣	教會立
京師第一蒙養園保姆科	前清光緒末年畢業一次	早已停辦	北京	私立 當時教員聘由日本
蘇州天賜庄景海女學附設幼稚師範科	辦過畢業多次	繼續進行	蘇州無錫寧波	教會立 由幕家花園改
無錫竟志女學附設保姆科	畢業一次	早已停辦	?	私立 當時教員聘由日本
上海清心女學附設幼稚師範科	辦過	繼續進行	上海	教會立
杭州女師範附設保姆養成所	畢業一次	早已停辦	?	公立(?) 當時教員聘由日本

表3-9　張雪門於1926年列舉所知的幼教師資養成學校（續）

校名	曾否辦過畢業	現狀	畢業生服務地點	備考
杭州弘道女學附設幼稚師範科	辦過	繼續進行	寧波杭州	教會立
寧波幼稚師範學校	民國十二年度畢業一次	停辦	寧波	私立

資料來源：戴自俺主編（1994b）。〈參觀三十校幼稚園后的感想〉，載於編者，《張雪門全集》。北京：北京少年兒童出版社，頁54-55。
說明：「？」處為原出處所載，係指該項目真實情況尚待進一步查證。

　　張雪門歸納民初中國幼教師資培育具有以下趨勢：（戴自俺編，1994b：55）

1. 由日本教師教授的學校，在這幾年已消滅了，就是參酌辦的保姆科也一校都沒有，養成師資的地方，只有教會裡唯一的途徑。

2. 保姆的人才，由非教會養成的，既一天比一天缺乏，而有限的人才，更大多數（或可說是全數）埋沒於家庭裡，自然變得更加稀少；他方面由教會中養成的，一年一年地繼續畢業，又正值社會上需要的時候，自然全國的幼稚園，將逐漸歸入他們的領域。

　　在張雪門記憶所及提出的九所師資養成機構中，僅於四所仍繼續培育幼教師資，其中日本的勢力已消失殆盡，僅存的師資養成機構竟全數為教會創立，使得此時期幼教師資來源幾乎為教會女子師範所設之保姆班所養成，本國女子師範所造就者少（舒新城，1927：29244）。但教會辦的幼教師資機構招收的學生素質不佳，教者與受教者「先天不足」，多由傳教士任教師，缺少幼教專業素養；其次，由教會長期把持幼教師資培育的結果，終使國內人士感受幼教「洋

119

化」的嚴重程度，幼稚教育蒙上濃厚的殖民色彩（何曉夏，1989：
140-141）。

陶行知曾批判當時幼稚園的流弊有：「外國病、花錢病、富貴
病」，主張建立「中國的、省錢的、平民的」幼稚園，其中「外國
病」一項即是抨擊當時幼稚園裡彈、唱、講、玩、吃的都是外國的
東西，僅止仿效而不符合國情（中國陶行知研究會主編，1991：619-
621）。張宗麟亦於〈幼稚師範問題〉一文中，疾呼「中國急需有附
于國家精神的幼稚園教師，所以急需設立完美的、富於研究試驗精神
的幼稚師範」（中國學前教育史編寫組，1989：201）。當時幼教發
展遭遇的不僅是地位不高、普遍不受重視的「內憂」，而如何防止幼
教發展盲從外國、抵抗外文化移植的強大壓力，更是教育學者關切的
議題。

因此，欲使幼教發展得以「中國化」，建立幼教師資的培訓系統
並落實執行勢為最迫切的工作。為此，在17年（1928）的「全國教
育會議」上，陶行知與陳鶴琴分別提出開設幼稚師範和在普通師範中
設幼師科以培養幼教人才，該案通過後，教育部通令各省師範學校和
鄉村師範學校酌設幼稚師範科。隨後，為加強對幼稚師範的管理和
推動幼稚師範教育的發展，國民政府又在21年（1932）頒行《師範
學校法》，次年（1933）頒行《師範學校規程》，對附設幼稚師範
作了若干具體規定，包含修業年限、教學科目、學生修業狀況等（唐
淑、鍾昭華編，1996：139-142）。爾後於28年（1939）《幼稚園規
程》、32年（1943）修訂公布《幼稚園設置辦法》、33年（1944）
公布《幼稚師範教育科目表》等，規範幼教師資培育方式與具體內
容，加速本國幼教師資培育。

除由政府從政策面擴大本國幼教師資的培育外，許多民國熱
心幼教的教育工作者也四處奔走，籌設幼稚師範學校。例如16年
（1927）秉持「彌補幼教師資不足、建立基於閩南特質的幼稚教

育」爲目的而籌設的福建廈門集美幼稚師範學校；陶行知、張宗麟等人也於是年創辦曉庄學校，並關幼稚師範（即曉庄學校第二院）；張雪門在17年（1928）、19年（1930）陸續籌辦孔德學校幼稚師範、北平幼稚師範學校；陳鶴琴在29年（1940）至江西省泰和籌辦江西省立實驗幼稚師範學校等，均爲擺脫「殖民式」幼教，爲提供中國化的幼教師資而努力。

四、幼教經費發展未顯穩定

《蒙養院及家庭教育法章程》中，雖提及「於各省府廳州縣及極大市鎮現有之育嬰堂與敬節堂開辦蒙養院」（第1章第3節），但開辦之初，普及程度並不如預期，爾後雖陸續有私人籌辦的幼稚園，但至光緒34年（1908），全國蒙養院數量不過114所，招收的幼兒人數也僅2,610人（見表3-1）。

依據《蒙養院及家庭教育法章程》，由於蒙養院附屬於各地育嬰與敬節堂，各地育嬰堂雖規模大小不一，然「現均籌有常年經費」（第1章第4節），故經費籌措部分，朝廷顯然認爲不成問題，但在未立專款之下，成立蒙養院勢將某種程度排擠育嬰堂之經費。

民國成立後，依據官方資料，初年幼教經費係併入小學計算，依是時幼稚園及小學招生數量與教育經費言，元年至5年（1912-1916）平均每位學生教育經費單位成本各爲6.38元，至11年（1922）「壬戌學制」頒行，每位學生之教育經費單位成本仍只有4.76元（見表3-2）。從教育經費發展趨勢言，似乎未呈增加趨勢。

另就18至35學年度（1939-1946）而言，此階段的幼稚園平均每年招收幼兒數爲55,213名，幼教經費平均每年爲67,429,542元，幼教經費單位成本爲533.98元。除對日抗戰期間影響幼教發展外，其餘時間幼稚園招收幼兒數與經費數量則是持續成長；在幼教經費單位成本

部分，對日抗戰期間前呈現小幅成長後而穩定之勢，對日抗戰期間呈現大幅減少，對日戰爭結束後又急速攀升、並呈現快速成長趨向（見表3-10）。

　　就整體發展趨勢言，幼稚園的學制地位逐漸確立，尤其在政府、教會及其他私人籌辦的促動下，幼稚園數與招收幼兒數呈現逐漸成長

表3-10　18-35學年度幼教經費單位成本一覽表

學年度	幼兒數（人）	經費數（元）	單位成本（元）
18	31,967	379,954	11.89
19	26,675	468,329	17.56
20	36,770	610,451	16.60
21	43,072	712,863	16.55
22	47,512	828,280	17.43
23	59,498	940,769	15.81
24	68,657	1,076,225	15.68
25	79,827	1,091,459	13.67
26	46,299	461,706	9.97
27	41,324	416,253	10.07
28	40,479	208,195	5.14
29	28,517	248,901	8.73
30	58,339	430,600	7.38
31	51,749	1,108,841	21.43
32	46,202	2,563,361	55.48
33	50,491	4,745,442	93.99
34	106,248	45,125,394	424.72
35	130,213	1,152,314,733	8849.46
平均	55,213	67,429,542	533.98

資料來源：
1. 中國學前教育史編寫組（1989）。《中國學前教育史資料選》。北京：人民教育出版社，頁360。
2. 多賀秋五郎（1976）。《近代中國教育史資料民國編（下）》。臺北：文海出版社，頁1233-1239。

趨勢，幼稚園教育經費與幼教經費單位成本有增加之勢。只是，前述經費增加情形並不穩定，顯示幼教欲邁向系統化發展仍是一條長路。

🌝 第四節　幼教發展的歷史意義

清末新學制的出現，引進西方的學校制度，幼教機構也臚列其中。幼教機構的出現，讓傳統家庭、女學及幼教的互動關聯在制度規劃與法令的層次再獲討論，即使制度規劃之初對於幼教機構的定位不能盡如人意，但機構與制度的初建，燃起幼教發展的重要始點。

綜觀清末民初中國的幼教發展，茲歸結出四點歷史意義如後。

一、機遇與時勢促成的幼教制度，立下制度基石

近代幼教發展已為各國趨勢，清末中國也受到這股風潮的影響。若言傳統中國不重視幼兒則倒也未必，例如宋代開始大量出現的史料證據，呈現宋人也關切幼兒生活、身心發展等（周愚文，1996）；清末國力衰微而促成西化的機遇，讓新學制得以短時間內立法出現，幼教也得以獨立教育階段納入學制。前述機遇以及時勢趨向所造就的環境，或可視為提供近代中國幼教發展的契機。

簡言之，促成近代中國幼教的發展因素，社會變遷創造需求及人權尊重促成幼兒主體性的浮現，或可視為重要遠因；幼教科學化發展、女權抬頭促成之教育機會以及仿效外國教育制度變革的機緣等，則為近代中國幼教發展的重要支持因素。幼教發展日盛，使得擴大幼教機會越加需要並成為可能。

清末幼教納入學制，或可視為機遇，但未嘗不可視為時勢所趨；惟倉促納入學制，缺乏妥切的配套法令、措施與相關研究，著實放任幼教發展數年，終在民國11年（1922）學制改革將幼稚園納入學

123

制，招收6歲以下幼兒，主要依附小學教育發展，使幼教發展步入另一嶄新起點。爾後隨著《幼稚園暫行課程標準》、《幼稚園課程標準》、《幼稚園規程》以及《幼稚園設置辦法》等法令相繼頒行，為幼教塑造更好的發展環境，使幼教發展益加成熟，為爾後幼教發展奠下基礎。

二、機構與收托數量擴增為此階段的發展主軸

就此時期的幼教發展情形言，追求幼兒、教師、幼教機構乃至經費等層面數量的增加，實為該階段幼教發展的重點。衡諸該階段幼教的發展，充其量僅稱其往擴充幼教的方向努力，但距普及之理想仍遠。

以民國18至20年度（1929-1931）資料而言，無論國教及幼兒的就讀人數比例均低；前述時期係家長自願送幼兒入園，幼稚園一方面提供服務的收托數量極少，另方面則因有意送幼兒入園的家長不多，即使幼稚園約七成為公立，仍須由家長負擔幼兒入園的費用。在少數發展較快的都市（如上海），則出現私幼多於公幼的情況，家長願意負擔更多的費用以供孩子進入私幼，成為該時期的特例。

再者，該時期幼教機構的設置主要受本土、教會及日本等三大勢力的影響，關於教學內容、師資素質等受設置主體的影響甚深，非以幼兒潛能與受教品質為考量；且各設置主體間的統整性弱，以致各機構教學內容與品質存在差異。另該時期出現部分地區因經濟發展差異衍生不同的幼教需求，許多經濟發展較快的區域陸續出現私幼以滿足家長需求，部分幼兒受教機會受到家庭經濟的影響，更是幼教未能普及的重要因素。

從內涵發展言，該時期幼教發展可見機構、師生數量以及幼教經費呈現「量」的增加，是為該時期幼教發展的重要特色。但受限幼教

機構品質、有意送幼兒接受機構教育的家長有限等因素影響下，幼教距離普及的理想仍有一段距離。

三、幼教機構納入學制倉促，輔助幼教發展的配套政策不足

　　清末雖然正式將幼教機構納入中國的學制系統，考其成因雖然多元，其中移植日本幼教發展實為首要因素，斷非本土自發創發的結果。當時中國幼教機構的設立仍止於京城、天津、上海、廣州等較繁華地區，以光緒33年（1907）至宣統元年（1909）而言，全國接受蒙養院教育的幼兒數每年平均僅止於三千餘人；由於幼教機構納入學制的政策實施倉促，以及缺乏相關政策措施的配合，致使幼兒教育的發展與其他教育階段別相較，無論在數量或品質均顯不足。

　　民國以後，幼教機構的設置持續受到本土、日本、教會等勢力影響，新學制將幼教機構正式定名幼稚園並列於學制，是時除女子師範必附設幼稚園外，其他如師範學校、高等師範、國民學校等均可附設幼稚園。在熱心於幼教工作者的推動下，各地陸續出現幼稚園，使幼稚園的發展出現契機；然缺乏政策支持，不僅教育經費與發展受限，招生數量亦極為有限，且幼稚園的開設有集中於沿海重要城市的現象，以致各地幼兒受教機會不僅患寡，更患不均。

　　另就教育經費發展而言，清末蒙養院的開辦經費由既有育嬰、敬節兩堂經費勻支，在未有專款支應的情形下，蒙養院的發展受到限制。民國成立初期，幼教機構的經費仍未列專款，採取與小學教育經費併計的方式，幼教發展難自立體系。若進一步就每位幼兒的教育經費單位成本而言，民國初年的發展甚至呈現停滯，更可見此階段幼教經費的困窘。

　　納入學制象徵著政策逐步關照到幼教，但缺乏適切的配合措施，以致是項政策影響仍侷限於意義的宣示，距離幼教健全發展的理想，

顯然有極大差距。

四、師資素質逐漸提升甚至出現大學階段培育，為師培制度奠下根基

在師資培育的部分，「節婦」、「女嫗」為幼教機構設置之初的法定師資來源。面臨中國女權長期遭受漠視的情況，一方面社會刻板地以為女性為適切的幼教師資來源，另方面則又受限女權不彰，以致幼教師資培育在前述矛盾情節下，未能獲得良好的發展環境。

其次，日本與教會勢力在本時期幼教師資培育扮演重要角色。清末甚至派送留學生前往日本學習幼教理論與方法，民間亦出現前往日本學習幼教而後返國服務者。民國成立，女男平權呼聲日起，師範學校也兼收女男並培育幼稚園師資，教會於本時期亦投身辦理幼教師資培育工作；爾後甚至一度在普通大學開設幼教課程，幼教師資培育的教育程度之高，實所未有；然旋即在《師範學校法》、《師範學校規程》之後，又將幼教師資培育的教育程度拉回至中學程度並定型。爾後《幼稚園規程》、《幼稚園設置辦法》、《幼稚師範教育科目表》陸續公布，再行規定幼教師資培育方式與具體內容，加速本國幼教師資培育。

總之，幼教師資培育的教育程度歷經轉折，甚至曾經出現大學培育師資的高水準階段，雖然最後師培素質仍回歸至相當中學程度，較清末以節婦女嫗為主的師資而言，前述素質實有提升。其次，師資培育在熱心人士與教會、日本等勢力的努力下，逐漸朝向制度化發展，為幼教機構提供數量與素質穩定的師資來源；再次，師範學校培育師資的模式逐漸穩定，成為日後培育幼教師資的主要管道。師資培育在制度化發展下，實為日後幼教的擴張奠下根基。前述歷史發展的軌跡，依舊影響著今日的幼兒園發展。

附註

1　資本主義生產體系實在明末於中國江南、沿海地區即開始發展。惟資本主義新式工業的大舉入侵，鴉片戰爭之後時勢趨於成熟，進而對中國社會造成巨大衝擊。面對此時期外國資本主義的侵入，何曉夏認為在經濟上對中國形成兩方面的巨大影響，一方面，破壞了中國自給自足的自然經濟的基礎，破壞了城市的手工業和農民的家庭手工業；另一方面，促進了中國城鄉商品經濟的發展，又給中國資本主義生產的發展造成了某些客觀的條件和可能。見何曉夏（1989），頁76-77。

2　有關19世紀以後西方傳教士來華的教育活動，經馬禮遜、理雅各、狄考文、司徒雷登等人的努力，逐漸奠立其在華的根基。有關描述可參見史靜寰（1991）。

3　在歷史研究的過程，劃定因果關係的確是一項危險、卻又深具意義的工作。近代中國幼教的起因，原因很粗淺地從供需面的增加以及學制地位的確立兩個面向來看；隨閱讀日漸廣泛，我發覺潛藏在當時中國社會的一些思潮與現象，其實是促成幼教發展的重要因素。原因的推斷本身就具危險，我更無意就不同因素影響程度的高低多做推論。

4　《教育雜誌》創刊於清宣統元年，而後停刊於1948年12月，其中曾兩度停刊，實際發行33卷。主要發行人為朱元善，其創刊號之簡章第一條曾載「本雜誌以研究教育改良學務為宗旨」，是專門就教育新知的介紹與議題討論的刊物，在清末與民國初年的教育界占有重要地位。

5　姚錫光、李宗棠、羅振玉等人回國後，對日本考察心得留下紀錄。如姚錫光的〈東瀛學校舉概序〉、李宗棠作〈考察日本學校記序〉、羅振玉作〈扶桑兩月記〉。詳文可見璩鑫圭、唐良炎編（1991），頁112-126。

6　明治32年（1899）6月，日本公布《幼稚園保育及設備章程》，中國在幼稚園的設立與教材方面，悉數予以模仿。相關論述也見於黃寶珠（1976），頁2。

7 《萬國公報》是清末西洋傳教士在中國刊行最久的刊物。原名《教會新報》
（*The Church News*），同治7年（1868）發行於上海，創辦人為美國傳教士
林樂知（Young John Allen）。總計發行966期，歷時33年，對中國教育文化
事業與社會思潮著有影響。

8 同治初年至甲午年間所開的學堂，大都是「一級制」的學堂，即學堂往上或
底下並無延伸的學堂機構。然也出現了少數例外，如上海、廣東兩同文館
與北京同文館發展出「二級制」；盛宣懷創辦北洋西學堂分頭、二等學堂
各一所；李端棻於1896年則奏請清政府推廣學校，主張府州縣學、省學及
京師大學各以三年為期，是「三段制」學堂觀念的發軔，而後影響盛宣懷
籌設的南洋公學，即是以「三段制」規劃。參見陶行知：中國建設新學制的
歷史。原載於《新教育》第4卷第2期，240-259。另載於璩鑫圭、唐良炎編
（1991），頁1052-1069。

9 《欽定學堂章程》、《奏定學堂章程》的頒行相隔僅一載有餘，從相關史料
分析，「蒙養院」的出現明顯非在清政府重視幼教之下出現，而是因當時中
國模仿外國學制才出現此幼教機構。如說《欽定學堂章程》頒行之際清政府
不重視幼教，若推斷「蒙養院」的出現是清政府重視幼教之舉則又不相宜，
實有其歷史背景因素使然。

10 翁麗芳（1995）曾就「幼稚園」之起源，以「幼稚園」名稱出現為界，分成
「幼稚園」定名前、「幼稚園」定名後兩大時期，探討中國幼教機構名稱的
變遷。此處分界亦採行其分類，探討此二階段幼教在中國學制中的地位。

11 原文發表於1903年3月下旬，《教育世界》第24冊。見璩鑫圭、唐良炎編
（1991），頁155-161。

12 張百熙等。〈奏請添派重臣會商學務折〉。同註11，頁287-288。

13 張百熙、榮慶、張之洞。〈重訂學堂章程折〉。同註11，頁288-291。

14 依《教育部呈大總統報明籌開臨時教育會議改訂新制文》所載，會議時間為
7月10日至8月10日，歷時一個月。

15 關於重訂學制的呼聲，當時教育界如蔣維喬、陸費逵等人藉批判前清教育失

敗，窒礙紛如，其因為學制不善；批判的理由莫若學制年限過長、課程不合
且不相聯絡等，引發當時教育部與教育總長蔡元培的注意；教育部甚至擬議
三種學校系統草案，登報尋求教育界的研究意見。參見《教育部擬議學校系
統草案》，載於《教育雜誌》第3卷第12期，1912年3月。

16 據林樂知所著《五大洲女塾通考》第10集記載：光緒28年，基督教各會在華
建立學校中有小孩察物學堂（幼稚園）6所，學生194人，其中女生97人；爾
後又在各地陸續設立這類學校。1913年基督教全國大會在大會決議案中進一
步明確規定，各地教堂都要附設幼稚園。於是，教會辦幼稚園增加得更快。
據中國基督教調查會1921年的調查報告記載，全國教會所設的幼稚園已達
139所，幼兒4,324人。見唐淑、鍾昭華主編（1996），頁83。

17 《全國教育會聯合會第六次會議議決案》，載於《教育公報》，第8卷第6-7
期。

18 《全國教育會聯合會第六次會議議決案》，載於《教育雜誌》，第14卷第1
期。

19 同註17，976-990。

20 本次學制變革的轉向，與民初美國實用主義學者相繼來華不無關聯。杜威於
1919年4月30日抵華，旋即於中國十數個都市進行講演，宣揚實用主義；爾
後孟祿、派克赫斯特、麥考爾、克伯區等來華講學，新教育一直環繞實用主
義發展。其中，孟祿還曾於1922年應邀參與新學制討論。

21 此處不用「仿美」而用「習美」，研究者以為此次學制變革已不似往日剽取
盲從，而是有識之士體察外制、考量國情後的成果（姑不論學習之績效）。
民國肇始，延續清末留學的熱潮，知識青年留學風氣依舊盛行；五四運動提
供知識青年實踐理念的舞臺，教育改革的各種聲音陸續出現，從理念的闡釋
至具體實踐，對知識進入中國本土已然有一番篩檢，與清末全盤仿日的情形
不同。陶行知在〈評學制草案標準〉一文，對於「壬戌學制」有以下評述：
「一九二二新學制是適應時勢之需求而來的，是應時而興的制度，是頗有獨
到之處的。」雖然各界對新學制的內容仍有批判（如縮短初等教育年限的適

切性），但此種關懷中國本土的學制變革，顯然是較爲人接受的。

22 17年（1928）5月在南京召開第一次全國教育會議上，討論通過陶行知與陳鶴琴所提的《注重幼兒教育案》共七項，其中一項就是陶行知提出的《審查編輯幼稚園課程及教材案》。加上當時也有一些實驗性質幼稚園的實施成效，並透過陳鶴琴創辦之《幼兒教育》月刊及相關雜誌發表實驗研究成果，遂促使幼稚園之課程標準獨立於小學課程成爲可能。見唐淑、鍾昭華主編（1996），頁111-112。

23 戰事發生，國民政府一方面想維持原有體制運作，另方面則希望學校亦能培養戰事所需之人才，投入抗戰建國工作。然隨戰事越加難以控制，國民政府只得對學校做原則性規定，實際運作之權力不得不交由學校自行處理。以1937年8月27日國民政府頒定《總動員時督導教育工作辦法綱領》爲例，指示戰事迫近時各級教育處理辦法應「以就地維持課務爲原則」，且「各級學校之訓練，應力求切合國防需要，但課程之變更，仍須遵照部分範圍」；因時權變的情形由此可知。

24 對日抗戰期間爲搶救戰區內的受難兒童，27年（1938）3月蔣宋美齡女士領導策畫之中國戰時兒童保育會，首先在武漢成立；各地爲應戰區需要，紛紛成立保育分會，積極展開救助收容難童的工作。見王靜珠（1995）。

25 民國70年（1981）《幼稚教育法》公布施行後，幼教領域研究成果隨之蓬勃出現。其中幼教師資培育歷史沿革部分，王靜珠（1987）、蔡春美（1988）曾就清末以來之幼教師資培育制度發展分爲四期：萌芽期（清末至民國初年）、發育期（11年新學制公布至44年停辦臺南師範幼師科）、停滯期（44年停辦臺南師範幼師科至72年辦理師專日間部幼師科）、再生期（72年師專辦理日間部幼師科起）。就幼教師資培育制度與歷史沿革詳細探究，前述分期於近年討論幼教師資培育制度發展時普遍受到引用，本研究只於必要時對照前述學者之研究結果，其餘則援引原有階段劃分探討幼教師資培育。

26 該章程第三節之內容爲：「凡各省府廳州縣以及極大市鎮，現在均有育嬰堂及敬節堂（即恤嫠堂）茲即於育嬰敬節兩堂內附設蒙養院。」其中育嬰堂即

收托孤兒之機構，敬節堂則為收容寡婦之所。

27 當時女子師範學校之編制分本科和預科。本科分第一部與第二部，預科則招
收高小畢業生，一年畢業後升本科第一部，四年畢業；第二部招收中學畢業
生，一年畢業。若就教育程度言，預科及本科第一部類今日初中程度；本科
第二部類今日高中程度，惟其就讀年限僅一年。參見蔡春美、翁麗芳、張世
宗（1996）。

幼教制度的萌發
——1895至1949年
CHAPTER 4

　　清代的臺灣教育，順著中國的科舉體制，依舊以參試應舉爲目的。

　　清光緒11年（1885），臺灣巡撫劉銘傳曾打破傳統由官方在臺試辦新式教育，主臺時期雖短，則奠下臺灣新教育之風與現代化之基。但倘言臺灣西式教育正式並快速發展，當推日本據臺時期始（臺灣省文獻委員會，1954：113）。明治28年（1895）日本據臺後，鞏固對臺政權無非是臺灣總督府當時主要考量，教育爲重要的施政項目，幼稚園也在當時引介入臺。30年（1897）第一所幼稚園即使爲臺灣人所創，仍舊不脫日人影響。

　　1945年，臺灣隨著日本戰敗而回歸國府統治，中國的幼教制度逐漸轉進臺灣，成爲幼教發展的主要架構。

　　日本的幼教經驗隨著統治臺灣產生直接影響，臺人也由赴日參訪的經驗與心得萌芽了幼教經驗。本章旨在探討1895至1949年的幼教發展情形，時值日本據臺、回歸國府，以及國府遷臺等不同政治實體的轉換，以下將分別就幼教的機構發展、師資養成，以及前述發展經驗的歷史意義等，分別探討如後。

😊 第一節　機構肇始──臺人自辦關帝廟幼兒園

　　日據全期臺灣總督府的教育政策乃是以漸進原則，採逐步強化的同化主義方針，而差別待遇及隔離政策之運用，實爲其主要特徵（吳文星，1986：503）。幼教非總督府推動的主軸業務，差別待遇的情形不若其他教育階段明顯，但受限於當時幼教需求仍未成趨勢，幼教機構僅零散地出現。

　　關於日本據臺時期的幼教發展情形，茲分述如後。

一、臺人設立的關帝廟幼稚園

　　臺灣在明治30年（1897）出現第一個幼稚園，因時值日本統治時期，乃順理成章地沿用「幼稚園」一詞和制度（林來發，1996；翁麗芳，1995a）。考關帝廟幼稚園的出現，乃時為臺南仕紳蔡夢熊赴日本京阪觀光，目睹當地已有的幼稚園制度及教法，亟思幼稚園為一有益事業；返臺後，議請「臺南教育會」籌辦申請，經臺南縣知事認可，於是年12月1日開園。創立委員推蔡夢熊為園長，招聘居住在府城、畢業於女子師範學校的婦女二名為保姆，公開招收縣參事等官員及富家子弟20名，其中男生12人，女生8人，12月1日開學（臺灣教育會，1973：520-521；臺灣省文獻委員會編，1955：3-4）。設置的地點為臺南大關帝廟，即今日臺南市中西區祀典武廟的六和堂處。

　　是時幼稚園為首見，招收對象又為府城紳商富豪的子女，僅數名為日籍幼兒，規模相當有限。關帝廟幼稚園成立之後，因經費及保姆人選等種種困難，於明治33年（1900）10月停辦，前後僅維持約3年。

▲圖4-1　臺南市中西區祀典武廟的六和堂

▶圖4-2　臺南市政府於2013年9月在關帝廟幼稚園舊址立全臺第一所幼稚園紀念碑

二、純為在臺日兒服務的臺北幼稚園

明治33年（1900）11月，臺北田中國語學校校長等人發起創辦「私立臺北幼稚園」，以保育內地人（日人）幼兒為目的，址設於臺北淡水館內，園兒多為來自臺北中上家庭之子女凡20人，由日人三木眞砂子及助手二人任保姆（臺灣省文獻委員會編，1955：4），日本統治當局（或今日許多日本文獻）以之為臺灣出現幼稚園之始，其設置時間實則晚於「關帝廟幼稚園」。

此種單招旅臺日兒的情況持續多年，此時期臺籍幼兒反而未見適當的幼稚園可學習。隨著臺灣總督府對幼教的關切，明治38年（1905）3月14日，《幼稚園規程》、《臺北幼稚園規程》發布，次月（4月1日）在臺北第二小學校分教室內設立「臺北幼稚園」，其經費由地方支付，前設「私立臺北幼稚園」即予解散，性質改為公立，但僅辦二年，於40年（1907）3月亦告停辦（臺灣省文獻委員會編，1955：4）。二年後（1909年），再度以「私立臺北幼稚園」之名重新開辦，此回經營到1944年戰事激烈方才閉園（臺灣教育會，1973：520-530）。

臺北幼稚園由最先的私立性質，因規程發布得到官方經費支援而改制為公立，終因欠缺經費支援難以維持，再度改制為私立。隨著幼稚園改制為私立，官方意願與可介入的空間漸小，同時少有餘力協助幼稚園發展，致使招收幼兒的限制逐漸放寬。從前述機構性質之轉變，某種程度地反映出當時日本政府對幼教機構的設置態度。

三、殖民意味濃厚的幼兒日語講習所

為求鞏固統治權力，國語（日本語）傳習係為日本據臺後的首要教育措施。日本據臺是年，伊澤修二受任命為總督府民政局的代理學務部長，同時創設學制。伊澤修二在創設學制之際，將其分為緊要

事業、永久事業兩部分，其中緊要事業包含講習員培育及國語傳習等兩種，永久事業則在設立國語學校及師範學校（李園會，1997：16-17）。就日本據臺初期的教育措施言，在同化臺人思想、風俗習慣的考量下，國語教育推廣與國語師資培育工作爲當時臺灣總督府的施政要項。

大正8年（1919）4月1日，《臺灣教育令》施行，日本以殖民教育考量區劃日本人與臺灣本地人的受教水平，規範是時臺灣教育的學校系統；當時臺灣總督府發布諭告第1號中曾說明制訂《臺灣教育令》的目的：（臺灣省文獻委員會編，1957：127）

要之臺灣之教育，在於觀察現時世界人文發達之程度，啓發島民順應之智能，涵養德性，普及國語（日語），使之具備帝國臣民應有之資質與品性。

前述目的可見日本人對臺灣實施教育的基本要求，即是努力輸入日本語言，同化臺胞的語言與風俗習慣，以成就「帝國臣民」的資質與條件，對於鞏固領導具有重大的意義。

普及日語運動可溯自1895年日本據臺便開始，但正式成爲政策推行日語運動，是於昭和6年（1931）臺灣府令第73號公布〈關於在臺灣特殊教育設施案〉之後，各州廳依據此令紛紛設立「日語講習所」，成爲殖民時期的重要日語訓練機構。當時臺灣總督府擬有十年計畫，希望至15年（1940）達成解日語者占50%以上爲目標（劉寧顏編纂，1993：224-125）。

爲達前述目的，「幼兒日語講習所」以6歲以下幼兒爲對象，給予以日語爲中心的生活指導，並補家庭教育的不足。在名稱部分，亦有稱托兒所者，但目的卻在訓練日語，其成立非由建立學校制度入手，與幼稚園有異。

「幼兒日語講習所」的規制狀況茲略述如下：（劉寧顏編纂，民1993：252-253）

1. 開設場所：國民學校或部落集會所。
2. 保育科目：日語、遊戲、講故事、手勢、唱歌。
3. 保育時間：年100日、200小時以上。
4. 收容人數：20人以上50人左右。
5. 指導人員：女子青年團員或保姆。

查幼兒日語講習所的成立，旨在推廣日語的扎根工作，雖招收學齡前幼兒並藉學校實施，但從設立宗旨與實施內容觀之，顯不在建立系統的教育制度，而是具特定目的之短期語言訓練，充其量屬社會教育。

從大正10年（1921）5月29日府令第109號制訂《臺灣公立幼稚園規則》，12年（1923）3月24日公布《臺灣公立幼稚園官制》，同年3月27日府令第36號修正《臺灣公立幼稚園規則》，日據時期臺灣的幼稚園發展形式終告確定（臺灣省文獻委員會編，1957：218-223；臺灣教育會，1973：520-530）。幼稚園從原本只提供日籍幼兒就讀，轉變至日、臺幼兒同受教育，臺籍幼兒接受幼稚園教育的情形也隨前述規則頒行之後逐漸與日籍幼兒相同。

綜觀明治30年（1897）臺南府城關帝廟幼稚園開辦以來，迄臺灣光復前一年（1944）止，幼稚園開辦規模與收托情況茲表述如表4-1。

明治30年（1897）臺灣成立第一個幼稚園時，只有保姆1人、幼兒20人；昭和19年（1944），幼稚園數增至95所，保姆數增為273人，在學幼兒數計8,672人。日據時期近五十年的幼稚園發展，幼稚園數與招收幼兒數量呈現成長趨勢（見表4-1）。此外，另可觀察此時期幼稚園發展的幾項特徵：

表4-1　1897-1944年日據時期幼稚園開辦情形

單位：人

年份 \ 項目	園數		保姆		園兒			年度保育期滿	
	公	私	省人	日人	省人	日人	其他	男	女
明治30（1897）	1		1		20			--	
明治31	1		--		--			--	
明治32	1		--		--			--	
明治33	1		--		20			--	
明治34	1		1		--			--	
明治35	1		1		--			--	
明治36	1		1		33			--	
明治37	1		--	1	--	42	--	8	6
明治38	1		--	2	--	86	--	--	--
明治39	1		--	1	--	78	--	--	--
明治40	--		--	--	--	--	--	--	--
明治41	2		--	9	--	145	--	20	15
明治42	2		--	7	--	144	--	22	2
明治43	3		--	8	--	195	--	33	34
明治44	3		--	7	--	235	--	19	31
大正元年（1912）	3		--	5	--	193	--	36	31
大正2	2		--	4	--	137	--	26	27
大正3	2		--	6	--	130	--	23	27
大正4	4		--	8	--	203	--	37	31
大正5	9		3	15	74	434	--	119	89
大正6	12		9	14	267	387	--	185	108
大正7	14		15	12	334	488	--	149	116
大正8	15		15	19	435	466	--	264	146
大正9	19		12	24	625	654	--	334	158
大正10	14	13	17	36	556	--		361	203
大正11	18	10	19	39	577	762	--	425	239
大正12	20	13	23	41	731	832	--	453	264

表4-1　1897-1944年日據時期幼稚園開辦情形（續）

項目 年份	園數		保姆		園兒			年度保育期滿	
	公	私	省人	日人	省人	日人	其他	男	女
大正13	23	13	17	42	749	812	--	515	304
大正14	27	14	18	48	881	1,175	--	662	414
昭和元年 （1926）	29	14	23	51	955	1,413	--	780	568
昭和2	28	17	25	62	1,077	1,461	--	952	669
昭和3	29	20	24	70	1,339	1,600	--	1,004	710
昭和4	31	21	30	77	1,453	1,802	--	1,179	835
昭和5	31	29	33	95	1,830	1,838	--	1,336	932
昭和6	32	29	37	92	2,049	1,637	6	1,418	937
昭和7	32	34	44	98	2,193	1,694	4	1,502	947
昭和8	32	37	45	102	2,269	1,746	10	1,631	1093
昭和9	71		48	98	2,297	1,607	10	1,560	1037
昭和10	72		46	100	2,546	1,695	14	1,794	1096
昭和11	76		56	109	3,003	1,766	22	2,019	1359
昭和12	83		64	124	3,675	1,876	9	2,360	1527
昭和13	85		76	122	4,252	1,962	6	2,685	1722
昭和14	87		92	133	4,557	2,112	6	2,928	2031
昭和15	91		92	142	5,229	2,203	10	--	--
昭和16	98		95	136	5,734	2,593	20	--	--
昭和17	97		100	139	5,712	2,855	10	--	--
昭和18	96		98	153	6,119	3,258	18	--	--
昭和19	2	93	134	139	5,690	2,941	41	--	--

資料來源：

1.臺灣教育會（1973）。《臺灣教育沿革志》。臺北：古亭書屋，頁531-533。

2.臺灣省文獻委員會編（1955）。《臺灣通志稿》卷五〈教育志教育施設篇〉。臺中：編者，頁7-9。

3.臺灣省行政長官公署主計室編（1946）。《臺灣省五十一年來統計提要》。臺北：臺灣省行政長官公署統計室，頁1237。

1. 就性質言：明治30年（1897）至大正9年（1920）幼稚園全為私立，大正10年（1921）至昭和8年（1933）幼稚園則公私立並存，之後至昭和18年（1943）又以私立為主，昭和19年（1944）再度公私立幼稚園並存，不過此時幼稚園已幾乎全為私立。日據時期第一所幼稚園為私立，幼稚園性質經過一段時期以公立為主的情形（大正10年至昭和6年），昭和7年（1932）私幼數量首度超越公立，昭和19年（1944）甚至有高達98%的比例為私幼。

2. 就園數言：幼稚園數量呈逐年增加趨勢。但自昭和17年（1942）始，幼稚園的成長卻出現停滯，甚至減少的情形。

3. 就幼兒數言：幼稚園平均每園幼兒數均不足百人，且每園保姆數約為2至3人，可見當時幼稚園之籌辦規模係以小型為主。[1]

4. 就保姆言：保姆多為日籍，日本據臺約二十年後，才出現臺籍保姆，而後臺籍保姆陸續增加。昭和19年（1944）之後，臺籍保姆的數量幾乎與日籍保姆數量相同。

5. 就幼兒背景言：幼稚園開辦初期，招收的對象多以日籍幼兒為主（「關帝廟幼稚園」除外）；大正5年（1916），始出現日、臺籍幼兒並招的情形；昭和6年（1931）以後，幼稚園臺籍幼兒數方多於日籍幼兒。幼稚園初建的二十年之間，多數的幼稚園仍以服務日籍幼兒為主。

6. 就生師比言：關於保姆與幼兒數的比例，除幼稚園開辦初期高達1：40左右外，大多數時間比例均維持或低於1：30，規模已較初期為小。

以昭和17至19年（1942-1944）為例，相較於不同的教育階段，國民學校學生數為最多，其次為實業學校、實業補習學校、中學校與高等女學校，再次則為幼稚園，大學學生數居於最末（見表4-2），呈現重初等教育的教育現象（其中當然隱藏政治與殖民政策考量）。

表4-2　1942-1944年度日據時期各級各類學校學生數

單位：人

年度 學校別	1942年度	1943年度	1944年度
國民學校(1)	57,865	53,797	55,778
國民學校(2)	745,638	808,877	876,747
中學校	13,228	14,513	15,172
高等女學校	10,736	11,902	12,270
高等學校	634	635	562
實業補習學校	13,944	15,883	18,090
實業學校	11,361	13,042	14,626
師範學校	2,181	2,642	2,888
專門學校	1,633	1,755	1,997
大學	326	500	394
幼稚園	--	--	8,642

資料來源：臺灣新生報社編（1947）。《臺灣年鑑》。臺北：編者，頁K27-K30。

說明：1942、1943年幼稚園園生數缺。

其次，就初等教育而言，幼稚園招收的幼兒數與國民學校學生數仍有很大差距，幼稚園的招生狀況顯然不甚普及。

　　民國34年（1945），臺灣因政治實體改變轉而接受中國文化的教育，其基本方針即在消除日據時代施行的殖民地教育政策。依《國民學校法》規定：「國民學校及中心國民學校，均得附設幼稚園。」然因戰後社會蕭條，幼稚園仍不普及（劉寧顏總纂，1993：476），尤其光復初期政府財政困難，在有限經費下，政府致力推行國民教育與普及國語文教育，幼稚園發展更見困難；雖依《國民學校法》國民學校得附設幼稚園，但未能普遍實施（臺灣省文獻委員會，1955：162）。

　　其次，當時經濟型態以農業為主，家庭型態也以主幹家庭居多，幼兒教保責任多落在婦女手中；後來為使婦女能加入反共救國行列，

才逐漸在國民學校增設附設幼稚園（班），以解決幼兒托顧問題（黃怡貌，1995：59），但幼稚園實際數量仍不多。本時期幼稚園的發展受到社會需求箝制，未能於幼稚園數量及招生人數方面有大量突破。

再者，此時期幼稚園注意課程項目的改善，消除日據時代的殖民地教育措施；進而回歸《幼稚園課程標準》以「增進幼兒身心健康、培養幼兒優良習慣、啓發幼兒基本生活知能、增進幼兒應有之快樂與幸福」等教育目標，從事「知能訓練」與「生活訓練」（臺灣省文獻委員會編，1957：340-344）。民國34年（1945）以前全臺設有幼稚園95所，因戰爭致多數停辦；34年（1945）之後經努力恢復，先於市區設置幼稚園，一面通飭國民學校附設幼稚班，鼓勵熱心教育人士設置私立幼稚園，並於38學年度（1949）起由「省立臺北女子師範學校」設三年制「幼稚師範科」，培育幼教師資（中華民國年鑑社，1951：853）。

關於35至38學年度（1946-1949）的幼稚園數與在園幼兒數的狀況，茲表述如後（見表4-3）。

民國34年（1945）以後，幼稚園發展數量初始較日據時期縮減，且在園幼兒數量及教職員數皆較日據最繁榮時期（1944）為低。惟自37學年度（1948）開始，幼稚園在園幼兒數首度超越日據最繁榮時期，但園數與教職員數仍遠低於日據最繁榮時期（中華民國

表4-3　民國35-38學年度幼稚園數與在園幼兒數狀況表

學年度	園數	幼兒數	教職員數
35	28	5,634	95
36	14	7,026	46
37	24	11,165	103
38	34	13,826	109
平均	25	9,412	88

資料來源：中華民國年鑑社（1951）。《中華民國年鑑》。臺北：作者，頁855。

年鑑社，1951：855）。隨著日據階段的結束，臺灣的幼稚園規模、生師比例都產生轉變，先縮減而後快速發展，讓臺灣的幼教發展呈現出不同於日據時期的發展面貌。

第二節　師資養成——日籍與臺籍師資的消長與轉變

　　教育是日本據臺時期臺灣總督府的重要施政項目，在教育制度、對象、內容、師資，以及學生背景等都有所規範。即使幼稚園的發展規模不大，但仍就師資條件加以規定；進用日籍師資成為符合前述考量的首項選擇，且是時符合資格的臺籍人數實也寥寥可計。

　　本節擬就1895年至1949年的幼教師資情形加以探討，尤其針對師資資格、師資籍貫，以及生師比等分予探討；其次，由於該時期的幼教發展規模不大，該時期的經費投入情形於本節併做介紹。

一、保姆是最早的法定合格師資

　　日據初期，「保姆」是為主要之幼教師資。

　　蔡夢熊所創之「關帝廟幼稚園」，聘女子師範學校畢業生二名為保姆（臺灣省文獻委員會編，1955：3-4）；「關帝廟幼稚園」停辦後次月，由臺北田中國語學校校長等，發起創辦「私立臺北幼稚園」，以保育日人幼兒為目的，由日人三木眞砂子及助手二人任保姆（臺灣省文獻委員會編，1955：4），該園於明治39年（1906）因欠缺管理者故，步上閉園之途。

　　明治38年（1905）3月14日府令第16號發布《關於幼稚園之規程》，其中第3條提及：「幼稚園之幼兒定員為八十人，保姆一人所擔任之幼兒為四十人以下，但有特別事情者，得自八十人增至百五十

人，四十人增五十人」（臺灣省文獻委員會編，1957：219）。同日以訓令第39號發布《臺北幼稚園規程》，其中第1條規定：「臺北幼稚園，臺北廳長管理之」；第4條則提及：「保姆任幼兒之保育」；規定臺北廳長任用的園長與保姆，應有「臺灣小學校教師或臺灣小學校助教」等資格（臺灣教育會，1973：521）。該法明確規定保姆為幼稚園師資，且對保姆的任用條件提出規定，為此時期幼稚園師資規範的主要法源。

　　關於保姆的資格，大正10年（1921）5月29日府令第109號制訂《臺灣公立幼稚園規則》第13條，復將規定幼稚園園長及保姆資格如後：（臺灣省文獻委員會編，1957：221）

　　幼稚園之園長及保姆，須有依據臺灣小學校教員及臺灣公學校免許（許可）令施行規則或明治三十三年文部省令第十四號小學令施行細則所授與之教員免許（許可）狀或幼稚園保姆免許（許可）狀。

　　難得具有前項免許（許可）狀之時，得以其他者代用，但保姆之中至少須有一人以上有前項之資格。

　　昭和16年（1941），小學校與公學校改稱「國民學校」，另以府令第50號修正《臺灣公立幼稚園規則》第13條第1項規定，將幼稚園園長及保姆資格規範如下：（臺灣省文獻委員會編，1957：223）

　　幼稚園之園長及保姆，須有依據臺灣國民學校訓導及養護訓導免許（許可）令所授與之臺灣國民學校訓導免許（許可）狀、臺灣國民學校初等科訓導免許（許可）狀或臺灣國民學校養護訓導免許（許可）狀，或由國民學校令所授與之國民學校訓導免許（許可）狀、國民學校初等科訓導免許（許可）狀、國民學校養護訓導免許（許可）狀或幼稚園保姆免許（許可）狀。

前述保姆資格的修正要求仍不脫先前《臺灣公立幼稚園規則》之規定，僅源於學制變革進行資格內容的修正。

綜觀日據時期幼稚園師資來源，保姆為本時期之「法定」幼稚園師資，其資格為應具初等教育教員資格或持有「幼稚園保姆免許狀」者。就師資程度言，幼稚園保姆的程度與小學教員的規範相當；其次，考量實際運作困難，准許在至少有一名保姆合乎前項資格之前提下進用未合格師資，在兼顧法理與實際狀況之餘，對於保姆的資格及其任用做出折衷的規定。

二、保姆背景由日籍為主轉向日臺籍平衡

依據大正8年（1919）1月4日敕令第1號制訂《臺灣教育令》，該令為日本對臺灣人所訂的教育法令，其中提及教育目的係「基於《教育敕語》之旨趣，以育成『忠良國民』為本義」（臺灣省文獻委員會編，1957：121）。就師範教育言，教師為育成「忠良國民」之媒介，更為日本統治者所在意。當時師資培育政策仍秉於《教育敕語》，在培育對象方面先以日籍為主；之後招收對象雖逐漸兼納臺籍，此等日、臺籍併收的師培發展，也是經歷一段時間的轉折成果。

日據時期臺灣的師範教育曾歷經多次變遷，其中國語（日語）學校的師範教育部分，旨在為普及國語（日語）政策努力，所培育的師資不僅向臺人推展國語（日語），亦需服務當時日籍人士；時有師範部、師範部甲科、小學師範部等均從事日籍教員的工作（臺灣省文獻委員會編，1957：261-266）。以「臺灣總督府國語學校」為例（今國立臺北教育大學、臺北市立大學前身），1896年設師範部，修業二年，培養日語傳習所和師範學校未來的教員及小學校長；其中設有語學部修業四年，負責向臺灣本島的青年傳授日語。1899年，其所設之「臺北師範學校」開始授課，其中師範部分設甲、乙兩科，甲科

學生悉爲日本人（內地人）並在日本招考，乙科學生以在臺之日本人及少數臺籍學生爲招考對象（國立臺北教育大學，2015）。日籍與臺籍的學生採分別招生、培育的方式爲主。

明治32年（1899），師範學校計臺北、臺中、臺南師範學校等三所；35年（1902）廢止臺北、臺中兩師範學校；36年（1903）改正師範規則，規定師範學校「爲養成本省人之公學校及國語（日語）傳習所之教師，兼爲研究本省普通教育之所」；37年（1904）廢止師範學校官制，臺南師範學校停辦，均併入國語（日語）學校師範部乙科（臺灣省文獻委員會編，1957：261-278）。日本據臺初期師範教育需求有限，且培育方向並非採取日臺籍合流的同化政策。

從《臺灣教育令》發布到中日戰爭爆發期間，臺灣總督府明確地推出「同化」政策，倡言「內地延長主義」，亦即將殖民地臺灣（原稱「外地」）視爲日本的一部分（翁麗芳，1998：224）。於是養成臺籍教員的師範教育機構增加，臺籍教員數得以逐漸成長，由幼稚園保姆籍貫的增加，可發覺上述趨勢。

在幼稚園保姆的籍貫部分，大正4年（1915）前幾乎未有臺籍保姆，之後日籍與臺籍保姆數雖逐年增加，但其間差異不斷減少，7年（1918）甚至出現臺籍保姆數多於日籍的現象。日本據臺後期，日籍保姆人數成長出現停滯，臺籍保姆數仍不斷增加，至昭和19年（1945）日、臺籍保姆數已非常相近，除大正7年（1918）曾出現臺籍保姆數多於日籍的短暫現象外，日籍保姆數始終多於臺籍（見表4-4）。

表4-4　日據時期臺灣幼稚園數及保姆數

年份＼項目	園數（所）公	私	保姆（人）省人	日人	每園平均保姆數（人）
明治30（1897）	1		1		1
明治31	--		--		--
明治32	1		--		--
明治33	1		--		--
明治34	1		--		--
明治35	1		1		1
明治36	1		1		1
明治37	1		--	1	1
明治38	1		--	2	2
明治39	1		--	1	1
明治40	--		--	--	--
明治41	2		--	9	5
明治42	2		--	7	4
明治43	3		--	8	3
明治44	3		--	7	2
大正元年（1912）	3		--	5	2
大正2	2		--	4	2
大正3	2		--	6	3
大正4	4		--	8	2
大正5	9		3	15	2
大正6	12		9	14	2
大正7	14		15	12	2
大正8	15		15	19	2
大正9	19		12	24	2
大正10	14	13	17	36	2
大正11	18	10	19	39	2
大正12	20	13	23	41	2
大正13	23	13	17	42	2
大正14	27	14	18	48	2
昭和元年（1926）	29	14	23	51	2

表4-4 日據時期臺灣幼稚園數及保姆數（續）

項目 年份	園數（所）		保姆（人）		每園平均保姆數 （人）
	公	私	省人	日人	
昭和2	28	17	25	62	2
昭和3	29	20	24	70	2
昭和4	31	21	30	77	2
昭和5	31	29	33	95	2
昭和6	32	29	37	92	2
昭和7	32	34	44	98	2
昭和8	32	37	45	102	2
昭和9	71		48	98	2
昭和10	72		46	100	2
昭和11	76		56	109	2
昭和12	83		64	124	2
昭和13	85		76	122	2
昭和14	87		92	133	3
昭和15	91		92	142	3
昭和16	98		95	136	2
昭和17	97		100	139	3
昭和18	96		98	153	3
昭和19（1945）	2	93	134	139	3
小計	--	--	1,310	2,390	
平均	35		82		2

資料來源：
1. 臺灣教育會（1973）。《臺灣教育沿革志》。臺北：古亭書屋，頁531-533。
2. 臺灣省文獻委員會編纂組（1955）。《臺灣通志稿 卷五教育志教育施設篇》。臺中：作者，頁7-9。
3. 臺灣省行政長官公署主計室編（1946）。《臺灣省五十一年來統計提要》。臺北：臺灣省行政長官公署統計室，頁1237。

三、保姆轉變為教師

　　依《關於幼稚園之規程》第3條規定：「幼稚園之幼兒定員爲八十人，保姆一人所擔任之幼兒爲四十人以下，但有特別事情者，得自八十人增至百五十人，四十人增五十人」（臺灣省文獻委員會編纂組，1957：219）。大正10年（1921）《臺灣公立幼稚園規則》第10條規定，「幼兒之定員爲百二十人以內，但有特別事情時，得增至二百人爲止。保姆一人所保育幼兒數爲三十人以內，但有特別事情時，得增至五十人爲止」（臺灣省文獻委員會編纂組，1957：223）。

　　實際招生狀況方面，明治37年（1904）至昭和11年（1936）止，幼稚園數、保姆數、園生數均呈逐年增加趨勢（見表4-5）。整體而言，平均每年幼稚園數爲29所、保姆數60名、園生數1,658名，故每園平均有57名園生，保姆與園生比約爲1：29，前述比例與表4-6每園平均2位保姆數相符並符合相關法令規定。

表4-5　1904-1936年臺灣幼稚園保姆及園生數

單位：人

項別 年別	園數 (所)	保　姆　數						園　生　數								園生/ 保姆數
		合計		臺人		日人		合計		臺人		日人		其他		
	N	N	N	N	%	N	%	N	N	%	N	%	N	%		N
1904	1	1	0	0	1	100	42	0	0	42	100	--	--			42
1905	1	3	0	0	3	100	86	0	0	86	100	--	--			29
1906	1	2	0	0	2	100	78	0	0	78	100	--	--			39
1907	--	--	--	--	--	--	--	--	--	--	--	--	--			--
1908	2	9	0	0	9	100	145	0	0	145	100	--	--			16
1909	2	7	0	0	7	100	144	0	0	144	100	--	--			21
1910	3	8	0	0	8	100	195	0	0	195	100	--	--			24
1911	3	7	0	0	7	100	235	0	0	235	100	--	--			34

表4-5　1904-1936年臺灣幼稚園保姆及園生數（續）

項別 年別	園數 (所)	保　姆　數					園　生　數							園生/ 保姆數
		合計	臺人		日人		合計	臺人		日人		其他		
	N	N	N	%	N	%	N	N	%	N	%	N	%	
1912	3	5	0	0	5	100	193	0	0	193	100	--	--	39
1913	2	4	0	0	4	100	137	0	0	137	100	--	--	34
1914	2	6	0	0	6	100	130	0	0	130	100	--	--	22
1915	4	8	0	0	8	100	203	0	0	203	100	--	--	25
1916	9	18	3	17	15	83	508	74	15	434	85	--	--	28
1917	12	23	9	39	14	61	654	267	41	387	59	--	--	28
1918	14	27	15	56	12	44	882	434	53	388	47	--	--	33
1919	15	34	15	44	19	56	901	435	48	466	52	0	0	27
1920	19	36	12	33	24	66	1,279	625	47	654	51	0	0	36
1921	27	53	17	32	36	68	1,156	556	48	600	52	0	0	22
1922	28	58	19	33	39	67	1,339	577	43	762	57	0	0	23
1923	33	64	23	36	41	64	1,563	731	47	832	53	0	0	24
1924	36	60	17	28	43	72	1,754	850	48	904	52	0	0	29
1925	41	75	21	28	54	72	2,056	881	43	1,175	57	0	0	27
1926	43	79	25	27	54	73	2,359	955	40	1,403	60	1	0	30
1927	45	94	25	25	69	75	2,538	1,077	42	1,461	58	0	0	27
1928	49	97	24	28	73	72	2,940	1,340	46	1,600	54	0	0	30
1929	53	112	31	28	81	72	3,273	1,471	45	1,802	55	0	0	29
1930	59	128	33	26	95	74	3,669	1,830	50	1,838	50	1	0	29
1931	61	135	40	30	95	70	3,693	2,050	56	1,637	44	6	0	27
1932	66	144	44	31	100	69	3,891	2,193	56	1,694	44	4	0	27
1933	69	149	45	30	104	70	4,025	2,269	56	1,746	44	10	0	27
1934	71	146	48	33	98	67	3,914	2,297	59	1,607	41	10	0	27
1935	72	146	46	32	100	68	4,255	2,546	60	1,695	40	14	0	29
1936	76	165	56	34	109	65	4,811	3,023	63	1,766	37	22	0	29
平均	29	60	18	21	42	79	1,658	1,261	48	826	69	10	0	29

資料來源：臺灣省行政長官公署主計室編（1946）。《臺灣省五十一年來統
　　　　計提要》。臺北：臺灣省行政長官公署統計室，頁1237。

　　民國34年（1945）至國府遷臺前的4年期間，日據時期所有法規隨著日本投降而同時宣告無效，臺灣在制度上開始施行「中華民國幼稚園教育制度」（翁麗芳，1998：237）。幼稚園的師資養成改依32年（1943）《幼稚園設置辦法》的規定，教師以「幼稚師範學校畢業或具有小學教員資格、曾任幼稚園教員一年以上的女子為合格」；若不具前述資格者，則應接受省市教育行政機關所組織的小學教學檢定委員會檢定（洪福財，1998）。36年（1947）第一學期起，省立臺北女子師範學校招收三年制幼稚師範科一班，以造就幼教師資（教育部編，1957：176），初期具有合格教員資格者實屬有限。

　　另依據表4-6，民國35年（1946）至38年（1949）的幼兒數及教師數均呈逐年增加趨勢，平均每年教師數88名，在園幼兒數9,413名，每園幼兒數平均為107名，生師比為1：112。可見當時的幼稚園師、生數量雖呈逐年提升的趨勢，但生師比過高顯然是另一項待解決的課題，突顯師資數量的窘迫之境。

表4-6　民國35-38學年度幼稚園教師數及在園幼兒數

單位：人

項目 學年度	幼兒數	教師數	師生比
35	5,634	95	59
36	7,026	46	153
37	11,165	103	108
38	13,826	109	127
平均	9,413	88	112

資料來源：中華民國年鑑社（1951）。《中華民國年鑑》。臺北：作者，頁855。

　　日據時期結束後，幼教在師生數量雖然漸次提升，但政局移轉後的臺灣仍處於局勢未定之勢，政府公權力尚未及於教育，本時期的幼教事實上處於放任狀態（翁麗芳，1998：237）。在各項政經條件改依國民政府的情形下，臺灣社會仍處於調適階段，幼教則是在接近放任發展的情況下，逐漸找尋國民政府的規範與步調。但在幼稚園師資名稱的部分，沿用50年的法定「保姆」名稱消失，改以「教師」取代爲法定師資的稱呼，讓幼稚園與其他教育階段師資具有相同的稱謂，師資培育也同列規劃。

四、欠缺系統規劃挹注的經費

　　日據時期幼教需求仍未成趨勢，幼教機構僅零散地出現，反應在經費規模上，則是欠缺系統規劃挹注，規模相當有限。

　　考日據時期的幼教經費，明治30年（1897）最初成立的臺南「關帝廟幼稚園」爲臺人自立，經費全由私人支出；該園前後經營僅三年，即因經費及保姆人選之種種困難而停辦。後續雖曾有「臺北幼稚園」出現，但在官方的教育經費方面，並未漸有明顯支出或增加的現象（臺灣省文獻委員會編，1957）。

　　衡諸日據時期教育經費的狀況，昭和17年至19年（1942-1944）爲經費最充足的三個年度。以前述三個年度的經費狀況言，幼稚園教育費預算金額呈波動現象，平均每年教育費預算爲21,649元（見表4-7）；對照該時期的幼稚園數（見表4-4），該三年度平均每年幼稚園數爲96所，但其中僅有2所公立，幼教經費實則多由私人負擔（臺灣省文獻委員會編，1955：9）。可見是時政府幼教經費支出規模不高，且多數的幼教經費實由私人所承。

表4-7　日據時期1942-1944年之臺灣幼稚園教育費預算

單位：元

年度＼項目	經常費	臨時費	總計
昭和17年（1942）	4,506	9,860	14,366
昭和18年（1943）	4,866	27,155	32,021
昭和19年（1944）	--	--	18,559
平均	4,686	18,508	21,649

資料來源：臺灣省文獻委員會編（1955）。《臺灣省通志稿教育志設施篇》。臺北：作者，頁9。

　　日據時期結束後，臺灣的教育經費改由國民政府編列。就整體國民政府的教育經費而言，臺灣省的教育經費相較於當時中國大陸其他各省寬裕（中華民國年鑑社，1951：830）。再就臺灣的教育文化經費而言，以民國35年（1946）為例，當時的省教育文化經費占總額為舊臺幣228,779,767元，占全省預算7.4%（未列入公教人員生活津貼），相較於日據最繁榮時期（1944）的6.42%，前述比重相對較佳。另以36年（1947）、37年（1948）、38年（1949）等年度的教育文化經費總額（含學生公費及薪津）而言，占全省總預算則依序為20.84%、24.50%、27.20%，所占比重較前述年度為高且逐年有提升趨勢，教育文化占當時國民政府治臺經費相當之比重。

　　在幼教經費方面，日據階段末期的臺灣計設有幼稚園95所，惟因戰爭致多數陸續停辦。日據階段結束後，國府先規劃於市區設置幼稚園，一面通飭國民學校附設幼稚班，另方面則鼓勵熱心教育人士設置私立幼稚園，以助幼稚教育發展。以民國35至38學年度（1946-1949）的幼稚園設置情形而言（見表4-6），平均每年幼稚園數為25所；另以39至41學年度（1950-1952）言（見第5章表5-2），以平均每年私幼比占總園數18%進行推估，公立幼稚園約有20所。有別於日據時期幼教機構零散建置的情形，國民政府在治臺之初對於設置幼稚

園一事已然有部分進展，雖然幼稚園數量仍相當有限，但公立幼稚園已成為該階段幼稚園的相對多數，幼稚園教育經費也相對由政府教育經費提供較高挹注。[2]

第三節　幼教發展的歷史意義

衡諸歷史經驗，日本幼教經驗對臺灣幼稚園機構設置、師資培育及課程內容等層面，實有不容抹滅的影響。

日據時期的臺灣幼教，身處殖民時期一方面引進殖民國度的制度與經驗，另方面則是囿於殖民政權的壓制影響師資培育、課程內容，以及受教對象等發展，讓臺灣當時的幼教發展呈現出獨特的樣貌。臺灣雖處於被殖民之境，仍可見許多臺灣本土關注幼教人士在於發展幼教的努力，日據政權雖斷續有挹注幼教發展之舉，但終未促成幼教較大規模的發展，幼教無論在機構設置、師資培育，乃至經費配置等方面，未能形成穩定的系統與規模。

以臺南關帝廟幼稚園出現的年代觀之，臺灣的幼稚園出現時間其實更較中國為早。受到殖民統治的影響，臺灣幼教發展自難避免日本政治勢力的干涉，本土勢力的發展空間相當有限；但同時間日據政權也未大規模或系統地在臺發展幼教，日據時期的幼教發展尚未見普及。

即便日據時期的幼教發展規模有限，但此階段的許多幼教發展經驗仍對爾後臺灣的幼教發展產生影響。茲將此階段幼教發展的歷史經驗歸結有三，分項說明如後。

一、殖民統治的教育政策抑制臺灣幼教發展的空間

日據時期的幼教發展，無論於機構設置、師資培育等層面，均帶

有濃厚殖民統治的色彩。

在殖民統治的教育之下，幼稚園設置主體以日人為主，並且在隔離政策的驅使下，使得幼稚園招生也循著種族隔離而發展。以臺南「關帝廟幼稚園」創設之始為例，當時僅有幼兒20名，雖皆為縣參事等官員及富家子弟，但日人子弟並不多。「私立臺北幼稚園」設立後，以保育內地人（日人）幼兒為目的，幼稚園以日人子弟為特定服務對象，使幼稚園染有區隔種族的色彩，連帶壓縮臺人子弟接受幼教的機會。

日語講習所設立更是踐行殖民統治思想。日語講習所係臺灣總督府基於「同化臺人思想、風俗習慣」的政策所致，日本持殖民統治者的立場，期望從幼兒階段即養成臺人的日語能力，以便利其思想及風俗習慣的統化。在基於殖民統治色彩濃厚的教育制度影響下，幼教的發展空間受限，幼兒身心發展需求，或是健全幼教的理想，顯然不是該階段幼教發展的主軸理念。

日據時期幼教政策不僅是限制特定族群的受教機會，同時藏有「特定目的」地發動幼教作為，若以今日幼教的眼光視之，對於當時幼教的實質內涵可有許多議論。其次，隔離政策下的幼教，限制幼兒的受教機會，加上受教過程的差別對待，更無法使所有幼兒基於均等立場接受教育，距離幼教健全發展的理想，仍有一段長路。

二、缺少誘因的放任式發展，使國府接手政權初期的幼教規模受限

日據時期所有法規隨著日本投降而同時宣告無效，國民政府接受臺灣的治權，幼稚園的發展方向亦回歸中國體制。

國府治臺初期的教育基本方針，旨在消除日據時期施行之殖民地教育政策，就其方針內容而言，仍不脫政治因素的考量。此時期之幼

稚園教育，注重課程項目之改善，意在消除日據殖民教育的措施，轉而回歸《幼稚園課程標準》所訂之教育目標。

在幼稚園設置部分，國府治臺初期不僅幼稚園數量較日據時期大幅縮減，在園幼兒數量及教職員數亦皆較日據最繁榮時期（1944）為低，直至民國37學年度（1948）以後方得改善。但在幼稚園招生規模方面則逐漸擴大，其中35-38學年度（1946-1949）平均的幼稚園師生比例高達1：112，遠較日據時期之1：29高出甚多。對照國府治臺初期政經情勢未定、以及對幼教近乎「放任」對待的情景，幼稚園招生數量與師生比不斷提高，應為欠缺適切的政策規劃導引所致。由於是時幼稚園招生缺少明確的教保目標或願景，此等現象則有待漸序強化。

總之，國府治臺初期的幼教發展係以消弭殖民教育影響為重點，幼兒受教機會也受限於前述政策，並在缺乏誘因的放任式發展之餘，幼教未見明顯地擴張規模。在欠缺適切目標與功能發展的引導下，該時期未能大幅擴大幼兒受教機會，更無法考量幼兒特性施予均等的教育內容，連帶使得幼教的發展空間受到限制。

三、仿日的設置經驗奠立臺灣幼稚園的發展基礎

無論是臺灣第一所幼稚園的成立，亦或是後續臺灣總督府引入的幼教經驗，日本經驗都是影響日據以來幼教發展的主要力量。

20世紀末期，臺灣因中國戰敗而讓予日本，日本成為主導臺灣發展的主要統治勢力，連帶影響著幼教的發展。有趣的是，同時間的中國因戰敗國弱，積極尋求列強經驗協助鞏固中國政經與社會的發展，當時中國的幼教規劃，竟也以日本為仿效國度。日本的幼教經驗不約而同地影響臺、中兩地的幼教發展，但也幸運地在日據時期結束後，臺灣可以順利地銜接不同統治政權的幼教經驗。

　　回溯明治30年（1897）臺南關帝廟幼稚園的成立，雖為臺人自辦，但設置觀點的啓發與實際運作的安排，均受到日本經驗的影響。另以幼稚園師資為例，「保姆」一詞成為臺灣幼稚園的「啓蒙」師資來源；關於園長與保姆的任用資格，係依據《臺灣小學校教員及臺灣公學校免許（許可）令施行規則》或33年（1900）文部省令第14號《小學令施行細則》關於教員與保姆資格的要求；復次，大正4年（1915）前未有臺籍保姆，另在7年（1918）雖曾短暫出現臺籍保姆數多於日籍的現象，但隨著日籍與臺籍保姆數的逐年增加，日籍保姆數始終多於臺籍。

　　綜上，日本無論在幼稚園的設置經驗與師培條件等，都成為當時臺灣主要的經驗來源。仿日的幼稚園設置，不僅為臺灣地區幼稚園發展奠下根基，以日本幼教機構模式設置、籌辦以及規劃幼稚園發展等作法，都成為日後臺灣幼教發展的主要參照架構。

附註

1　依據明治38年（1905）3月14日府令第16號發布〈關於幼稚園之規程〉第3條
　　規定，幼稚園之幼兒定員為80人以下，但有特別事情者，得自80人增至150
　　人；大正10年（1921）制訂之《臺灣公立幼稚園規則》第10條亦規定幼兒之
　　定員為120人以內，但有特別事情時，得增至200人為止。可見當時幼稚園設
　　置規模具有法令規定，且招收幼兒之情形亦符合法令規定。參見臺灣省文獻
　　委員會編，1957，頁218-221。

2　本時期政府經費未就幼稚園列有獨立教育經費，故未計算幼稚園實際教育經
　　費金額。

幼教制度多元進展
——1949年迄今
CHAPTER 5

　　民國105學年度（2016-2017），臺灣的幼兒園數量為6,310所，招收的幼兒數達492,781名，如此的園數與收托規模，顯非日據或國府遷臺初期能夠比擬，其間與社會對於幼教需求的急增、幼教專業化的萌發與鞏固，以及幼兒觀的改變等因素密切相連。38年（1949）以來，幼教制度超越一甲子的發展，制度逐漸朝向穩定與多元等進展走向，不僅在法令規章、師資養成、經費規劃、課程發展、親師互動，乃至環境資源等層面，都有相應的投入與變化；《幼稚教育法》、《幼兒教育及照顧法》等重要法規的先後施行，更象徵臺灣幼教制度發展的蛻變與轉化。

　　民國38年（1949）國民政府遷臺以來，一切施政以反共抗俄復國建國為最高政策，教育措施亦然。教育部於39年（1950）6月訂頒《戡亂建國教育實施綱要》計9條26款，強調「教育為立國大本，應視時代及環境需要，縝密計畫，逐步推進，然後教育之功能，始能發揮而有效。茲訂定戡亂建國教育實施綱要，一面適應當前之需求，一面預作未來之準備，務使全國教育設施，皆以勘建為中心，而發生偉大之新生力量」（教育部，1971：5-7）。前述教育事業的發展，旨在延續國府遷臺前之教育制度與措施，並面對變動的政治環境與社會情況，尋求穩定的制度延續與發展。

　　本章旨在探討民國38年（1949）迄今幼教制度的發展情形。全章共分四節，分就幼教機構設立、師資培育以及經費投入等層面進行論述，最後並就前述歷史經驗對未來幼教發展的影響進行討論。

第一節　公私失衡的機構設置

　　依據表5-1，臺灣在40年（1951）的總人口數為7,869,247人，當年的嬰兒出生數為385,383人，嬰兒出生數約占總人口數4.9%；其後每年嬰兒出生數甚至突破40萬名，整體臺灣人口數不斷攀升，直至

表5-1　歷年人口出生數及粗出生率

年　　別	總人口數 （人）	嬰兒出生數 （人）	出生率 （‰）	總生育率
民40（1951）	7,869,247	385,383	49.97	7.040
民50（1961）	11,210,084	422,740	38.32	5.585
民60（1971）	15,073,216	382,797	25.67	3.705
民70（1981）	18,193,955	414,069	22.96	2.455
民80（1991）	20,605,831	321,932	15.70	1.720
民90（2001）	22,405,568	260,354	11.65	1.400
民91（2002）	22,520,776	247,530	11.02	1.340
民92（2003）	22,604,550	227,070	10.06	1.235
民93（2004）	22,689,122	216,419	9.56	1.180
民94（2005）	22,770,383	205,854	9.06	1.115
民95（2006）	22,823,455	204,459	8.96	1.115
民96（2007）	22,917,444	204,414	8.92	1.100
民97（2008）	22,997,696	198,733	8.64	1.050
民98（2009）	23,078,402	191,310	8.29	1.030
民99（2010）	23,140,948	166,886	7.21	0.895
民100（2011）	23,193,518	196,627	8.48	1.065
民101（2012）	23,270,367	229,481	9.86	1.270
民102（2013）	23,373,517	199,113	8.53	1.070
民103（2014）	23,440,278	210,383	8.99	1.165
民104（2015）	23,492,074	213,598	9.10	1.175
民105（2016）	23,539,816	208,440	8.86	1.170

資料來源：內政部戶政司（2015）。人口統計資料。下載自http://www.ris.
　　　　　gov.tw/zh_TW/346。

附註：
1.本表按登記日期統計。
2.出生率：每年每千人中出生人口之比率。
3.總生育率：係指平均每位婦女（一般是指15至49歲之間）一生中所生育之
　子女數。

80年代以後才見趨緩。

一、不同時期的機構發展

　　嬰兒出生數的驟增，考驗著家庭育兒的能力，更考驗社會對幼兒
教保的需求回應。結束日據政權之後，國民政府移植中國的制度規

章,也移植幼教機構的設置,開始在臺逐步建置幼稚園。關於民國38年(1949)後的臺灣幼教發展,黃怡貌(1995)曾就34年至70年(1945-1981)臺灣經濟與幼教發展關聯進行分析研究,並將該段期間的幼教發展分成延續及重組、自立、發展等三個時期加以討論。

民國70年(1981),《幼稚教育法》頒行,法令位階提升幼教的發展定位,幼教機構的設置亦日益蓬勃,洪福財(1998)也據以將71年之後的幼教發展稱爲繁盛期。101年,《幼兒教育及照顧法》實施,整合原有教育與福利分立的幼教制度,機構名稱也統一稱爲幼兒園,但面對幼托合一的制度環境,機構設置、師資、課程,乃至資源配置等都面臨新的蛻變挑戰,故將此階段另名之爲蛻變期。

茲就前述五項分期,依序將臺灣幼教機構的發展情形說明如後。

(一)延續及重組期

民國39至41學年度(1950-1952)爲延續及重組期。本時期幼教機構名稱延續日據時期所稱「幼稚園」,其間或有稱「幼兒園」者(劉寧顏總纂,1993a:476)。幼稚園設置主要遵照32年公布之《幼稚園設置辦法》,招收4至6歲的幼兒,且幼稚園以「附設於國民學校中心學校或小學」爲原則,得單獨設置;故幼稚園採國民學校附設爲主,單獨設置爲輔。考《幼稚園設置辦法》係將28年頒訂的《幼稚園規程》酌加修正。國府遷臺後的幼稚園設置,一方面延續國府遷臺前的制度、法規與實施經驗,另方面則極力欲擺脫日本五十餘年統治之影響,使得幼稚園發展存在「除舊」及「布新」雙重任務。

本時期平均每年幼稚園數僅165所,平均每年招生數量爲22,391名;其中私幼數僅占總幼稚園數的18%,私幼招收幼兒數約爲幼稚園招收幼兒總數的26%(見表5-2),[1]本時期幼稚園多仰賴公部門設置,惟私幼數及其招收幼兒數已經呈現逐年增加的趨勢。

表5-2　民國39-41學年度（1950-1952）幼稚園數及招收幼兒數

學年度	幼稚園（所）			招收幼兒數（人）		
	總計	私立	私立比%	總計	私立	私立比%
39	28	--	--	17,111	--	--
40	203	26	13	21,531	3,796	18
41	264	57	22	28,531	9,744	34
平均	165	42	18	22,391	6,770	26

資料來源：教育部編（1998）。《中華民國教育統計》。臺北：編者，頁2-5；18-21。

（二）自立期

　　民國42至53學年度（1953-1964）爲自立期，此時期幼稚園設置仍依《幼稚園設置辦法》辦理，有感於該辦法部分內容未盡妥適，42年教育部著手研擬《幼稚園設備標準》，委託省立臺北女師附小幼稚園、省立臺北師範學校附小幼稚園、國語實小幼稚園、私立復興幼稚園、私立再興幼稚園等五所幼稚園起草初稿（中華民國年鑑社，1954：558），並於50年由教育部頒定爲《幼稚園暫行設備標準》。此外，42年教育部修訂並公布《幼稚園課程標準》，同爲本時期幼稚園發展的法源奠基。

　　民國45年12月8日，教育部將各地公私立幼教機構名稱一律改爲「幼稚園」（劉寧顏總纂，1993a：476）。隨著經濟結構的轉型，社會逐漸從農業過渡到工業，傳統婦女角色改變並紛紛投入就業市場，幼教在經濟與家庭結構的轉變下需求日殷，獨立幼稚園及小學附設幼稚園日增。

　　在幼稚園及其招生數量部分，民國42至53學年度（1953-1964）平均每年幼稚園所數爲528所，平均每年招收幼兒數爲63,431名，每園平均招生數爲120名幼兒，園所實際規模並不大（見表5-3）。值得注意者，以往公立型態爲主的發展趨勢有所更迭，私幼數量在50學

年度首度超越公幼,爾後並保持數量多於公幼,私立型態成為幼稚園發展的主流。53年,幼稚園數已有556所,其中公幼數僅211所,只占總幼稚園數之38%。

表5-3　民國42-53學年度(1953-1964)幼稚園數及招收幼兒數

學年度	幼稚園(所)			招收幼兒數(人)		
	總計	私立	私立比%	總計	私立	私立比%
42	363	92	25	37,729	13,947	37
43	364	98	27	41,137	14,094	34
44	413	116	28	46,390	17,887	39
45	451	130	29	54,239	21,937	40
46	483	157	33	56,988	24,046	42
47	532	219	41	65,167	31,266	48
48	620	297	48	73,235	40,661	56
49	675	322	48	79,702	43,893	55
50	678	340	50	78,261	44,932	57
51	614	337	55	77,898	48,362	62
52	588	339	58	75,413	49,068	65
53	556	345	62	75,013	51,231	68
平均	528	232	42	63,431	33,443	50

資料來源:教育部編(1998)。《中華民國教育統計》。臺北:編者,頁2-5;18-21。

(三)發展期

民國54至70學年度(1965-1981)為發展期,本時期幼稚園的設置仍依《幼稚園設置辦法》,教育部經過59年、62年、66年等三次修訂,招收幼兒年齡層仍維持以4至6足歲為主(第二條),幼稚園的設置規定修改為「單獨設置或附設於國民小學」,對私幼設置名稱、體制等亦有所規定(第四、八條),逐漸正視私幼數量日增的現象。在《幼稚教育法》頒行之前,幼教的推展完全依賴《幼稚園

設置辦法》，該辦法適用年代達40年之久，對臺灣的幼教發展實有
重要意義（林來發，1996）。此外，63年再度修訂《幼稚園課程標
準》，同爲本期幼稚園發展的重要依據法規。

　　民國50年代末期及60年代初期，臺灣的兒童人口成長處頂峰階
段，在經費艱難之餘，配合62年《幼稚園設置辦法》修訂，另訂頒
《國民小學附設自立幼稚園（班）試行要點》，以應艱困時局及幼
教迫切之需（林來發，1996）。國民小學附設自立幼稚園雖名爲公
立，但人事、設備等費用等經費收支完全採取自給自足的方式辦理，
也成爲本時期獨特的幼稚園設置型態。

　　在幼稚園及其招收幼兒數量部分，本期幼稚園及招收幼兒數量呈
逐年增加趨勢，平均每年的幼稚園數爲766所，平均每年招收幼兒數
達121,013名，數量呈現顯著成長（見表5-4）。其次，在幼稚園設置
型態方面，平均每年的私幼數爲495所，招收幼兒數爲89,253名，平
均私幼數占幼稚園總數的64%，平均私幼招收幼兒數占招收總數比達
74%，不僅延續前一時期私幼數量超過公幼的現象，私幼爲主的教育
型態至此可謂完全定型。

表5-4　民國54-70學年度（1965-1981）幼稚園數及招收幼兒數

學年度	幼稚園（所）			招收幼兒數（人）		
	總計	私立	私立比%	總計	私立	私立比%
54	555	354	64	78,878	54,735	69
55	575	371	65	81,500	57,079	70
56	602	329	55	88,897	55,067	62
57	579	357	62	90,508	62,479	69
58	581	361	62	91,468	64,968	71
59	570	352	62	91,984	66,424	72
60	557	373	67	100,696	76,907	76
61	587	385	66	107,813	83,923	78

表5-4 民國54-70學年度（1965-1981）幼稚園數及招收幼兒數（續）

學年度	幼稚園（所）			招收幼兒數（人）		
	總計	私立	私立比%	總計	私立	私立比%
62	618	414	67	110,977	88,485	80
63	660	422	64	110,403	82,724	75
64	762	489	64	117,990	88,648	75
65	778	512	66	121,373	89,947	74
66	867	560	65	135,232	100,775	75
67	967	615	64	151,290	111,085	73
68	1,076	701	65	165,165	123,344	75
69	1,186	782	66	179,216	133,282	74
70	1,285	903	70	191,693	142,909	75
平均	766	495	64	121,013	89,253	74

資料來源：教育部編（1998）。《中華民國教育統計》。臺北：編者，頁 2-5：18-21。

以民國70學年度為例，幼稚園數量計有1,285所，其中私幼903所，占全部幼稚園數量之70%，且私幼招收幼兒數占招收總數之75%，私幼已成為幼教的辦學主體。

（四）繁盛期

民國71年（1982）至幼照法實施前為繁盛期。由於《幼稚園設置辦法》法律位階過低，59年7月由教育部研擬《幼稚教育法》草案，並於70年11月6日完成法定程序後公布，提升幼稚園規範的法律地位，象徵臺灣幼教發展邁向新的里程（劉寧顏總纂，1993a：476-477）。

在政策措施方面，擴大5歲以上幼兒接受學前教育並提升幼稚教育品質為核心，利用國小空餘校舍附設幼稚園，是為本階段重要政策。以79學年度為例，臺灣計有648所國小附設幼稚園，其中臺灣省503所、臺北市109所、高雄市51所，教師員額並正式納入編制（中

華民國年鑑社，1991：934）。此外，省市教育廳局訂有幼稚園評鑑實施要點，以輔導幼稚園正常發展及促使各園自求進步；同時教育部亦於1987年完成《幼稚園課程標準》修訂並公布實施，期望能輔導改進幼教的課程缺失，引導幼教的正常發展。

其後，發展與改進幼教成為重要教育政策。教育部（1993）並研擬《發展與改進幼稚教育中程計畫》，其中就擴大幼兒入園率，鼓勵幼稚園增班設園，補助新設公立幼稚園（班）的設備、開辦費，並鼓勵各縣市利用國小空餘教室，增設國小附設幼稚園（班），以山地、離島、偏遠地區為優先補助對象。以民國84學年度（1995）為例，已設園的新增班數為10班，新設園數為19園（行政院新聞局，1996：756-757）。1999年，教育部國民教育司再擬五年期《發展與改進幼兒教育中程計畫》，其中計畫項目二「提高幼教行政效能」乙項，訂出四項關於增加幼教機會的執行要領，包含提高山地、離島、偏遠、特殊地區及身心障礙幼兒入園率、建立幼稚園獎助機制、輔導增設公私立幼稚園或公辦民營幼稚園以及研議設立幼兒學校等，以增加幼兒入園機會。

為提升幼兒入園的機會，行政院核定「發放幼兒教育券實施方案」，民國89年（2000）8月起針對全國滿5足歲並實際就讀於已立案私立幼稚園與托兒所之幼兒，發放每人每年一萬元之幼兒教育券（教育部，2001）。93年（2004）8月1日之後三個學年度，分別針對離島地區5歲幼兒、原住民地區54鄉鎮市5歲幼兒，以及全國5足歲經濟弱勢幼兒為辦理對象，提供滿5足歲之低收入戶幼兒「免費」及中低收入家庭幼兒「免學費」就讀公立幼托（教育部，2004），同時間原發放幼兒教育券方案仍持續實施。

民國96年（2007），前述計畫名稱調整為「扶持5歲幼兒教育計畫」，依家戶所得及子女數給予不同級數之補助額度（教育部，2008）。99年9月1日，教育部與內政部聯合發布「5歲幼兒免學費教

育計畫」，以離島及原住民鄉鎮市全體5歲幼兒為實施對象；100年8月起，計畫補助對象擴展至全國5歲幼兒（教育部，2011；行政院，2011年3月14日）。前述參採國民教育精神，將5歲幼兒就學視為準義務教育，比照國民中小學學生就學免學費概念，提供5歲幼兒學費補助以達成免學費政策目標（教育部、內政部，2011）。除減輕家長育兒負擔及提高5足歲幼兒入學率外，同時於該計畫內容中補強建構優質之教保環境，以確保幼兒所受教保品質。

法律位階提升的激勵，加上社會環境的變遷益增幼教需求。隨著整體經濟與教育型態提升，非僅家長因投入就業而創造幼教需求，各界也更有能力關心幼教的重要並要求品質，對幼稚園發展形成另項驅力。其次，在出生率逐漸降低的情形下，政策以提升5歲幼兒入園率為規劃目標，陸續提出不同政策以鼓勵5歲幼兒入園，以類似國民教育的方向規劃幼兒入園措施，都成為此階段幼教政策的特色作為。

在幼稚園數及招收幼兒數量部分，此階段的幼稚園及其招生數量呈逐年增加趨勢，民國70年（1981）《幼稚教育法》頒行後的增加速度更為顯著。以71至90學年度（1982-2001）為例，每年平均幼稚園數為2,503所、招收幼兒數為235,038名，幼稚園及其招生數均較前一時期大幅增加；在幼稚園型態部分，本期平均私幼數占總幼稚園數之71%，私幼平均招收幼兒數占招生總數之79%（見表5-5），私立為主的幼教型態已然固定，整體幼教經費多由私人負擔。

次就民國91至100學年度（2002-2011）（幼托整合政策實施前）為例（見表5-6），幼稚園的數量雖有減少，但大抵平均維持在3,200所左右的規模；但招收幼兒數方面，則是呈現明顯的下降趨勢，平均每年招生規模約為20萬名，反映著臺灣的少子女化現象。在機構性質方面，公、私立幼稚園數量逐年接近，私幼所占的園數比僅略高於五成，招收的幼兒數則略高於六成，和先前私幼占高比率的情形顯有不同，也逐步改變著臺灣幼教的樣貌。

表5-5　民國71-90學年度（1982-2001）幼稚園數及招收幼兒數

學年度	幼稚園（所）			招收幼兒數（人）		
	總計	私立	私立比%	總計	私立	私立比%
71	1,470	1,096	75	193,744	154,931	80
72	1,719	1,394	81	214,076	180,267	84
73	2,014	1,869	93	234,172	216,921	93
74	2,210	2,052	93	234,674	216,815	92
75	2,396	1,846	77	238,428	197,240	83
76	2,518	1,879	75	250,179	202,610	81
77	2,548	1,870	73	248,498	200,733	81
78	2,556	1,868	73	242,785	197,118	81
79	2,505	1,809	72	237,285	189,897	80
80	2,495	1,779	71	235,099	186,828	79
81	2,420	1,704	70	231,124	182,561	79
82	2,435	1,661	68	237,779	186,666	79
83	2,484	1,669	67	235,150	181,961	77
84	2,581	1,698	66	240,368	184,839	77
85	2,660	1,737	65	235,830	178,151	76
86	2,777	1,768	64	230,781	169,863	74
87	2,874	1,809	63	238,787	173,851	73
88	3,005	1,845	61	232,610	164,047	71
89	3,150	1,920	61	243,090	169,656	70
90	3,234	1,946	60	246,303	170,347	69
平均	2,503	1,761	71	235,038	185,265	79

資料來源：教育部統計處編（2015）。《中華民國教育統計》（104年版）。臺北：教育部。頁3-4；14-16。

表5-6　民國91-100學年度（2002-2011）幼稚園數及招收幼兒數

學年度	幼稚園（所）			招收幼兒數（人）		
	總計	私立	私立比%	總計	私立	私立比%
91	3,275	1,944	59.36	241,180	164,798	68.33
92	3,306	1,948	58.92	240,926	166,464	69.09
93	3,252	1,904	58.55	237,155	163,978	69.14

表5-6　民國91至100學年度（2002-2011）幼稚園數及招收幼兒數（續）

學年度	幼稚園（所）			招收幼兒數（人）		
	總計	私立	私立比%	總計	私立	私立比%
94	3,351	1,877	56.01	224,219	155,033	69.14
95	3,329	1,822	54.73	201,815	128,481	63.66
96	3,283	1,755	53.46	191,773	118,549	61.82
97	3,195	1,651	51.67	185,668	112,339	60.51
98	3,154	1,601	50.76	182,049	109,058	59.91
99	3,283	1,723	52.48	183,901	111,874	60.83
100	3,195	1,614	50.52	189,792	118,457	62.41
平均	3,262	1,784	54.65	207,848	134,903	64.49

資料來源：教育部統計處（2011）。各級學校概況表（1991-2011學年度）。2012年2月10日下載自http://www.edu.tw/files/site_content/b0013/b.xls。

（五）蛻變期

　　依據《幼兒教育及照顧法》的規範，原幼稚園與托兒所必須於民國101年（2012）底之前完成改制為幼兒園，中央主管機關統一為教育部，改制後的幼兒園招收對象則涵蓋2歲至入國民小學前的幼兒，實則兼納昔日幼稚園與托兒所的招生對象，原有幼稚園與托兒所兩名稱則走入歷史。

　　依據表5-7，幼兒園的數量超過六千多所，約為昔日幼稚園與托兒所數量之和。改制後的幼兒園，在整體的園數和招收幼兒數等方面，略與之前的幼稚園情形有所差異；以民國101至105學年度（2012-2017）情況為例，整體園數略降，但每年平均的私幼園數則約為七成左右。在招收的幼兒數方面，招收數量也略減，每年平均私幼招收的幼兒數也在七成左右。整體言之，私幼在園數與收托幼兒數等雖略有下降但仍占相對多數，前述趨勢是否將有所改變，則是下階段幼教政策變遷的觀察重點。

表5-7 民國101-105學年度（2012-2016）幼兒園數及招收幼兒數

學年度	幼兒園（所）			招收幼兒數（人）		
	總計	私立	私立比%	總計	私立	私立比%
101	6,611	4,723	71.44	459,653	328,187	71.40
102	6,560	4,641	70.75	448,189	316,061	70.52
103	6,468	4,493	69.62	444,457	310,303	69.82
104	6,362	4,353	68.42	462,115	320,170	69.28
105	6,310	4,258	67.48	492,781	342,095	69.42

資料來源：教育部統計處（2014b）。主要教育統計圖表。下載自http://de-part.moe.edu.tw/ed4500/cp.aspx?n=1B58E0B736635285&s=D04C74553DB60CAD。

　　本時期的幼稚園／幼兒園的發展，除在園數與招收幼兒數等層面呈現不同程度的消長外，不同機構性質的數量消長也為此時期另一項值得關注的焦點，亟待各界持續關注幼教政策的發展出路。

二、不同性質的機構發展

　　關於幼教機構設置的狀況方面，幼教機構性質可區分為公立、私立，以及公設民營等類型，茲分將各類型幼教機構說明如後（洪福財，2011）。

(一)公立幼稚園／幼兒園

　　公立幼教機構，係指由政府機關依相關法令設立與經營者而言。關於公立幼教機構的類型主要如下：

1. 公立單設幼稚園／幼兒園

　　國民政府遷臺初期，幼稚園設置主要遵照民國32年（1943）公布之《幼稚園設置辦法》，以「附設於國民學校中心學校或小學」為原則，並得單獨設置，後者即屬公立單設幼稚園型態，設置數量相較於國民學校或小學附設者為少。

民國70年（1981）《幼稚教育法》頒行，依據該法第四條：
「幼稚園由直轄市、縣（市）政府設立或由師資培育機構及公立國民
小學附設者為公立；其餘為私立。」公立單設幼稚園同為公立型態之
一，但數量仍較公立國小附設者為少；近年來在少子化現象與政府縮
編及人事精簡政策等因素下，新設公立單設幼稚園已非政策的優先選
項。

以臺北市為例，《幼兒教育及照顧法》實施前僅有「臺北市立南
海實驗幼稚園」、「臺北市立育航幼稚園」等兩所公立單設幼稚園；
前法實施後，原有單設托兒所另改制為公立單設幼兒園，如「臺北市
立信義幼兒園」、「臺北市立內湖幼兒園」等。新北市則是在民國
80年代末期推動「三年三百班」幼教政策，除在國小新設附幼或增
班外，並於中學內利用校舍新設幼稚園，以公立單設幼稚園視之，前
述普設公幼措施並未見於其他縣市。

2. 公立小學附設幼稚園／幼兒園

無論於國府遷臺初期及其後續發展，公立小學附設幼稚園都成為
公幼的主要型態。

國府遷臺初期，幼稚園極少，少數國民學校、中心學校或小學附
設有「幼稚班」，招收5歲幼兒為主，師資多由小學教師擔任，課程
內容近似小學一年級，僅為幼兒升小學的準備教育。其後，幼稚班逐
漸停辦，私幼反成機構型態主流，直到民國70年代推動增設公幼的
政策，如臺灣省推動「鄉鄉都有幼稚園」政策、臺北市普設公幼政策
等，以公立國小附設幼稚園為主要增設型態，逐步拉近公、私幼數量
的差距；以臺北市現況為例，公立國小僅少數未附設有幼兒園。

綜觀公立小學附設幼稚園的發展脈絡，一方面為《幼稚教育法》
規範的法定公幼型態之一，其次則與小學的招生人數消長有關；惟以
空教室修建創設幼稚園班級的作法，則是受到行政便宜行事的批評，
批評的焦點還包含小學園舍建築不盡符合幼兒需求、小學行政與幼稚

園的聯繫契合度不足，以及小幼教師間的互動性未佳等。縱使如此，仍有許多公立小學附幼能突破前述限制而有不錯的辦園績效，加上公立學校擁有收費較低的優勢，常成為家長育兒的優先選擇。

3. 師資培育機構附設幼稚園／幼兒園

依據《幼稚教育法》，師資培育機構附設的幼稚園為公立。在中國自民國初年實施新學制始，師範教育的規劃即為單軌，由師培機構附設小學、幼稚園等情況甚為普遍；之後，師資培育一元化，師範學校成為培育師資的主要機構，為了方便學生實習研究，陸續附設有實驗性質的學校或幼稚園。

師資培育多元化之後，師培機構不必然附設有前述學校或幼稚園，但現行教育大學與部分有師培功能的大學仍延續設置。例如：「國立臺北教育大學」與「臺北市立大學」設有實驗小學，同時附設有幼稚園／幼兒園則屬之。此類型幼稚園／幼兒園擁有師培機構的資源挹注，加上長期以來師培機構累積聲望的促成下，運作與招生方面常可暢行；但相較於其他公幼型態，此類型實屬相對少數，招收幼兒數則相對稀少。

4. 社區（村里）托兒所

民國40年代，臺灣經濟時以農業為主，每到農忙時節，家庭無不動員所有勞動人力協助耕作，育兒需求逐漸衍生。臺灣省政府於民國44年（1955）6月13日頒布《臺灣省各縣市（局）鄉鎮（區）農忙托兒所設置辦法》，即以「為使各地農家婦女在農忙期間得以寄托兒童，便利耕作起見，特定訂本辦法」；同年9月12日頒布《普設農忙托兒所實施要點》，同年10月4日頒《托兒所設置辦法》，45年10月18日頒《加強農忙托兒所工作十四點》，鼓勵成立短期農忙托兒所。47年5月12日臺灣省政府函示：「為適應農村生活的需要，各縣市可將短期辦理的農忙托兒所改為常年辦理的農村托兒所」（李桂花，2015：19），並規定每一縣市辦理一所農村示範托兒所，長年

性的托兒所逐漸成形。為培植幼教專業人力，臺灣省政府社會處在彰化設立農村托兒所教保人員訓練中心，由各縣保送有志於教保工作者接受為期3個月的訓練，獲薦送者從最初小學與初中學歷漸次提升，成為當時主要的教保人力（朱敬先，1983）。

民國57年（1968），行政院頒布「社區發展工作綱要」，臺灣省政府先後訂頒「臺灣省社區發展八年計畫」、「臺灣省社區發展十年計畫」等，在「生產福利」建設項目下，訂有「托兒所福利設施」，於64年（1975）將農村托兒所更名為社區（村里）托兒所，並於68年（1979）頒布《臺灣省各縣市村里托兒所業務暫行改進要點》，該要點將設置功能定位為「以保障幼兒學習權利促進幼兒之身心健康與平衡發展，並配合家庭需要，協助婦女工作，藉以增進兒童福祉」（李桂花，2015：20）。78年（1989），村里托兒所改名社區托兒所，數量並逐漸增加；社區托兒所不僅是單純托兒，同時發揮促進兒童發展的積極功能，成為民國60、70年代主要的公幼型態。後來因托育政策的調整，此類托兒所遭整併而數量大減，相關發展將另說明於後。

5. 公立托兒所

為因應都市生態的需求，政府一方面鼓勵私人或社團興辦私立托兒所，另方面則主動辦理公立托兒所，以協助家庭解決幼兒照顧的問題，臺北市立托兒所便是在前述脈絡下於民國40年代成立。41年（1952）5月，臺北市政府創設第一所市立托兒所，作為推動都市托兒業務之示範托兒所（臺北市政府祕書處編，1972），並在43年（1954）年正式成立（倪鳴香、蔡延治，2007），址設於今北市大同區南京西路64巷9弄8號（見圖5-1、5-2），為今日臺北市立大同幼兒園前身。

圖5-1　1954年臺北市市立托兒所開幕（陳香娟園長提供）

圖5-2　1954年5月26日吳三連市長夫人李菱菈臨臺北市市立托兒所開幕典
禮剪綵（陳香娟園長提供）

　　臺北市市立托兒所成立之初，即以家境清貧或家庭照顧功能
弱勢（例如單親家庭）之2至6歲幼兒爲主要招收對象。民國59年
（1970）2月《臺北市市立托兒所收托辦法》公布實施後，政策朝向
「一行政區開設一所的原則」，在臺北市各行政區逐步設置市立托兒
所，以照顧弱勢幼兒並同時承擔示範任務（馮燕，1997）。臺北市
遂於每一行政區陸續設立公立托兒所，並以所在地之行政區命名，原
臺北市市立托兒所則於62年（1973）更名爲臺北市立建成托兒所。

　　在臺灣省方面，民國82年（1993）臺灣省政府頒佈《臺灣省各
縣市立鄉鎮市立托兒所組織準則》（已於95年廢止），將社區托兒

所正式納入行政編制，一方面整併社區托兒所的編制，另方面將名稱更為縣、市、鄉或鎮立托兒所。至此，社區托兒所數量蛻減，縣、市、鄉或鎮立托兒所逐漸成為公托的主要型態，規模則較以往社區托兒所為大。近年來，在人事精簡與經費等考量下，各級政府不積極新設公立托兒所，一方面縮編所屬公立托兒所的規模，另方面將現有公托委外經營，公托呈現停滯成長。《幼兒教育及照顧法》頒行後，此類托兒所許多遭停辦或改制為獨立幼兒園。

(二)私立幼稚園 / 幼兒園

私立幼教機構，係指由非政府機關（含自然人或法人等）依相關法令設立與經營者而言。關於私立幼教機構的類型，茲分述如後。

1. 私人興辦

無論是幼稚園或托兒所，私人興辦均是私立幼教機構的主要類型。在社會變遷的驅使下，幼兒接受機構式教育受到社會的普遍認同，幼兒入幼稚園與托兒所的比率持續增加；其次，民國60年代以來的高出生率，創造了高幼兒數與受教需求；再者，經濟發展使得家庭有餘裕將幼兒送至機構接受教育。加上政府並未積極創設幼教機構，私人興辦的幼托機構快速出現。

為因應幼托機構的快速發展，原《幼稚園設置辦法》在民國60年代歷經三次修訂，最後遭《幼稚教育法》取代，拉高法源層級規範幼稚園的經營內容，先後修訂《幼稚園課程標準》、《幼稚園設備標準》以為辦園依據；前述在《幼兒教育及照顧法》頒行後則全數遭取代。在托兒所方面，則以內政部公布《托兒所設置辦法》為主要規範，歷經民國48年（1959）、66年（1977）、70年（1981）等三次修訂，於95年（2006）廢止。近年私幼與私托數量因政策影響而呈現蛻減之勢，但其數量與收托數均仍占有相當高的比重。

2. 機關團體或公司附設

機關團體或公司附設的幼托機構，也是常見的私立幼教機構類型。首先，由宗教團體附設的幼稚園與托兒所，如天主教、基督教、佛教、道教等團體，以財團法人或設置董事會等形式，創設幼稚園與托兒所，部分優先服務教徒，同時開放給所有幼兒入園。此等形式的幼托機構，在規模、設備、辦學品質，乃至員工薪資待遇等方面，常有不錯的辦學口碑；其次，部分宗教團體針對離島、偏遠或文化不利區域創設幼托機構，以服務弱勢的家庭與幼兒，為離島或偏鄉重要的教育資源之一。例如：位於連江縣馬祖北竿的私立寶血幼兒園（原為托兒所）便是為服務離島的幼兒，長期以來為島上唯一私立幼托機構。

其次，是學校附設的幼托機構。民國50、60年代，為提供更多幼兒入園機會，各縣市政府利用小學空間設立自立幼稚園，但機構、人員以及經費等皆自立，成為當時相當普遍的機構型態。此外，部分學校則附設有幼稚園或托兒所，旨在照顧員工子弟，部分也對外開放招生，如「國立臺灣師範大學」曾附設有幼稚園（已停辦），部分小學則附設有員工托兒所。

再次，是機關或公司等附設的幼托機構，主要服務機關或公司的員工子弟，此類型近年來並成為政府鼓勵興辦的幼教機構類型。依據民國91年（2002）公布《兩性工作平等法》及其施行細則，規定雇主應設置托兒設施或提供適當之托兒措施，包括與其他雇主聯合辦理或委託托兒機構、幼稚園辦理等；為鼓勵雇主設置前述托兒設施措施，同年公布《托兒設施措施設置標準及經費補助辦法》，對合乎規定的機關或公司提供經費補助，使員工子弟受惠。目前由機關或公司附設的幼托機構數量仍不多，但有部分已有良好的辦園口碑，甚至吸引組織以外的幼兒前往就讀，如「臺灣積體電路製造股份有限公司」在新竹與臺南分別附設有幼兒園、摩托羅拉電子公司設有「同心園幼

兒園」、奇美電子公司附設「活水幼兒園」等。

3. 公設民營

公設民營的幼教機構是近年逐漸興起的機構型態，甚至成為官方推動的政策之一。臺灣常見的公設民營方式，係指將公有資產（如土地、設施設備等）以契約委託的方式，轉由私人管理與經營，由私人自負盈虧成果，政府可執行監督之責；早年國小附設的自立幼稚園，便有前述精神。

新北市是最早實施幼稚園委託民營政策的縣市，曾訂有《臺北縣政府委託民間辦理幼稚園實施辦法》，即以委託契約的方式，由私人提交租金與營運計畫，將縣政府經管的土地、建物及設備設施等委託私人經營，民國87年（1998）委託經營的「吉晟幼稚園」、88年（1999）委託經營的「中原幼稚園」即屬之。臺北市則是在83年（1994）就曾出現委託民營托兒所，但其後方訂有《臺北市市有財產委託經營管理辦法》、《臺北市市有幼稚園委託民間經營管理實施要點》等，但主要以托兒所公設民營為主要實施型態。

4. 非營利幼兒園

民國101年（2012）通過《非營利幼兒園實施辦法》，由政府委託公益法人或核准公益法人申請興辦，以提供優質平價及弱勢優先教保服務為目的之私幼教育機會，其機構屬性同屬私幼。由於時值政策實施初始，此類實際經營的幼兒園數不多，如「臺北市私立樟新非營利幼兒園」、「臺北市私立經國三民非營利幼稚園」等均屬之。

綜觀本時期幼教機構的發展情形，民國50年（1961）以後呈現以私幼為主的穩定發展型態，隨著《幼稚教育法》頒行、幼教重要性日獲重視，私幼為主的發展型態逐漸受到挑戰與質疑；而前述發展，實與政府扮演財貨與服務供應者角色之轉變有關，長期以來「私有」與「付費」的幼教型態，使各界逐漸轉向要求政府直接補助與提供服務，以達成社會正義及公平的目標（詹中原，1994：55）。[2]政府行

政體系直接扮演「集體」或「共有」財貨及服務的供應及管制角色，同時也促成一個財政支出及規模不斷擴大的「大政府」（big government）出現；今日社會各界要求政府積極介入提供幼教服務，也是前述發展現象的延續。[3]

臺灣近年的幼教政策採「政府服務」[4]與「特許權」[5]等方式已行之有年，民國50年（1961）以後則形成以「特許權」爲主、「政府服務」爲輔的多樣安排並行型態。[6]基於擴大幼兒入園機會、創造公平的入園環境等前提，除一方面繼續以增設國小附幼擴充入園機會的「政府服務」型態爲政策重點外，社會各界也就增加幼兒入園機會的政策內涵紛提建言，其中臺北市幼教改革的步伐便相當快速。臺北市政府教育局於85年（1996），將5歲進入立案幼教機構的比率由85%提高到90%，[7]同時提出四點作法以提高幼兒的入園狀況：（盧美貴等，1997：175-176）

(1)利用國小空餘教室增設國小附設幼稚園。

(2)獎勵私立幼稚園興學。

(3)輔導未立案幼稚園辦理立案。

(4)規劃發幼教券，供家長選擇入園機會。

由前述政策內容觀之，臺北市的幼教入園政策除採原有「政府服務」、「特許權」爲主的安排外，開始採行「抵用券」並納入部分「補助制」的精神，更朝向以擴充「抵用券」的內涵（如降低補助幼教年齡）、採行「公辦民營」的「簽約外包」經營模式，甚至提出「義務化」的訴求（行政院教育改革審議委員會，1996；臺北市政府教育局，1997：12），期以「政府服務」爲主的型態，擴充幼教發展。隨著幼教日益普及與重要性日獲重視，各類型幼教入園型態勢將成爲各方關切的重要議題，如何適當安排政府與民間部門力量以建立良好的幼教服務體制，值得進一步觀察及重視。

另關於幼教資源分配不均的問題，幼稚園約有一半以上普遍集中

於大都會地區（含大臺北地區和大高雄地區），師資、班級數、職員數、學童數等，均以前述地區為多數（余民寧，1995）。部分原因或可歸因於前述地區人口數較多、工商業較為發達致使幼教需求較高，但可推論目前幼教的資源分配並不平均，對於相對弱勢地區的教育資源分布則顯得貧乏，此又與近年來教育部推動發展與改進幼教計畫的內容頗為一致。因此，如何提供跨區域的幼教機會均等，勢為幼教發展的重要課題之一。

有關幼稚園的數量消長，公、私立之間的發展並不相同。洪福財（2013）曾分析民國100年（2011）之前臺北市幼稚園發展情形，歸結四項主要發現：

(1)《幼稚教育法》頒行後，民國76學年度幼稚園數曾一度攀上530所的新高，但隨後則呈現下降趨勢。若以80學年度為參照點，92學年度幼稚園數減少近五分之一，96學年度降至71學年度以前的水準，100學年度減少幅度約達五分之二，下降的趨勢似猶未減。

(2)招收幼兒數方面呈現先升後降之勢，民國100學年度招生數21,662名為近年來最低，僅約76學年度招生數的三成七規模。若以80學年度為參照基點，93學年度招收的幼兒數減少近四成，100學年度減少幅度超過五成，減少幅度遠超過園數的變化，顯示幼稚園經營環境變革的劇烈與難為。

(3)在教師數方面，教師數量在民國77學年度達到3,697人為最多，82學年度教師數降到3,000人以下，其間雖曾短暫增加，98學年度1,921名教師為近年最少。若以80學年度為參照點，85學年度教師數的下降幅度曾一度達到兩成，100學年度的教師數減少幅度將近五分之二，前述下降趨勢略同於園數的發展。

(4)在平均班級人數方面，民國73學年度以前班級規模都超過30

名，79學年度以前平均每班人數仍超過26名，但其後開始呈現下滑趨勢，曾偶而出現超過26人的現象，但仍呈緩降趨勢，100學年度平均每班人數為21.38名，班級規模的縮減為近年發展趨勢之一。

洪福財（2013）認為幼稚園整體數量呈現逐年下降，以私幼減少為大宗，此等現象值得正視。尤以公、私幼面對同樣嚴峻的幼教環境但存在不同的競爭起點，私幼如何因應當前的幼教環境並覓得適切的發展出路？或是僅能在競爭的環境中逐步退場？在鼓勵私人興學的今日，私幼的減少是經營者主動且自願的抉擇，抑或是不得不然的改變？都是必須思考與審慎面對的課題。再者，《幼兒教育及照顧法》頒行後，「幼托整合」政策改變了原有幼稚園與托兒所分別隸屬於教育行政與社會福利行政體系的生態，幼教機構也隨著新頒法令而易名，此等政策變革透過制度改變對前已建立的幼教規模產生立即性的影響，臺灣幼教環境的後續轉變勢將成為令人關注的內容。

除了收托環境產生改變外，因社會與家庭變遷導致幼兒成長環境的變化，同樣值得臺灣幼教界予以關注。依據表5-8，以民國87至105年（1998-2016）嬰兒出生狀況為例，嬰兒生母為非國籍者平均占有8.96%的比重；其間嬰兒生母為非本國籍者呈現不小的波動變化，在92年（2003）達到最高峰達13.37%，但前述比率近年有陸續減緩之勢，惟105年（2016）仍占6.18%。家庭結構變遷可能帶來的親子互動、家庭教養，以及親師互動等不同面向的挑戰，對於幼教教師而言，都是必須審慎應對的新課題。

綜合本節所述，民國38年（1949）國府遷臺後，幼稚園數量漸增，教育部直至1956年始將各地公私立幼教機構名稱一律改為「幼稚園」。在《幼稚教育法》頒行前，幼教推展完全依賴《幼稚園設置辦法》；該辦法雖經過59年、62年、66年等多次修訂，招收的幼兒

表5-8　民國87-105年（1998-2016）嬰兒出生數——按生母國籍分

年別	嬰兒出生數		生　母　國　籍（地區）			
			本國籍		大陸、港澳地區或外國籍	
	人數	百分比	人數	百分比	人數	百分比
87年	271,450	100.00	257,546	94.88	13,904	5.12
88年	283,661	100.00	266,505	93.95	17,156	6.05
89年	305,312	100.00	282,073	92.39	23,239	7.61
90年	260,354	100.00	232,608	89.34	27,746	10.66
91年	247,530	100.00	216,697	87.54	30,833	12.46
92年	227,070	100.00	196,722	86.63	30,348	13.37
93年	216,419	100.00	187,753	86.75	28,666	13.25
94年	205,854	100.00	179,345	87.12	26,509	12.88
95年	204,459	100.00	180,556	88.31	23,903	11.69
96年	204,414	100.00	183,509	89.77	20,905	10.23
97年	198,733	100.00	179,647	90.40	19,086	9.60
98年	191,310	100.00	174,698	91.32	16,612	8.68
99年	166,886	100.00	152,363	91.30	14,523	8.70
100年	196,627	100.00	181,230	92.17	15,397	7.83
101年	229,481	100.00	212,186	92.46	17,295	7.54
102年	199,113	100.00	185,194	93.01	13,919	6.99
103年	210,383	100.00	196,545	93.42	13,838	6.58
104年	213,598	100.00	200,345	93.80	13,253	6.20
105年	208,440	100.00	195,557	93.82	12,883	6.18
合計	4,241,094	100.00	3,861,079	91.04	380,015	8.96

資料來源：教育部統計處（2015）。中華民國教育統計（民國104年版）。
　　　　　臺北：教育部。下載自http://www1.stat.gov.tw/ct.asp?xItem=1540
　　　　　9&CtNode=4693&mp=3。

年齡層仍維持以4至6足歲為主，但也未排除3足歲以上幼兒得在特殊情況下報請就讀幼稚園的機會。70年《幼稚教育法》提高幼教的法律位階，幼稚園招收年齡訂為4歲至入國民小學前兒童，幼教招收規範更顯明確。101年施行的《幼兒教育及照顧法》，將原有幼稚園與

托兒所合併，將幼教機構統稱爲「幼兒園」，招收年齡訂爲2歲以上
至入國民小學前者，並將原本教育與福利分立的幼教制度統一改隸於
教育體系，臺灣幼教呈現不同以往的新貌。

　　本時期的園數規模呈現先增後減，招收的幼兒數也隨著初期戰後
嬰兒潮的湧現乃至前一世紀末的少子女化現象，使得招生數產生先
增後減的現象，前述招生數消長情形雖在最近幾年趨緩，但已難與昔
日新生兒人口規模相比較。再者，幼教機構的性質也從私立爲多的情
形，在政策的支持下出現公、私立園數與招生數逐漸抗衡的局面，在
在挑戰著臺灣幼教的體質與環境，都令人關注。最後，近年嬰兒生母
國籍的變化，對於親子關係、家庭教養，以及親師互動等可能產生的
影響，益加增添幼教工作的挑戰。

　　臺灣的幼教發展如何持續平衡區域的幼教機會與政府資源、提供
公、私立幼教機構公益的發展環境與機會，以及持續提供幼兒適性的
教保環境與高品質的教育內容等，都將是新世紀的幼教重點課題。

第二節　管道多元與學歷提升的師資培育

　　民國38年（1949）以後，臺灣的教育工作實施計畫教育型式，
旨求漸進發展以有計畫地達成預期目標，擴充教育機構的收納量則是
此階段的重要目標之一，師資培育則是推展前述目標的重要配套。

　　光復初期，各級學校師資由師範學校負起培育之責，師資培育僅
有臺北、臺中、臺南三所省立師範學校；隨後不斷發展與擴充，至
1950年全省已有八所師範學校（中華民國年鑑社，1951：843），主
要係延續國府遷臺前由師範學校培育的政策，幼稚園師資培育也同樣
援用。師資培育一元化的情形，直到1994年《師資培育法》頒行之
後有了重大轉變，除了師資培育管道多元化之外，臺灣高等教育擴充
的政策也讓接受高教的人數不斷攀升，具備大學學歷成爲幼教教師的

基本條件，現職教師具備研究所以上學歷者也所在多有。

《師資培育法》中止教師由師範校院專屬培育的制度，頓時間各大學競相增設師資培育中心（教育學程）以投入師資培育的行列，但此等「風潮」卻在師培數量快速擴增的數年之後逐漸退卻，「流浪教師」霎時成為社會的新增族群，同時引來各界對於師培數量擴增過當的批判。在幼教教師方面，除了前述「流浪教師」議題外，另因私多於公的幼教生態，公、私幼教師在待遇及福利方面存有差距，使得公幼教師員額因「僧多粥少」造成合格教師競相投考，但私幼教師的工作卻相對顯得乏人問津的情形，則是與其他教育階段別迥異。

有關1949年以後的臺灣幼稚園師資培育情形，本節擬分就政策引用、政策急轉、政策擺盪，以及多元併呈等四個階段說明如後。

一、政策引用期——維持師範學校培育的體制

民國38年至43年（1949-1954）的幼教師資培育處於「政策引用期」。國府治臺初期，師資培育由師範學校負責，師範學校的課程標準曾於33年（1944）修訂乙次，39年（1950）6月起，教育部又重加修訂，並於41年（1952）5月完成修訂，由教育部公布實施。根據該項標準，師範學校計分「普通師範科」、「幼稚師範科」、「音樂師範科」、「體育師範科」、「藝術師範科」、「簡易師範科」與「特別師範科」等七科（中華民國年鑑社，1952：514；中華民國年鑑社，1954：551）。前述培育管道與課程內容，悉援用民初以來中國的教育政策與作為。

有關幼稚園師資養成的規範，本時期遵照民國32年（1943）修訂之《幼稚園設置辦法》，該辦法規定「幼稚園教師以幼稚師範學校畢業或具有小學教員資格、曾任幼稚園教員一年以上的女子為合格」。在培育的管道方面，39年（1950）「省立臺南師範學校」成

立三年制「幼稚師範科」；43年（1954），「省立高雄女子師範學校」亦招收「幼稚師範科」（蔡春美，1988）。從39年（1950）首度有三年制幼稚師範科畢業生至44年（1955）爲止，各師範學校「幼稚師範科」培育的畢業生人數如表5-9。

表5-9　民國39-44學年度各師範學校三年制幼稚師範科畢業生人數

年度（年）	39	40	41	42	43	44	合計
人數（人）	16	--	41	89	91	92	328

資料來源：中華民國年鑑社（1956）。《中華民國年鑑》。臺北：作者，頁705。

　　國府遷臺後，雖無單設的幼稚師範學校培育師資，但「省立臺北女子師範學校」、「省立臺南師範學校」及「高雄女子師範學校」都設有「幼稚師範科」，以公費方式培養，學生畢業後可選擇至幼稚園或國民小學服務。民國39至44學年度（1950-1955），幼稚師範科計有畢業生328名，平均每年培育幼稚園師資僅約54餘名，相對於每年平均招收約二萬名幼兒數量言（見表5-10），此等師資培育的速度顯然不敷所需。其次，依據當時《國民小學教師登記及檢定辦法》，幼稚師範科畢業生亦可參加甄試成爲國小教師，更使得大部分幼稚師範科畢業生轉而擔任國小教職（蔡春美，1988），幼教師資不足的情況更雪上加霜。

　　就幼稚園師生的數量言，民國35學年度（1946），全臺灣幼稚園合格教師數僅有95位。以35至43學年度（1946-1954）爲例，平均每學年度的招收幼兒數爲29,208人，教師數485人，師生比高達約1：78，師資不足的程度可見一斑。另就公幼師生的數量言，公幼師資不足的情況更是明顯；同時期公幼平均每年招收幼兒21,837名，教師數量平均每年僅227名，師生比更高達1：153（見表5-14）。由於幼稚園師資極爲缺乏，公幼教師多由國小借調（洪福財，1998），公

表5-10　民國39-43學年度幼稚園教師數及招收幼兒數

單位：人

學年度	全體			私立			公立		
	幼兒數	教師數	師生比	幼兒數	教師數	師生比	幼兒數	教師數	師生比
39	17,111	144	119	--	--	--	--	--	--
40	21,531	190	113	3,796	139	27	17,735	51	348
41	28,531	493	58	9,744	318	31	18,787	175	107
42	37,729	745	51	13,947	496	28	23,782	249	96
43	41,137	852	48	14,094	419	34	27,043	433	62
平均	29,208	485	78	10,395	343	30	21,837	227	153

資料來源：
1.中華民國年鑑社（1951）。《中華民國年鑑》。臺北：作者，頁855。
2.教育部編（1998a）。《中華民國教育統計》。臺北：編者，頁6-7；18-21。

幼師生比遠較私幼懸殊，如何循序補足師資數量便成為此階段的重要政策方向。

　　此時期的師資培育體制，主要係遵循國府遷臺前的師資培育政策，維持幼稚園師資由師範學校培育的體制。由於師資培育數量有限、幼稚師範科畢業生選擇轉向國小服務等，都加劇本時期幼稚園師資數量不足的問題。在此政策引用階段，制度穩定成為幼教政策的思考主軸，有關師資數量不足的問題，並未見明確的政策規劃與回應作為。

二、政策急轉期──專設幼教師資培育單位消失

　　民國43年至54年（1954-1965）的幼教師資培育為「政策急轉期」。關於本時期的幼稚園師資培育，43年（1954）「省立臺南師範學校」停辦「幼稚師範科」；同年，「省立高雄女子師範學校」則增設「幼稚師範科」，但設立之後斷續招生，惟僅招生約九屆後即停

招。[8]54年（1965），「省立臺北女子師範專科學校」也停止「幼稚師範科」招生。專責培育的幼教師培單位消失，幼教師資來源出現缺口；綜觀當時師範學校停設幼稚師範科的原因，主要有二：（黃怡貌，1995：129-130）

1. 1961年國民小學因增班設校，國小師資不足。

2. 公幼（班）逐年減少，私幼大量增加，畢業生分發不易；至1965年止，各師範學校均先後停招幼稚師範科學生。

普及國教的政策，吸引許多幼稚師範科畢業學生轉投入國小服務，另由於私幼多於公幼的複雜生態，公幼未同步增加設置數量，在欠缺分發管道之餘，具有幼稚園教師資格者則轉向選擇進入待遇及穩定性都相對較佳的國小服務。[9]

從民國43年（1954）「省立臺南師範學校」停辦「幼稚師範科」開始，至「省立高雄女子師範學校」的「幼稚師範科」斷續招生到停辦，顯示當時的主管機關對幼教師資培育缺乏全盤性規劃，也對於日後幼教造成影響。王靜珠（1987）、蔡春美（1988）等人論及此時期的師培發展時，以師範學校陸續停辦幼稚師範科稱之為「停滯期」，認為此等變遷造成幼教師資培育數量的停滯，加劇原本幼稚園師資培育數量不足的問題。

在幼稚園招收幼兒數與教師數方面，本時期呈現逐年增加的趨勢。以民國44至55學年度（1955-1966）為例，平均每年招收的幼兒數為69,199名、教師數1,720名，單就數量而言均較前期為多。然而，幼稚園整體的教師數雖增加，49學年度（1960）起增加情形卻呈現停滯，此應與各師範學校陸續停辦幼稚師範科的情形有關（見表5-11）。在師生比方面，本時期幼稚園平均每年師生比維持為1：40左右，其中私幼師生比為1：35，公幼師生比則為1：49，整體師生比已經較前期為低，尤其公幼師生比的情形明顯有所改善。

表5-11 民國44-54學年度幼稚園教師數及招收幼兒數

學年度	全體			私立			公立		
	幼兒數	教師數	師生比	幼兒數	教師數	師生比	幼兒數	教師數	師生比
44	46,390	980	47	17,887	528	34	28,503	452	63
45	54,239	1,220	44	21,937	637	34	32,302	583	55
46	56,988	1,258	45	24,046	703	34	32,942	555	59
47	65,167	1,567	42	31,266	852	37	33,901	715	47
48	73,235	1,845	40	40,661	1,207	34	32,574	638	51
49	79,702	2,020	39	43,893	1,307	34	35,809	713	50
50	78,261	1,995	39	44,932	1,251	36	33,329	744	45
51	77,898	2,028	38	48,362	1,349	36	29,536	679	43
52	75,413	2,009	38	49,068	1,380	36	26,345	629	42
53	75,013	1,975	38	51,231	1,413	36	23,782	562	42
54	78,878	2,023	39	54,735	1,470	37	24,143	553	44
平均	69,199	1,720	40	38,911	1,100	35	30,288	620	49

資料來源：教育部編（1998a）。《中華民國教育統計》。臺北：編者，頁6-7；18-21。

三、政策擺盪期──取「補足」捨「專業」的師資培育

民國54年至71年（1965-1982）的幼教師資培育為「政策擺盪期」。「幼稚師範科」自54年（1965）全面停辦之後，培育幼教師資的管道僅有師專國校師資科分組選修的「幼稚教育組」[10]（蔡春美，1988），幼教師資非由專設的科系加以培育，已有的專設幼稚園師資培育管道為之中斷，成為此階段的師培特色。

關於幼稚園教師資格規定方面，仍是以《幼稚園設置辦法》為依據；為彌補合格幼教師資的不足，民國57年（1969）教育部頒布《幼稚園教師登記及檢定辦法》，明訂幼稚園教師登記條件除原師範系統培育外，另依據該辦法第11條針對具有不同學歷者，提供申請幼

稚園教師資格檢定的機會：（教育部，1971：678-680）

1. 大學或專科學校有關科系肄業成績及格。

2. 高級中等學校畢業者。

3. 高級中等學校肄業二年以上成績及格，並具有幼稚園三年以上教學經驗者。

爲吸引更多人投入幼教工作，幼稚園教師的檢定資格則是更加放寬。對照49學年度（1960）爲提高國校師資素質而將師範學校改制爲師範專科學校之努力，幼稚園教師檢定資格放寬的規定，不免有走回頭路之嫌。[11]

當時爲補足所缺的幼稚園師資，主管機關另闢有數種管道廣納師資：（中華民國年鑑社，1971：562；中華民國年鑑社，1976：608；洪福財，1998；蔡春美，1988）

1. 59學年度（1970）臺北市立女子師範專科學校夜間部及暑期部增設幼稚教育科，招收不合格的在職幼稚園教師，加強專業訓練。

2. 60年（1971）6月，臺北市教育局舉辦幼稚園教師檢定考試，錄取200人，並予以短期講習後，推介各公私立幼稚園任教。

3. 60年（1971）在「臺灣省立嘉義高級家事職業學校」成立幼兒教育科，招國中畢業生培育三年以取得合格幼稚園教師資格。[12]

4. 66年（1977）修訂《幼稚園教師登記及檢定辦法》，增列高職幼兒教育科畢業生可登記爲幼稚園教師，教育學分需修16學分。

5. 66年（1977）起在師專辦理「幼稚園教師進修班」（簡稱幼進班），招收幼稚園未合格的現職教師，利用選修學分方式取得合格教師資格。暑期部應進修兩個暑假一個寒假，夜間部則應修習一年。

6. 67年（1978）各師專成立二年制幼稚教育師資科，採夜間部
   或暑期部方式供幼進班或師範學校幼稚師範科畢業者取得幼
   專學歷，同時開放夜間部或暑期部幼二專進修機會給未具幼
   稚園教師資格的托教班畢業者，[13]畢業後得取得合格幼稚園教
   師資格。

　　前述幼稚園教師培育管道分立，主要仍是採取「補救」的政策，
是為解決幼教師資不足所採取的補救性措施，非以培養具專業條件的
幼教師資為宗旨。此時期的主要政策乃在短時間內解套幼教師資大量
匱乏的難題，但僅求補足師資數量，卻同時在幼教師資的學歷水準做
出不小讓步；後來幼教師資的學歷要求雖提升至專科以上，但著眼於
師資不足的現實，仍另闢蹊徑供高中（職）學歷水平者得於短時間內
取得幼教師資，使得幼稚園師資學歷水準與其他教育階段的差距更形
擴大，也擴大幼教教師與其他教育階段教師的社會地位與專業形象差
距。但即使如此，本時期仍有不合格師資充斥的問題，成為當時幼教
師培另一引人關注的議題。

　　在幼稚園招生數與教師數方面，本時期幼兒數與教師數呈現快速
增加。以民國60至71學年度（1971-1982）為例，教師數量在約十餘
年的時間大幅增加3.6倍（見表5-12），從補足師資數量的層面言，
可謂達成一定的成效。隨著師資數量增加，幼稚園師生比率則呈逐
年降低的趨勢，本時期平均師生比為1：22，其中公幼平均師生比為
1：30，私幼則更低為1：21，師生比均較前時期為低。縱使幼稚園
師生比率有所改善，但同時間卻未見有提升幼稚園師資素質的具體配
套措施，反而使得此時期擴充師資數量的政策迭遭批判。

表5-12　民國55-71學年度幼稚園教師數及招收幼兒數

單位：人

學年度	全體			私立			公立		
	幼兒數	教師數	師生比	幼兒數	教師數	師生比	幼兒數	教師數	師生比
55	81,500	1,898	43	57,079	1,357	42	24,421	541	45
56	88,897	2,190	41	55,067	1,472	37	33,830	718	47
57	90,508	2,151	42	62,479	1,577	40	28,029	574	49
58	91,468	2,309	40	64,968	1,710	38	26,500	599	44
59	91,984	2,293	40	66,424	1,706	39	25,560	587	44
60	100,696	2,403	42	76,907	1,890	41	23,789	513	46
61	107,813	2,649	41	83,923	2,103	40	23,890	546	44
62	110,977	2,871	39	88,485	2,359	38	22,492	512	44
63	110,403	3,084	36	82,724	2,434	34	27,679	650	43
64	117,990	3,549	33	88,648	2,861	31	29,342	688	43
65	121,373	3,716	33	89,947	2,940	31	31,426	776	40
66	135,232	4,303	31	100,775	3,415	30	34,457	888	39
67	151,290	5,186	29	111,085	4,056	27	40,205	1,130	36
68	165,165	6,275	26	123,344	5,026	25	41,821	1,249	33
69	179,216	6,690	27	133,282	5,433	25	45,934	1,257	37
70	191,693	7,344	26	142,909	5,976	24	48,784	1,368	36
71	193,744	8,736	22	154,931	7,430	21	38,813	1,306	30

資料來源：教育部編（1998a）。《中華民國教育統計》。臺北：編者，頁
　　　　　6-7：18-21。

四、多元併呈期──「補足」與「專業」併採的師資培育

　　民國71年（1982）迄今為多元併呈期。有鑒於幼教師資的培育
無計畫性且未得到專業重視，70年（1981）《幼稚教育法》頒行，
政府面臨缺乏合格幼教師資的挑戰。因此，教育部核准自72學年度
（1983）開始，由臺北市立師專、省立臺北師專、省立臺中師專及
省立嘉義師專等校試辦日間部二年制「幼稚教育師資科」，招收高

中（職）畢業生予以兩年的專科教育訓練。74學年度（1985），加入新竹、花蓮、臺南、屏東等四校籌辦。75學年度（1986），省立臺東師專也成立幼稚教育師資科。至此，延續《幼稚園教師登記及檢定辦法》的精神，幼教師資培育又納入正式師範教育的體制，恢復以「職前培養」方式為主流（蔡春美，1988）。

　　民國76學年度（1987），全國九所師專同時改制師院，幼稚教育師資科更名為「幼兒教育師資科」，仍維持招生高中（職）畢業生。79學年度（1990），幼兒教育師資科招生方式改為每師院各收高中（甲類）、高職（乙類）畢業生一班，課程內容並予分化；同年，「臺北市立師範學院」（今「臺北市立大學」）首先成立「幼兒教育學系」，招收大學聯考入學生，將幼稚園師資程度提升至大學，其他八所國立師範學院也於81學年度（1992）跟進實施，並於次年全面停招「幼兒教育師資科」。

　　民國83年（1994）《師資培育法》頒行，大學程度成為幼稚園師資的法定資格，幼稚園師資培育管道從專由師範校院負責，轉而開放至各大學設有幼稚園教師學程者均可辦理，打破由師範校院「閉鎖」式的培育方式，改變近一世紀的學制規劃，成為今日師資培育的重要規範；84年（1995）《教師法》頒訂，揭示臺灣社會對教師一職所持之特殊觀感與定位。《師資培育法》去除閉鎖化但漸次穩定的教師專業規範與形象，《教師法》則是出現在待建立新專業意象的脈絡，兩相對照不僅透露些許有趣訊息，更顯示師資培育遭逢待蛻變的衝突。

　　關於師資培育多元管道的發展，民國84年（1995）9月，教育部核准了第一批16所大學開設師資培育之教育專業學程申請，惟相較各大學辦理中等學校、國民小學，以及幼稚園教師教育學程的核定人數，幼稚園教師教育學程的核定人數顯然較低，此與學生修習需求與大學開設意願等有關。其次，在師資培育管道開放之初，許多大學紛

紛投入師培的行列，設有不同階段或類科的教師教育學程，但之後則陸續有學校停招各類科教育學程；以表5-13為例，如私立輔仁大學辦理幼教專業學程兩年便暫停辦理。

　　2012年原幼稚園和托兒所改制為幼兒園，幼兒園教師的培育管道仍援用《師資培育法》。以104學年度（2015）為例，幼兒園教師

表5-13　104年設有幼兒園教師教育學程之師資培育大學一覽表

培育管道	單位名稱
師範／教育大學	國立臺北教育大學（幼兒與家庭教育學系） 國立新竹教育大學（幼兒教育學系） 國立臺中教育大學（幼兒教育學系） 國立屏東教育大學（幼兒教育學系）
設有師資培育相關學系大學	國立嘉義大學（幼兒教育學系） 國立臺南大學（幼兒教育學系） 國立臺東大學（幼兒教育學系） 國立東華大學（幼兒教育學系） 臺北市立大學（幼兒教育學系） 亞洲大學（幼兒教育學系） 臺灣首府大學（幼兒教育學系）
設置師資培育中心之大學	國立臺北護理健康大學（自民國97學年度起停辦） 國立屏東科技大學（自民國98學年度起停辦） 實踐大學（自民國97學年度起停辦） 輔仁大學（自民國86學年度起停辦） 弘光科技大學（自民國97學年度起停辦） 朝陽科技大學 靜宜大學（自民國103學年度起停招） 崑山科技大學（自民國95學年度起停辦） 嘉南藥理科技大學（自民國97學年度起停辦） 臺南應用科技大學（原臺南女子技術學院、臺南科技大學） 輔英科技大學 樹德科技大學（自民國103學年度起停招） 元智大學（自民國97學年度起停辦） 明新科技大學 中國文化大學（自民國95學年度停招）

註：資料更新日期為民國104年7月16日。
資料來源：郭隆興、魏慧美、楊宏仁（2015）。《104年中華民國師資培育統計年報》。臺北市：教育部。頁361-374。

的培育管道中，教育大學與設有師資培育相關科系大學之幼教相關科系占師培的大宗，另設置師資培育中心之大學中，僅有朝陽科技大學、臺南應用科技大學、輔英科技大學，以及明新科技大學等四所仍設有幼兒園教師教育學程，其餘設有教育學程的十多所學校則陸續退出培育管道。原先多元管道的師培政策，在二十餘年的運作之後逐漸地限縮多元管道的規模，則是另一個值得關切的面向。

　　《師資培育法》的施行，象徵一元、計畫制師範教育的中止，轉向多元、儲備制的師資培育，師資培育方式也轉以自費、甄選制的主要方式所取代。2002年，《師資培育法》修正，調整修業時間、實習與教師檢定制度及方式等，最大的變革是將師資從原有的形式檢定（書面文件檢覈），轉向實質考試的資格檢定為之（見表5-14）。

　　綜觀《師資培育法》的內容主要可歸結有五：[14]

1. 師資培育管道：師範／教育大學、設有師資培育系所之一般大學、師資培育中心和學士後教育學分班。
2. 師資培育類科：幼稚園、國民小學、中等學校、特殊教育學校（班）等4個師資類科。其中，中等學校又分成普通學科與

表5-14　2003年《師資培育法》修正前後之師資培育制度對照表

	2003年8月（含）以後入學	2003年7月以前入學
實習階段	畢／結業前	畢／結業後
實習時間	半年（一學期）	一年（兩學期）
大學修業時間	四年半	四年
實習身份	學生	無明確定位
實習津貼	無	每月八千元
教師資格取得方式	經檢定考試通過	實習成績及格
適用對象	2003年8月（含）以後入學師師範校院新生、修讀教育學程、教育學分班，以及師資班者	2003年7月以前入學或已修讀教育學程、教育學分班、師資班，以及刻正實習者

技職學科，其下再細分成各任教學科。特殊教育學校（班）
又可分成5個類（組）：中等學校階段身心障礙類、中等學校
階段資賦優異類、國民小學階段身心障礙類、國民小學階段
資賦優異類、學前教育階段身心障礙類等。

3. 師資培育時程：招生、修課、實習、教師檢定、教師甄試、
在職進修。

4. 師資培育型態：以自費為主，公費及獎助學金為輔。

5. 教師資格檢定方式：由書面文件檢覈，改為以考試形式（見
表5-15）辦理。同時，教育實習的時間由一年縮短為半年。

　　幼兒園師資學歷程度提升至大學，無非是對師資專業性質的肯
定；但長久以來幼兒園工作環境不佳與欠缺政策面支持等因素，再製
出教師社會地位低落的問題，亦同時浮出檯面。在未見改善幼教生態
環境的配套措施之際，提升幼兒園師資教育程度至大學雖意味較以往
重視幼教「專業」特質，但隨之需面對提高師資標準可能面臨「曲高
和寡」的窘況，同樣也可見於大學校院開設幼兒園教師教育學程的意
願逐漸式微，不免對原本提升師資素質的良法美意打了折扣。

表5-15　幼兒園教師資格檢定類科及應試科目表

應試科目 檢定類科	一	二	三	四
幼稚園	國語文能力測驗 含國文、作文、閱讀、國音等基本能力	教育原理與制度 「教育原理」含教育心理學、教育社會學、教育哲學等；「教育制度」含與本教育階段相關制度、法令與政策。	幼兒發展與輔導 含幼兒生理、語言、認知、社會、人格、情緒、道德等領域之發展、保育與輔導等。	幼稚園課程與教學 含幼兒教育課程理論、課程設計、教學原理與設計、教學環境規劃、教學評量等。

資料來源：《高級中等以下學校及幼兒園教師資格檢定辦法》（2014年8月
　　　　　29日）。臺教師(二)字第1030122455B號令修正發布。

依據臺灣省教育廳公告民國87學年度（1998）幼稚園師資概況指出，幼稚園教師以專科畢業者占50.82%為最多，其次為高（中）職畢業者占24.6%，大學以上畢業者占23.02%居第三；其中公幼教師學歷之人數多寡依序為專科（51.54%）、大學（45.58%）、高（中）職（2.63%），私幼教師學歷之人數多寡則依序為專科（50.64%）、高（中）職（30.22%）、大學（17.3%）（林鴻珍，1999.4.26）。其次，以103學年度（2014-2015）為例（見表5-16），整體教保服務人員學歷以大學畢業者達65.97%為最多，其次為專科學歷者達19.34%，和前述87學年度的情形相較顯有不同；在私幼教保服務人員方面，仍以大學畢業者達64.02%為最多，其次為專科學歷者達23.13%，和整體教保服務人員的學歷情形差異不大；另教保服務人員擁有研究所以上學歷者達2,600餘名，高學歷教師的情形也是值得留意的發展趨勢。

從前述師資學歷看來，近年提升師資學歷至大學的成效顯現，無論在公、私幼均可見到此情形；其中教保服務人員具研究所以上學歷者也有近6%的比率，如何善用前述幼教人員高學歷的條件以提升幼教品質，顯示下階段臺灣幼教的重要課題。

表5-16　103學年度（2014-2015）教保服務人員學歷統計表

學歷	公私立人數（百分比）	私幼人數（百分比）
博士	19(0.04)	11(0.03)
碩士	2,638(5.81)	651(1.99)
大學	29,906(65.97)	20,912(64.02)
專科	8,767(19.34)	7,554(23.13)
高中	4,002(8.83)	3,536(10.83)
其他	4(0.009)	1(0.003)
合計	45,336(100)	32,665(100)

　　再者，幼稚園在整體教師與招收幼兒數方面（見表5-17），幼托整合政策實施前後的數量因機構合併出現大幅的變動。在政策實施之前，教師數在民國70學年度（1981）有7,000多名，在89學年度（2000）則首度突破20,000名，但100學年度（2011）又驟減約15,000名，整體私幼教師數量變化也與前述趨勢雷同，惟公幼教師數的成長情形相對穩定，此與近年增設公幼班別的措施有關。在招收幼兒數方面，70學年度（1981）招收約有19萬名幼兒，90學年度（2001）則招有246,000餘名達頂峰，但100學年度（2011）則又降至

表5-17　民國70-105學年度幼稚園／幼兒園教師數及招收幼兒數

學年度	全體			私立			公立		
	幼兒數	教師數	師生比	幼兒數	教師數	師生比	幼兒數	教師數	師生比
70	191,693	7,344	26	142,909	5,976	24	48,784	1,368	36
75	238,428	12,769	19	197,240	10,931	18	41,188	1,838	22
80	235,099	14,852	16	186,828	12,100	15	48,271	2,752	18
85	235,830	16,076	15	178,151	12,365	14	57,679	3,711	16
89	243,090	20,099	12	168,656	15,054	11	73,434	5,045	15
90	246,303	19,799	12	170,347	14,553	12	75,956	5,246	15
95	201,815	19,037	11	128,481	12,713	10	73,334	6,324	12
99	183,901	14,630	13	111,874	8,829	13	72,027	5,801	12
100	189,792	14,918	13	118,457	8,844	13	71,335	6,074	12
101	459,653	45,004	10	328,230	32,938	10	131,423	12,066	11
102	448,189	45,288	10	316,279	32,810	10	131,910	12,478	11
103	444,457	45,336	10	310,303	32,670	10	134,154	12,666	11
104	462,115	46,167	10	323,017	33,266	10	139,098	12,901	11
105	492,781	47,182	10	347,437	33,967	10	145,344	13,215	11

說明：
1.生師比採四捨五入成整數計。
2.101學年度以後的教師數係指「教保服務人員數」，包含教師與教保員等。

資料來源：教育部編（2014）。《中華民國教育統計》。臺北：編者。

不足19萬名，整體私幼幼兒數量變化與前述趨勢相仿，但公幼招生數則是相對穩定地成長，顯見幼兒入園情形同時受到少子女化現象與普設公幼措施等影響。在師生比方面，85學年度（1996）以後整體幼稚園師生比已可達1：15，私幼的師生比較公幼爲低，但99學年度（2000）之後公幼師生比開始較私幼爲低，可見近年公幼在新聘教師員額已見成果。

101學年度（2012）開始，臺灣幼教因法令變動而有一番新貌，原有幼稚園與托兒所改制爲幼兒園，幼兒園招收2歲至入國民小學前的幼兒，招生數量約達45萬名，教師數約45,000名，整體師生比約爲1：10。私幼招生數量仍占多數，逾31萬名，公幼招生逾13萬名，公、私幼的師生比情形相仿，小班（規模）或低師生比已逐漸成爲幼兒園的常態。

教師數和招收幼兒數除呈現前述消長變化外，教保服務人員的流動性高，是幼稚園長期存在的現象，未因幼托整合政策的推行而有異。1998年教育部的「幼稚教育中程計畫」指出，各師範院校幼教系畢業生的流失率約爲50.78%（孫立葳，2000）；除公幼外，私幼難以聘得師資與教師高流動率等抱怨迄今尤然。

以幼托整合政策實施首年（2012學年度）的教保服務人員的數量爲例，各類教保服務人員數量如圖5-3所示，其中教保員的數量爲24,426人，約爲教師數量的一倍，助理教保員人數則約3,300餘名；在教師的數量方面，公立教師數約占教師總數之半，對照私幼數量約占總數六成多的情形，私幼教師數量不足應是可推知的結果。

另以2011學年度師培機構的畢業人數言，幼兒教育學系（師培學系）畢業人數爲1,145人、幼兒保育相關學系畢業人數爲5,243人爲例，前述培育人數如全數投入職場，或可滿足所有機構之需，但實際畢業生流失是另一廣獲關注的課題。再者，依據《幼兒教育及照顧法》第18條第7項：「公立學校附設幼兒園除依第二項及第三項規定

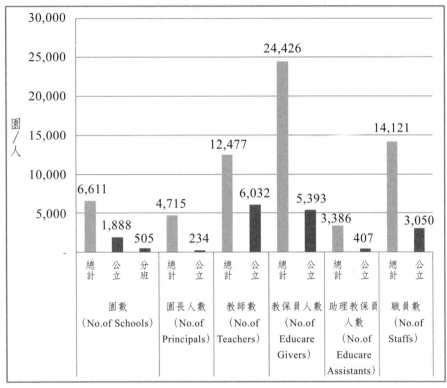

圖5-3　民國101學年度幼兒園人力概況

資料來源：教育部統計處（2013）。幼兒（稚）園概況表（1991-2002 學
　　　　　年度）。2013年9月10日下載自http://www.edu.tw/pages/de-
　　　　　tail.aspx?Node=1731&Page=5314&Index=4&WID=31d75a44-
　　　　　efff-4c44-a075-15a9eb7aecdf。

配置教保服務人員外，每園應再增置教保服務人員一人」；為此，近
幾年各縣市政府分別以「契約進用人員」統一招考數千名教保員，許
多私幼教保服務人員（包含教師與教保員）紛紛轉任，「公立足、私
立荒」的師資現象，對於幼兒園的教學品質及其穩定性顯有影響，直
接攸關幼兒的受教品質。倘放任前述情形發展，不僅私幼發展空間勢
必受挫，公幼教保服務人員間互動問題依舊未解，糾結而成的人員僵
局恐非臺灣幼教之福。

　　除前述幼托整合後教師與教保員的互動狀況值得關注的情形外，隨著幼托機構的發展，幼教師資培育與素質等，也是各界關注的面向。教育部在幼托整合政策實施前，曾就全國幼稚園的師資概況調查分析結果如下：（楊國賜，2002：150-154）

1. 教師性別：受社會期待所致，教師以女性爲多。

2. 教師年齡：年齡以20歲至30歲者爲多，偏向年輕化；其中公幼教師年齡較私幼爲大。

3. 合格教師年齡：以31至40歲居多。

4. 不合格教師年齡：以21至30歲居多。

5. 教師服務年資：公幼以服務20年以下爲多，私幼則以服務10年以下爲多。

6. 合格教師比率：合格教師數占總數58.46%；其中公幼教師合格率爲99.35%，私幼爲45.82%。

7. 班師比：就每班平均教師數言，私幼每班合格教師爲0.92人，公幼爲1.88人；私幼合格教師仍相當不足。

8. 教師學歷：以專科爲多（37.11%），學士、高中職者次之。其中公幼教師以學士學歷爲多（67.76%），其次爲專科學歷（29.33%）；私幼則以專科學歷者居多（39.35%），其次爲高中職學歷（35.73%）。

　　依據前述現況，該研究對於改善幼教教師工作條件與素質提升等曾提出四項建議：（楊國賜，2002：179-184）

1. 改善私幼教師待遇

　　公、私立幼稚園教師待遇的落差，是造成合格教師積極轉向公幼任職、私幼合格教師率低落的成因之一。超過95%私幼的教師待遇由各園自訂，比照公幼者極稀；平均而言，私幼教師起薪較公幼低一萬元左右，不合格教師待遇則約較合格教師低5,400元，前述薪資落差

不僅造成公、私幼教師合格率的差異，若行政單位未能落實監督之餘，反而造成鼓勵私幼聘用廉價師資的現象。若明確幼稚園的學校地位當有益於改善前述現象。

2. 改善私幼教師退休撫卹等條件

公幼教師依《教師法》獲得退休、撫卹等保障條件，但僅四分之三的私幼訂有教師退休撫卹等相關辦法；私幼訂定退休撫卹標準以參照《勞動基準法》或自訂辦法者為多，足見改善私幼教師的退休撫卹等條件實刻不容緩。

3. 改善離島教師進修狀況

在中央政府的經費補助下，各縣市幼教相關研習活動頗多，教師參與的狀況亦佳，但離島澎湖縣、連江縣等教師參加進修活動的情形不佳，有待改善。

4. 適度開放教師進修管道仍有必要

依據調查結果統計，全國幼稚園仍有8,203名不合格教師，除一方面持續培養合格教師外，前述不合格師資若能藉由進修管道取得資格，則是另一可予考慮的作法；其次，有鑒於《師資培育法》已將幼教師資學歷規範提升至大學，但現有幼教教師仍以專科學歷者居多，適度開放教師進修管道仍有必要。

當各界期待幼教師資的質量提升，如何持續改善良好的職前師資培育品質，以及提供幼教師資良好的專業成長與工作環境，現階段必須妥予因應。當陸續培育的師資數量已足敷幼教現場之需，但工作環境不足以提供充分的誘因以留住師資；甚而在幼托整合政策變動之際，如何提供受政策變動影響的現職人員妥適的進修管道以取得相關證照，都是此際應該積極面對與解決的課題。

🙂 第三節　尋求公義的經費挹注

　　經費是支持幼教機構存續的重要依據，分析經費挹注除可了解整體幼教資源的情形外，也可藉以分析不同經費來源對各種型態幼教機構的支持狀況，從而評析經費挹注的現況是否符合公義。

　　從歷史發展觀之，臺灣幼教除了在園數與招生數量等不斷擴充，社會對於幼教品質的要求也逐漸迫切。綜觀高教育品質，其內涵應包含充足的教育資源、良好的師資、健全的教學理念、適切的教學方式、適性的課程內容以及讓幼兒有充分發揮潛能的機會等，[15]經費雖僅是其間的項目之一，但充分的經費挹注則有益於其他項目的發展與精進，更顯經費支持之重要地位。換言之，適切的教育經費有益於實踐與提升幼教的品質。

　　民國38年（1949）以來，幼教超過一甲子的演進，社會對於幼兒教育需求日增，也使得幼稚園的發展經歷了快速的轉變。在變遷之際，公部門投入許多教育資源加以挹注，更多的是私部門紛紛投入幼稚園的經營並提供多元的教育機會，整體社會應用於幼教階段的經費與資源迭創新高。幼教發展到此際，一方面鼓勵私人興學參與幼教發展，另方面也見公部門以擴增並提供可負擔的教育機會持續地挹注教育經費，兩者如何持平拿捏，不僅攸關教育政策的判斷，更是社會公義的體現與實踐。持續關注與探究幼教經費的發展，實為刻不容緩之舉。

　　本節擬就此時期幼教經費占國民所得比率、幼教經費支出占整體教育經費支出總額的比率，以及幼兒園經費支出與平均每位幼兒分攤成本情形等三項指標，說明整體的幼教經費配置與教育經費的相對關係，以及平均每位幼兒的教育經費支出情形等，[16]並輔以對OECD國家的現況比較，以利於了解臺灣幼教經費的規模與支出情形，並可作為省思幼教經費邁向公義發展的基礎。

一、幼教經費占國民所得比率

　　近年世界各國在教育領域的經費投資不斷提高，個人的教育投資也不斷提升，無論公私部門都投入資源支持教育發展的需求。社會的變遷，促成教育現代化；在教育現代化的過程，一個社會必然逐漸增加教育投資，從稀少的教育投資轉變成較高的教育投資（林清江，1996：226）。就國家而言，教育投資已成為現代化國家的重要支出，此現象可由教育經費占國民所得比率的情形窺見一二。

　　在衡量教育經費的指標中，教育經費占國內生產毛額（gross domestic product; GDP）與國民生產毛額（gross national product; GNP）為常見的兩項對應指標項目；前者係指國內人民在一定時間內生產總值與勞務市場價值，後者則指國民在一定時間內於國內或國外的生產總值與服務價值。雖然GDP和GNP的內涵有所差異，但可以提供吾等了解在一定時間內特定經費支出與前述概念之間的比重關係，不僅有益於了解特定國家的產業發展，更有益於跨國進行產業比較。

　　以臺灣近年的教育經費發展占GDP的比率為例（見表5-18），自民國57至105會計年度，無論公、私立教育經費都呈現成長的趨勢。單由經費支出無法排除幣值的消長影響，進一步就教育經費占GDP比率的情形言，平均每年的教育經費占GDP比率約5.74%，80、85、98等三年曾超越6%，近五年則約占5.57%到5.05%之譜，但呈現逐年下降的趨勢，值得關注。進一步分析公、私部門教育經費占GDP的情形，公部門教育經費每年所占比率約為4.06%，私部門教育經費每年則約占1.19%，可見公部門教育經費仍占教育經費支出大宗。

表5-18　臺灣教育經費占國內生產毛額（GDP）比率（民國57-105會計年度）

會計年度		教育經費支出				占國內生產毛額（GDP）比率		
		計	公部門		私部門	計	公	私
			政府經費	自籌經費				
五七	1967-68	5,548,234	4,474,905	--	1,073,329	3.49	2.81	0.67
六十	1970-71	11,236,766	9,065,121	--	2,171,645	4.48	3.61	0.87
六五	1975-76	25,377,015	20,952,991	--	4,424,024	3.84	3.17	0.67
七十	1980-81	74,112,578	60,262,157	--	13,850,421	4.43	3.60	0.83
七五	1985-86	137,899,432	112,949,397	--	24,950,035	5.08	4.16	0.92
八十	1990-91	300,965,051	247,488,080	--	53,476,971	6.36	5.23	1.13
八五	1995-96	505,683,604	407,595,911	4,820,468	93,267,225	6.55	5.34	1.21
九十	2001	590,444,164	406,886,944	32,526,330	151,030,890	5.81	4.33	1.49
九五	2006	702,184,753	469,392,790	47,415,774	185,376,189	5.55	4.09	1.47
九六	2007	710,784,665	476,822,193	50,322,699	183,639,773	5.30	3.93	1.37
九七	2008	730,759,895	481,068,268	53,256,026	196,435,601	5.56	4.06	1.49
九八	2009	778,262,118	532,325,154	62,301,286	183,635,678	6.00	4.59	1.42
九九	2010	765,283,147	516,804,324	67,464,231	181,014,592	5.42	4.14	1.28
一〇〇	2011	784,518,065	537,799,401	65,789,163	180,929,501	5.48	4.22	1.26
一〇一	2012	817,856,782	548,815,737	72,974,164	196,066,881	5.57	4.23	1.33
一〇二	2013	832,633,478	553,419,602	68,414,096	210,799,779	5.47	4.09	1.38
一〇三	2014	838,259,313	558,453,855	68,047,835	211,757,623	5.21	3.90	1.32
一〇四	2015	857,243,727	575,286,556	67,497,749	214,459,422	5.12	3.84	1.28
一〇五	2016	863,315,776	579,579,361	66,709,349	217,027,066	5.05	3.78	1.27
平均						5.25	4.06	1.19

資料來源：教育部統計處（2017）。中華民國教育統計（民國106年版）。臺北：教育部。下載自 https://stats.moe.gov.tw/bookcase/Education_Statistics/106/index.html。

另與OECD國家教育經費相較，以表5-19為例，2012年、2013年OECD國家整體教育經費占GDP比率分別為5.9%、5.2%，臺灣為5.48%和5.47%，可見我國教育經費和OECD國家的水準已相當接近；惟之後卻呈現逐年下滑趨勢，到2016年僅有5.05%之譜。在初

表5-19　我國與OECD國家教育經費占國內生產毛額（GDP）比率（2012-
　　　　2013年）

單位:%

	各級教育						初等、中等及中等以上非高等教育					
	2012年			2013年			2012年			2013年		
	總計	公立	私立	總計	公立	私立	總計	公立	私立	總計	公立	私立
日　　本	5.2	3.6	1.6	4.5	3.2	1.2	2.9	2.7	0.2	2.9	--	--
南　　韓	7.0	4.9	2.1	5.9	4.0	1.9	3.7	3.2	0.5	3.6	--	--
美　　國	6.9	5.0	1.8	6.2	4.2	2.0	3.6	3.3	0.3	3.5	--	--
加拿大	--	--	--	6.1	4.6	1.5	3.6	3.2	0.0	--	--	--
英　　國	6.8	5.5	1.2	6.7	5.2	1.5	4.5	4.0	0.5	4.8	--	--
法　　國	6.0	5.6	0.4	5.3	4.7	0.5	3.8	3.6	0.2	3.8	--	--
德　　國	4.8	4.7	0.1	4.3	3.7	0.6	3.1	2.9	0.2	3.1	--	--
義大利	4.4	4.1	0.2	4.0	3.7	0.3	3.0	2.9	0.1	3.0	--	--
西班牙	5.0	4.3	0.7	4.3	3.6	0.7	3.1	2.8	0.3	3.0	--	--
比利時	6.6	6.6	0.0	5.8	5.6	0.2	4.6	4.3	0.0	4.4	--	--
荷　　蘭	5.9	5.3	0.6	5.5	4.7	0.9	3.8	3.5	0.3	3.8	--	--
芬　　蘭	6.6	6.4	0.2	5.7	5.6	0.1	3.9	3.9	0.0	3.9	--	--
澳大利亞	5.8	4.4	1.3	5.6	3.9	1.7	4.0	3.4	0.6	3.9	--	--
紐西蘭	7.5	5.9	1.6	6.5	4.8	1.7	5.0	4.2	0.8	4.7	--	--
OECD國家平均	5.9	5.2	0.7	5.2	4.5	0.7	3.7	3.5	0.2	3.7	--	--
中華民國												
2012年	5.48	4.22	1.26	--	--	--	2.81	2.50	0.31	--	--	--
2013年	5.47	4.08	1.38	--	--	--	2.71	2.41	0.30	--	--	--
2014年	5.24	3.93	1.31	--	--	--	2.56	2.28	0.28	--	--	--
2015年	5.12	3.84	1.28	--	--	--	2.48	2.21	0.27	--	--	--
2016年	5.05	3.90	1.27	--	--	--	--	--	--	--	--	--

資料來源：教育部統計處。下載自http://stats.moe.gov.tw/files/important/
　　　　　OVERVIEW_N01.pdf。
說明：表內我國「各級教育」經費欄，總計及公部門資料均含自籌經費，國
　　　內生產毛額（GDP）資料為106年2月行政院主計總處發布數。

等、中等及中等以上非高等教育經費方面，OECD國家在2012年、2013年前述經費占GDP比率平均為3.7%、3.7%，反觀我國在2012年是項經費僅達2.81%，2015年更下滑至2.48%。對照整體教育經費支出占GDP比率的情形，我國在非高等教育經費支出遠較OECD國家為低，此等教育經費側重高教的現象對其他教育階段的影響，值得持續關注。

二、幼教經費支出占整體教育經費支出總額的比率

為了解幼教經費的支出情形，鑒於幣值浮動變化可能難以窺見經費全貌，分析幼教經費支出占整體教育經費支出總額的比率為相對可行的方式。

國府遷臺以來，教育是重要的施政項目，其中發展國教又列最為優先，此由教育經費的支出情形亦可探見。茲暫以民國89會計年度（2000）為界，此前各級教育經費支出情形如表5-20：以52會計年度（1963）為例，國民小學的教育經費支出占整體教育經費支出逾四成，直到58年（1969）以後才降至三成以下，此應為57年（1968）實施九年國教政策所致，也反映此階段初期對國教經費挹注的高比率現象。

其次，如將各教育階段區劃為初等（含幼稚園、國小、國中）、中等（高中、職校）、高等（專科、大學及學院）等三大階段，初等教育與高等教育的經費呈現相對地穩定成長趨勢，中等教育經費則略呈負向成長，其中初等教育階段的教育經費相對為多。

再次，就不同教育階段別經費言，大專校院及幼稚園經費皆持續成長，但相異的是，大專校院經費成長穩定且占教育支出總額比率維持一定水準，幼稚園教育經費發展雖有成長，但成長速度緩慢且所占的經費數額仍低。民國74（1985）到79（1990）會計年度，幼稚園

表5-20　各級教育經費占教育支出總額百分比（47-89會計年度）

單位：%

會計年度 ＼ 教育別	幼稚園	國民小學	國民中學	高級中學	職業學校	專科學校	大學及獨立學院
47	0.92	37.91	--	31.83			13.62
49	1.05	39.14	--	31.49			12.80
50	0.97	38.46	--	30.92			13.72
51	0.83	38.09	--	31.94			14.10
52	0.79	41.09	--	30.47			14.50
53	0.78	39.43	--	32.26			14.70
54	0.80	35.98	--	32.43			18.28
55	0.80	32.72	--	35.09			19.63
56	0.69	32.54	--	35.87			19.69
57	0.64	31.72	--	35.45			22.45
58	0.29	26.66	--	40.15			22.53
59	0.53	27.28	--	37.69			24.53
60	0.42	25.13	--	37.29			27.32
61	1.10	27.21	20.02	10.73	9.51		21.72
62	1.04	28.23	19.68	11.87	9.08		21.81
63	1.21	27.79	20.19	10.06	9.01		21.89
64	1.09	28.87	20.65	8.02	7.73		19.97
65	0.91	28.20	19.79	9.17	8.80	8.88	11.87
66	1.14	27.78	18.74	8.61	8.05	7.30	13.05
67	0.94	27.50	17.29	8.09	8.24	7.33	12.65
68	1.03	29.48	19.44	8.76	9.23	7.57	11.66
69	1.42	28.41	17.88	8.63	9.02	6.94	12.63
70	1.64	25.64	17.94	8.20	8.84	8.30	13.16
71	1.73	23.55	16.92	8.02	9.13	8.36	13.98
72	1.64	24.51	16.40	6.82	8.24	8.86	14.82
73	2.32	24.31	17.36	7.07	8.80	8.71	13.41

表5-20　各級教育經費占教育支出總額百分比（**47-89**會計年度）（續）

會計年度＼教育別	幼稚園	國民小學	國民中學	高級中學	職業學校	專科學校	大學及獨立學院
74	3.23	22.91	16.64	6.95	8.76	8.41	13.38
75	3.21	22.48	15.73	6.87	8.76	7.93	13.58
76	3.10	21.98	15.19	6.95	9.49	8.73	15.97
77	3.12	23.42	14.35	6.68	9.29	6.95	18.69
78	3.33	24.59	14.51	6.71	8.93	7.28	16.39
79	3.20	23.74	14.41	7.25	9.69	7.52	16.33
80	2.74	23.45	15.47	6.57	8.23	6.71	16.95
81	2.55	22.69	15.73	6.89	7.95	7.01	16.93
82	2.77	24.38	16.04	6.84	7.62	6.86	15.97
83	2.15	24.02	16.17	6.92	7.99	7.29	15.61
84	2.37	24.58	16.60	6.94	8.20	6.75	15.58
85	2.28	24.68	16.21	7.61	8.04	6.83	14.35
86	2.39	23.36	15.52	7.96	8.66	7.15	16.56
87	2.31	23.45	15.13	7.83	8.26	6.43	16.29
88	2.29	24.84	15.25	8.37	8.50	6.51	16.55
89	2.90	32.86	18.45	10.58	10.32	4.48	19.84
平均	1.79	28.19	17.00	22.60		21.04	

資料來源：教育部編（民90）。《中華民國教育統計》。臺北：編者，頁44。

說明：1.幼稚園教育經費占支出總額百分比始於47學年度列出，故本表自47學年度為始呈現各級教育狀況。

2.81至84會計年度修正，將國小附幼經費從國小移至幼稚園。

3.60學年度之前高中及職業學校經費合併、64學年度之前專科與大學校院及獨立學院經費合併，本研究旨在分析各教育階段經費趨勢，故計算平均數值時，將高中及職業學校併計，專科與大學校院及獨立學院併計。

4.《教育經費編列與管理法》於民國89年通過並頒布實施後，教育部不再計算本項教育經費資料。

教育經費占教育經費支出總額曾多年維持在3%以上，此與當時臺灣省政府、臺北市政府陸續推動如鄉鄉都有幼稚園、普設公幼等政策有關，此後幼教經費支出所占比率雖呈減少趨勢，但仍維持2%以上水準。惟幼教經費支出所占比率相較於其他教育階段，仍明顯為低。

　　復次，幼教經費支出占整體教育經費支出的百分比雖呈現成長趨勢，但成長趨勢並不穩定。如民國58（1969）至60（1971）會計年度幼教經費呈現大幅滑落現象，應與延長九年國教的經費排擠有關，70年（1981）《幼稚教育法》頒行後，幼教經費的狀況又逐漸穩定；之後幼教經費支出比率逐漸有提高趨勢，但到80年代晚期似乎又落入經費成長的瓶頸。

　　另就民國89至104學年度的各級教育經費狀況言（見表5-21），又呈現另一番不同的面貌。首先，大學及學院的教育經費占教育支出總額平均每年達34.81%，為所有教育階段中所占經費比率最高者，取代以往國小教育經費占有最高比率的現象。

表5-21　各級教育經費占教育支出總額百分比（民國89-104學年度）

單位：%

教育階段 / 學年度	幼兒園	國民小學	國民中學	高級中等學校		專科學校	大學及學院
				高級中學	職業學校		
八九 2000-01	2.85	27.56	17.05	10.42	8.01	1.95	31.61
九十 2001-02	3.15	28.09	17.09	10.55	6.18	1.87	32.45
九一 2002-03	3.14	27.24	16.90	10.18	5.64	1.24	35.01
九二 2003-04	3.20	26.82	16.87	10.36	5.40	1.30	35.37
九三 2004-05	3.15	27.06	16.77	10.47	5.27	0.88	35.72

表5-21　各級教育經費占教育支出總額百分比（民國89-104學年度）（續）

教育 階段 學年度	幼兒園	國民 小學	國民 中學	高級中等學校		專科 學校	大學及 學院
				高級 中學	職業 學校		
九四 2005-06	2.84	27.06	16.58	10.34	5.22	0.84	36.47
九五 2006-07	2.78	27.10	16.40	10.39	5.09	0.67	36.96
九六 2007-08	2.90	26.71	15.65	10.75	5.22	0.79	37.35
九七 2008-09	3.05	27.67	15.58	10.81	5.58	0.66	35.98
九八 2009-10	3.30	27.58	15.27	11.06	5.59	0.68	35.86
九九 2010-11	3.58	27.91	15.35	10.88	5.50	0.71	35.39
一〇〇 2011-12	5.32	43.08		10.56	5.00	0.85	34.57
一〇一 2012-13	7.23	42.47		10.19	4.78	0.78	33.96
一〇二 2013-14	7.44	42.71		15.07		0.74	33.43
一〇三 2014-15	7.57	42.60		14.98		0.76	33.50
一〇四 2015-16	7.94	42.14		15.17		0.78	33.39
平均	4.34	27.34	16.32	10.53	5.58	0.97	34.81

資料來源：教育部統計處（2017）。《中華民國教育統計》（民國106年版）。臺北：教育部。

　　其次，如將各級教育改分為初等、中等，以及高等教育等階段，高教階段教育經費所占比率的成長情形最為明顯，初等教育階段維持平穩，中等教育階段則呈現持續下降趨勢，前述中等教育階段的經費下降對師生教學品質的影響情形，值得關切。

　　再次，幼教經費支出占教育支出總額的比率方面，此階段每年幼教經費支出所占比率約為3.85%，其中僅民國89、93、94、95等四學年度的教育經費未達3%，100學年度不僅超越5%，101到104等四個學年度更一舉超越7%。90學年度的幼教經費支出所占比率提升應與幼兒教育券的實施有關，100學年度之後更是實施5歲幼兒免學費與幼托整合政策等，讓幼教經費支出所占比率達到新高，顯示政府教育資源對幼教的挹注漸增。

　　近年幼教經費支出占教育支出總額比率遽增的情形或許令幼教工作者感受振奮，但相關經費對於教保品質實質改善的影響，方為迫切且應正視關注之所在。面對幼教經費對於教保品質提升的實質影響，宜有相應的評估機制，以利經費績效之檢視。

　　另就我國平均每位幼兒的教育經費支出占平均每人GDP比率的情形言，依據表5-22，以2010年至2013年為例，我國學前教育平均每年幼兒的教育經費支出占平均每人GDP比率約18%至20%不等；另以OECD國家2010年的統計結果為例，每年平均幼兒的教育經費支出占平均每人GDP比率約為21%，可見臺灣在幼兒經費的支出方面和OECD等先進國家水準相距不大。

　　整體而言，近年臺灣的幼教經費支出占教育經費支出總額的比率，出現從偏低到逐步提升的情形，尤其在民國100學年度之後的增加幅度明顯加大，教育政策與教育經費配置能逐漸增加對幼教階段的關注，令人欣喜；但前述幼教經費所占比和國教等其他教育階段相比仍相對為低，此固與以往幼教經費長期偏低有關，教育經費如何權衡各級教育階段的需求進行公義的配置，顯然是臺灣當前的重要教育議題。其次，關於幼兒的教育經費方面，近年臺灣在平均每位幼兒的教育經費支出占平均每人GDP比率的情形已與OECD國家相近，顯示臺灣人民在幼教經費支出的意願與能力方面都和OECD國家的人民相近，對於幼教發展而言，不啻為另一項值得關注的契機。

表5-22　我國與OECD各國平均每生使用教育經費占平均每人GDP之比率

單位：%

	學前教育（3歲以上）	國小	中等教育		高等教育[1]			
				國中	高級中等		專科	大學及以上
日　本	16	24	29	28	29	48	29	52
南　韓	24	24	28	23	33	34	20	39
美　國	20	22	26	25	27	53	x(7)	x(7)
加拿大[2,3]	x(2)	25	--	x(2)	31	62	42	73
英　國	29	29	28	41	19	42	x(7)	x(7)
法　國	18	19	31	27	36	42	34	45
德　國	20	18	25	23	29	41	22	45
義大利[3]	23	25	25	26	25	29	27	30
西班牙	21	23	30	29	31	41	31	43
比利時	16	23	29	x(3)	x(3)	38	x(7)	x(7)
荷　蘭	19	19	28	28	28	41	24	41
芬　蘭	15	21	25	32	22	47	n	47
澳大利亞	25	24	25	23		38	20	42
紐西蘭	35	26	30	28	32	34	28	35
OECD國家平均	21	23	26	26	27	41	23	43
中華民國								
2010年	20	x(4)	--	20	17	33	15	28
2011年	19	x(4)	--	22	17	34	18	29
2012年	18	x(4)	--	23	17	32	17	29
2013年	18	x(4)	--	24	17	35	15	28

附註：1.高等教育經費包括研究發展經費。
　　　2.OECD國家統計資料為2010年。
　　　3.僅含公立學校。
資料來源：教育部統計處編（2015）。教育統計指標之國際比較（民國104年版）。臺北：教育部。下載自https://www.edu.tw/News_Content.aspx?n=829446EED325AD02&sms=26FB481681F7B203&s=2E562D15FDD86328。

三、幼教經費支出與平均每位幼兒分攤成本

　　分析幼教經費的支出與每位幼兒的分攤成本，一方面可以了解整體的幼教經費支出的概貌，另方面對於幼教經費可用於每位幼兒的情形有所掌握，有利於了解幼兒平均的教育成本。若能輔以前述教育成本的經費來源，更有利於分析教育政策發展與經費配置的作為。

　　在幼教經費支出總額的情形方面，依據表5-23，自民國47至88會計年度，每年的經費支出規模持續增加，平均每年幼教經費支出約為新臺幣37億7千餘萬元，其中61、69、70、74、81、86等會計年度的經費較前一年度有較大幅度的增加。相較於其他教育階段別，平均每年的幼教經費規模約為國小、國中教育經費規模的11%、12%，有別於國民教育階段多為公立並由政府經費完全支持的情形，此等幼教經費規模的充分性與適切性，以及因而私人可能擔負更多的幼教經費支出等，都是令人關切的議題。

表5-23　公私立各級教育經費支出總額（民國47-88會計年度）

單位：新臺幣千元

會計年度	幼稚園	國民小學	國民中學	高級中學	職業學校	專科學校	大學及獨立學院
47	11,077	455,250	--	382,230		163,581	
49	14,655	545,756	--	439,097		178,509	
50	16,156	643,101	--	517,019		229,374	
51	17,701	814,634	--	683,049		301,445	
52	20,215	1,048,501	--	777,452		370,046	
53	22,016	1,106,329	--	905,317		412,464	
54	25,283	1,134,097	--	1,022,270		576,166	
55	31,483	1,295,445	--	1,389,504		777,298	
56	31,387	1,489,668	--	1,642,062		901,398	
57	35,424	1,759,733	--	1,966,789		1,245,506	
58	21,552	1,958,666	--	2,949,682		1,655,570	
59	46,449	2,372,962	--	3,278,097		2,133,606	
60	47,056	2,824,143	--	4,190,216		3,069,393	
61	130,308	3,225,000	2,372,317	1,271,932	1,127,694	2,574,330	

215

表5-23　公私立各級教育經費支出總額（民國47-88會計年度）（續）

會計年度	幼稚園	國民小學	國民中學	高級中學	職業學校	專科學校	大學及獨立學院
62	130,554	3,530,293	2,461,096	1,484,183	1,136,120	2,726,943	
63	178,696	4,096,905	2,976,990	1,482,776	1,327,763	3,227,933	
64	230,004	6,082,408	4,350,067	1,688,376	1,627,929	4,205,623	
65	230,427	7,157,372	5,021,187	2,326,567	2,234,227	2,252,804	3,012,200
66	351,897	8,570,331	5,782,036	2,655,614	2,485,067	2,252,030	4,026,867
67	345,815	10,090,612	6,343,379	2,969,342	3,021,896	2,687,733	4,641,948
68	446,805	12,755,016	8,409,859	3,788,901	3,995,660	3,274,437	5,046,661
69	807,438	16,165,057	10,177,846	4,912,756	5,130,277	3,947,401	7,189,916
70	1,215,592	18,999,168	13,298,050	6,077,370	6,552,107	6,147,820	9,753,150
71	1,638,797	22,298,611	16,047,638	7,588,738	8,642,887	7,912,238	13,233,316
72	1,823,534	27,193,942	18,190,008	7,563,674	9,145,155	9,826,258	16,446,165
73	2,581,264	27,010,831	19,293,141	7,856,017	9,778,469	9,675,233	14,901,770
74	4,002,565	27,387,324	20,621,341	8,614,325	10,853,967	10,418,570	16,585,393
75	4,430,196	31,004,799	21,695,522	9,468,731	12,073,361	10,932,201	18,727,605
76	4,587,548	32,547,269	22,492,115	10,286,918	14,056,154	12,918,439	23,638,140
77	5,259,330	39,428,781	24,160,086	11,241,398	15,645,885	11,702,993	31,471,197
78	6,669,603	49,320,053	29,101,058	13,449,864	17,916,766	14,609,077	32,877,731
79	7,840,899	58,227,576	35,351,462	17,794,700	23,767,580	18,433,507	40,064,663
80	8,254,640	70,574,725	46,557,281	19,776,326	24,765,742	20,207,628	51,018,405
81	10,889,630	79,685,381	55,245,557	24,176,059	27,932,875	24,610,075	59,457,368
82	11,151,156	98,283,490	64,680,836	27,588,476	30,728,342	27,676,287	64,393,016
83	11,484,540	102,843,837	69,242,567	29,614,377	34,200,844	31,188,884	66,831,084
84	13,459,439	110,542,628	74,658,955	31,203,553	36,866,447	30,362,476	70,081,817
85	14,499,598	123,607,646	81,191,623	38,122,291	40,260,550	34,199,451	71,856,340
86	16,252,898	124,646,667	82,831,627	42,458,718	46,239,974	38,167,638	88,398,565
87	12,698,951	129,069,012	83,239,532	43,066,883	45,467,665	35,394,602	89,635,584
88	13,289,072	144,476,016	88,658,596	48,674,133	49,422,235	37,837,699	96,260,602
平均	3,774,651	34,174,125	31,292,580	53,393,808		52,335,268	

資料來源：教育部編（2001）。《中華民國教育統計》。臺北：編者，頁44-45。

說明：1. 81至84會計年度修正，將國小附設幼稚園經費從國小移至幼稚園。

2. 60學年度之前高中及職業學校經費合併、64學年度之前專科與大學校院及獨立學院經費合併，本研究旨在分析各教育階段經費趨勢，故計算平均數值時，將高中及職業學校併計，專科與大學校院及獨立學院併計。

3. 幼稚園教育經費占支出總額百分比始於47學年度列出，故本表自47學年度為始呈現各級教育狀況。

　　另依據表5-24，進一步分析民國88至104學年度的幼教經費支出情形，除了在94、95兩學年度的幼教經費出現短暫消退的情形外，其餘年度都呈現逐步成長的情形，其中100到104學年度的經費都呈現快速成長情形，此等情形應與實施幼托整合政策而擴增幼兒園的數量規模等情形有關。以104學年度爲例，幼教經費支出已超過新臺幣五百多億元之譜，經費規模約達國小、中教育經費的18%，幼教經費所占經費比重情形顯然較前一階段（47至88會計年度）爲高，其他階段教育經費差距減緩的情形，提供幼教較佳的發展條件；惟相較其他教育階段可能由私人承擔較多經費的顧慮仍未能排除。

表5-24　近年各級學校教育經費支出情形（民國89-104學年度）

單位：新臺幣千元

| 學年度 | 幼兒園 | 國民小學 | 國民中學 | 高級中等學校 | | 專科學校 | 大學及學院 |
				高級中學	職業學校		
八九 2000-01	15,069,700	145,910,174	90,263,832	55,182,048	42,389,630	10,314,042	167,354,182
九十 2001-02	16,392,865	146,038,440	88,810,154	54,833,510	32,114,076	9,713,177	168,698,089
九一 2002-03	16,868,919	146,246,868	90,732,458	54,667,822	30,273,938	6,670,771	187,974,664
九二 2003-04	17,794,264	149,113,799	93,769,766	57,585,066	30,043,689	7,231,164	196,618,130
九三 2004-05	18,122,130	155,676,625	96,478,267	60,228,585	30,347,789	5,061,886	205,507,845
九四 2005-06	16,888,946	160,682,822	98,460,605	61,381,206	31,021,495	4,992,392	216,588,311
九五 2006-07	16,840,356	164,377,547	99,468,878	63,029,864	30,858,354	4,065,979	224,197,996
九六 2007-08	18,167,852	167,030,347	97,870,637	67,205,046	32,639,460	4,919,764	233,620,034
九七 2008-09	18,794,714	170,569,474	96,025,839	66,623,260	34,400,712	4,096,206	221,847,878

表5-24　近年各級學校教育經費支出情形（民國89-104學年度）（續）

學年度	幼兒園	國民小學	國民中學	高級中等學校		專科學校	大學及學院
				高級中學	職業學校		
九八 2009-10	20,492,347	171,160,930	94,771,819	68,636,695	34,677,263	4,199,929	222,516,267
九九 2010-11	22,410,725	174,663,057	96,096,512	68,105,694	34,447,731	4,430,076	221,480,012
一○○ 2011-12	35,716,015	289,288,021		70,880,551	33,560,846	5,719,453	232,111,633
一○一 2012-13	51,423,609	302,103,382		72,498,167	33,977,710	5,534,968	241,560,285
一○二 2013-14	52,650,876	302,388,161		106,711,092		5,238,632	236,641,558
一○三 2014-15	53,759,987	302,419,974		106,365,069		5,361,641	237,844,409
一○四 2015-16	57,062,249	302,974,012		109,065,920		5,580,545	240,052,267
平均	28,028,472	159,224,553	94,795,342	63,142,886	33,134,823	5,820,664	215,913,348

資料來源：教育部統計處（2017）。《中華民國教育統計》（民國106年版）。臺北：教育部。

　　進一步分析幼教階段平均每位幼兒可分攤的經費狀況，依據表5-25，以民國65至104學年度為例，每年平均每位幼兒可分攤的教育經費為新臺幣54,523元，相較於平均每年各級教育階段可分攤學生的教育經費86,557元，每位幼兒可分攤的經費仍與之有相當差距。如進一步探討平均每年不同教育階段的學生可分攤經費的情形，僅大學及學院學生分攤的教育經費高於整體平均，我國教育經費的配置是否有過度傾向高教而忽略其他教育階段的情形，值得關注。

表5-25　各級學校平均每生分攤經費（民國65-104學年度）

單位：新臺幣元

學年度	總計	幼兒園	國民小學	國民中學	高級中等學校		專科學校	大學及學院
					高中	職校		
六五 1976-77	6,889	2,899	3,660	5,669	9,067	10,479	14,706	27,530
六六 1977-78	8,114	2,557	4,351	6,122	10,448	11,902	16,939	30,965
六七 1978-79	9,552	2,953	5,597	8,068	13,362	16,251	19,528	33,270
六八 1979-80	12,452	4,889	7,164	9,770	16,612	20,093	22,717	46,137
六九 1980-81	16,119	6,821	8,506	12,855	20,190	24,276	33,658	61,006
七十 1981-82	20,395	8,549	10,075	15,594	25,085	29,216	41,041	79,889
七一 1982-83	23,480	9,412	12,213	17,461	25,043	28,590	54,622	95,632
七二 1983-84	23,151	12,058	12,044	18,413	25,530	29,916	54,124	83,256
七三 1984-85	25,440	17,092	12,487	19,869	28,073	32,574	56,260	89,704
七四 1985-86	27,902	18,878	13,354	21,230	29,869	34,342	56,888	97,666
七五 1986-87	29,341	19,241	13,765	22,225	31,606	39,356	64,689	119,285
七六 1987-88	32,863	21,022	16,424	23,854	34,602	47,274	48,066	142,284
七七 1988-89	38,589	26,840	20,489	27,900	41,322	47,958	55,549	140,782
七八 1989-90	47,056	32,296	24,416	32,921	55,041	64,105	64,215	161,547
七九 1990-91	57,002	34,788	29,979	42,250	57,642	66,350	66,050	188,484
八十 1991-92	56,533	38,020	34,745	49,562	64,897	72,909	78,027	200,211
八一 1992-93	65,923	39,320	44,655	58,090	70,550	75,851	81,729	204,730

表5-25　各級學校平均每生分攤經費（民國65-104學年度）（續）

學年度	總計	幼兒園	國民小學	國民中學	高級中等學校		專科學校	大學及學院
					高中	職校		
八二 1993-94	75,444	38,789	48,717	62,081	72,530	81,901	85,954	204,795
八三 1994-95	81,168	45,405	54,391	67,887	73,647	87,037	83,786	195,870
八四 1995-96	86,047	47,606	62,699	76,342	84,310	95,863	87,792	198,611
八五 1996-97	96,483	54,019	64,432	82,244	89,060	108,737	100,096	213,401
八六 1997-98	102,723	55,026	67,728	88,442	83,616	108,639	92,192	171,730
八七 1998-99	105,509	55,652	75,615	102,568	90,260	109,726	95,998	160,713
八八 1999-00	102,316	60,056	75,197	111,984	91,905	116,637	109,253	162,184
八九 2000-01	108,432	61,992	75,759	117,126	91,995	109,854	91,499	169,906
九十 2001-02	113,255	66,556	75,845	115,182	88,553	96,246	116,784	152,275
九一 2002-03	117,018	69,943	76,248	115,155	86,846	101,556	113,948	158,866
九二 2003-04	120,375	73,858	77,948	118,957	90,576	104,846	140,618	160,950
九三 2004-05	125,376	76,415	82,651	122,832	92,219	106,153	131,820	164,518
九四 2005-06	130,743	75,323	87,715	125,973	92,386	105,644	121,804	171,965
九五 2006-07	133,465	83,445	91,402	127,391	94,434	103,513	104,737	175,263
九六 2007-08	138,692	94,736	95,223	125,188	101,160	107,324	135,348	180,800
九七 2008-09	144,820	101,228	101,684	122,951	101,326	109,831	103,589	170,602
九八 2009-10	152,086	112,565	107,419	122,542	102,905	109,495	95,345	171,821
九九 2010-11	156,042	121,863	114,929	129,198	101,022	108,854	92,674	170,506

表5-25　各級學校平均每生分攤經費（民國65-104學年度）（續）

學年度	總計	幼兒園	國民小學	國民中學	高級中等學校		專科學校	大學及學院
					高中	職校		
一〇〇 2011-12	166,410	115,015	133,897		105,047	107,942	111,317	178,065
一〇一 2012-13	166,280	111,875	147,529		106,609	110,890	104,439	185,097
一〇二 2013-14	172,017	117,475	154,862		110,012		95,288	182,901
一〇三 2014-15	180,136	120,957	160,701		113,728		96,370	184,910
一〇四 2015-16	186,644	123,481	168,844		120,022		105,393	187,271
平均	86,557	54,523	48,844	66,454	64,847	74,112	81,121	146,885

說明：國中、小教育經費因縣市政府無法細分，自100學年起資料合併呈現。
資料來源：教育部統計處（2017）。《中華民國教育統計》（民國106年版）。臺北：教育部。

　　細究近年幼教經費支出的情形，依據表5-26，暫以民國101年實施幼托整合政策為界，98至100學年度平均每年幼教經費支出約為新臺幣266億元，其中平均每年公立幼教經費支出約為80億元，約占整體幼教經費30.12%，私立幼教經費則占近七成比重。另以102學年度以後為例，幼托整合之後，幼兒園數量倍增，103學年度每年幼教經費支出約為537億元，其中平均每年公立幼教經費支出約為177億元，約占整體幼教經費32.91%，可見公、私立幼教經費支出比重在幼托整合政策實施前、後的差異並不明顯。

　　另就幼教經費支出的項目言，暫以經常門、資本門為經費支出項目區分，以98至100學年度為例，平均每年公立幼教經費經常門支出比重約占97.92%，私立部分則占92.32%，前述公、私立幼教經費經常門比重在103學年度仍占有97.94%、92.37%；經常門在幼教經費支出項目中占有絕對的高比重，此等比重對資本門支出規劃的影響如何？對於幼教品質發展的影響又如何？同樣值得關注。

表5-26　近年幼教經費支出（98-103學年度）──按經資門分

單位：新臺幣千元

學年度	總計	公立			私立		
		計	經常支出	資本支出	計	經常支出	資本支出
98	20,309,293	6,523,909	6,388,209	135,701	13,785,384	12,727,170	1,058,214
99	22,457,489	7,187,894	7,038,382	149,512	15,269,595	14,097,448	1,172,147
100	37,021,403	10,321,223	10,106,537	214,686	26,700,180	24,650,581	2,049,599
101	51,423,609	15,459,334	15,145,326	314,008	35,964,276	33,215,562	2,748,714
102	52,650,876	17,635,204	17,271,903	363,301	35,015,672	32,341,801	2,673,871
103	53,759,987	17,693,989	17,330,194	363,795	36,065,999	33,314,818	2,751180
98-100 平均	26,596,062	8,011,009	7,844,376	166,633	18,585,053	17,158,400	1,426,653

資料來源：
1. 教育部統計處編（2011）。中華民國教育統計（民國100年版）。臺北：教育部。下載自http://stats.moe.gov.tw/files/ebook/Education_Statistics/100/100edu.pdf。
2. 教育部統計處編（2012）。中華民國教育統計（民國101年版）。臺北：教育部。下載自http://stats.moe.gov.tw/files/ebook/Education_Statistics/101/101edu.pdf。
3. 教育部統計處編（2013）。中華民國教育統計（民國102年版）。臺北：教育部。下載自http://stats.moe.gov.tw/files/ebook/Education_Statistics/102/102edu.pdf。
4. 教育部統計處編（2014）。中華民國教育統計（民國103年版）。臺北：教育部。下載自http://stats.moe.gov.tw/files/ebook/Education_Statistics/103/103edu.pdf。
5. 教育部統計處編（2015）。中華民國教育統計（民國104年版）。臺北：教育部。下載自http://stats.moe.gov.tw/files/ebook/Education_Statistics/104/104edu.pdf。
6. 教育部統計處編（2017）。中華民國教育統計（民國106年版）。臺北：教育部。下載自https://stats.moe.gov.tw/bookcase/Education_Statistics/106/index.html。

　　復就幼稚園教育經費的單位成本言，依據表5-27，以幼托整合政策為界，民國98至100學年度平均每年幼稚園幼兒的單位成本為新臺幣140,870元，其中公幼平均單位成本為111,220元，私幼平均單位成本為159,540元，私幼平均每年幼兒單位成本約較公幼多4萬餘元。

表5-27　幼稚園教育經費支出總額及單位成本（民國85-102學年度）

單位：新臺幣千元

類別\學年度	公私立		公立		私立	
	教育經費支出總額	幼教經費單位成本	教育經費支出總額	幼教經費單位成本	教育經費支出總額	幼教經費單位成本
85	11,442,841	48.52	1,266,883	21.96	10,175,958	57.12
90	16,392,865	66.56	3,077,425	40.52	13,315,440	78.17
95	16,840,356	83.44	6,119,901	83.45	10,720,455	83.44
98	20,492,347	112.57	6,559,538	89.87	13,932,809	127.76
99	22,410,725	121.86	7,178,657	99.67	15,232,069	136.15
100	35,716,015	188.19	10,280,611	144.12	25,435,404	214.72
101	51,423,609	111.87	15,459,334	117.59	35,964,276	109.58
102	52,650,876	117.34	17,635,204	133.47	35,015,672	110.79
98-100平均	26,206,362	140.87	8,006,269	111.22	18,200,094	159.54
101-102平均	52,037,243	115	16,547,269	126	35,489,974	110

資料來源：教育部統計處編（2015）。中華民國教育統計（民國104年版）。臺北：教育部。下載自http://stats.moe.gov.tw/files/ebook/Education_Statistics/104/104edu.pdf。

在101至102學年度部分，平均每年幼稚園幼兒的單位成本為115,000元，約較前述減少約3萬餘元；其中公幼單位成本為126,000元，私幼平均單位成本為110,000元，公、私幼的幼兒單位成本呈現明顯消長，與幼托整合前私幼單位成本高於公幼的情況有所不同。對於公幼單位成本高於私幼的情形，公部門或因教育經費擴增使得公幼幼兒的單位成本增加，但私幼幼兒單位成本驟減的原因為何？單位成本的驟減或許讓家長的幼教負擔得以稍減，惟對於私幼的教保環境與教保品質等產生的影響為何？幼托整合後平均每年幼兒單位成本下降的原因為何？等等，同樣令人關切。

　　再就公、私幼家長負擔的教育經費而言，以103學年度為例，公幼的收費基準詳見表5-28；公幼收費項目包含學費、雜費、代辦費，

以及代收費等四大項目，以就讀全日制的幼兒言，每學年應繳費用總金額約為46,000元（以9個月計，不含課後延拖費用），惟5歲幼兒因受惠於免學費政策得免繳學費與雜費，家長實際負擔金額約為23,000

表5-28　臺北市103學年度公立幼兒園收費基準

收費項目		收費金額 （單位：新臺幣／元）	收費期間	說明
學費		半日制：6,000元以下 全日制：8,000元以下	1學期	1學期以4.5個月計
雜費		半日制：3,000元以下 全日制：3,200元以下	1學期	1學期以4.5個月計
代辦費	材料費	半日制：340元以下 全日制：400元以下	1個月	
	午餐費	全日制：950元以下	1個月	
	點心費	半日制：650元以下 全日制：1,200元以下	1個月	
	活動費	半日制：300元以下 全日制：300元以下	1個月	
	課後延托費	〔400（教師鐘點費）×教師人數×全學期教師服務時數＋200（課後照顧服務人員鐘點費）×課後照顧服務人員人數×每學期課後照顧服務人員服務時數〕÷0.7÷實際參加人數	1學期	1.1學期以4.5個月計 2.鐘點費占全部費用之70% 3.實際參加人數≤15時，以15人計
代收費	保險費	依統一公告金額辦理	1期	1期以6個月計
	家長會費	國民小學附設幼兒園：依臺北市公私立國民小學及國民中學雜費及代收代辦費收支辦法辦理 市立幼兒園：依臺北市幼兒園家長會設置辦法辦理	1學期	1學期以4.5個月計

資料來源：臺北市幼兒園收退費辦法。臺北市：臺北市政府教育局。下載自http://www.doe.gov.taipei/ct.asp?xItem=41589110&ctNode=33557&mp=104001。

餘元；若以5歲幼兒爲例，相較於平均每年公幼幼兒單位成本約爲126,000的情形，10萬餘元的成本由政府經費負擔，其中尚不含政策對於中低收入家庭幼兒的經費免除部分。

在私幼部分，由於臺北市對於私幼收費未定上限基準，私幼必須據實核算成本自訂收費項目金額獲核定後實施。茲以103學年度兩所私幼公告的收費項目爲例，依據表5-29，該園每學期的收費約爲4萬元（以5個月計），每學年應繳費用約爲8萬元；惟滿5足歲幼兒受惠於免學費政策，每學年的應繳費用約爲5萬元整。另依據表5-30，每學期收費74,400元，每學年應繳費用148,800元整，滿5足歲幼兒如扣除學費補助後的應繳金額仍達11萬餘元。由於私幼經費主要由幼兒家長負擔，公、私幼兒家長所繳學費存在不小落差，則成爲另一項待解的公義課題。

爲提供公、私幼之外的教育選擇，民國101年（2012）通過《非營利幼兒園實施辦法》，在公、私幼等兩機構類型外，另增列第三種機構類型，由政府委託公益法人或核准公益法人申請興辦，以提供優質平價及弱勢優先教保服務爲目的之私幼教育機會。以104學年度臺北市非營利幼兒園爲例，如私立樟新幼兒園整學年（以10個月計）

表5-29　臺北市103學年度私立幼兒園收費示例一

一學期收費項目		
■學　　費	半日班	全日班
	15,000元	15,000元
每月月費項目		
■雜　　費	834元	667元
■材料費	650元	650元
■活動費	750元	750元
■午餐費	2,000元	2,000元
■餐點費	766元	2,433元
■合　計	5,000元	6,500元

表5-30　臺北市103學年度私立幼兒園收費示例二

收費項目		收費金額 （單位：新臺幣收費期間／元）		說明
學　費		15,000元	1學期	1學期以5個月計
雜　費		14,400元	1學期	1學期以5個月計
		5,000元	1個月	
代辦費	材料費	500元	1個月	
	午餐費	1,200元	1個月	
	點心費	1,800元	1個月	
	活動費	500元	1個月	
全學期總收費（不含交通費、保險費、家長會費及課後延托等以外之其他收費）74,400元				

的收費約為85,584（樟新幼兒園，2015）；復以私立經國三民非營利幼兒園為例，小、中、大班之每學年（以10個月計）的收費約為157,000元（經國三民非營利幼兒園，2015）；前述兩園如扣除5歲幼兒免學費補助，每學年應繳費用分別達55,584元、127,000元。由於非營利幼兒園營運成本需受公開檢視，尤其對於人員薪資支給訂有明確的級距規劃（見表5-31），藉由政策規範私幼人員薪給的用意十分明確；惟此等非營利幼兒園能否吸引更多公益法人投入興辦，仍有待持續觀察。

　　綜觀國府遷臺以後的教育經費發展情形，教育經費占GDP的比率情形有所增加，但其中以公部門教育經費為支出大宗，前述比率相較於OECD國家雖不遜色，但非高等教育經費支出比率偏低的情形值得關切。其次，幼教經費支出占教育支出總額比率從2%左右的規模，到近幾年甚至有兩學年度超越7%的情形，5歲免學費政策所擴張的經費規模不容小覷，此等新增經費對於幼教品質的影響仍待持續檢視。再次，幼教經費規模除不若於國小、國中等教育階段外，其中許多經費主要由私部門所承擔（約占七成），和其他教育階段有別；在

表5-31　園長、教師及教保員薪資支給基準表

級別 ＼ 薪資 單位：新臺幣 （元）／月 ＼ 學歷	專科 未含課稅配套之 導師費差額補助 或教保費補助	學士 未含課稅配套之 導師費差額補助 或教保費補助	碩士以上 未含課稅配套之 導師費差額補助 或教保費補助
第1級	28,155~32,155	30,155~34,155	32,155~36,155
第2級	29,155~33,155	31,155~35,155	33,155~37,155
第3級	30,155~34,155	32,155~36,155	34,155~38,155
第4級	31,155~35,155	33,155~37,155	35,155~39,155
第5級	32,155~36,155	34,155~38,155	36,155~40,155
第6級	33,155~37,155	35,155~39,155	37,155~41,155
第7級	34,155~38,155	36,155~40,155	38,155~42,155
第8級	35,155~39,155	37,155~41,155	39,155~43,155
第9級	36,155~40,155	38,155~42,155	40,155~44,155
第10級	37,155~41,155	39,155~43,155	41,155~45,155
第11級	38,155~42,155	40,155~44,155	42,155~46,155
第12級	39,155~43,155	41,155~45,155	43,155~47,155
第13級	40,155~44,155	42,155~46,155	44,155~48,155
第14級	41,155~45,155	43,155~47,155	45,155~49,155
第15級	42,155~46,155	44,155~48,155	46,155~50,155

註：1.上開薪資係依據學歷及工作年資計算（工作年資僅採計非營利幼兒園之服務年資），另園長得有職務加給（60人以下：新臺幣8,000元；61人至90人：新臺幣10,000元；91人以上：新臺幣12,000元）；組長得有職務加給（新臺幣5,000元）。

2.教師或教保員之職務代理（一個月以上者），依下列規定辦理：

(1)學歷學士以上者：依學士學歷初任第1級之薪資計算；以日薪計算者，依月薪除以30日計；以時薪計算者，以日薪資除以8小時計。

(2)學歷專科者：依專科學歷初任第1級之薪資計算；以日薪計算者，依月薪除以30日計；以時薪計算者，以日薪資除以8小時計。

3.園長、教師及教保員之薪資，公益法人得參考當地物價及薪資水準，依本表之薪級及各該級別薪資範圍內訂定薪資，報直轄市、縣（市）主管機關核定後支給。

4.薪資包含勞健保自付額，不含雇主繳付之勞保費（依投保薪資及30日投保日，單位負擔比率計算）、健保費（投保薪資對應之投保單位負擔金額「負擔比率60%」計算）與勞工退休金提撥（投保薪資之6%）。

資料來源：非營利幼兒園實施辦法（2015年10月15日）。下載自http://law.moj.gov.tw/LawClass/LawContent.aspx?PCODE=H0070050。

227

有限的幼教經費之下，平均每位幼兒可分攤教育經費也與其他教育階段的學生存在不小差距，合理性值得進一步檢視。復次，幼教經費的經常門項目占有絕對比重，公立部分甚至高達97.95%，對幼教品質的影響應予關注。最後，就讀公、私及非營利等型態幼兒園的幼兒家長，負擔的教育成本並不相同，政府未能提供就讀不同類型幼兒園者公平的經費補助，此等作為是否符合公平正義？勢為現階段教育經費發展需予關切的重點。

第四節　幼教發展的歷史意義

民國38年（1949）以來，一切施政以反共抗俄、復國建國為最高政策，教育政策也在前述基調下承續發展，39年（1950）6月訂頒《戡亂建國教育實施綱要》，便是重要例證。

隨著臺灣政治社會的變遷與開放，教育同時獲得多元的發展空間，尤其幼教在國府遷臺初期未見積極政策對應之際，私人興學的力量顯現其間，雖然教育經費支出以私部門承擔為大宗，但私幼展現出興學的力量與發展的多元潛能，讓臺灣的幼教環境呈現出十分不同的樣貌。國府遷臺初期公幼仍能占有辦學的主體角色，不久之後私幼躍升為辦學主角，近一甲子都呈現私幼為多的辦學樣貌。民國105學年度（2016-2017），幼兒園數量為6,310所，招收的幼兒數達492,781名，私幼招生數量仍占七成以上的比重，如此的園數與收托規模，顯非日據或國府遷臺初期能夠比擬。

本章探討國府遷臺以後的幼教發展情形，臺灣的幼教除承襲中國原有的教育法令與政策外，另方面即使想拋卻殖民時期的教育制度，卻仍舊未能完全摒棄仿日的教保分流制度規劃，即使「幼稚園」一詞仍是日文的援用。幼教發展迄今，歷經適應臺灣發展環境與目標而進行方向修正，其中西方幼教新知與幼教學術的引入，對本土的

幼教發展也提供不同面向的刺激。教保分流的幼教制度在民國100年（2011）《幼兒教育及照顧法》通過後出現較大幅度的變化，「教保合一」、「幼托整合」成為新世紀臺灣幼教發展的新趨向，後續的制度蛻變與轉化情形仍待持續關注。

茲綜合本章有關國府遷臺以後的幼教發展情形，在法規政策、機構設置與招生情形、師資培育，乃至於教育經費等層面的發展，提具前述各項發展的歷史意義彙整有八，茲分項說明如後。

一、幼兒入園需求改變，接受機構式教育已成普遍選項

國府遷臺初期，教育推動也在政治考量之列，主要由政府積極介入教育的推廣與運作，幼稚園多為公設且普及程度不高，另方面也與當時幼教需求尚未殷切有關，此由民國40學年度（1951）入園幼兒數未達3萬可以窺見，直到60學年度入園幼兒數首度突破10萬名。

民國60年代以後，幼兒入園的需求快速增加，每年10餘萬名的入園幼兒數，到72學年度（1983）一舉突破20萬名，可見進入幼稚園已成為家長對於子女教保安置的普遍選項。綜觀幼兒入園數驟增的現象，與社會變遷、家庭經濟型態轉型以及對幼兒受教權利重視等因素交互影響有關，幼兒接受教育無庸強迫，重要性得到家長的普遍認同。即使臺灣在前一世紀末出現少子女化現象，93學年度開始出現入園幼兒數反轉的情形，但整體幼兒園仍維持相對穩定的數量，幼兒入園的年齡下降且需求未減之餘，已使幼稚園／幼兒園成為不可忽視的重要教保機構。

《幼兒教育及照顧法》的實施，將原有幼稚園、托兒所兩分立體系加以整合，幼兒入園年齡更以2歲為始，加上近年各項以普及或鼓勵幼兒入園的政策引導，幼兒入園甚至自2歲開始入園的情形更為普遍，前述以擴大幼兒入園率為訴求的教育政策目標迄今未歇，仍將是

下階段臺灣幼教發展的主要方向之一。面臨日益普及的幼教機會，如何提供適當的教育環境、教育品質以回應各界的幼教需求，將爲幼教政策發展需審視的重點所在。

二、政策介入分擔幼教角色，另啓補貼學費與支持私幼多元 發展的政策走向

本階段初期以公幼爲主的幼教生態，自民國50年（1961）以後出現轉變，私立機構成爲幼稚園生態主體的狀況成形；近年即使出現廣設公幼的政策，前述情形迄今仍未變。

私立機構爲主的幼教態勢，在民國73學年度（1984）更達頂峰，私幼園數占總園數及收托幼兒數都高達93%，私幼成爲多數幼兒教育機會的供應者。當私幼成爲幼教生態主體的態勢底定，任何新增政策對現有生態可能產生的影響，都將受制於既有機構的意見，反而使公幼與私幼數量的差距漸形擴大。

長期以來私幼爲主體的角色，一方面可歸因於私人興學的蓬勃，另方面也應歸責官方對於主辦幼教的責任退卻。私幼提供教學環境多元性是常爲人稱道者，但私幼之間品質落差也是長期爲人所擔憂或詬病處。其次，私幼的收費遠較公幼爲高，在公幼提供的教育機會有限之餘，若受限於公幼機會而轉讀私幼的幼兒家庭可能形成較大的經濟負擔，至於是否有家庭受限於私幼學費而放棄幼兒入園機會者，同爲另一疑義。

爲緩解前述公私幼教育機會的差異，近年來幼教政策發展主要採取如發行幼兒教育券、補貼學費，以及鼓勵設置不同型態私幼等作爲，期能降低幼兒入園的門檻限制，甚至拉近公私幼之間的機會差距。綜觀前述政策作爲，提供經費補助以降低入園機會門檻限制爲主要的政策思維，例如「發放幼兒教育券」、「扶持五歲弱勢幼兒及早

教育計畫」，以及「五歲免學費教育政策」等皆然；近來則見政府立法推動「非營利幼兒園」的作為，則是期待藉由更嚴格地檢視教保內容以發展另一新私幼類型，惟成效仍有待檢視。

歸結前述的發展經驗，可預見臺灣的幼教政策仍將以消弭公、私幼間學雜費用差距以提供幼兒充足教育機會，藉以免除經濟因素對部分幼兒受教機會的可能影響為主要政策方向；其次，在引導公幼新設之餘，另方面引導私幼發展進而確保其幼教品質，則是另一政策發展的趨向。前述發展皆須仰賴公、私幼並進，也考驗政策資源配置的公義與追求幼教卓越的決心。

三、以「空教室理論」擴增公幼招生量能，國教向下延伸成為政策討論方向

民國70年代以後的公幼發展，主要以國小附設方式為之，擇定具有空教室的國小新增幼兒班別便成為普遍的政策作為，此等「空教室理論」的公幼量能擴展在實務方面具有便利性與可行性。其次，公幼收托時間也逐漸延長以全日制為主，就近附設且作息漸與國小相近之餘，更帶動有關國教向下延伸的政策討論。

依據生產及安排等兩種供應方式，政府與民間的財貨及服務的供應可區分為四種型態：政府同時為生產和安排者、民間生產政府安排、政府生產民間安排、民間同時為生產和安排者；基於前述四種安排型態，政府與民間財貨與服務的安排又可區分為政府服務、政府間協定、簽約外包、特許權、補助制、抵用券、市場、自願服務、自助服務，以及政府銷售等十種安排型態。多年來，幼教採政府服務、特許權及市場等服務方式為主，公幼擴展則不脫政府服務的方式，以附設於國小為主要的設置型態。

近年來，政府除擴增公幼招生量能方面，也新增許多不同擴增幼

教機會的作為。以臺北市為例，除採原有政府服務的安排外，開始採行抵用券並納入部分補助制的精神，也採取補助制或採行簽約外包的經營模式，前述雖非由政府直接提供公幼入園機會，鼓勵幼兒入園的目標並無二致。甚而，近來提出有關「幼教義務化」的訴求，藉由延長國教年限的政策討論，同時要求政府應著力於政府服務型態的擴充。

幼教機會的普及與幼教需求的擴增，幼教發展顯已成為臺灣的重要議題，甚至已成為每次全國性選舉的重點政策項目。臺灣雖然已經從空教室理論擴充公幼招生量能的作為中逐漸蛻變，但有關國教向下延伸的政策規劃是否仍由現有國小增設幼教機會？國小附設公幼的方式是否為最合適的選項？此等方式提供的教保品質為何？倘使私幼逐步退場對於幼教生態與品質的影響如何？等等，尚未見完整的論述與評估，都是臺灣必須正視的重要課題。

四、擴充入園機會的政策發展，崁入普及與扶弱並進的雙軌思維

本階段出現幼兒園數與招收幼兒數逐漸成長的情形，民國60年代以來的快速擴充，鼓舞著幼教快速發展，也促使政府必須正視幼教政策的規劃；《幼稚教育法》的頒行將臺灣幼教的法令規範位階提到最高，《幼兒教育及照顧法》的實施將幼教發展的方向進行大幅度調整，對於下一階段的幼教發展勢將產生頗大幅度的變革。前述發展一方面顯示政府對於幼教規劃的積極參與，另方面也提供幼教相關工作者更細部地思考幼教發展的走向，期待能在政府與民間的協助之下，促進幼教的精進發展。

在擴充入園機會的政策發展中，雖然公幼的數量相當有限，但長期以來私幼的發展補充不少幼教機會，惟前述私幼多集中都會地區，

偏鄉或離島等區域的幼教機會仍多賴公幼補足。綜觀近期的幼教政策如「扶持五歲弱勢幼兒及早教育計畫」、「國民教育幼兒班」等，均以偏鄉或離島區域的幼兒為優先照顧對象，以增設公幼班別或提供學費減免等扶弱政策，同時達成普及幼教機會的功能。在幼教需求益增的今日，普及與扶弱雙軌並進仍將是臺灣幼教政策發展的主要思維，也將影響後續的政策走向。

五、師培管道多元開放但可任教職員額有限，師培素質能否持續精進有待觀察

本時期初期的幼稚園師資培育，主要由師範學校擔負師資培育之責；其後雖曾一度關閉師範學校培育幼教師資的管道，但總的說來，師資培育方向主要基於「補足」的精神，期間因幼稚園教師待遇不若小學教師、實施國民教育延長為九年等因素影響，造成師資普遍地流失。為彌補幼稚園師資不足，其間甚至降低師資標準，另以開放多種師資來源管道補足師資數量，但仍有未足。

《幼稚教育法》頒行後，師資數量不足的情形仍存，尤其面對幼教需求的快速增加，如何補足合格師資一直是政策需積極面對的議題。民國79年（1990）以後，各師範學院陸續設立「幼兒教育學系」，幼稚園師資培育管道提供大學程度的師資養成。83年（1994）《師資培育法》頒行，師資培育多元開放，幼稚園教師學歷同時提升至大學。總的來說，幼教師資培育「補足」的政策立場未變，但增加提升素質的專業培育走向，逐步成為近年臺灣幼教師培政策的特色。

師資培育管道多元化的發展，初期確實吸引許多大學紛紛投入幼教師培的行列；但施行未久，設有幼稚園教師教育學程的大學陸續停辦，考其原因，實與師資生就業的情形有關。臺灣幼教環境公私並

立，其中公幼教師的待遇與穩定性較私幼為佳，致使師資生就業於私幼的意願不高，私幼經常抱怨教師難覓，私幼教師轉任公幼的情形普遍，私幼常以「公幼師資訓練所」自嘲。《幼兒教育及照顧法》實施後，教保服務人員的聘用狀況仍不脫前述，公幼教師與教保員仍是師資生就業的優先選項，許多合格教師甚至寧願選任公幼教保員而不任私幼教師職，師資數量不足的情形在私幼仍屬普遍。前述「公幼足而私幼缺」的師資現況，如何邁向精進師資素質的目標，顯然仍有一段長路。

師資攸關幼教的品質，尤其在幼教需求益增的今日，如何培育優秀師資以滿足幼教需求，實為刻不容緩的課題。當前多元培育管道的師資數量雖不下少數，但實質投入幼教職場的穩定師資卻十分有限，甚至多有侷限於公幼的情形，對私幼的發展與幼兒受教品質都將形成威脅。持續改善私幼師資的工作環境與待遇，拉近公、私幼教師的工作條件，進而促進教師的角色認同與工作士氣等，都是臺灣幼教師培政策應與關注的課題，也將是下階段師培的必要走向。

六、幼托整合後新增部分員額，但衍生的差別待遇與人員互動等問題仍待克服

《幼兒教育及照顧法》實施後，不僅帶動機構的整合，原有幼稚園教師與托兒所教保人員人員也隨著機構整合，另規範為教保服務人員。新設幼兒園以收托幼兒年齡層為界，規範不同人員條件與生師比率；其中，公立學校附設幼兒園達一定規模者，主任應為專任，所遺教保工作得另聘教保服務人員。與昔日相較，新制幼兒園確實增加進用教保服務人員的機會。

依據《幼兒教育及照顧法》之規定，5歲以上幼兒的班級至少設置教師一名，相較以往幼稚園每班置教師兩名的規定，幼兒園5歲班

級是否完全進用具教師資格者，便成為機構的裁量範圍。新制實施以來，許多幼兒園班級有置教師兩員者，或有置一教師一教保員者，抑或有置兩教保員者，不一而足；惟班級內兩員因職缺不同所造成福利待遇差異的情形，近年來陸續在幼兒園內產生許多人員互動的問題，甚至成為人員流動的原因之一。

對於具有同樣資格分占不同職缺，或同時執行教保工作但有不同待遇的情形，此等因《幼兒教育及照顧法》實施而產生的情形，教保服務人員還需要更多的時間加以調適。但實施數年來，前述情形衍生同班級教師與教保員互動的問題、公幼教保員因報考教師而產生高人員流動、私幼教保服務人員有較高轉任公幼的意願等情形，不僅在個別班級造成師生互動的為難，也造成幼兒園甚至整體幼教環境的不穩定情形，亟待加以克服。在未有適當對策的當下，如何確保教保服務人員的良好互動並降低人員流動，勢將成為下階段幼教政策的重要考驗。

七、幼教經費未見合理配置機制，驟升的經費規模能否延續不無疑義

幼教經費攸關發展的可用資源。以幼教經費占教育支出總額百分比而言，本時期初期的幼教經費所占比率並不高，民國60年代以前幾乎所占比率都在1%以下，之後30餘年所占比率有逐漸增加之勢，但多數維持在3%以下的比率；90年代之後所占比率普遍在3%以上，100年之後甚至驟升到5%以上。幼教經費的快速擴充，一方面顯現近年對幼教發展的重視，另方面也顯示過去對幼教資源配置的不公與缺憾，有待持續補足以支持幼教的健全發展。

昔日的教育經費配置，初期以初等教育為重，但近年高教逐漸成為教育經費支出的大宗，各級教育階段資源配置的公平性與適切性都

235

引發廣泛的討論，尤其是對中等階段的經費限縮也頗令人關心。在各教育階段經費配置未顯平衡之際，關心幼教發展者也極力呼籲增加對幼教經費的挹注，只是對照額度頗巨的經費要求，如何覓得適切財源便成為各方議論的重點。然而，另覓財源負擔不應成為阻礙幼教發展的藉口，相對地是如何擬出相應的對策以符合幼教發展之需。多年來幼教經費與其他教育階段別相較，經費偏低的情形顯而易見，其間潛藏教育經費分配缺乏合理機制的問題陸續浮出檯面；其次，幼教經費與其他教育階段的差距以數倍計，其經費受到其他教育階段別排擠的情形，更顯示教育經費分配方式未臻穩定之問題。民國100會計年度（2011）之後，幼教經費占教育經費總額支出的比率超越5%，其後更攀升逾7%，當我們為幼教經費擴增感到欣慰之際，此等教育經費快速攀升是否同為前述經費分配機制未穩定所致？都是須積極對應的課題。

幼教經費長期面臨不足或分配不公等問題，近年因教育政策的調整而逐步獲得改善，惟前述改善非建基於制度性的經費分配機制調整，未來是否能維持已有的經費規模持續挹注幼教發展，不無疑義。長期而言，建立適切的教育經費分配機制、合理檢討各教育階段別的教育經費分配狀況，進而提供合理的經費支援以維持整體幼教品質，建構出合理且適切的教育經費分配機制，方為制度規劃與發展之正途，也是臺灣幼教發展必須克服的重要課題。

八、私部門長期承擔多數經費，追求幼教經費的公義發展勢為焦點

綜觀本時期幼教機構的發展，從初期以公幼為主，逐漸發展以私幼為大宗；私幼為多的幼教生態，在公部門經費挹注有限的情形下，平均每年的幼教經費規模約為國小、國中教育經費規模的11%、

12%，和國民教育階段多為公立並由政府經費完全支持的情形顯有不同。隨著幼教需求日增，長期以來多由私人擔負教育經費／成本的情形廣獲討論，進而關切經濟條件對幼兒受教機會的影響等，均為關乎教育機會均等的核心議題。

　　就近年幼教經費支出的情形言，公幼的教育經費規模約略高於整體幼教經費的三成，和公幼所占的數量約略相仿。另就公、私幼家長負擔的教育經費而言，公幼幼兒平均單位成本約為126,000元，但幼兒家長的應繳費用總金額約為46,000元（5歲幼兒另可再獲免學費補助），8萬餘元的成本轉由政府經費負擔；在私幼部分，幼兒家長負擔的經費因園所收費不同而存在不小差異，但每年約8萬元甚至10餘萬的經費完全由家長負擔，對照未盡公允的公幼入園機會，此等公、私幼經費負擔差異的公平性，已成為另一項待解的公義課題。

　　近年臺灣的幼教政策有逐漸朝向免費與扶弱的傾向，新設公幼多以提供弱勢家庭幼兒入園機會為目的，讓許多家庭幼兒得以免除經費的考量而增加入園的機會。甚至近年通過如《非營利幼兒園實施辦法》，也在提供優質平價及弱勢優先的私幼教育機會。追求幼教經費的公義發展已經逐漸成為社會共識，不僅從公幼提供優先的教育機會與學費免除，更進一步發展非營利取向的幼兒園以提供幼兒家長選擇的機會，亟待藉由引進不同類型幼教制度以改變私幼過度市場化的考量。藉由反省私部門長期承擔幼教經費的情形，進一步找尋合理且符合公義的經費配置方式，將是臺灣幼教發展必須克服的議題。

附註

1　我國學年度的劃分為每年8月1日至次年7月31日止，實橫跨兩個年度。然為行文之便，除有特殊必要，本研究在標示西元年代部分均僅標記學年度的起始年。其次，會計年度的劃分則為每年7月1日至次年6月30日止，亦橫跨兩個年度（90學年度以後改為每年1月1日至12月31日），除有需要，本研究在標示會計年度之西元年代亦僅標記其起始年。

2　就政府在財貨與服務供應的角色言，其目的無非在滿足人民的需求，而教育亦為政府提供財貨與服務的範圍。詹中原（1994：55-56）財貨與服務的提供與使用有兩項基本特性：排他性（exclusion）及對立性（rival）。所謂排他性即財貨或服務一經生產或提供，除非經過供應者及使用者同意，否則可以排除或拒絕特定使用者使用，但如燈塔或公共路燈的設置並不具有排他性；對立性係指財貨及服務若經與人共同使用後，會降低或減少其品質或數量，對消費者言則具對立性，但如廣播電視則不具消費的對立性。而前述特性可將財貨及服務類型歸納為下述四種：

	排他性	非排他性
對立性	私有財貨與服務 e.g.市場民生物資	共有財貨與服務 e.g.空氣及水
非對立性	付費財貨與服務 e.g.有線電視	集體財貨與服務 e.g.國防

3　關於「大政府」現象的形成，詹中原（1994：57）認為與現代社會中「集體」與「共有」財貨與服務需求越來越多有關，而其主要原因又可歸納為下述三點：

(1)個別消費者經原本屬於私有類型的財貨與服務，不正當之轉型為「集體」財貨及服務，然而此種不當的轉型，造成了「假性」財貨與服務，也形成了集體之負擔。

(2)生產技術及生活環境的改變，亦造成「私有」與「集體」之改變。

(3)基於社會福利及積極外部性（positive externalities）之考量。若干原是「私有」或「付費」之財貨及服務，要轉由政府直接生產或補助，以達到社會正義及公平之目標。

4　就政府與民間在財貨及服務供應言，其供應包含生產（production）與供給（provision）或安排（arrangement），主要可分為下述四種型態：政府同時為生產和安排者（government both arrange & production）；民間生產，政府安排（private sector produces, government arranges）；政府生產，民間安排（government produces, private sector arranges）；民間生產與安排（private sector both arranges & produces）（詹中原，1994：58）。而基於前述分類，可列舉十類可能的財貨及服務安排如下圖：

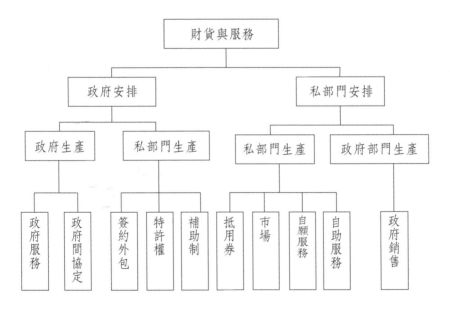

政策的採行，並不囿於單一財物與服務的安排，多樣安排（multiple arrangement）、混合安排（hybrid arrangement）及部分安排（partial arrangement）等型態均將達成提高效能、公平競爭等目的，以協助不同目標的達成。見詹中原（1994），頁62-64。

5 此處做「特許權」的歸類，主要是因為私幼的設置仍須受到政府機關的控管，在經營方式與收費標準上仍受到政府機制的監督。雖今日政府控管的機制稍鬆，但其幼教的安排權仍掌握在政府手中，即使私幼的設置並未有如「市場」型態般的自由。

6 周志宏（1996）曾就私人辦學，依據(1)是否私人提供設備、經費；(2)是否私人經營；(3)是否收取學費與捐助；(4)是否是營利性；(5)是否接受政府補助等五項指標，將私人辦學形式區分為六種模式。見馬信行（1996），頁8。本處所稱「特許權」，即為周氏所提之A模式。

7 此處所指立案幼教機構包含幼稚園與托兒所。

8 原引註黃怡貌（1995）所載招生僅約六屆，該論文以口述歷史的方式訪談當初就讀省立高雄女子師範學校幼稚師範科的學生；後林朝鳳教授指出招生應有九屆。

9 為彌補當時國小擴增衍生之師資不足問題，依據《國民小學教師登記及檢定辦法》規定，幼稚師範學校、師範專科學校幼稚師範科畢業，曾任幼稚園教師三年以上者，可准參加甄試及登記為國小教師（中華民國年鑑社，1976：608）。此項規定准用至66學年度（1977）以前入學之師專幼師科學生。見中華民國67年11月21日臺（67）字第34063號教育部函。參見臺北市政府教育局編（1996），頁6-31。

10 師專「國校師資科」在67年（1978）師專課程修訂改稱為「普通科」，仍於四、五年級之分組選修設有「幼稚教育組」。見蔡春美（1988）。

11 為提高國校師資素質，分年將師範學校改制為師範專科學校；民國49學年度（1960）省立臺中師範學校正式改制為師範專科學校，50學年度（1961）省立臺北師範學校也續跟進。見中華民國年鑑（1961），頁537。

12 省立嘉義商職幼兒教育科，後因68年（1979）公布之《師範教育法》規定幼稚園教師需由師範專科學校培養，致使此管道始封閉。見蔡春美（1988）。

13 有感於托兒所教師不足，臺灣省教育廳於67年（1978）在各師專辦理托兒所教師進修班（簡稱托教班）。見蔡春美（1988）。

14 有關《師資培育法》的修正，是臺灣社會的重要教育議題之一。近年又有《師資培育法》的修正提案已獲提出，主要朝向「先檢定、後實習」的方向調整，相關檢定與實習的流程也將隨母法修正而因應調整。

15 教育經費與教育品質間的發展具重要的關聯性。博思旦（Burstein, 1988）分析不同歸類教育指標的概念，認為良好的教育指標概念須涵蓋兩個層面：(1)反映層面（aspects reflected）：指教育指標能否指出教育系統的影響情境、特性及結果。(2)目標水準（levels targeted）：指教育指標呈現的教育系統表現情形。是以，選擇具代表性之教育指標，需能涵蓋教育系統的影響情境、特性及結果等三層面，教育品質評鑑即旨在了解不同地區在上述教育系統層面的表現情形。

博思旦從系統理論的角度，視國家為一整全單位，試圖於概念層次釐出教育品質評鑑內涵；如前所述，教育的概念複雜，理念層次或可掌握內涵精要，惟欲釐清對應之實際層面指標，恐有實際困難。因此，博思旦考量理念內涵與實際限制，擇其要者，分從理念分析之教育品質評鑑三層面，選擇實際可用的指標，以為具體評鑑的標準：(1)每生經常支出單位成本、教育經費中薪水以外費用的百分比；(2)教育經費占國民生產毛額的百分比、師生比、每生單位成本；(3)教育支出占公共支出的百分比（張鈿富，1996：109）。上述指標試圖從教育的外部環節演繹出教育內部實質表現，故指標多以教育經費為本，分由不同層面了解教育經費的適切性與合理性，作為推斷教育品質的依據，也說明教育經費與教育品質間之密切關聯性。本研究討論採取博氏之說，分從各指標探討經費來源。

16 原博思旦所提之教育經費指標中，教育經費中薪水以外費用的百分比、師生比，以及教育支出占公共支出百分比暫不討論。原因其一係因幼教經費統計資料多為公立機構資料，且臺灣幼教機構多附設於公立小學，幼教經費資本門與教學資源等經常門經費多與小學經費混用，單獨列出幼教經費薪水以外費用的百分比有其實際困難；其二為師生比的探究部分雖亦部分受教育經費影響，但研究者認為其主要論述內涵實與教育經費有別，故予略去；再次則

原教育支出占公共支出百分比一項，係反映整體教育經費於國家公共支出的地位，與本研究旨趣有異，是以從略。

世界各國幼教現況與比較

CHAPTER 6

　　有意地規劃幼兒發展的課程並提供刺激機會，已成爲近年各國普遍發展的作法（Economist Intelligence Unit, 2012）。20世紀80年代之前，大多數國家的幼兒園多集中在單純地提供幼兒心智刺激的活動；但隨著經濟轉向，許多以知識爲基礎的活動受到關注，各國轉而朝向關注如何顧及幼兒發展的需求以提高其社會意識、提升幼兒的信心與合作互動技能的作爲，以及讓幼兒做好準備以銜接小學教育等，規劃的方式與內容越見體系。雖然對幼教的關注呈現如上趨勢，但整體而言，各國教育政策仍多著墨於三級、二級和初級教育等階段，有關幼教的關心度仍然相對較低。

　　增加幼教投資必要性的呼聲，在20世紀末越見高張，各方也提出增加投資的論述理由，主要的論述可歸結有四。首先，幼教可以促進就業人力的增加，擴增經濟的發展；其次，發展幼教是克服貧窮與教育弱勢幼兒的主要應對策略之一；再次，神經學與心理學的研究證據指出，早期的環境刺激有益於認知與其他層面的發展；最後，幼教領域的專門化發展漸形鞏固，相關研究指出優質幼教方案的價值及其對幼兒、家庭與社會的助益，促使各方認可幼教研究的價值與增加投資。幼教投資的增加，有益於系統規劃各項的幼教方案與內容，透過幼兒因幼教方案而產生的實質受益，直接或間接促進各項層面的進展。

　　當前幼兒教保（early childhood education and care; ECEC）已經逐漸成爲當前許多國家的優先政策之一，尤其在已開發的國家，更是普遍可見。許多研究指出，幼兒教保可以帶來廣泛的好處，包含對社會與經濟層面的利益、創造兒童的福祉與學習成果、減少貧窮並有助於創造更的收入、促進代間（intergenerational）的社會流動、增加生育率，以及有利於整體社會與經濟的發展等（OECD, 2015）。越來越多的國家針對幼兒教保方案的品質與績效促進等，建立了更強的監督體系以促進前述目標的實現。

　　以美國爲例，歐巴馬（B. Obama）總統在2015年元月的國情報告（State of the Union）中，有關教育發展最受到注目的兩項宣示分別是社區學院（community college）免學費，以及提供幼兒照顧補助等政策。歐巴馬除一再稱讚幼教對於鞏固K-12教育根基的貢獻外，另拋出白宮正在研擬將增加三倍「兒童與撫養稅收抵免」（Child and Dependent Care Tax Credit），將13歲以下兒童的撫養稅收抵免額度從最高1千美元提升至3千美元。歐巴馬認爲，看待育兒議題已不再是「有也不錯」（nice-to-have）的態度，而應是代之以「非要不可」（must-have）；甚至應更積極地認爲，育兒議題不該被列爲附帶議題或是單純的婦女議題，更當是關係著所有人的國家經濟優先議題（treat it like the national economic priority that it is for all of us）（Klein, January 20, 2015；洪福財，2015）。

　　另以「經濟合作暨發展組織」（Organization for Economic Co-operation and Development; OECD）會員國爲例，有研究曾以15歲學生爲研究對象，將以往曾經接受幼兒教保服務者扣除社會背景的影響之後，發現前述學生在「國際學生能力評量計畫」（the Programme for International Student Assessment; PISA）的表現比沒有接受過者爲佳，顯示只有改善幼兒入學機會而不考量幼兒教保服務品質，對於保障幼兒的發展與社會成就而言將是不充分的（Economist Intelligence Unit, 2012）。早先許多國家的幼兒教保服務特別側重於服務家長的需求，特別是「獲得更好的學習成果」與「女性勞動力漸增」等目標；但近幾年，各國幼兒教保服務的政策越來越朝向「以幼兒爲中心」，政策內容也有相對的實質改變。

　　由於幼兒進入學制之後所顯現教育成果不均等的情形益見明顯，幼兒教保服務政策也和反貧窮或教育均等訴求相互結合，成爲各國努力發展的重點項目之一。今日，高品質的幼兒教保服務被視爲協助幼兒建立生活技能的重要工具，許多會員國將幼兒教保視爲一項公共投

資，持續整合幼兒教保服務以確保幼兒的整體性與持續性發展，甚至將政策影響的觸角延伸至弱勢或移民幼兒等，協助所有幼兒的生活技能養成，讓所有幼兒都能從中獲益。

本書除透過歷史視角探討臺灣幼教發展的脈絡，本章擬加入國際比較的角度，分析世界各國幼教發展現況與發展經驗。關於比較議題選擇與相關內容等，擬分節說明如後。

第一節　比較議題的選擇與聚焦

各國教育體系的架構不盡相同，為了進行國際教育統計與指標的比較，需要一套相容的架構去進行各國相似教育內容的比較，「聯合國教科文組織」（UNESCO）所公布的「國際教育標準分類」（International Standard Classification of Education; ISCED），便是一套依據教育層級與領域，對有組織的教育方案與機構進行的參照分類。

國際教育標準分類（ISCED）是從1970年代中期開始發展，1997年首度修訂；由於教育與學習體系的快速變遷，此項分類在2009年著手再次修訂，2011年11月發布完成之修訂版（OECD, 2015b）。追溯該項標準分類的緣起，係因聯合國教科文組織（UNESCO, 1997a）曾在一項統計報告中，針對220個國家或獨立體的教育情形進行統計；為使統計資料內涵呈現一致，聯合國教科文組織採行「國際教育會議」（International Conference on Education）通過的版本，在第20次大會採納關於「國際教育統計標準」（International Standardization of Educational Statistics; ISES）的修訂建議，後來發表成為當前所見的「國際教育標準分類」。

關於「國際教育標準分類」的內容，1997年11月，聯合國教科文組織（UNESCO, 1997b: 6-7）在第29次常會就國際教育標準分類

的內容再做修正，但修正後劃分之層級一、二、三等仍與1976年版本之意涵相同。依據1997年修正的版本（ISCED-97），將教育歷程分成下述四項等級：（UNESCO, 1997a: 2-1; OECD, 1999）

1. 初級前教育（education preceding the first level; ISCED level 0）：提供學校型態的環境，供年紀尚未能進入初級學校之幼兒需要的組織教學活動，以作為幼兒在家庭與學校環境之間的橋梁，例如兒童中心、幼兒園、托兒所等。經濟合作暨發展組織（OECD）認為學前方案涵蓋的範圍包含設計用來促成幼兒情緒、智能及社會能力發展的學校式與中心式的活動，前述活動又是有組織且能持續存在的。

2. 初級的教育（education at the first level; ISCED level 1）：主要功能是提供教育的基本素材，例如初等小學。一般而言，此階段教育先前並無正規的教育基礎，常是首度提供給兒童的基礎教育。

3. 二級的教育（education at the second level; ISCED level 2 and 3）：包含如初中、高級中學、師資訓練學校，以及職業或技術學校等。進入此階段的教育之前，至少受過四年以上初級教育的經驗，並同時提供一般與特殊的教學。

4. 三級的教育（education at the third level; ISCED level 5, 6 and 7）：包含大學、師範學院、高等專業學校等，進入此等級者至少需要成功地完成二級教育，或具備完成相當等級知識證據之前提。

依據前述分類內容可知，各級教育的分類大致是依據學制。「初級前教育」為「初級的教育」之前的階段，由於各國初等學校之入學年齡規範雖然不一，所稱之學前教育與幼教則相互等同，亦即國際教育標準分類所稱之「初級前教育」階段。解讀聯合國教科文組織對「初級前教育」的要求，提供機構不必然為「學校」，但該等教育必

須以學校教育型態的環境加以提供，教育人員需有許多專業的證照，以及必須在前述環境與人員的努力之下發展出以學校或機構爲中心的課程，亦即採有組織且專業的教育提供方式，實際上與初等小學或其他類型學校十分相似。

關於前述「初級前教育」，在課程方面必須符合下述條件：（UNESCO, 1997a）

1. 課程必須以學校或機構爲中心。

2. 課程設計至少給3歲以上的幼兒，一直到進入「初級的教育」（ISCED level 1）之前的兒童所使用。

3. 教育人員需要許多專業的證照。

2011年，國際教育標準分類再次提出新修訂版本（ISCED 2011），本次修訂的重點包含國際教育標準分類（ISCED）的分級，以及各分層級的補充面向說明，前述經過聯合國教科文組織第36屆會員大會的同意下決定採用。ISCED 2011所提出的分類內容與ISCED-97版本有所不同，分類內容更符合各國實況，茲說明如後：（OECD, 2015b）

1. 幼兒教育（early childhood education, ISCED level 0）：指有意實施教育的幼教方案，對象是針對初等小學（ISCED level 1）學齡前的幼兒。這些方案旨在發展幼兒未來進入學校和社會的認知、身體、社會情緒技能。爲了有利於進行跨國比較，用"early childhood education"一詞來標示ISCED level 0。此一等級的教育方案通常採分齡方式實施，又可以進一步分成兩類：

(1) ISCED 010——幼兒教育發展（early childhood educational development）：爲幼兒設計有意圖的教育內容（通常指0至2歲）。

(2) ISCED 020——學前教育（pre-primary education）：爲3

歲到入小學前幼兒設計的教育。

此階段的幼教方案包含如幼兒教育與發展（early childhood education and development）、遊戲學校（play school）、接待學校（reception）、學前班（pre-primary）、托兒所（pre-school）或啓蒙學校（educación inicial in crèches）、托育中心（daycare ccntres）、保育所（nurserie）或保育學校（guarderias）等。

2. 初等教育（primary education, ISCED level 1）：通常開始於5、6、7歲，一般是六年，這是用來給民眾基礎的讀寫算課程，以及其他諸如歷史、地理、科學等學科的基本認識。此階段的方案常用如初等教育（primary education）、基礎教育（elementary education or basic education）等。

3. 中等前期教育（lower secondary education, ISCED level 2）：此階段是設計來鞏固學生對於廣泛學科的基礎，並爲學生將來繼續升學進行更加專門化的學習做好準備。此階段的學校型態和教學方式有許多不同的類型，有些國家在此階段採取如性向分化並提供職業課程，以利學生就業準備。此階段的方案常用如初級中學（secondary school）、初級中等學校（junior secondary school）、中學（middle school）或初中（junior high school）等。

4. 高級中等教育（upper secondary education, ISCED level 3）：比前一階段更專門化地提供學生選擇，修習學科的範圍更加減少但內容更爲複雜。此階段的課程可能依據學生性向與廣泛學群類組進行分班，以利學生規劃進高等教育的準備。此階段的方案常用如高級中學（secondary school）、高級中等學校（senior secondary school），或是高中（high school）等。

5. 中等後期之非高等教育（post-secondary non-tertiary education, ISCED level 4）：此階段主要提供完成高級中等教育者，更為廣泛而非深化的知識和技能訓練，前述教育內容可供學生進行就業或進入高教的選擇。此階段的方案常用如技術員文憑（technician diploma）、基礎職業教育（primary professional education），或是職業預備教育（preparation aux carrieres administratives）。

6. 高等教育（tertiary education levels, ISCED levels 5-8）：包含常見的學術教育與進階的職業教育，涉及的內容比先前各級教育來得複雜。

(1) 短期高等教育（short-cycle tertiary education, ISCED level 5）：提供比高級中等教育更為深化的知識、新科技和概念等。此階段的方案常用如高等技術教育（higher technical education）、社區學院（community college education）、技術員或進階職業訓練（technician or advanced/higher vocational training）、專士（associate degree）、2年制高教（bac+2）等。

(2) 學士或同等教育（bachelor's or equivalent level, ISCED level 6）：提供較前級更深入的學術或職業知識訓練，通常包含3到4年的全時教育，由大學或同等級的高教機構所培育。此階段的方案常用如學士學程（bachelor's programme）、證照（licence），或第一期大學課程（first university cycle）。

(3) 碩士或同等教育（master's or equivalent level, ISCED level 7）：提供精進的學術、技能等訓練，需要有實質的研究訓練，此階段包含前一階段通常要花費5到8年，甚至更長的時間。此階段的方案常用如碩士學程（master's pro-

grammes）或導師研究（magister studies）。

(4) 博士或同等教育（doctoral or equivalent level, ISCED level 8）：培養具備深入研究資格者，由研究取向高教機構提供培育。此階段的方案常用如哲學博士（PhD/DPhil）、榮譽博士（D. Lit），或是科學博士（D. Sc）等。

　　國際教育標準分類提供比較研究可資參照的重要依據，今日已普遍爲各國教育研究者所援依。其次，在各國幼教品質的表現部分，茲以「經濟學人智庫」（Economist Intelligence Unit; EIU）的一項研究爲例，該組織曾針對全球45個國家的幼教表現進行比較研究，結果提出以下九項主要發現：（Economist Intelligence Unit, 2012）

1. 北歐國家在幼兒園品質表現最佳，歐洲國家占幼教品質主導地位的排名。

2. 儘管財富是衡量一個國家提供學前教育服務的主要因素，但許多高收入國家的幼教品質表現排名仍舊不佳。

3. 許多國家即使人均收入的表現不如其他國家，但幼教品質表現在水準之上。

4. 公共部門削減開支對幼兒園的發展形成重大威脅，特別是近年才開始發展幼教的國家尤然。

5. 許多國家幼教發展的基礎環境仍待建置。

6. 在幼教機會不普及的國家，兒童接受幼教要負擔的成本極高，家長支付前述成本的壓力大。

7. 高品質的師培、明確的課程綱要，以及家長參與等，是促進幼教品質的幾項重要條件。

8. 面對全球化的世界趨勢，越需要在課室進行課程融合。

9. 全球化讓部分急於採納他國課程的國家，同時暴露於忽略區域文化與傳統的風險。

依據前述研究結果，茲可再就各面向的研究發現彙整出下述五項結論：

1. 公部門經費支持程度攸關幼兒園發展；其次，師培、課程、家長參與都是有關幼教品質的重要因素。

2. 幼教品質需要資源挹注，但高所得國家未必積極支持，反之亦然。

3. 各國幼教發展存在不小差異，獲得幼教機會的成本也殊異；對幼教機會不普及的國家言，取得幼教機會的成本相對偏高。

4. 幼兒園課室不能免於／甚至應積極對應全球化趨勢，但也令許多尋求全球化課程的幼兒園可能需承擔忽略傳統與本土文化的風險。

5. 歐洲國家占幼教品質主導地位的排名。

基於前述經濟學人智庫（EIU）研究結果的彙整，茲擬將本章欲進一步探討的理由與議題／內容列述如後：

1. 為了解各國提供的幼教機會，擬探討各國的幼兒入園率。[1]

2. 為澄清各國幼教的脈絡與差異，擬探討各國義務教育入學年齡，以區劃「初級前教育」的受教對象。

3. 為了解各國對於幼教的經費挹注情形，擬探討各國幼教經費的單位成本。

4. 為分析影響各國幼教品質的相關因素，除前述經費與幼教機會外，擬就師資教育程度與師生比例加以探究。

第二節　機構名稱與幼兒入園率

社會變遷與生活品質趨向精緻化，改變了生育觀與人口結構，促成全球人口數的降低，尤其戰後人口快速增長的情形更已不復見。依

據聯合國教科文組織（UNESCO, 2013）的人口數統計，在全球人口數部分，自1970至2010年，世界總人口數年增率由1.8%逐年降低至1.3%，除低度開發國家外，人口數年增率均呈現下降趨勢；其中已開發國家從0.7%下降至0.3%，開發中國家從2.2%下降至1.6%。在不同年齡層的人口年增率部分，0到4歲的人口年增率由0.9%逐步降至0.3%，5到9歲的人口年增率由1.0%逐步降至0.5%，下降的趨勢在已開發國家眾多的歐洲地區更形明顯。

綜觀2010年以前的世界人口數變化，主要可歸結出下述四項趨勢：（UNESCO, 2013）

1. 除非洲及大洋洲外，各洲總人口數年增率均較全球總人口數年增率為低，且呈現逐年穩定降低之趨向，2010年歐洲甚至達零成長。

2. 0到9歲人口數年增率之幅度遠較總人口數年增率為低，至2010年，歐洲甚至形成負成長，亞洲之0到4歲人口數年增率也將成為負成長。此外，除歐洲及美洲外，0到4歲人口數年增率之幅度較5到9歲人口數年增率為低。

3. 以經濟發展程度劃分，至2010年，全球總人口數年增率1.3%，已開發國家（0.3%）低於此，開發中國家（1.6%）略高於此，低度開發國家（2.5%）則遠高於此。

4. 依經濟發展程度劃分，各地區0到9歲人口數年增率之幅度較總人口數年增率為低，至2010年已開發國家0到4歲之人口數年增率呈現零成長，5到9歲人口數年增率則呈負成長。

復以歐洲為例，依據2013年的統計，歐洲現有6歲以下幼兒人口數約為3,200萬名，依據人口變化趨勢預估，2020年之前歐盟（EU-28）的幼兒人口數將下降1.9%，此等下降趨勢到2030年將更為加速，屆時幼兒人口數將較2012年下降7.6%之多，也就是將減少250萬名幼兒人口（European Commission, 2014）。

　　全球人口趨勢的下降變化中，低年齡層的人口的緩增情形令人關切，不僅攸關整體人口結構的變化，對幼教與相關產業發展的影響，更是亟待探討的課題。

一、人口出生率與育兒年齡的變化

　　以歐洲而言，2013年6歲以下幼兒數為32,003,394名，在現有的歐盟28國（EU-28）中，6歲以下的幼兒數約占總人口數的6.3%，這些孩子便是當前幼兒教保服務的使用者與受益者。歐盟各國之間6歲以下幼兒數量差異的情形並不顯著，超過三分之一的國家的幼兒數比例約與歐盟平均數相當，少數例外的國家如土耳其的6歲以下幼兒數比例占有9.9%為最多，愛爾蘭和冰島則是分別占有9.6%和8.7%，是幼兒人數比例明顯較高的國家。相對而言，德國6歲以下幼兒數比例僅有5.0%，保加利亞、義大利、匈牙利、馬爾他、奧地利和葡萄牙等國的6歲以下幼兒數比例則是低於6%。在實際人數方面，土耳其6歲以下幼兒數約有750萬名，法國和英國的6歲以下幼兒數約有600萬、480萬名，也是幼兒數相對較高的國家，但其他小國如盧森堡、馬爾他、冰島、愛沙尼亞、賽普勒斯等的6歲以下幼兒數都在10萬名以下之譜（European Commission, 2014）。前述6歲以下幼兒人數占整體人口比重有偏低的情形，其中各國有存在不小差異，許多幼兒人口數量比例偏低的國家莫不開始思索對策，因應前述人口趨勢對產業與國家發展的可能衝擊。

　　就全球人口的出生率觀之，西元2000至2014年期間（見表6-1），全球人口的粗出生率除了在2007及2008年有微揚的現象外，整體呈現出緩降的趨勢；其中，2000年平均每千人當中有22名出生人口，但2014年則降至18.7人，整體呈現的下降趨勢未解，已成為人口發展議題中應予關注的重要指標。

表6-1　2000-2014年全球人口粗出生率

年度	2000	2001	2002	2003	2004	2005	2006	2007	2008	2009	2011	2012	2013	2014
出生率	22	21.37	21.16	20.43	20.24	20.15	20.05	20.09	20.18	19.86	19.15	19.14	18.9	18.7

資料來源：CIA(2015). *The World Factbook.* Retrieved from https://www.cia.gov/library/publications/the-world-factbook/.

說明：粗出生率係指每年、每千人的出生人口數。

　　依表6-2，同一時期臺灣的人口粗出生率也同樣呈現下降的趨勢，甚至2007年當全球人口粗出生率呈現小幅反轉回揚時，臺灣卻呈快速反轉下降之勢；2008年人口粗出生率雖有小幅回升，其後仍逐步緩降，2014年每千人出生人口數僅有8.61人，不及當年度全球人口粗出生率之半。近年臺灣人口粗出生率不僅遠較全球平均為低，呈現的下降趨勢也較全球均勢為遽。

表6-2　2000-2014年臺灣人口粗出生率

年度	2000	2001	2002	2003	2004	2005	2006	2007	2008	2009	2011	2012	2013	2014
出生率	14.42	14.31	14.21	12.74	12.7	12.64	12.56	8.97	8.99	8.99	8.97	8.9	8.81	8.61

資料來源：CIA(2015). *The World Factbook.* Retrieved from https://www.cia.gov/library/publications/the-world-factbook/.

　　在2015年各國人口粗出生率部分，依據美國中央情報局（Central Intelligence Agency; CIA, 2016）公布的統計資料，臺灣的人口粗出生率為每千人出生人口數8.47人（表6-3），在所有統計的224個國家或地區中，臺灣的人口粗出生率排名為倒數第九位，略高於亞洲鄰近國家如新加坡、日本等。

表6-3　2015年人口粗出生率最低的十個國家或地區

國家或地區	粗出生率
聖馬利諾（San Marino）	8.63
臺灣（Taiwan）	8.47
德國（Germany）	8.47
斯洛維尼亞（Slovenia）	8.42
新加坡（Singapore）	8.27
南韓（Korea, South）	8.19
安道爾（Andorra）	8.13
日本（Japan）	7.93
法屬聖皮耶與密克隆群島（Saint Pierre and Miquelon）	7.42
摩納哥（Monaco）	6.65

資料來源：CIA (2016). *The World Factbook*. Retrieved from https://www.cia.gov/library/publications/the-world-factbook/rankorder/2091rank.html.

　　除人口粗出生率之外，另一項有助於了解各國人口成長的指標為生育率，可反映出每名育齡婦女的育兒情形。依據表6-4，2000至2014年全球人口的生育率整體而言仍呈現下降趨勢，期間曾在2008年和緩小幅走揚，但生育率已從2000年的2.8人到2014年下降為2.43人，下降趨勢同樣未見明顯止緩。

表6-4　2000-2014年全球人口生育率

年度	2000	2001	2002	2003	2004	2005	2006	2007	2008	2009	2011	2012	2013	2014
生育率	2.8	2.73	2.7	2.65	2.62	2.6	2.59	2.59	2.61	2.56	2.46	2.47	2.45	2.43

資料來源：CIA(2015). *The World Factbook*. Retrieved from https://www.cia.gov/library/publications/the-world-factbook/.
說明：生育率係指每名生育年齡婦女的育兒數。

　　同一時期，臺灣人口的生育率同樣呈現下降趨勢（見表6-5）。2000年臺灣的生育率尚有1.76人的水準，但2007年快速下降至1.12人，之後雖有小幅微揚，但後續仍呈現下降，到2014年生育率僅有

1.11人，意即每位育齡婦女平均的育兒數僅略高於1人。對照同一期間的人口成長率（見表6-6），臺灣在2013年甚至低至0.17人，是否有朝向人口零成長甚或負成長的情形，值得關切。低生育率及低人口成長率的情形反映出近年臺灣社會廣受關注的「少子女化」現象，不僅直接影響幼教的發展，更對於人口結構形成重大的挑戰，後續衍生的社會議題實有必要早爲因應。

表6-5　2000-2014年臺灣人口的生育率

年度	2000	2001	2002	2003	2004	2005	2006	2007	2008	2009	2011	2012	2013	2014
生育率	1.76	1.76	1.76	1.57	1.57	1.57	1.57	1.12	1.13	1.14	1.15	1.15	1.1	1.11

資料來源：CIA(2015). *The World Factbook.* Retrieved from https://www.cia.gov/library/publications/the-world-factbook/.
說明：生育率係指每名生育年齡婦女的育兒數。

表6-6　2000-2014年臺灣的人口成長率

年度	2000	2001	2002	2003	2004	2005	2006	2007	2008	2009	2011	2012	2013	2014
人口成長率	0.81	0.8	0.78	0.65	0.64	0.63	0.61	0.3	0.24	0.23	0.21	0.19	0.17	0.27

資料來源：CIA(2015). *The World Factbook.* Retrieved from http://www.index-mundi.com/g/g.aspx?v=24&c=tw&l=en.
說明：人口成長率係指每年人口因出生、死亡及遷徙等因素所造成的人口變化。

生育率下降的**趨勢**在歐洲也相當明顯，近年歐洲國家平均的生育率有著低於人口替代率（replacement fertility rate）的情形，且趨勢仍未見緩解。就整體生育率而言，其實過去幾年歐洲的整體生育率呈現微幅成長：從2001年可以獲得歐盟（EU-28）各國的統計資料開始，歐盟各國的平均生育率就是每名婦女生育1.5名幼兒，到2012年微幅上升到1.6名，但前述生育率仍舊明顯低於替代生育率（工業化國家的替代生育率約爲2.1名），此現象將使人口出現負成長的情形。歐洲各國的生育率則存在不小差異，以2000到2012年爲例，瑞

典的生育率上升0.4名爲最高，同時間捷克、斯洛維尼亞、英國的生育率約增加0.3名，保加利亞、愛沙尼亞、立陶宛和羅馬尼亞則約增加0.2名，比利時、愛爾蘭、法國、義大利和拉脫維亞等國的生育率則是增加0.1名到0.2名之間。相對地，生育率下降的國家有波蘭、列支敦士登及盧森堡等，又以賽普勒斯、馬爾他和葡萄牙等三國下降的幅度最大。在2012年，有半數以上的歐洲國家的生育率低於歐盟國家的平均數，其中以葡萄牙和波蘭等兩國爲最低（European Commission, 2014）。生育率下降甚至造成人口負成長的情形，顯然是歐洲國家面臨的重要課題。

世界各國普遍出現粗出生率與生育率雙重下降的趨勢，所形成幼兒數量下降的情形並不會就此免於討論幼兒的教保需求。以臺灣的社會現狀爲例，育兒夫妻爲保有就業機會，或囿於家庭能提供的育兒支持作爲十分有限，十分仰賴家庭以外的幼教機構所提供的教保服務機會，前述情形使得幼教發展迄今不墜。但關於幼兒教保服務的需求，有些家庭亟需幼兒照顧，有些家庭則企盼在保育同時能夠提供教育機會，期能協助幼兒在身體與認知等不同層面的多元成長，不一而足，也使得幼教機構提供的教保服務內容相形多元。

幼教在20世紀得以多元發展，和各國社會型態的轉變存在著密切關聯。舉例言之，家庭結構轉變就是其中一例；不僅家庭型態有變，家庭的育兒數、父母的育兒年齡等都有別於以往的變化。以父母育兒年齡的變化爲例，由於男女步入婚姻並共組家庭的年紀越來越長，可能的原因包含男女雙方都想更具有經濟自主和安全感、夫妻期待情感更臻成熟並建立更穩定的互動關係之後再組成家庭，以及期待在生兒育女之前把更多的心思放在工作上等，都讓初任父母的年齡不斷延後。

以臺灣近年生母平均年齡而言（見表6-7），已從1975年平均25.4歲，逐步延後到2015年的31.7歲；關於生母生第一胎的平均年齡

表6-7　近年臺灣的生母平均年齡及生第一胎平均年齡

單位：歲

年　　別		生母平均年齡（歲）	生第一胎平均年齡（歲）
民國64年	1975	25.4	22.9
民國69年	1980	25.4	23.5
民國74年	1985	26.0	24.5
民國79年	1990	27.0	25.4
民國84年	1995	27.7	26.1
民國89年	2000	28.2	26.7
民國94年	2005	28.8	27.7
民國99年	2010	30.6	29.6
民國100年	2011	30.9	29.9
民國101年	2012	31.1	30.1
民國102年	2013	31.4	30.4
民國103年	2014	31.5	30.5
民國104年	2015	31.7	30.6

資料來源：內政部戶政司（2016）。出生數按生母年齡、生母平均年齡及生第一胎平均年齡。下載自http://www.ris.gov.tw/346?p_p_id=populationdata_FastDwnld&p_p_lifecycle=2&p_p_state=normal&p_p_mode=view&p_p_resource_id=getFile&p_p_cacheability=cacheLevelPage&p_p_col_id=column-1&p_p_col_count=1&m4=y2s4&e3=xls&d5=。

方面，也從1975年的22.9歲，提升到2015年的30.6歲。父母育兒年齡的變化，影響著家庭結構與育兒環境，對幼兒成長可能產生的影響必須密切觀察。但各項社會變遷的因素不僅影響初任父母的年齡，近年更衍生人口出生人數以及婦女生育率雙雙下降的現象，已成為各國普遍關注的議題；而臺灣下降速度之遽，更使政府待之以另一項危急國安的議題。

　　近年來，研究陸續指出幼教對於幼兒認知和情緒發展能夠產生正面的助益，許多國家開始關注幼兒教保服務的品質並列為政策規劃的要項。或有為協助幼兒進入學校（通常是國民教育或義務教育）能夠

順利銜接學習，許多國家另設學前教育（pre-primary education）以盡力促成幼兒未來的成功學習。其次，有研究指出幼教有助於消弭社會的不均等，許多國家便以提早入學的方式降低可能產生的不均等現象。前述各國發展幼教的原因不盡相同，使得各國幼教的內容、收托年齡，乃至機構名稱等都呈現出諸多差異，為理解跨國幼教機構的收托範圍與功能，有必要逐予澄清。

二、幼教機構名稱

幼教機構的複雜與多元，從「國際教育標準分類」（ISCED 2011）在幼兒教育（ISCED level 0）類別之下再細分為「幼兒教育發展」（ISCED 010）與「學前教育」（ISCED 020）等兩類別，可以略見梗概；OECD國家在前述兩類幼教方案所涵蓋的範圍與機構名稱也多有差異（見表6-8）。

以澳大利亞為例，「幼兒教育發展」（ISCED 010）係指招收 0 歲以上幼兒並提供2至4年的教育，此類幼教機構名稱為"early childhood education"；「學前教育」（ISCED 020）則是指招收4歲以上幼兒並提供1年的教育，機構名為"preschool programs"或是"educational long-day care settings"，具有提供幼兒銜接學校教育的任務。另以丹麥為例，「幼兒教育發展」（ISCED 010）係指招收 2歲以下幼兒並提供3年的教育，此類幼教機構名稱為"nursery school"；「學前教育」（ISCED 020）則是招收3至5歲幼兒並提供2年的教育，幼教機構名為"kindergarten"，兩類收托的幼兒年齡有所重疊，但機構功能有所差異。基於前述，許多國家在幼教方案涵蓋的範圍與機構名稱都有所不同。

表6-8　OECD各國幼教方案涵蓋範圍與機構名稱（2012年）

	ISCED 010 幼教發展方案			ISCED 020 學前教育		
	幼教機構的英文名	法定起始年齡	預定的教育期間	幼教機構的英文名	法定起始年齡	預定的教育期間
澳大利亞	early childhood education	0	2-4年	preschool programs（教育機構提供）或educational long-day care settings	4	1年
奧地利	crèche	0	3年	kindergarten	3	3年
				pre-primary stage（在小學實施）	6	1年
比利時（Fl.）	child care	0	2.5-3年	regular nursery education	2.5-3	3年
				special nursery education	2.5-3	3年
比利時（Fr.）	a			regular pre-primary education	2.5-3	3年
				special pre-primary education	2.5-3	3年
加拿大	pre-elementary education or equivalent-early childhood development	3-4	1-2年	pre-elementary education or equivalent-Kindergarten	4-5	1年
智利	pre-primary Education（托育及中低年級）	0-2	3年	pre-primary Education（中高年級、第1級和第2級晉升年級）	3-5	3年

表6-8　OECD各國幼教方案涵蓋範圍與機構名稱（2012年）（續）

	ISCED 010 幼教發展方案			ISCED 020 學前教育		
	幼教機構的英文名	法定起始年齡	預定的教育期間	幼教機構的英文名	法定起始年齡	預定的教育期間
捷克共和國	a			kindergarten	3	3年
				preparatory classes（針對社會能力不利幼兒）	6	1年
				preparatory stage（針對特殊幼兒）	6	3年
丹麥	nursery school	0-2	3年	kindergarten	3-5	2年
艾斯托尼亞	Included with ISCED-02			pre-primary education (general study programme of pre-primary education)	0	6年
芬蘭	kindergartens（0到2歲幼兒），含特教方案	0-2	1-3年	kindergartens（3到5歲幼兒），包含特教方案	3-5	1-3年
	family day care（0到2歲幼兒），含特教方案	0-2	1-3年	pre-primary education，由 kindergartens and comprehensive schools等校提供6歲幼兒教育，包含特教方案	6	1年
				family day care（3到5歲幼兒），包含特教方案	3-5	1-3年
法國	a			pre-elementary education	2-3	3年
德國	crèche, day nursery	0	2-3年	kindergarten	3	3年
				school kindergarten	6	1年
				pre-school classes	5	1年

表6-8 OECD各國幼教方案涵蓋範圍與機構名稱（2012年）（續）

	ISCED 010 幼教發展方案			ISCED 020 學前教育		
	幼教機構的英文名	法定起始年齡	預定的教育期間	幼教機構的英文名	法定起始年齡	預定的教育期間
希臘	kinder-garten early childhood	0	1-3年	pre-primary	4-5	1-2年
匈牙利	créche	2	1年	kindergarten（提供一年的 pre-school education）	3	3年
冰島	Pre-primary schools I	0	1-3年	pre-primary schools II	3	0至3年，很多元
				5歲幼兒為0級	5	1年
愛爾蘭	a			Early start	3-4	1年
				traveller pre-school programmes	3-4	1年
				私人提供的pre-Pri-mary education－early childhood care and educa-tion (ECCE)，以及scheme and the community child-care subvention (CCS) programme	3歲2個月起到4歲6個月	1年
以色列	early childhood education（受經濟部或福利部督導）	0	3年	pre-primary educa-tion-public（受經濟部、福利部或教育部所督導）	3	3年
				pre-primary educa-tion－independent private	3	3年
義大利	a			pre-primary school	3	3

表6-8 OECD各國幼教方案涵蓋範圍與機構名稱（2012年）（續）

	ISCED 010 幼教發展方案			ISCED 020 學前教育		
	幼教機構的英文名	法定起始年齡	預定的教育期間	幼教機構的英文名	法定起始年齡	預定的教育期間
日本	a			kindergarten	3-5	1-3年
				特殊學校附設的幼稚園	3-5	1-3年
				day nursery	3-5	1-3年
韓國	infant course, childcare center	0-2	1-3年	kindergarten course, childcare center	3-5	1-3年
	infant course, special school	0-2	1-3年	kindergarten	3-5	1-3年
				kindergarten course, special school	3-5	1-3年
盧森堡	a			early maturity education	3	1年
				early maturity education（獨立私人機構）	<4	1年
				pre-primary education	4	2年
				pre-primary education（獨立私人機構）	4	2年
墨西哥	early childhood education	0	3年	pre-primary Education	3	2-3年
荷蘭	early childhood education	0	<=3年	pre-school education（托育中心和遊戲群體）	3	1年
	kinder-garten	0	2年	學校裡的pre-primary education，含學前特教班1和2	4	2年

表6-8　OECD各國幼教方案涵蓋範圍與機構名稱（2012年）（續）

	ISCED 010 幼教發展方案			ISCED 020 學前教育		
	幼教機構的英文名	法定起始年齡	預定的教育期間	幼教機構的英文名	法定起始年齡	預定的教育期間
紐西蘭	early childhood education	0	<=3年	early childhood education	3	2年
挪威	kinder-garten	0	2年	kindergarten	3	3年
波蘭	a			pre-school educa-tion	3	4年
				special pre-school education	3	4年
葡萄牙	a			pre-primary educa-tion	3-5	3年
斯洛伐克	a			kindergarten	3	3年
				special kindergarten	3	3年
				preparatory classes in basic school	6	1年
				preparatory classes in special school	6	1年
斯洛維尼亞	pre-school education（第1年）	1	2年	pre-school educa-tion（第2年）	3	3年
西班牙	early childhood education	0	3年	pre-primary educa-tion	3	3年
瑞典	pre-school（招收3歲以下）	0	0-2年	pre-school, for chil-dren/pupils 3 years of age or older	3	3年
				pre-school classes	6	1年
瑞士	a			kindergarten	4-6	2年
				special needs edu-cation programmes	4-6	2年

表6-8　OECD各國幼教方案涵蓋範圍與機構名稱（2012年）（續）

	ISCED 010 幼教發展方案			ISCED 020 學前教育		
	幼教機構的英文名	法定起始年齡	預定的教育期間	幼教機構的英文名	法定起始年齡	預定的教育期間
土耳其	early childhood care and education（招收0-2歲）	0-2	1-2年	pre-primary education（招收3-5歲）	3-5	1-3年
英國	children's centres（含sure start centres）	1	2年	reception and nursery classes in schools	3	1-2年
	registered childminders	1	2年	preschool or pre-kindergarten	2-4	1-2年
	day nurseries	1	2年	kindergarten	4-6	1年
美國	m			preschool or pre-kindergarten	2-4	1-2年
				kindergarten	4-6	1年

資料來源：OECD (2015b). *Education at a Glance 2015: OECD Indicators.* OECD Publishing. Retrieved from http://dx.doi.org/10.1787/eag-2015-en.

　　若以臺灣套用前述「國際教育標準分類」（ISCED 2011），2012年實施幼托整合政策之前，幼托機構包含托嬰中心、托兒所與幼稚園等三類；前兩類屬於社會福利機構、由內政部門主轄，招收幼兒年齡層主要自0至6歲，機構屬性比較類似「幼兒教育發展」（ISCED 010）；幼稚園則隸屬教育機構、由教育部門所轄，招收幼兒年齡層為4歲至入國民小學前之幼兒，機構屬性類似「學前教育」（ISCED 020）。幼托整合政策實施之後，原托兒所與幼稚園整合並

改稱為「幼兒園」，英文翻譯名稱也訂為"preschool"，屬教育機構並歸教育部門所轄，提供四年的幼兒教育，機構屬性則類似「學前教育」（ISCED 020）；另有托嬰中心則招收2歲以下幼兒，機構屬福利機構，中央主管機關為衛生福利部，機構屬性比較類似「幼兒教育發展」（ISCED 010）。對照OECD國家的幼教方案與機構現況，臺灣的幼教機構現況與波蘭較為相似。

另以美國為例，19世紀後期出現幼教機構以來，陸續出現不同名稱的幼教機構，形成背景與功能或有差異，常見的機構名稱包含有"nursery school"、"children's center"、"preschool"、"pre-kindergarten"、"kindergarten"等。前述各類機構名稱有其發展脈絡與源由，一如臺灣幼教機構的發展一般。就歷史發展言，20世紀初期幼教簡單劃分成為較高或中高社經家庭提供幼兒照料的"nursery school programs"，以及為貧窮幼兒服務的"daycare program"等兩種；1980年代早期，中產階級家庭要求全日托兒的需求大增，以前的"nursery school"開始轉型為"children's center"，不僅更名也同時延長收托時間（Fuller, 2008; Tobin, Hsueh, & Karasawa, 2009），前述類型的機構差異益漸模糊。

其次，在美國"preschool"和"pre-kindergarten"等機構相當普遍，"pre-kindergarten" 這個詞經常和"day care"和"child care"交換使用，一般的幼托機構主要提供家長因上班而無法照顧孩子的需求，通常會有組織性地形成課程和教學目標，機構功能和"preschool"相近，但"preschool"通常是指私人或教會成立的學校，"pre-kindergarten"則指附設在公立學校並且受到公立學校的行政監督。最後，在"kindergarten"方面，通常指進入小學前一年的教育，該等班別主要由小學附設（洪福財，2015）。

綜合前述，幼教機構名稱的多元性與各國幼教發展的歷史背景及功能需求等因素有關，在探討各國幼教發展的同時，必須同時考量幼教發展的歷史脈絡，才能有助於了解各國幼教機構的實況。

三、幼兒入園率

依據OECD（2015b：309）在2013年針對各國入學模式的統計，OECD國家的5歲幼兒在40歲之前，預期可以接受17年的全時與部分時間的教育；其中沙烏地阿拉伯（Saudi Arabia）學生預期的受教年限為13年，澳洲（Australia）、比利時（Belgium）、丹麥（Denmark）、芬蘭（Finland）、冰島（Iceland）以及瑞典（Sweden）等國則至少有19年。各國提供國民就學的條件各有差異，已開發國家提供國民受教的年限相對較長，亦可窺見該等先進國家對於教育的重視。

其次，依據「聯合國教科文組織統計局」（UNESCO Institute for Statistics; UIS, 2013）的統計，以2010年為例，學齡前幼兒進入幼教機構的比例未達同齡總人數之半，但全球已有將近1.64億名幼兒接受幼教機構教育，相對於2005年的1.34億名及1999年的1.12億名，接受幼教機構教育的人數不斷地增加。另，依據「世界銀行」（World Bank）的地區分配，前述接受幼教機構教育的人數中，有超過半數的幼兒是來自於南亞（South Asia; SAS）及東亞太（East Asia and Pacific; EAP）等地區，分別占總比例的29.1%、24.3%（見圖6-1），可見亞洲國家的幼兒入園情形相當普遍；在前述的接受幼教機構教育人數中，有25%為印度的幼兒，16%為中國的幼兒，印度與中國等兩國的幼兒入園數就超過世界總入園人數的四成，除顯示此兩國的人口占人口比例之高外，也反映兩國國民接受幼教機構教育的熱絡情形。再者，在所有入學的幼兒中，約有0.79億名是女生，占總入園幼兒的48.2%，幼兒入園狀況並未顯現明顯的性別落差（World Bank Group, 2016）。

復依UIS（2013）分析2010年130個國家的資料，全世界幼教淨入園率（net enrolment rates; NER）低於10%者共計有18個國家，低

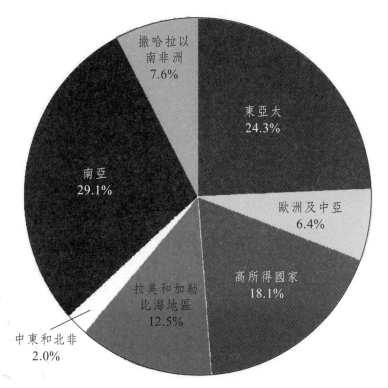

圖6-1　2010年世界各區的幼教入學率（%）

資料來源：UNESCO Institute for Statistics (2013). *Pre-Primary Education— A Global Report.* Retrieved from http://datatopics.worldbank.org/ education/wStateEdu/StateEducation.aspx.

於25%者有36個國家。其次，在幼教淨入園率最低的10個國家中，有8個是屬於撒哈拉以南非洲國家（Sub-Saharan Africa; SSA）。再者，幼教淨入園率高於九成者，合計有19個國家。可見幼教入園的情形與國家經濟發展存在相當程度的關聯。

又依OECD（2015b）針對會員國的幼兒進入全時或部分時間幼教方案人數的統計，以2013和2005兩年為對比，各國幼兒的入園率都存在普遍提升的現象（見表6-9）。就整體的幼兒入園率言，2005年OECD國家3歲及4歲幼兒的入園率分別為52%、72%，歐盟

（EU21）國家同時間的3歲及4歲幼兒入園率分別為67%、84%，歐盟國家的幼兒入園率高於OECD國家的平均；再以2013年的幼兒入園率言，OECD和歐盟國家的5歲和6歲幼兒入園情形均分別為95%、97%，4歲幼兒的入園率都在九成左右，即使2歲幼兒的入園率也都有接近四成的表現，均呈現出各國幼兒入園已經相當普遍，尤其是入小學前一年的幼兒入園率，都已經達到九成五以上。

表6-9　2013年、2005年OECD各國幼兒進入全時或部分時間幼教方案的人數比率

	2013年入園率					2005年入園率	
	2歲	3歲	4歲	5歲	6歲	3歲	4歲
澳大利亞	55	62	82	*100*	*100*	17	53
奧地利	34	71	91	96	98	m	m
比利時	51	98	98	98	98	m	m
加拿大	m	m	m	92	m	m	m
智利	29	51	83	93	97	23	42
捷克共和國	18	59	83	89	97	66	91
丹麥	92	96	97	99	99	m	m
艾斯托尼亞	67	87	91	90	92	80	84
芬蘭	52	68	75	80	98	62	69
法國	11	*100*	*100*	*100*	*100*	101	101
德國	59	92	96	98	96	80	89
希臘	m	m	m	m	m	a	56
匈牙利	m	m	93	96	92	73	91
冰島	95	96	97	96	99	m	m
愛爾蘭	0	46	95	*100*	*100*	m	m
以色列	45	*100*	*100*	99	98	66	84
義大利	16	94	98	99	*100*	99	102
日本	a	81	95	97	*100*	69	95
韓國	m	m	m	m	m	14	30
盧森堡	5	71	99	*100*	96	62	95

表6-9　2013年、2005年OECD各國幼兒進入全時或部分時間幼教方案的人數比率（續）

	2013年入園率					2005年入園率	
	2歲	3歲	4歲	5歲	6歲	3歲	4歲
墨西哥	5	44	89	*100*	*100*	23	69
荷蘭	0	83	100	99	*100*	m	98
紐西蘭	65	96	*100*	*100*	*100*	m	m
挪威	90	95	97	98	*100*	m	m
波蘭	6	52	66	*100*	86	28	38
葡萄牙	0	78	90	98	*100*	61	84
斯洛伐克	12	63	74	81	90	m	m
斯洛維尼亞	68	84	89	91	98	67	76
西班牙	52	96	97	97	97	94	99
瑞典	88	93	94	95	97	m	m
瑞士	0	3	41	97	*100*	9	39
土耳其	m	7	36	74	99	2	5
英國	32	97	96	97	97	m	m
美國	m	41	66	90	97	39	68
OECD 國家的平均	39	74	88	95	97	52	72
EU21 的平均	35	80	91	95	97	67	84

資料來源：OECD (2015b). *Education at a Glance 2015: OECD Indicators.* OECD Publishing.http://dx.doi.org/10.1787/eag-2015-en.

說明：此處所指入學率包含進入各類公、私立學前教育機構的比率。

　　再以OECD國家進入不同幼教層級的情形言，進入「學前教育」（ISCED 02）的人數較進入「幼兒教育發展」（ISCED 01）為多；依據表6-9，不到十年的時間就可看出接受幼教機構教育的人數比例明顯增加。另以2013年進入「學前教育」（ISCED 02）的人數言（參見表6-10），OECD國家有超過八成的幼兒（81%）都接受是類幼教方案（見圖6-2），歐盟（EU21）國家更是高達86%；其中捷

克共和國、法國、盧森堡、日本、荷蘭、波蘭、斯洛伐克等國進入
「學前教育」（ISCED 02）的人數比例達100%，澳大利亞、丹麥、
冰島、挪威、紐西蘭等國則不足七成。復就不同性質「學前教育」
（ISCED 02）的收托現況言，加拿大、捷克共和國、艾斯托尼亞、
芬蘭、匈牙利、盧森堡、斯洛伐克、斯洛維尼亞，以及瑞士等國的公
立幼教機構收托人數達九成以上，澳大利亞、比利時、德國，以及紐
西蘭則以公私立合作的幼教機構收托為多，愛爾蘭和日本則以私立機
構收托人數相對為多。

表6-10　OECD各國不同幼教層級之幼兒收托狀況（依機構性質分）

	進入 「學前教育」 （ISCED 02） 占整體接受幼 教人數比	ISCED 01類的幼兒數 （依據機構性質分） （2013）			ISCED 02類的幼兒數 （依機構性質分） （2013）		
		公立	公私 合作	私立	公立	公私 合作	私立
澳大利亞	42	m	m	a	37	63	a
奧地利	87	34	66	$x_{(3)}$	72	28	$x_{(6)}$
比利時	m	a	a	a	47	53	m
加拿大	m	m	m	m	93	7	$x_{(6)}$
智利	80	m	m	m	m	m	m
捷克共和國	100	a	a	a	98	2	a
丹麥	63	43	12	45	80	20	0
艾斯托尼亞	m	$x_{(5)}$	a	$x_{(6)}$	96	a	4
芬蘭	79	87	13	a	91	9	a
法國	100	a	a	a	87	12	0
德國	77	27	73	$x_{(3)}$	35	65	$x_{(6)}$
希臘	m	m	m	m	m	m	m
匈牙利	m	m	m	m	91	9	m
冰島	69	81	19	0	87	13	0
愛爾蘭	m	a	a	a	2	0	98
以色列	76	a	73	27	58	29	12

表6-10　OECD各國不同幼教層級之幼兒收托狀況（依機構性質分）（續）

	進入「學前教育」（ISCED 02）占整體接受幼教人數比	ISCED 01類的幼兒數（依據機構性質分）（2013）			ISCED 02類的幼兒數（依機構性質分）（2013）		
		公立	公私合作	私立	公立	公私合作	私立
義大利	m	a	a	a	70	a	30
日本	100	a	a	a	28	a	72
韓國	m	m	m	a	m	m	a
盧森堡	100	a	a	a	90	0	10
墨西哥	95	37	a	63	86	a	14
荷蘭	100	a	a	a	70	a	30
紐西蘭	62	2	98	0	2	98	0
挪威	64	50	50	0	54	46	0
波蘭	100	a	a	a	82	2	17
葡萄牙	m	a	a	a	54	30	16
斯洛伐克	100	a	a	a	95	5	a
斯洛維尼亞	70	96	3	0	97	3	0
西班牙	77	52	16	32	69	27	4
瑞典	73	81	19	0	83	17	0
瑞士	m	a	a	a	95	1	4
土耳其	m	m	m	m	88	a	12
英國	83	28	42	30	47	44	9
美國	m	m	a	m	59	a	41
OECD平均	81	43	40	18	61	24	15
EU21平均	86	52	28	20	67	18	15

資料來源：OECD (2015b). *Education at a Glance 2015: OECD Indicators.* OECD Publishing. http://dx.doi.org/10.1787/eag-2015-en.

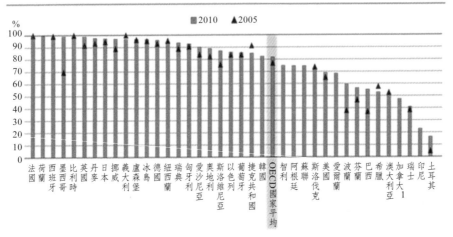

1.Year of reference 2009.

圖6-2　OECD 各國幼兒在公私立機構的入園情形（2005年與2010年）

資料來源：OECD (2015b). *Education at a Glance 2015: OECD Indicators.* OECD Publishing.http://dx.doi.org/10.1787/eag-2015-en.

　　整體而言，OECD國家和歐盟各國無論是「幼兒教育發展」（ISCED 01）或「學前教育」（ISCED 02）階段，平均進入私立幼教機構的比例都未達20%。在「幼兒教育發展」（ISCED 01）與「學前教育」（ISCED 02）階段，OECD國家的幼兒進入公立幼教機構的比例分別為43%、52%，歐盟各國的幼兒進入公立幼教機構的比例分別為61%、67%，均以進入公立幼教機構為大宗，進入公私合作機構的比例次之，以進入私立者為最末。有關各國不同性質幼教機構的收托情形及其歷史演進，值得分予探究，以利提供我國幼教機構與政策發展之參考。

　　在個別國家的幼兒入園情形方面，以美國為例，「全美教育統計局」（National Center for Education Statistics; NCES, 2014a）曾公布2005至2013年的3到6歲幼兒入園率如表6-11：在3到4歲幼兒入園率方面，平均的入園率為53.67%，歷年的變化差異不大，最高為2006年的55.7%，最低為2011年的52.4%；在5到6歲幼兒方面，平均入園

表6-11　2005-2013年美國3-6歲幼兒入園率

年份	3-4歲（％）	5-6歲（％）
2005	53.6	95.4
2006	55.7	94.6
2007	54.5	94.7
2008	52.8	93.8
2009	52.4	94.1
2010	53.2	94.5
2011	52.4	95.1
2012	53.5	93.2
2013	54.9	93.8
平均	53.67	94.36

資料來源：National Center for Education Statistics (2014a). *Percentage of the population 3 to 34 years old enrolled in school, by age group: Selected years, 1940 through 2013.* Washington DC: U.S. Department of Education. Retrieved from http://nces.ed.gov/programs/digest/d14/tables/dt14_103.20.asp.

率則達94.36%，歷年的入園率都高於九成，最高為2005年達95.4%，最低為2012年的93.2%。

　　另依「教育衡鑑2015」（Quality Counts 2015）的調查結果（Education Week Research Center, 2015；洪福財，2015），如圖6-3，全美3至6歲幼兒約有三分之二入園，另有37%的同齡幼兒沒有進入幼教機構。其次，在3歲和4歲幼兒方面，有超過半數（52%）的幼兒沒有進入幼教機構，和「全美教育統計局」的調查結果略異但差距不大；在5到6歲幼兒方面，只有8%沒有進入幼教機構，和「全美教育統計局」的調查結果相去不遠，同年齡的幼兒有51%進入幼稚園（kindergarten），14%的幼兒進入托兒所（preschool）。前述可見，美國5歲以上幼兒入園的情況較為普遍，4歲以下幼兒進入機構的比例約近半數。

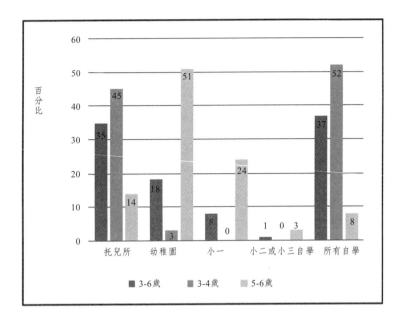

圖6-3　美國2015年不同年齡幼兒的入園率。作者依據"Quality Counts 2015"資料繪圖

資料來源：Education Week Research Center (2015). *States Graded on Indicators for Early Years.* Retrieved from http://www.edweek.org/ew/articles/2015/01/08/states-graded-on-indicators-for-early-years.html?intc=EW-QC15-TOC.

　　與OECD、歐盟（EU21）等國家相較，美國3到4歲幼兒入園率相對偏低，從2005到2013年之間的幼兒入園率也未如前述國家呈現明顯的成長情形；在5歲和6歲幼兒入園情形方面，則與OECD、歐盟（EU21）等國的情形相似（OECD, 2015b），可見入小學前一年的幼兒入園情形已相當普遍。

　　綜合前述幼教機構名稱與幼兒入園率的變化情形，茲可歸結四項發展趨勢說明如後：

1. 生育率下降與父母育兒年齡的增長，對幼教發展形成新的挑戰

近年世界各國普遍出現粗出生率與生育率雙重下降的趨勢，臺灣也不例外。雖然生育率下降，但育兒夫妻為保有就業機會，或囿於家庭能提供的育兒支持作為十分有限，便需仰賴幼教機構所提供的教保服務機會。其次，家庭結構與父母育兒年齡的增長，都讓家庭的育兒條件產生變化，其中生母平均年齡從1975年平均25.4歲逐步成長到2015年的31.7歲，隨父母育兒年齡增長的育兒與親職教育需求，都是當求幼教機構必須審慎應對的課題。

2. 各國幼教機構名稱多元，收托幼兒的年齡有所不同

依據「國際教育標準分類」（ISCED 2011），幼教機構有「學前教育」（ISCED 020）、「幼兒教育發展」（ISCED 010）等類型，各國所稱的幼教機構名稱也不盡相同。對應臺灣的幼教現況，幼兒園屬教育機構、歸教育部門所轄並提供四年的幼兒教育，托嬰中心屬福利機構、歸衛生福利部所轄並提供2歲以下幼兒教保服務。幼教機構名稱的多元性與各國幼教發展的歷史背景及功能需求等因素有關，在探討各國幼教發展的同時，必須同時考量幼教發展的歷史脈絡。

3. 亞洲國家的幼兒入園比例相對較高，相對仰賴機構式的教保服務

依據「世界銀行」（World Bank）委託的研究指出，當前世界各國幼教機構教育的人數中，有超過半數的幼兒是來自於南亞（SAS）及東亞太（EAP）等地區，約占總比例的53.4%，可見亞洲國家的幼兒入園情形相當普遍；其中，印度的幼兒占25%，中國的幼兒占16%，印中兩國的幼兒入園數就超過世界總入園數的四成。其次，以2013年的幼兒入園率為例，OECD和歐盟國家的5歲和6歲幼兒入園情形均分別為95%、97%，4歲幼兒的入園率都在九成左右，2歲幼兒的

入園比例也都有接近四成的表現，各國已有相當高比例幼兒及其家庭均仰賴機構式教保服務。

4. 幼兒進入公立與接受政府補助的幼教機構等比例相對較高

OECD國家和歐盟各國無論是「幼兒教育發展」（ISCED 010）或「學前教育」（ISCED 020）階段，平均進入私立幼教機構的比例都未達20%。在「幼兒教育發展」（ISCED 010）與「學前教育」（ISCED 020）階段，OECD國家的幼兒進入公立幼教機構的比例分別為43%、52%，歐盟各國的幼兒進入公立幼教機構的比例分別為61%、67%，均以進入公立幼教機構為大宗，進入公私合作機構的比例次之，以進入私立者為最末。公立與公私合作的幼教機構已為各國幼教的提供主要型態，除顯示公部門逐漸強化在幼教的角色外，私幼的發展與私幼幼兒接受的教保服務品質，同樣令人關注。

第三節　幼兒入園年齡

依據2013年針對40個OECD及其夥伴國的統計資料指出（OECD, 2015b），其中有20個國家的「完全入學」（full enrolment in education；係指特定年齡入學人口超過九成者）始於3到4歲之間（丹麥、冰島、挪威等國更早至2歲）；另外17個國家的「完全入學」始於5到6歲；俄羅斯及沙烏地阿拉伯等國的「完全入學」年齡則是始於7歲，可見幼兒階段接受機構式教育的情形越趨普遍。多數的OECD國家，約有75%左右的3至4歲幼兒接受機構式教育（幼教或小學教育），歐盟（EU）國家則更達80%；以2013年為例，比利時、丹麥、法國、冰島、以色列、義大利、紐西蘭、挪威、西班牙，以及英國等國，3至4歲幼兒入園率甚至達到96%，已近乎國教的入學率，更顯各國幼教的普遍性與需求之般。

　　歸結OECD（2015b）關於各國幼教現況的研究，主要可歸納出下述六項研究發現：

1. OECD國家整體4歲幼兒入園率約已近九成（88%），幼教需求並不侷限入小學前一年，甚至更早。

2. OECD國家整體幼兒進入公立幼教機構的比例為80%，其中歐洲OECD國家幼兒進入公立幼教機構的比例達84%。

3. 各國平均在學前班（pre-primary education）支出占「國內生產毛額」（GDP）的0.6%，其餘幼教支出則占「國內生產毛額」GDP的0.4%；可見各國投入在入小學前一年的教育經費支出占整體幼教經費支出比例之高。

4. 在多數國家，平均進入私立幼教機構的人數比例超過50%，比例高於進入私立小學和中學者；此種情形讓幼兒家長的經濟負擔相對沉重，即使在政府提供部分補助的情形下亦然。

5. 師生比（扣除非教師者）的情形不一，智利、中國、哥倫比亞、法國、印尼及墨西哥等國的師生比為1：20，愛沙尼亞、冰島、紐西蘭、俄羅斯、斯洛維尼亞、瑞典及英國等國的師生比為1：10。

6. 許多國家也在幼教階段使用教師助理，所以教職員與幼兒比會比師生比來得低，例如澳洲、智利、中國、法國、挪威和俄羅斯等。

　　過去幾十年來，許多國家的幼兒教育規模不斷擴張，幼兒入園年齡也不斷下降，許多國家紛紛把發展焦點放在「降低義務教育入學年齡」、「幼教免費」、「增加幼教提供量」、「研擬整合學前保育及教育的教保方案」。以OECD國家2005年與2013年的統計結果為例，3歲的幼教平均入園率從2005年52%增加到2013年為74%，4歲部分從2005年72%增加到2013年88%（OECD, 2015b），都可以看見低年齡幼兒入園規模不斷擴張的趨勢。

另就世界各國（或地區）幼兒教育的入園年齡情形觀之（見表6-12），在212個國家中，多數國家的幼教都從3歲幼兒開始提供教育規劃，從4歲開始規劃幼教的國家數次之，僅有極少數國家的幼教提供自6歲起的幼教。以2011年至2015年爲例，從3歲幼兒開始提供幼教的國家數略降（2015年爲146個國家或地區），從4歲開始提供幼教的國家則相對略增（2015年爲52個國家或地區），自6歲起方提供幼教的國家更是由3個降至1個，可見自3歲幼兒開始提供幼教規劃是當前各國的主流趨勢，自3歲與4歲開始提出幼教規劃的國家（或地區）更是高達93.3%；若以3歲入園言，每位幼兒接受幼教的時間至少爲3年，如何妥予規劃相應的制度與內容，顯爲當前幼教發展的重要課題。

表6-12　世界各國（或地區）幼兒教育的入學年齡統計（2011-2015）

單位：個

年度 入學年齡	2011	2012	2013	2014	2015
3歲	151	147	145	145	146
4歲	45	50	51	52	52
5歲	13	14	15	14	13
6歲	3	1	1	1	1
統計	212	212	212	212	212

資料來源：UNECSO Institute for Statistics (2015). *Education: official entrance age by level of education.* Retrieved from http://data.uis.unesco.org/Index.aspx?queryid=218#. 作者整理而成。

有關幼教的年限，或可從各國（或地區）初等教育的入學年齡情形窺見一二。依據表6-13，世界各國（或地區）多數國家的初教入學年齡爲6歲，以2015年爲例，計有149個國家（或地區）的初教入學年齡爲6歲，約占整體數量的七成，和2011年有146個國家（或地區）的初教入學年齡相較，差異不大。其次，2015年初教入學年

齡為7歲的國家（或地區）為37個，和2011年相較數量略減。再次，2015年初教入學年齡為5歲的國家（或地區）為32個，和2011年的國家（或地區）數相同，約占整體數量的一成五左右。

表6-13 世界各國（或地區）初等教育的入學年齡統計（2011-2015）

單位：個

年度 入學年齡	2011	2012	2013	2014	2015
5歲	32	31	31	32	32
6歲	146	148	152	151	149
7歲	40	39	35	35	37
統計	218	218	218	218	218

資料來源：UNECSO Institute for Statistics (2015). *Education: official entrance age by level of education.* Retrieved from http://data.uis.unesco.org/Index.aspx?queryid=218#. 由作者整理而得。

　　雖然5歲為初教入學年齡的國家（或地區）數量所占比例仍不高，但對照前述OECD許多國家「完全入學」的年齡逐漸提前的趨勢，顯示許多國家即使未將初教的入學年齡提前，但普及的幼教機會卻吸引極高比例的幼兒入園。前述國家幼教的普及化發展雖然未與初教或國教進行學制整合，但幼兒入園年齡逐漸提前，則已然形成一股明顯的發展趨勢。

　　以我國為例，2011年《幼兒教育及照顧法》公布以前，幼教機構主要有幼稚園和托兒所等兩類，幼稚園招收4歲至入國民小學前之兒童；托兒所得招收初生滿1月至未滿6歲者，滿1月至未滿2歲者為托嬰部，滿2歲至未滿6歲者為托兒部。前述兩類在制度規劃層面側重方向不同，一重教育，另一則側重保育，但其後發展逐漸出現功能重疊的現象，遂在《幼兒教育及照顧法》公布之後，齊一以「幼兒園」為幼教機構，招收2歲以上至入國民小學前之幼兒，並以教保整合為目標，以解決昔日教保分立的問題。故從立法意旨言，我國幼兒入幼

兒園的法令年齡為2歲，可接受幼教年限為四年；但現有幼兒園並非完全提供2至6歲幼兒的入園機會，例如：公立學校附設幼兒園多以5歲班為主，或有向下招收4歲者；其餘幼兒園以招收3歲以上幼兒較為常見，各幼兒園是否持續向下招收2歲幼兒入園，端賴各園提供的環境、師資等條件而定。就現況而言，公立單設幼兒園與私幼招收的幼兒年齡層相對較廣，公立學校附幼的招收幼兒年齡則以4、5歲最為常見。

復以美國為例，近半個世紀以來，美國的幼教政策主要是以掃除貧窮、促進幼兒的教育機會均等，以及提升弱勢幼兒的入學準備度等為主軸，聯邦與各州政府對於特定對象幼兒的教育機會，持續採取方案經費挹注的方式，以提供弱勢幼兒進入機構學習的機會，該等方案也成為幼兒入園的重要緣由之一。茲就近年聯邦政府的幼教方案概述如後：（Will, 2015）

1. Head Start Program：此一逾半世紀的幼教方案，提供低收入家庭幼兒的學前教育方案和健康及營養照顧。2014年的年度預算再度獲得增加10億美元，方案總經費計有86億美元的規模，其中有5億美元是用在Early Head Start Program。

2. Child Care and Development Block Grants：1990年推出，主要提供經費資助各州幫助低收入工作家庭的幼兒教育開支。此項方案在2014年的預算規模約為53億美元，比前一年度的預算增加1.54億美金，但除了聯邦出資外，也要求各州必須提出配合款。

3. Individuals with Disabilities Education Act：源於1975年聯邦政府補助各州提供特殊教育方案，並針對特殊幼兒提供早期介入的療育服務。此項方案的特殊教育服務對象主要為3到5歲幼兒，但也協助各州對於3歲以下幼兒提供早療服務。

4. Title I of the Elementary and Secondary Education Act
（ESEA）of 1965：ESEA方案是「不讓孩子落後方案」（No
Child Left Behind）的前身，Title I經費的主要目的是針對高
度貧窮的學區和學校，依據聯邦政府擬定的分配公式提供經
費挹注。學區和學校可以利用補助經費針對符合條件的幼兒
提供幼教服務，也可以利用經費來協助Head Start Program的
實施。

5. 歐巴馬政府時期的幼教方案：前總統歐巴馬曾先後提出下述
幼教方案：

(1) Preschool for All：2013年歐巴馬在國情報告（State of the
Union）演說，宣布推出為期10年、經費規模750億美金
的幼教方案，以擴增各州的幼教計畫，經費來源將從增收
聯邦菸草稅（tobacco taxes），但前提必須要國會認可稅
收。

(2) Race to the Top, Early Learning Challenge："Race to the
Top"是針對各州提出的競爭型補助方案，各州可以提出改
善情形以爭取補助。在Early Learning Challenge方面，迄
今有20州獲得約10億美金的補助。

(3) Preschool Development Grants：2014年12月，有18州因為
此項方案獲得2.5億美元的補助經費。

(4) Early Head Start-Child Care Partnerships：此方案想增加10
萬個3歲以下低收入家庭嬰幼兒接受高品質幼教的機會，
由政府資助符合高品質標準的全日性中心或家庭式幼托機
構。

前述美國聯邦政府規劃的幼教方案，主要可歸納出以下五項特
色：（洪福財，2015）

1. **經費補助為主要策略**：無論從半世紀之前的Head Start Program，到歐巴馬政府時代的競爭型計畫，聯邦政府的幼教方案均以經費補助為主要的策略，由聯邦政府協助承擔各州的教育責任。對於益增的教育負擔聯邦政府必須覓得更多的財源因應（如Preschool for All），有關政府的財政負擔與教育經費項目間的消長情形值得持續關注。

2. **各州應承擔經費責任**：各項幼教方案提出的背景不同，聯邦政府對於各州政府承擔（或配合）的責任也有不同。但近年來，可以發現聯邦政府補助方式從單純提供資費供各州應用（如Emergency Nursery Schools、Individuals with Disabilities Education Act），轉而要求各州承擔部分經費（Child Care and Development Block Grants），甚至採競爭性計畫方式要求各州承擔更多的規劃或經費責任。增加責任雖然有助於各州政府提升規劃與實踐教育的空間與能力，但州政府的配合意願與實際能力如何？經費是否因各州條件不同而出現集中的現象？須進一步觀察。

3. **弱勢幼兒為主要對象**：除了Emergency Nursery Schools、Lanham Act Child Care Centers等兩項因應特定時空環境的幼教方案外，近半世紀以來聯邦政府的幼教方案主要仍以弱勢幼兒為主要的服務對象，前述若是除了家庭社經條件不利的幼兒外，特殊幼兒也列為照顧的對象。

4. **關注的面向加廣加深**：以Early Head Start program為例，關注的對象已向下延伸至3歲以下的幼兒，許多州的方案甚至於針對懷孕女性提供服務（SCCAP, 2014b）。照顧的面向除了以個別幼兒以外，家庭、幼托機構乃至社區民眾都逐漸納入幼教方案的關注對象，以營造適宜的幼教環境的目標已逐漸取代昔日單純提供幼兒教保服務。

5. 補助對象不限定公立：Emergency Nursery Schools實施時，
單以公立學校爲合作對象造成對其他nursery school的排擠情
形，在後續的幼教方案已陸續未見。機構品質成爲幼教方案
主要的關注點，各州必須對於幼教機構品質訂有認可的指標
或機制，以爲舉證並據以爭取各項方案補助。

基於前述發展脈絡，美國幼兒的入園年齡或有差異。整體而言，
幼教機構的入園年齡爲3至6歲，除各州學制不盡相同，所規範入園
年齡略有差異外，也因爲政策推動致使不同條件的幼兒入園情形會有
差異；例如：在掃除貧窮與補足弱勢幼兒入學準備度方面，可以看
出政府挹注資金提供弱勢家庭幼兒有更多的幼教機會，便是一例。
但即使前述政策已努力多年，依「教育衡鑑2015」（Quality Counts
2015）和「全美教育統計局」的調查結果，3至6歲幼兒約有37%的
同齡幼兒沒有進入幼教機構，3和4歲幼兒有超過半數（52%）沒有
進入幼教機構（Education Week Research Center, 2015；洪福財，
2015），可見扶弱政策在鼓勵及早入園方面發揮一定程度的成效，
但非政策補助之家庭對於幼兒是否入園的態度，顯然有著不同的考
量。在前述調查指出5到6歲幼兒只有8%沒有進入幼教機構的情形，
和我國的幼兒入園情形相似，可見對於入小學前一年接受幼教機構的
教育，兩國的家長都存在相當高度的需求。

綜合前述幼兒入園年齡的變化情形，茲可歸結三項發展趨勢說明
如後：

1. 各國幼教的起始年齡有下降趨勢，3歲起始為最多

世界各國（或地區）在幼教的起始年齡方面，以從3歲幼兒開始
提供幼教的國家數爲最多（2015年爲146個國家或地區），從4歲開
始提供幼教的國家次之（2015年爲52個國家或地區），自6歲起方提
供幼教的國家最少（2015年僅1個），可見自3歲幼兒開始提供幼教

285

規劃是當前各國的主流趨勢。若以3歲即入園言，每位幼兒接受幼教的時間可能為3年甚至更長，如何妥予規劃相應的制度與內容實為當前幼教發展的重要課題。

2. 各國初教入學的年齡仍以6歲為大宗

當前世界多數國家的初教入學年齡為6歲。以2015年為例，計有149個國家（或地區）的初教入學年齡為6歲，約占整體數量的七成；其次，初教入學年齡為7歲的國家（或地區）為37個，約占整體數量的一成七；再次，初教入學年齡為5歲的國家（或地區）為32個，約占整體數量的一成五左右。雖然以5歲為初教入學年齡的國家（或地區）數量所占比例仍不高，但以OECD許多國家「完全入學」的年齡逐漸往下的趨勢言，許多國家即使未將初教的入學年齡提前，但普及的幼教機會卻吸引極高比例的幼兒進入教保機構；此等幼兒入園年齡逐漸下降的情形，已形成一股明顯的發展趨勢。

3. 美國原以弱勢照顧的幼教政策，因良好的執行成效更增加其他族群接受幼教的意願與關注

美國近半個世紀以來的幼教政策是以掃除貧窮、促進幼兒的教育機會均等，以及提升弱勢幼兒的入學準備度等為主軸，由聯邦與各州政府提供特定對象幼兒的教保機會，持續採取方案經費挹注的方式。基於前述發展脈絡，美國幼兒的入園年齡或有差異。前述政策已努力多年，依「教育衡鑑2015」（Quality Counts 2015）和「全美教育統計局」的調查結果，3至6歲幼兒約有37%的同齡幼兒仍沒有進入幼教機構，其中5到6歲幼兒只有8%沒有進入幼教機構（和臺灣入園情形相近）。原以弱勢照顧的幼教政策，逐漸顯現的執行成效更擴散至其他族群對接受幼教的意願與關注，讓幼兒及其家長參與幼教的情形更形增加。

😊 第四節　幼教經費

　　公部門與私部門都可能是幼兒教保服務的提供者，在公部門方面可能是由不同層級的政府組織來設置並經營教保機構，此等機構屬性係以非營利方式提供教保服務；私部門方面則可能是經費完全自籌，或是從公部門獲得部分經費補助，此等機構可能由營利取向的企業或非營利組織所有。由於各國所規劃的教保服務體系各異，幼教經費的配置情形也將隨之有別。

　　各國幼兒教保服務經費的支出情形不一，涉及的主要因素便是政府對於教保服務擔負角色的設定，此等因素不僅攸關教保服務的經費來源，也影響所提供的教保服務品質。美國曾經有許多就該國教保服務支出所進行的研究，由於美國的幼教環境是開放性的競爭市場，研究結果呈現出私部門的支出結構與完全由公部門負擔教保環境的國家便有所差異（GAO, 1999）；其次，各國的薪資結構、生師比，以及其他的成本開銷各異，幼教支出存在差異的情形便容易理解。

　　雖然美國的教保服務處於開放市場競爭環境，但公立教保服務機構比例頗高，其所占的教保服務經費支出比例也相對較高。以2007年至2012年為例（見表6-14），公立教保機構占整體教保服務經費支出比例在九成左右，2010年的公立經費支出比例正式突破九成，所占經費支出比例呈現出逐年增加的趨勢。前述現象可說明政府挹注於

表6-14　美國公立教保服務機構的直接支出占整體教保服務經費支出比例　　　　　（2007-2012）

年度	2007	2008	2009	2010	2011	2012
比例	88.3	88.3	88.6	90.3	91.1	91.2

資料來源：World Bank Group (2016). *The World Databank.* Retrieved from http://databank.worldbank.org/data/reports.aspx?source=Education-Statistics:-core-indicators&preview=off.

教保服務機構的經費比重高且持續增加，也相對地顯示私立教保服務機構面對前述環境的可能困境與挑戰。

另依美國主計處（General Accounting Office; GAO, 1999）在一項針對軍方與市民中心設置的教保機構所進行的成本分析研究，以軍方所設的「兒童發展中心」（child development centers）、市民中心所設的「托育中心」（nursery schools）或「托兒所」（preschools）為對象，選擇「高品質」的教保機構為研究分析的對象。前述所謂「高品質」托育中心係指經全美幼教學會（NAEYC）認證為4.5顆星，且機構獲得7分以上的品質評鑑者。

前述研究結果指出，教保機構的成本包含直接與非直接的勞力、成員教育訓練、食物、消耗品、設備、設施、每年機構使用費（如租金）加上合法服務與捐贈服務的價值等；其中直接的勞力成本超過成本半數（52.4%），非直接勞力（行政管理、課程發展成員）成本占23.05%，設施使用成本占10%，消耗品與食物等占有12%等。該研究以1997年進行的單位成本分析指出，每位幼兒每小時的教保服務成本為3.86美元，全年每位幼兒支出為8,028美元，而教保服務的對象年齡越小，所擔負的成本也相對較高。該研究進一步分析影響教保服務成本的因素指出，幼兒年齡（age of child）、成員條件（staff qualifications）、教保品質要求（quality level）、設施規模（size of facility）、同一教保機構服務的幼兒年齡組（services to different age groupings within the same centre）等，都是可能的影響因素（GAO, 1999）。

雖然美國主計處對於教保機構經營成本的研究成果無法完全推論到各國相似機構的營運現況，但其所提出攸關經營成本的托育中心相關經營因素，以及所例舉相對優質托育機構營運成本的結構分析等，確實有助於了解並掌握教保機構的營運成本及其結構等。

近年來，人力資源在社會發展重要性逐漸受肯定，教育功能的發

揮以及教育經費的籌措，成爲現代國家發展的重要議題，其中教保服務隨著獲重視程度的增加而得到多方的經費挹注，尤其在較爲先進發展的國家更可見到前述的趨勢。

　　以世界各國教育的公共支出爲例，依據表6-15，世界各國教育的公共支出均呈現逐年增加的趨勢，其中已開發國家的教育公共支出遠較開發中國家、低開發國家爲高。復以教育公共支出占國內生產毛額（gross domestic product; GDP）的情形爲例，全世界各國的教育公共支出所占比例也是呈現增加趨勢，其中已開發國家和開發中國家的教育公共支出所占比例也較低開發國家高出許多，且低開發國家的教育公共支出所占比率甚至出現逆成長的情形。再以平均每位居民的教育公共支出言，已開發國家分別約較開發中國家、低開發國家高出26倍、147倍，更顯示國家發展情形對於教育經費支出的重要影響。值得注意的是，開發中國家雖然在教育公共支出與平均每位居民的教育公共支出等兩方面不如已開發國家，但其在教育公共支出占國內生

表6-15　世界各國教育的公共支出

單位：美元

洲、主要地區及國家	教育的公共支出 （以百萬元爲單位）				教育公共支出占國內生產毛額的百分比				平均每位居民的教育公共支出			
	1980	1985	1990	1994	1980	1985	1990	1994	1980	1985	1990	1994
全世界	526.1	565.3	1,014.8	1,275.7	4.9	4.9	4.9	5.2	129	126	208	244
非洲	22.9	22.0	26.1	26.3	5.3	5.7	5.8	6.1	48	40	41	37
美洲	188.6	249.5	375.6	477.5	4.9	4.9	5.2	5.4	309	377	524	626
亞洲	103.5	117.4	227.0	315.7	4.4	4.3	4.2	4.4	41	43	75	98
歐洲	200.6	165.8	367.5	432.7	5.1	5.1	5.1	5.4	418	340	741	863
大洋洲	10.4	10.6	18.6	23.5	5.6	5.6	5.6	6.1	467	439	715	850
開發中國家	101.6	100.2	161.7	191.9	3.8	4.0	4.0	4.2	31	28	41	45
低開發國家	3.1	2.7	4.2	4.3	2.7	2.8	2.9	2.8	8	6	9	8
已開發國家	424.5	465.1	853.1	1,083.7	5.3	5.1	5.2	5.4	500	533	949	1,179

資料來源：UNESCO (1997a). *Statistical yearbook.* USA: UNESCO Publishing & Bernan Press. p.30.
説明：美元係經過購買力評價理論[2]（PPP）的匯率折算而來。

產毛額百分比方面不僅逐年成長，所占比例也僅略低於已開發國家，反映出開發中國家對教育投資的重視與人力資源的需求殷切。

另以各國幼教經費支出的情形為例，OECD各國的幼教經費支出情形如表6-16。在幼教教育經費支出占GDP比方面，OECD各國和歐盟各國的整體平均均為0.8，其中挪威、瑞典、冰島、丹麥、芬蘭、紐西蘭、智利，以及斯洛維尼亞等國的支出比例高於整體平均，顯示前述各國相對投入較多的幼教經費。其次，以每位幼兒的年度教育開支言，OECD各國和歐盟各國平均分別為7,886美元、7,977美元，其中澳大利亞、丹麥、芬蘭、德國、冰島、荷蘭、紐西蘭、挪威、斯洛維尼亞、瑞典，以及英國等均高於前述平均，每位幼兒可獲得的教育經費相對較佳。再次，以公部門預算支出占整體支出比重言，OECD各國和歐盟各國平均分別為78%、83%，顯示各國以公部門經費挹注

表6-16　OECD各國幼教經費支出的情形（2012年）

	教育經費支出占GDP比例			公部門預算支出占整體支出比重			每位幼兒的年度教育開支（美元）		
	幼兒發展	學前教育	所有幼教方案	幼兒發展	學前教育	所有幼教方案	幼兒發展	學前教育	所有幼教方案
澳大利亞	0.3	0.2	0.4	4	47	21	10,054	10,298	10,146
奧地利	0.1	0.5	0.6	69	87	84	9,434	7,716	7,954
比利時	m	0.7	m	m	96	m	m	6,975	
加拿大	m	m	m	m	m	m	m	m	
智利	x(3)	x(3)	0.9	x(6)	x(6)	82	x(9)	x(9)	4,599
捷克共和國	a	0.5	0.5	a	92	92	a	4,447	4,447
丹麥	x(3)	x(3)	1.4	x(6)	x(6)	81	x(9)	x(9)	10,911
艾斯托尼亞	x(3)	x(3)	0.4	x(6)	x(6)	99	x(9)	x(9)	2,193
芬蘭	0.4	0.8	1.2	90	89	89	17,860	9,998	11,559
法國	a	0.7	0.7		93	93	a	6,969	6,969
德國	0.3	0.5	0.8	70	79	76	13,720	8,568	9,744

表6-16　OECD各國幼教經費支出的情形（2012年）（續）

	教育經費支出占GDP比例			公部門預算支出占整體支出比重			每位幼兒的年度教育開支（美元）		
	幼兒發展	學前教育	所有幼教方案	幼兒發展	學前教育	所有幼教方案	幼兒發展	學前教育	所有幼教方案
希臘	m	m	m	m	m	m	m	m	
匈牙利	m	0.7	m	m	92	m	m	4,539	
冰島	0.6	1.1	1.7	88	85	86	12,969	10,250	11,096
愛爾蘭	m	m	m	m	m	m	m	m	
以色列	m	0.7	m	m	85	m	m	3,416	
義大利	a	0.4	0.4	a	91	91	a	7,892	7,892
日本	a	0.2	0.2	a	44	44	a	5,872	5,872
韓國	m	0.3	m	m	62	m	m	5,674	
盧森堡	m	0.7	m	m	99	m	m	19,719	
墨西哥	x(3)	x(3)	0.6	x(6)	x(6)	83	x(9)	x(9)	2,445
荷蘭	a	0.4	0.4	a	87	87	a	8,176	8,176
紐西蘭	0.4	0.6	1.0	72	87	80	12,656	9,670	10,726
挪威	1.0	1.1	2.1	86	86	86	15,604	9,050	11,383
波蘭	a	0.7	0.7	a	76	76	a	6,505	6,505
葡萄牙	m	0.6	m	m	61	m	m	5,713	
斯洛伐克	a	0.5	0.5	a	83	83	a	4,694	4,694
斯洛維尼亞	0.4	0.8	1.3	75	79	78	11,665	7,472	8,726
西班牙	0.2	0.7	0.9	62	73	70	7,924	6,182	6,588
瑞典	0.5	1.2	1.8	m	m	m	14,180	12,212	12,752
瑞士	a	0.2	0.2	a	m	m	a	5,457	5,457
土耳其	m	m	m	m	m	m	m	m	
英國	0.1	0.5	0.6	64	63	63	9,495	10,699	10,548
美國	m	0.5	m	m	75	m	m	10,042	
OECD平均	0.4	0.6	0.8	68	80	78	12,324	8,008	7,886
EU21平均	0.3	0.7	0.8	72	84	83	12,040	8,146	7,977

資料來源：OECD (2015b). *Education at a Glance 2015: OECD Indicators.* OECD Publishing. p.335. Retrieved from http://dx.doi.org/10.1787/eag-2015-en.

於幼教的情形普遍外，所占比重亦高；復就各國的情形言，捷克共和國、艾斯托尼亞、法國，以及義大利等國公部門預算支出比重甚至高達九成以上，可見前述國家的教保服務均以公部門提供爲大宗。

雖然歐盟國家整體公部門預算支出占整體支出比重達八成以上，但各國教保服務的提供情形也存在不小差異。有些國家認爲教保服務是一項基本的公共服務，故由國家提供完全足量的教育經費；有些國家則在法規明訂學前教育階段以前（ISCED 0以下）由私部門提供並由父母負擔所有的教保費用，甚至由家長負擔至義務教育入學爲止，但也有許多國家對於年齡較小幼兒就開始提供免費的教保服務（European Commission, 2014）。

例如：比利時（德語區）、丹麥、愛沙尼亞、拉脫維亞、立陶宛、奧地利、斯洛維尼亞、芬蘭、瑞典、冰島和挪威等國的機構式教保服務（centre-based ECEC）完全採公立或由公部門補助。比利時（法德語區）、英國與列支敦士登等國，對較年幼的幼兒就沒有提供公立教保服務的規定；賽普勒斯、馬爾他及英國，年幼幼兒的教保服務由私部門提供，前述國家有60%到100%的幼兒進入私立教保服務機構，主要仰賴父母支付費用（European Commission, 2014）。

部分歐盟國家由政府提供公立教保服務機會，甚至如比利時（弗列明語區）、丹麥和芬蘭均提供公立的家庭式教保服務，不若其他國家以提供教保服務機構爲主。其他國家雖也採行家庭式教保服務，但多是以私立或部分接受政府補助。對於無法完全提供公立教保服務，許多國家則透過經費補助的方式協助減輕家庭的教保負擔，例如給予家庭減免優惠（如稅收或教育券等）以提供非直接的教保補助便是常見的方式。就經費補助方式而言，各國教保服務經費目前就有以直接補助給家庭、給付給教保服務提供者，或是透過前述兩者補助並進等不同的方式（European Commission, 2014）。無論是由政府完全提供／負擔教保服務，或是採經費補助方式提供教保服務費用的減免，都

顯示歐盟國家已正視政府在幼兒教保服務中的角色，協助家庭提供幼兒優質的教保機會是政府與家庭共同承擔的責任。

　　關於幼兒教保服務的實際花費，以OECD國家各級教育階段每位學生的年度支出為例（見表6-17），2011年OECD國家幼教階段每位幼兒平均的年度經費為7,428元，歐盟國家的平均經費則為7,933美元，略高於OECD國家的平均。其中澳大利亞、奧地利、丹麥、德國、冰島、盧森堡、荷蘭、紐西蘭、斯洛維尼亞、英國，以及美國等國家，其在幼教階段每位幼兒平均的年度經費支出均高於OECD與歐盟國家的整體平均。其次，與初等教育階段學生平均年度支出相較，澳大利亞、智利、丹麥、德國、盧森堡，以及紐西蘭等國家，其幼教階段每位幼兒平均的年度經費支出甚至高於初教階段的學生，顯示前述國家對於幼教階段幼兒經費支出的側重。

表6-17　2011年OECD國家各級教育階段每位學生的年度支出（依據全日制教育為基準，使用PPPs進行GDP轉換為美元）

	幼兒教育（3歲以上）	初等教育	中等教育	後期中等教育（非高教）	高等教育	高等教育（含研發活動）	初等到高等教育（含研發活動）
澳大利亞	10,734	8,671	10,354	6,728	16,267	10,068	10,711
奧地利	8,933	10,600	13,607	5,917	14,895	10,487	13,116
比利時	6,333	9,281	11,732	x(5)	15,420	10,075	11,585
加拿大	x(2)	9,232	m	m	23,226	17,006	m
智利	5,083	4,551	4,495	a	8,333	7,897	5,522
捷克共和國	4,302	4,587	7,270	2,205	9,392	6,320	6,931
丹麥	14,148	9,434	10,937	x(4,9)	21,254	4,827	12,136
愛沙尼亞	2,618	5,328	6,389	8,333	7,868	4,827	6,563
芬蘭	5,700	8,159	9,792	x(5)	18,002	10,973	10,905
法國	6,615	6,917	11,109	m	15,375	10,470	10,454
德國	8,351	7,579	10,275	9,694	16,723	10,164	10,904

表6-17 2011年OECD國家各級教育階段每位學生的年度支出（依據全日制教育為基準，使用PPPs進行GDP轉換為美元）（續）

	幼兒教育（3歲以上）	初等教育	中等教育	後期中等教育（非高教）	高等教育	高等教育（含研發活動）	初等到高等教育（含研發活動）
希臘	m	m	m	m	m	m	m
匈牙利	4,564	4,566	4,574	3,165	9,210	7,153	5,410
冰島	9,138	10,339	8,470	x(5)	8,612	m	9,180
愛爾蘭	m	8,520	11,502	11,636	16,095	11,938	10,857
以色列	4,058	6,823	5,712	2,834	11,554	m	7,167
義大利	7,868	8,448	8,585	m	9,990	6,482	8,790
日本	5,591	8,280	9,886	x(4,9)	16,446	m	10,646
韓國	6,861	6,976	8,199	a	9,927	8,168	8,382
盧森堡	25,074	23,871	16,182	m	m	m	m
墨西哥	2,568	2,622	2,943	a	7,889	6,476	3,286
荷蘭	8,020	8,036	12,100	11,532	17,549	10,665	11,701
紐西蘭	11,088	8,084	9,312	9,898	10,582	9,039	9,163
挪威	6,730	12,459	13,939	x(5)	18,840	11,036	14,288
波蘭	6,409	6,233	5,870	10,620	9,659	7,916	6,796
葡萄牙	5,674	5,865	8,676	m	9,640	5,219	7,741
斯洛伐克共和國	4,653	5,517	4,938	x(4)	8,177	6,436	5,667
斯洛維尼亞	8,136	9,260	8,568	x(4)	10,413	8,279	9,233
西班牙	6,725	7,288	9,615	a	13,173	9,436	9,454
瑞典	6,915	10,295	10,938	4,029	20,818	9,922	12,426
瑞士	5,267	12,907	15,891	x(4)	22,882	10,017	16,090
土耳其	2,412	2,218	2,736	a	8,193	m	3,240
英國	9,692	9,857	9,649	a	14,223	10,570	10,412
美國	10,010	10,958	12,731	m	26,021	23,094	15,345
OECD平均	7,428	8,296	9,280	4,811	13,958	9,635	9,487
EU21平均	7,933	8,482	9,615	6,103	13,572	8,741	9,531

資料來源：OECD (2014). *Education at a Glance 2014: OECD Indicators*. OECD Publishing. p.215. Retrieved from http://dx.doi.org/10.1787/eag-2014-en.

　　復以OECD國家各級教育階段每位學生的年度經費支出相對於人均GDP的情形為例，依據表6-18，2011年OECD國家平均幼教階段幼兒年度經費支出相對於人均GDP為21，歐盟國家則為20，兩者所占的比例相近。再以幼教階段與其他教育階段相較，幼教階段的經費支出所占比例與初教相近，高於後期中等教育階段，但仍較中等教育與高等教育階段為低，且約僅占高教階段學生年度經費支出比例之半。值得注意的是，冰島與紐西蘭等兩國在平均幼教階段幼兒年度經費支出相對於人均GDP的比重部分，高於高教階段的學生年度經費支出所占的比重，兩國對於各教育階段平均每位學生年度經費支出的比重十分相近，不因教育階段不同而有大幅度的經費支出差距，該等經費挹注情形對於幼教發展的影響，值得關注。

表6-18　2011年OECD國家各級教育機構每位學生的年度支出（相對於人均GDP）

	幼兒教育（3歲以上）	初等教育	中等教育	後期中等教育（非高教）	高等教育	高等教育（含研發活動）	初等到高等教育（含研發活動）
澳大利亞	25	20	24	16	38	23	25
奧地利	21	25	32	14	35	24	31
比利時	16	23	29	x(5)	38	25	29
加拿大	x(2)	25	m	m	62	45	m
智利	24	21	21	a	39	37	26
捷克共和國	16	17	27	8	35	23	26
丹麥	34	23	26	x(4, 9)	51	m	29
愛沙尼亞	11	23	28	36	34	21	28
芬蘭	15	21	25	x(5)	47	28	28
法國	18	19	31	m	42	29	29
德國	20	18	25	24	41	25	27
希臘	m	m	m	m	m	m	m
匈牙利	20	20	20	14	41	32	24

表6-18　2011年OECD國家各級教育機構每位學生的年度支出（相對於人均GDP）（續）

	幼兒教育（3歲以上）	初等教育	中等教育	後期中等教育（非高教）	高等教育	高等教育（含研發活動）	初等到高等教育（含研發活動）
冰島	24	27	22	x(5)	23	m	24
愛爾蘭	m	20	27	27	37	28	25
以色列	13	23	19	9	38	m	24
義大利	23	25	25	m	29	19	26
日本	16	24	28	x(4, 9)	47	m	30
韓國	24	24	28	a	34	28	29
盧森堡	28	27	18	m	m	m	m
墨西哥	15	15	17	a	46	38	19
荷蘭	19	19	28	27	41	25	27
紐西蘭	35	26	30	31	34	29	29
挪威	14	27	30	x(5)	40	24	31
波蘭	29	29	27	49	44	36	31
葡萄牙	22	23	34	m	38	20	30
斯洛伐克共和國	19	22	20	x(4)	33	26	23
斯洛維尼亞	29	33	30	x(4)	37	29	33
西班牙	21	23	30	a	41	29	29
瑞典	17	25	26	10	50	24	30
瑞士	10	25	31	x(4)	44	19	31
土耳其	14	12	15	a	46	m	18
英國	29	29	28	a	42	31	31
美國	20	22	26	m	53	47	31
OECD平均	21	23	26	15	41	28	27
EU21平均	20	22	26	13	39	28	27

資料來源：OECD (2014). *Education at a Glance 2014: OECD Indicators*. OECD Publishing. p.218. Retrieved from http://dx.doi.org/10.1787/eag-2014-en.

　　目前歐盟國家多數提供至少一年的免費學前教育（pre-primary education），半數歐盟國家在ISCED 0教育階段（3歲以上至入小學）的教育是採取免費提供的方式，但3歲以前的教保服務由父母負擔費用情形不盡相同。在免費提供教保服務的國家裡，教保服務的可及性也高，意味著公部門有提供教保服務機會的責任，且這些機會不因為家庭社經條件而有差異，芬蘭甚至提供幼兒入學期間每天免費供餐一次，由政府完全負擔教保服務費用（European Commission, 2014）。

　　在ISCED 0教育階段就讀私立幼教機構的費用方面，依據2014年歐盟統計局（UNESCO/OECD/EUROSTAT; UOE）的統計結果指出，歐盟國家（EU-28）平均家庭支出在私立教保服務費用約占所得的14.4%，這些費用包含幼兒的學費、伙食費、保健費用等；至於個別國家的統計結果，例如丹麥的家庭支付在教保服務的費用約占所得13.3%，德國、西班牙、賽普勒斯、波蘭、斯洛維尼亞以及冰島等國的家庭教保服務支出則超過所得的20%。

　　前述各國應用於教保服務的經費開支有很大一部分是提供家庭津貼（family allowance），這種家庭育兒津貼存在於所有歐盟國家，不和幼兒入園與否掛勾，幼兒到進入義務教育以前都可獲得津貼補助。其次，採稅賦減免（tax relief）也是常見的方式，賦稅減免也不必然與幼兒入園有關，但有些國家則是政策性鼓勵幼兒入園，會對於入園的幼兒家庭提供稅賦減免，但這種稅賦減免對於貧窮免納稅的家庭則無法提供直接協助。再次，教育券（voucher）的方式也見於許多國家。復次，為了提高幼兒入園的機會，多數歐盟國家會採取一些標準提供入園費用的減免，例如歐盟有25個國家就依照家庭的收入情形提出入園費用的減收規定；另有國家將父母的身分列入入園減免的標準之一，如果父母有全時學生身分時，也可獲得入園費用減免（European Commission, 2014）。關於國家提供教保服務的經費補助

297

形式，許多國家可能併採前述不同補助方式，從多元的角度支持家庭的育兒開支，此等補助都在減輕家庭的教保負擔，並藉以擴增幼兒接受機構式教保服務的機會。

家庭的教保服務負擔情形，也隨著家庭型態而有所差異。以單親和雙親家庭等兩種不同家庭型態為例，歐盟各國的傳統雙親家庭育兒支出占平均家庭薪資的10.3%，其中奧地利約占12%，荷蘭、冰島、瑞士及英國等家庭育兒支出的比例則占超過20%。在單親家庭的育兒支出方面，則不必然較雙親家庭為高；以英國為例，雙親家庭負擔的育兒費用占平均薪資的29%，但單親家庭只占薪資的13%，前述結果與政府福利補貼政策有關（Sturm, 2015）。當政府與家庭共同承擔教保服務的角色，許多國家更細膩地對於不同型態家庭提供差別性支持，讓所有的幼兒都可以得到更有利的教保機會，不致使經費成為影響幼兒接受教保服務的重要因素。

綜合前述OECD與歐盟等國家的幼教經費情形，茲可歸結四項發展趨勢說明如後：

1. 重視人力資源與教育投資已經為發展趨勢

世界各國的教育公共支出所占比例呈現增加趨勢。已開發國家和開發中國家的教育公共支出所占比例也較低開發國家高出許多，已開發國家在平均每位居民的教育公共支出方面，分別約較開發中國家、低開發國家高出26倍、147倍，顯示國家發展情形與教育經費支出有所關聯。其中，開發中國家在教育公共支出占國內生產毛額百分比方面不僅逐年成長，所占比例也僅略低於已開發國家，反映出開發中國家對教育投資的重視與人力資源的需求殷切。

2. OECD各國公部門幼教經費支出占大宗

OECD各國和歐盟各國幼教教育經費支出占GDP比例的平均均為0.8；若以公部門預算支出占整體支出比重言，OECD各國和歐盟各國平均分別為78%、83%，各國以公部門經費挹注於幼教的情形普

遍，所占比重亦高，其中捷克共和國、艾斯托尼亞、法國，以及義大利等國公部門預算支出比重甚至高達九成以上，前述國家公部門幼教經費支出占大宗。在幼教經費的環節方面，公部門的經費將越發占有較大比重。

3. 政府與家庭共同承擔幼兒教保責任，各國經費協助的管道不一

就OECD國家言，教保服務有家庭式、公立、父母自行照顧等辦理形式；許多國家無法完全提供公立教保服務，另透過經費補助的方式協助減輕家庭的教保負擔，例如給予家庭減免優惠（如稅收或教育券等）、直接補助家庭教保費用、給付給教保服務提供者，或是透過前述各種補助並進等不同型態為之。在經費補助的方式上，提供家庭津貼、稅賦減免、教育券、依據家庭條件給予入園費用減免等，都是常見的方式。無論是由政府完全提供／負擔教保服務，或是採經費補助方式提供教保服務費用的減免，都顯示歐盟國家已正視政府在幼兒教保服務中的角色，協助家庭提供幼兒優質的教保機會是政府與家庭共同承擔的責任。

4. 部分國家不因教育階段而有差別性經費投入

以冰島與紐西蘭兩國為例，幼兒年度經費平均支出相對於人均GDP的比重高於高教階段的學生經費支出比重，兩國對於各教育階段平均每位學生年度經費支出的比重十分相近，不因教育階段不同而有大幅度的經費支出差距。另以幼教與初教階段的學生平均年度支出相較，澳大利亞、智利、丹麥、德國、盧森堡，以及紐西蘭等國家的幼兒平均年度經費支出，甚至高於初教階段的學生，顯示前述各國對於幼兒教保經費支出的側重。當教育經費的投入不隨學生年齡呈現正比，幼教將可獲得更加充裕的經費支持，對幼兒教保品質的提升將更有助益。

☺ 第五節　幼教生師比與師資資格規範

　　近年來，提升教保服務品質逐漸成為各國發展的目標，有些國家透過政策變革以調整幼教機構的組織及其功能；有些則訂出幼兒入園率或入園人數的政策目標，以提升幼兒入園機會為優先；亦有以提升教保機構的師資條件規範，藉以保障幼兒的教保品質；或有著重師生比例，從實質互動條件確保幼兒獲得良好的教保服務機會。前述各項提升教保服務品質的作為中，教保服務人員一直是廣受討論的核心，甚至成為各國政策發展與改革的對象。

一、幼教機構的生師比

　　依據UIS（2013）針對世界130個國家的幼教生師比（pupil-teacher ratios; PTRs）統計指出，整體而言，自1999年生師比平均為20：1的情形，到2013年仍舊維持在此等水平。進一步分析不同地區的幼教生師比情形，其中歐洲與中亞地區（ECA）的生師比最低，平均每一位老師照料8到10名幼兒；但南亞（SAS）在2007年時，生師比仍舊高達40：1；另撒哈拉以南非洲（SSA）在2011年時，生師比也高達27：1。

　　2006到2012年間，幼教生師比最高的10個國家前三位依序為非洲的坦尚尼亞（Tanzania）、中非共和國（Central African Rep.）以及馬里共和國（Mali），10個國家中有8個都位於撒哈拉以南非洲（SSA），每位老師平均照顧的幼兒數自35到57名不等。相對地，有22個國家的幼教生師比是低於10，而這些國家多數集中在歐洲及中亞地區（ECA）或是屬於高所得國家。

　　其次，以歐盟國家為例，各國幼教機構的生師比如表6-19。依據各國幼教機構生師比的情形發現，師生比的規範與幼兒年齡存有相當

程度的關聯，其中3歲更可視為重要的分界指標。以比利時為例，3
歲以下幼兒與教師的比例不高於7：1，3歲以上幼兒與教師比例則不
高於20：1。另以芬蘭為例，其師生比的規範與其他國家略有不同，
3歲以下幼兒與教師的比例不高於4：1，3歲以上幼兒與教師比例則
不高於7：1，每位幼兒平均可獲得的教保條件明顯較優。復以英國
為例，2歲以下幼兒與教師的比例不高於3：1，更可見該國對年幼幼
兒教保條件的重視。

表6-19　2014年歐盟各國幼教機構的生師比（依不同幼兒年齡分）

	幼兒年齡					
	1歲以下	1	2	3	4	5
BE fr 比利時—法語區	7	7	7	20	20	20
BE de 比利時—德語區	6	6	6	19	19	19
BE nl比利時—佛來明區	6.5	6.5	6.5	nr	nr	nr
BG 保加利亞	nr	nr	nr	nr	nr	nr
CZ 捷克	nr	nr	nr	nr	nr	nr
DK 丹麥	nr	nr	nr	nr	nr	nr
DE 德國	5	5	5	14	14	14
EE 愛沙尼亞	nr	8	8	8	12	12
IE 愛爾蘭	3	5	8	8	8	na
EL 希臘	4	4	4	12.5	12.5	25
ES 西班牙	nr	nr	nr	nr	nr	nr
FR 法國	5	8	8	nr	nr	nr
HR克羅地亞	nr	nr	nr	nr	nr	nr
IT 義大利	variable	variable	variable	variable	variable	variable
CY 賽普勒斯	6	6	16	25	25	25
LV 拉脫維亞	nr	nr	nr	nr	nr	nr
LT 立陶宛	3	10	15	20	20	20

表6-19　2014年歐盟各國幼教機構的生師比（依不同幼兒年齡分）（續）

	幼兒年齡					
	1歲以下	1	2	3	4	5
LU 盧森堡	6	6	8	8	11	11
HU 匈牙利	6	6	7	nr	nr	nr
MT 馬爾他	3	5	6	15	20	na
NL 荷蘭	:	:	:	:	:	:
AT 奧地利	5	7.5	7.5	12.5	12.5	12.5
PL 波蘭	8	8	8	nr	nr	nr
PT 葡萄牙	5	7	9	7.5	12.5	12.5
RO 羅馬尼亞	4	5	6	17	17	17
SI 斯洛維尼亞	6	6	6	8.5	11	11
SK 斯洛伐克	nr	nr	10	20	21	22
FI 芬蘭	4	4	4	7	7	7
SE 瑞典	nr	nr	nr	nr	nr	nr
UK-ENG 英格蘭	3	3	4	13	13	na
UK-WLS 威爾斯	3	3	4	8	8	na
UK-NIR 北愛爾蘭	3	3	4	8	na	na
UK-SCT 蘇格蘭	3	3	5	8	8	na
IS 冰島	nr	nr	nr	nr	nr	nr
TR 土耳其	nr	nr	nr	nr	nr	nr
LI 列支敦士登	variable	variable	variable	variable	variable	variable
NO 挪威	9	9	9	18	18	18
CH 瑞士	6	6	8	8	nr	nr

資料來源：European Commission (2014). *Key Data on Early Childhood Education and Care in Europe* (2014 Edition). Eurydice and Eurostat Report. Luxembourg: Publications Office of the European Union. p.45. Retrieved from http://eacea.ec.europa.eu/education/eurydice/documents/key_data_series/166EN.pdf.

　　復以OECD國家為例，2013年OECD各國幼教方案的生師比與入園年齡的情形如表6-20。依據統計結果，OECD各國在ISCED 01階段整體平均的生師比為14：1，如計入助理人員等之生員比為9：1；此教育階段歐盟（EU）各國整體平均的生師比為7：1，如計入助理人員等之生員比為6：1，歐盟的生師比條件較OECD國家為佳。另就ISCED 02階段言，OECD各國整體平均的生師比仍為14：1，如計入助理人員等之生員比為12：1；歐盟（EU）各國整體平均的生師比為13：1，如計入助理人員等之生員比為11：1，此等生師比條件與OECD國家約略相當。歐盟各國在3歲以下幼教階段的師生比條件遠較OECD各國為佳，可見對年幼幼兒教保條件的重視。

表6-20　OECD各國幼教方案生師比與入園年齡（2013年）

| | ISCED 01階段全日班別的生師比 | | ISCED 02階段全日班別的生師比 | | 不同特性的幼教方案 | | | | | | |
	生員比(含教師與助理)	生師比	生員比(含教師與助理)	生師比	最早入學年齡	一般開始入學的年齡	接受幼教時間	ISCED 1的起始年齡	義務教育的入學年齡	義務教育長度	全時(FT)/部分時間(PT)
澳大利亞	m	m	m	m	3	4	1	5	a	a	PT
奧地利	6	9	9	14	3	3	3	6	5	1	FT
比利時	a	a	m	16	3	3	3 to 4	6	a	a	FT
加拿大	m	m	m	m	m	m	m	6	m	m	m
智利	9	13	19	27	0	4	2	m	a	a	FT/PT
捷克共和國	a	a	14	14	3	3	3	6	a	a	FT
丹麥	m	m	m	m	0	1	5	6	a	a	FT
艾斯托尼亞	m	x$_{(11)}$	m	9	0	3	4	7	m	m	FT
芬蘭	m	m	m	10	0	1	5 to 6	7	m	m	FT
法國	a	a	15	22	2	2 to 3	3	6	a	a	FT
德國	5	5	9	10	3	3	3	6	a	a	FT
希臘	m	m	12	12	4	4	1 to 2	6	5	a	FT
匈牙利	m	m	11	11	3	3	3	7	5	1	FT
冰島	3	3	6	6	0	2	4	6	a	a	FT/PT
愛爾蘭	a	a	m	m	3	3	1	4 to 5	a	a	FT/PT

表6-20　OECD各國幼教方案生師比與入園年齡（2013年）（續）

	ISCED 01 階段全日班別的生師比		ISCED 02階段全日班別的生師比		不同特性的幼教方案						
	生員比(含教師與助理)	生師比	生員比(含教師與助理)	生師比	最早入學年齡	一般開始入學的年齡	接受幼教時間	ISCED 1的起始年齡	義務教育的入學年齡	義務教育長度	全時(FT)/部分時間(PT)
以色列	m	m	m	m	3	3	3	6	3	3	FT
義大利	a	a	14	14	m	m	m	m	a	a	FT
日本	a	a	14	15	3	3	3	6	a	a	FT
韓國	m	m	m	m	3	3 to 5	3	6	m	m	FT
盧森堡	a	a	11	11	3	3	3	6	4	2	FT
墨西哥	26	83	25	25	3	4 to 5	3	6	3	3	FT
荷蘭	a	a	14	16	3	3 to 4	2 to 3	6	5	1	FT
紐西蘭	m	4	m	8	0	3	2	5	a	a	FT/PT
挪威	$x_{(10)}$	$x_{(11)}$	5	11	0	1	5	6	a	a	FT/PT
波蘭	a	a	m	16	3	2 to 3	4	7	6	1	FT
葡萄牙	a	a	m	17	3	3	3	6	a	a	FT
斯洛伐克	a	a	13	13	2	3	3	6	a	a	FT
斯洛維尼亞	6	6	9	9	3	3	3	6	a	a	FT
西班牙	m	9	m	15	0	2 to 3	3 to 4	6	a	a	FT
瑞典	m	5	6	6	1	1 to 2	4 to 5	7	a	a	FT/PT
瑞士	a	a	m	16	4	5	2	6	4	2	FT
土耳其	m	m	m	17	3	4 to 5	1 to 3	6	a	a	FT
英國	m	m	m	10	3	3	2	5	a	a	FT/PT
美國	a	a	10	12	3	4	1	6	a	a	FT/PT
OECD平均	9	14	12	14	--	--	--	--	--	--	--
EU21平均	6	7	11	13	--	--	--	--	--	--	--

資料來源：OECD (2015b). *Education at a Glance 2015: OECD Indicators*. OECD Publishing. Retrieved from http://dx.doi.org/10.1787/eag-2015-en.

　　臺灣的生師比規範也與前述歐盟國家相似，係以教保服務的對象進行區分。依據《幼兒教育及照顧法》的規定，2歲班的生師比不得高於8：1，3歲以上班級的生師比則不高於15：1，前述條件與挪威的規範相近；惟此等生師比是否可以提供教保服務人員相對充裕的工作條件，進而可以提供幼兒更高品質的教保服務，仍有待探究。

二、幼教師資的資格規範

由於各國幼教現況多元，關於師資資格的規範也各有差異。以前述歐盟各國的現況爲例，幼兒教保服務機構會僱用領域專長不同的服務人員，其專長和功能不盡相同。在某些國家，國內的教保服務機構會同時設置不同類型的專業人員；又或相似角色的人員在不同國家的職稱不一，在理解各國幼教師資的資格規範時，有必要逐一了解其脈絡。

例如：法國托兒所（crèches）的主要人員要求是「助理護理士」（auxiliaires en puériculture），學歷要求是高級中等教育，但幾乎所有的托兒所同時間都會具有學士文憑的聘任幼教人員（éducateurs des jeunes enfants）和護理士（puéricultrices）。又如英國（含英格蘭、威爾斯和北愛爾蘭），在幼教機構的工作人員沒有一致的職稱，最常見的職稱是具中學以上文憑的「幼教支持人員」（early years support staff）和「護理士」（nursery nurse），另有助理人員（nursery assistant）則是沒有正式的資格規範。也有機構會用「教保實務人員」（early years practitioners）、「幼教老師」（early years educators）、「基礎階段教師」（foundation stage teachers）、托兒所助理（pre-school assistants）等職稱，學歷要求也各有不同（European Commission, 2014）。

基於各國教保服務人員的職稱與養成的差異性，「歐盟執行委員會」（European Commission, 2014）的調查報告將所有提供幼兒直接與經常性服務的人員，歸納爲下述三類人員：

1. 教育人員（educational staff）：職稱爲幼兒教師（teachers / pedagogues/educators）。此類人員通常有高教文憑，在教保機構主掌幼兒的團體性教保服務；他們的任務通常是依據相關的課程加以設計與傳遞發展合宜活動，透過藝術、遊戲和

音樂活動等傳遞創造性表達的機會。有些國家會規定以資深教育人員擔任幼教機構的管理者；另有些國家（如希臘、法國、義大利）會將任教較低年齡幼兒者稱爲"educator"，任教學前班者稱爲"teacher"，學歷規定也有些差異。

2. 保育人員（care staff）：此類人員的職稱多元，包含child-minders/childcare workers/child carers/nursery nurses/nurses等，只要提供幼兒照顧和支持性服務。許多國家要求此類人員需有高級中等學校的學歷，有些國家的教保人員可以在一些機構單獨擔任幼兒教保的工作，但有些國家的教保人員則是需要與其他教保人員一起合作。除擔任幼兒教保工作外，德國、匈牙利、芬蘭、瑞典和英國的保育人員也可以擔任年紀較長兒童的教保工作。

3. 助理人員（assistant/auxiliary staff）：主要職掌是協助教育或保育人員。在歐洲半數國家，幼教機構可以聘用助理人員協助幼兒或兒童的教保工作，許多國家對助理人員的最低學歷要求爲高中學歷，但有些國家則沒有明確的條件規範。助理人員主要協助課程的實施並協助幼兒的學習、用餐，以及活動引導等。

前述各類人員在歐洲各國的任用情形不一，有些國家任用其中兩類人員，有些國家則同時進用三類人員。三分之一的歐洲國家進用人員的規範是依照照顧幼兒的年齡而定，較大年齡幼兒的教保工作主要由教育人員，有些國家則規定助理人員只能協助較年幼幼兒教保工作，或是協助教育人員的工作。少數國家如克羅地亞、立陶宛和羅馬尼亞的幼教機構只聘任教育人員，比利時、保加利亞、馬爾他、波蘭和列支敦司登則是只規定聘用保育人員一類。

歐洲國家中，有12個國家的教育和保育人員的學歷要求是學士學位以上，有些國家規定前述人員可以擔任所有年齡層的幼兒教保工

作，另有許多國家的人員證照則會規定適用教保服務的幼兒年齡層。在可擔任所有年齡層的幼兒教保工作的國家中，人員資格至少需完成三年教育領域的學士學位，葡萄牙和冰島甚至要求碩士學歷，只有德國和奧地利的學歷要求為大專；無論教保服務對象為何，前述人員訓練課程的基本內容均相同，但在養成訓練的後期可能根據教保對象進行許多差異性的專業訓練（European Commission, 2014）。

　　許多國家如果將教保服務依據幼兒年齡而拆成不同的系統時，照顧年紀較輕幼兒的保育人員或教育人員的學歷規範通常是高中或專科，訓練時間兩年到五年不等，少數國家對於照顧年幼幼兒的教保人員學歷甚至沒有規範（如愛爾蘭、斯洛維尼亞）；有些國家會規定具有合格證照人員的聘用比例（如愛爾蘭），但也有國家只規定聘用人員的學歷要求（如希臘、法國、葡萄牙、土耳其）。對於較大年齡的幼兒教保服務，通常規定人員需完成三到四年的學士學位以上，但法國和義大利則要求碩士學歷，捷克、斯洛伐克和英國（蘇格蘭）則要求高中以上，愛爾蘭和馬爾他則要求專科學歷（European Commission, 2014）。

　　為進一步了解各國有關幼教師資資格規範的脈絡，以下擇取數個國家為例，將幼教師資資格規範的情形分述如後。

（一）奧地利

　　近年來奧地利政府的明確政策目標之一，就是從幼兒時期鞏固幼兒的語言能力，尤其是針對來自非德語區幼兒進行德語的強化訓練（Bennett, Bettens, & Buysse, 2008; European Union, 2015）。

　　奧地利政府規劃2013至2018年要進行ECEC的改善計畫，政策包含對於4歲幼兒進行語言能力的測驗，並設計出能針對個別幼兒協助的適切支持性評量方式，以及早幫助幼兒入學的順利銜接。前述轉銜過程的改善包含每個幼兒從托兒所（pre-school）或托育中心（nurs-

307

ery）進入小學，幼教的最後一年為強迫入學方式，和入小學的前兩年成為「聯合入學階段」（joint school-entry phase）。奧地利教育部從2014/15學年度開始進行計畫的測試，預計在2014-2016兩學年度在所有地區開始進行全國性的實施。前述計畫的理念是希望透過早期的介入養成幼兒良好的能力，為將來進入學校學習做好紮實的準備（European Union, 2015）。

關於幼教建物、課程以及成員所需的訓練標準，由各省立法進行規範，這些立法的規範比較全面，但有些育兒機構（child care institutions）則是透過每年的定期與不定期的訪視以確保提供的品質。幼稚園（kindergarten）與托兒所（crèche）的成員有六成左右的幼教人員（Kindergartenpädagoginnen）、三成左右的助理保育人員（Erzieherinnen）（其中有四分之一左右接受過幼教專業訓練），其餘一成則是接受其他專業訓練的人員。

在幼教人員的訓練規範方面，奧地利有24所幼兒教保訓練機構或職業學校（Fachschulen）提供五年期的「幼教人員培訓課程」（Bildungsanstalten für Kindergartenpädagogik）；如果想進入幼稚園或托兒所工作，必須提出通過前述學位考試與中等學校離校考試（matriculation）的證明。幼教人員通常會在幼稚園裡擔任3到6歲班的幼教老師，也有些人會在托兒所從事0到3歲幼兒教保工作，但托兒所多數仍是接受「社會教育培訓課程」（Bildungsanstalten für Sozialpädagogik）的助理教保人員。

奧地利幼教人員的訓練單位為幼兒教保訓練機構或職業學校，約為受過中等教育以上的水平，相較於歐洲其他國家是學歷要求最低的國家。近年來，面對幼兒的多元性、家長教育水平漸增，以及促進婦女工作均等機會的要求下，要求幼教人員資格提升到高教水平的呼聲四起，也成為該國幼教發展的重要議題（OECD, 2006）。

(二)比利時

　　比利時提供免費但非強迫的幼兒入園機會，幼兒滿2歲半以後就可以選擇接受幼兒園教育。該國的職前教師的訓練依照教學的類型加以分化，幼教老師和小學老師的薪資並無差異。幼兒園的老師（kleuterleidsters）、小學以及前期中等學校教師都接受高教機構或師資訓練學院的教育訓練，包含後期三年的18學分課程（Bennett, Bettens, & Buysse, 2008）。在基礎能力課程中包括教育學知識、理念、技巧和態度等培養，其中不同教育階段的老師所需的訓練內容有所差異，但由各培育學校自行拿捏其間的共通性。幼兒園老師的訓練必須包含至少選擇一個教學現場針對不同需求幼兒的教育實習，前述不必然在特殊學校實施。如果想要獲得特教專長（special 17 education），可以透過兩年部分時間的在職訓練獲取資格（OECD, 2000）。

(三)加拿大

　　加拿大政府規定，幼教中心（early childhood centres; CPEs）和私立托育中心（家庭式或學校式的托育中心除外）至少三分之二需要具備合格的教育人員資格，其餘的助理人員和教育人員至少需要中學文憑並有兒童照顧經驗與急救證書（first aid certificate）。在學校的托兒所教保人員（daycare educators）需有托兒所教保人員專業證照（AEP）（Service Canada, 2016）。

　　幼教人員（Early Childhood Educators; ECEs）服務的對象為初生到12歲，包含Preschool Teachers、Childcare Workers、Day Care Workers、Child Care Practitioners、Home Child Care Visitor/Consultant、Nursery School Teachers、Child Care Assistant Supervisors、Day Care Supervisors、Child Care Coordinators等類人員，Supervisor和Coordinator等人員至少需要兩年以上的工作經驗。

以西北地方（Northwest Territories; NWT）爲例，主掌教師證照的政府單位爲「教育、文化與就業部」（Department of Education, Culture and Employment），規定每個學校老師都要有證照，老師必須持有師培課程修畢證明才能申請證照，以下幾種管道是被認可的學位（Service Canada, 2016）：

1. 接受過四年或五年的學士教育。
2. 四年的學位教育，其中包含至少一年的師資訓練。
3. 三年的學位教育加上至少一年的專業性師資訓練（如師範學院、學士後一年的教育學位等）。

在加拿大所有的省／領土區（愛德華王子島除外），合格的幼稚園教師（kindergarten teachers）都要完成四年師資培育本科學位，或三年的學位外加一年的師資訓練。幼稚園教師需要使用該省／領土區所規定的課程，幼稚園的班級規模通常爲19至23人（OECD Directorate for Education, 2003）。另依照《幼兒保育設施法》（Child Care Facilities Act, 2005）的規定，師生比是依照不同年齡的教保對象而定，其中教保對象0-2歲者的師生比爲1：3，2-3歲爲1：5，3-5歲爲1：10，5-7歲爲1：12，7歲以上爲1：15；同法也要求幼教教師都必須擁有ECEC專長的學位，學歷水準至少爲大學。

復以安大略省（province of Ontario）爲例，2007年通過《幼教人員法案》（Early Childhood Educators Act, 2007），2008年成立「幼兒教保人員學院」（College of Early Childhood Educators），該學院並非培育幼教人員的教育機構或專業組織，而是爲已登記的幼教人員（registered early childhood educators; RECEs）設定登記要件以及倫理與專業信條的單位，處理會員的心聲並引領會務的紀錄發展，取代以往由官方單位對幼教人員的管理方式；此學院的設立對於幼教專業發展是一重要里程碑（Service Canada, 2016）。

（四）芬蘭

6歲以下的幼兒都有權在父母的決定之下接受幼兒教保服務。各地方政府負責規劃幼兒教保服務內容，負責其品質並進行視導，家長可以自由地選擇公立或公共性的附設私立幼教機構。在芬蘭，提供幼教服務的機構包含托兒中心（day-care centres）、家庭托兒中心（family day-care）、地方教會設置或非營利組織設置的不同幼教型態等。2005年，《幼兒教保課程綱要》（Curriculum Guidelines on ECEC, 2005）頒行，教保內容悉依該課程綱要規定（Bennett, Bettens, & Buysse, 2008）。

芬蘭的幼兒園是一個多元專業並存的機構，在幼兒園中直接與幼兒接觸的專業人員至少有幼兒園教師（kindergarten teachers）、特殊幼兒教師（special kindergarten teachers）、社工領域教師（social educators），以及幼兒園護士（practical nurses）等四類專業人員（Grierson, 2000），一般以及特殊幼兒教師，須經由大學（university）幼兒教育學系3年的課程訓練；社工領域教師的訓練機構為科技大學（polytechnic）3年半的訓練；而幼兒園護士則是需要在高中護理專科的學校受訓3年，才得以在幼兒園工作（OECD, 2001）。前述人員的專業背景及訓練過程各有不同，因此營造一個跨領域合作的模式在幼兒園中相當重要，以針對幼兒的需求，提供適切的學習活動。

2015年8月，芬蘭通過學前教育（pre-primary education）免費（其他幼兒教保服務的費用端賴家庭收入與幼兒數而定），由托兒中心及學校提供，地方政府有權規劃與實施。課程則依賴2010年通過的《國定學前教育核心課程》（National Core Curriculum for Pre-primary Education, 2010），2014年再次修訂並於2016年實施。2015年8月，中央負責督導幼兒教保服務的機構改為教育部（Finnish National Board of Education），並著手籌備全國性的幼兒教保服務課程。

(五)德國

德國的教保服務除非涉及健康照護與社會議題時聯邦政府具有管理角色外，其餘均隸屬各州政府權責。但近年來，教保服務成為一項全國性廣受討論的優先事務，像是2011年開始的「起始機會行動計畫」（Frühe Chancen），後續聯邦政府又訂出2013年之前全國增加3歲以下幼兒教保服務場所35%的政策目標，並且提供實質財政支持以協助前述目標的達成，都可看出政府在教保服務管理角色的發展與改變；前述也使德國近年出現招收3歲以下幼兒的機構數量增加，招收較大年齡幼兒的機構數量反而減少的情形（Lindeboom, & Buiskool, 2013）。

在德國，3歲以上的幼兒有權進入教保機構直到義務教育階段為止，但東、西德關於幼兒進入教保機構的情形很不相同，其中東德的母親在職工作情形普遍，西德的母親則以部分時間工作甚至無需外出工作為多，也使其間的幼教需求殊異。3歲以上的幼兒多進入幼稚園（kindergarten）；另有公、私立並存的教保機構Krippen/Gärten，復有如紅十字會等公益團體設置的教保機構，以及私立教保機構也十分普遍。除托育中心（Kinderkrippen）與幼稚園外，另有「托兒所」（pre-school）主要提供特殊幼兒教保服務，由於特殊幼兒的教保服務逐漸融於一般性的教保機構，托兒所的數量近年逐漸減少。前述除幼稚園受「教育部」（Ministries of Education）管轄外，其餘教保服務機構則由「家庭事務部」（Ministries of Family Affairs）所轄（Lindeboom, & Buiskool, 2013）。

2005年，德國通過「兒童照顧發展法案」（Tagesbetreuungsaus-baugesetz - TAG）訂下托育機構保母的最低資格門檻，以確保托育機構的品質。在前述法案的規範下，各州政府接續訂定教保機構的成員資格標準，以North Rhine Westphalia（NRW）為例，教保服務人員

至少需要完成「職業專科學校」（Fachschulabschluss）的學歷，具有前述資格者至少需占成員的的半數，其他的員工就不一定要具備特殊的專門知能或教師的證照，關於其他非正式托育或家庭式托育服務者，就沒有特別訂出資格標準的規範。師資培育機構的畢業生必須通過考試，緊接者參加實習（Referendariat），親自觀摩教學實務與課程；實習為期兩年，並需再通過由各州辦理的考試方為合格；又僅極少數人願意只取得第一級證照資格，故在一位教師完全取得資格進入教室任教，通常已經將近30歲了（Lehmann, 1995）。因此，德國的幼教師資培育由職業或技術高等教育機構負責，師資培育重視教師的教學實務能力，以應實際教學所需。

(六) 日本

日本使用「保育」（hoiku）一詞已逾130年，此概念與當前所用ECEC或ECCE的概念相近，並且與「學校教育」（gakko kyoiku）的概念有明顯的區隔，顯示當年對於幼兒有別於學齡兒童的特殊發展需求已經有相當程度的理解（National Institute For Educational Policy Research, 2011）。日本幼教分為幼稚園（youchien）與托兒所（hoikujo）等兩系統，各有不同的功能與發展背景，但近年為回應「教保一體」的要求，從法令面與實質面就兩系統的功能運作與組織等再行檢討，加上少子化議題的對應等，已成為日本社會廣獲關切的議題。

日本第一所幼稚園出現於1876年，為「東京女子師範學校」（現為Ochanomizu University；御茶水女子大學）所附設，以採行福祿貝爾恩物融入課程而聞名，當時為服務中上社會人士之子女，之後逐漸普及以招收3歲入小學前的幼兒為主，以提供半天的教育服務。在托兒所方面，最初是提供無法獲得家庭照料的嬰幼兒保育服務，1890年代出現在東京貧民窟提供貧窮幼兒保育服務的托兒所，其中最著名便是「雙葉托兒所」（Futaba Day Nursery），由畢業於

「東京女子師範學校」並曾任幼稚園教員的德永紀（Yuki Tokunaga, 1887-1973）所創設（National Institute For Educational Policy Research, 2011）。前述發展起源雖異，但隨著招收對象、教保內容、收托時間等界線越漸模糊之餘，當前已特別著重在如何提供幼兒適性教保服務的討論。

除幼稚園與托兒所之外，2006年中央政府通過設置「認證幼兒園」（nintei kodomoen）提供0至5歲幼兒教保服務，以教保一元化的概念成為幼兒教保的另一選擇。在師資條件方面，幼稚園師資係依據《教育人員免許法》（Menkyoho Shiko Kisoku）而進用教諭，教師證照分成三級：具研究所以上學歷者為「專業證照」、大學畢業為「一級證照」、專科學位為「二級證照」，前述證照效期為十年，屆期需換照；托兒所方面，依據《兒童福祉法》的規範而進用保育士，為專科以上並修畢保育訓練課程者；「認證幼兒園」的師資方面，任教2歲以下幼兒者需具備保育士資格，任教3歲以上班級則需具備教育或保育士資格任一（Liu, Nakata, Hiraiwa, Niwa, & Shishido, 2011）。

(七) 美國

美國的教保服務主要由各州主責，州政府對於教保服務機構、人員資格等條件有權訂定規範，使得各州教保服務的內容不盡相同。茲以印第安納州（State of Indiana）為例，就幼教師資的資格規範說明如後。

印州教育局（Indiana Department of Education; IDOE）鼓勵各師培機關提出多元且具有創意的教學計畫，新設的師培規劃可隨時向印州教育局「師培效能與領導辦公室」（Office of Educator Effectiveness and Leadership）提出新設計畫，採隨到隨審的方式，一般而言在90天之內會完成審議。師培機構所提出的新設計畫必須包含下述

幾項層面：（Indiana Department of Education, 2016a）

1. 理念
2. 課程：所提的課程必須依據下述分類：
   (1) 評量
   (2) 有助於P-12學生學習的科技應用
   (3) 文化能力
   (4) 科學本位的閱讀教學（Scientifically Based Reading Instruction; SBRI）
3. 臨場教學的規劃
4. 評量
5. 方案的管理
6. 規劃的實施期程

欲取得幼教教師合格證者，必須通過下述階段的測驗：（Indiana Core Assessment, 2016）

1. 基本技能測驗（Basic Skills Assessment）：包含
   (1) 核心學科測驗：閱讀
   (2) 核心學科測驗：數學
   (3) 核心學科測驗：寫作
   必須三個學科都達到通過成績，才可申請就讀師培課程。
2. 基礎實務證照（Initial Practitioner Licenses）
   以幼教為例，可申請Early Childhood Education [P-3]或Elementary Education [K-6]等證照，可任教的年齡有所差異。申請人必須通過即將任教年級的發展領域測驗。
3. 教師證照（License）
   美國的教師證照是依據教師可任教的年齡層而分，現有教師證照均同時跨幼教與小學等階段。茲將不同證照的資格要求列述如後：

(1) Early Childhood Generalist [P-3]：需完成獲得認可的師培
課程後，並通過下述所有考科的測驗

甲、幼教專業分測驗1：閱讀與英文藝術

乙、幼教專業分測驗2：數學

丙、幼教專業分測驗3：科學、健康、體育

丁、幼教專業分測驗4：社會科學與藝術

(2) Elementary Education Generalist [K-6]：需完成獲得認可的
師培課程後，並通過下述所有考科的測驗

甲、初教專業分測驗1：閱讀與英文藝術

乙、初教專業分測驗2：數學

丙、初教專業分測驗3：科學、健康、體育

丁、初教專業分測驗4：社會科學與藝術

在實際的考科測驗方面，測驗型態採電腦上機方式，考生採預約
方式指定測驗日期，測驗結束即可獲得臨時的測驗結果報告，只要達
成通過門檻就可通過考科，詳細規範如表6-21。

表6-21 印第安納州幼教專業（Early Childhood Generalist [P–3]）師資證
照考試的相關規範

測驗型態	電腦上機測驗，內含100題複選題。
測驗時間	105分鐘
測驗日期	採預約制，全年開放。依據預約的順序排考。
測驗地點	CBT可以在印州或其他以外的地區測驗
通過門檻	220分
與測驗有關的參考資料	無
測驗費用	$114元（美金）
測驗結果通知	測驗結束當場可獲得一張臨時的測驗結果報告。10個工作天之後也可以上網輸入帳戶資料下載成績單。
測驗規則	登記測驗就代表會遵守所有的測驗規則

　　持有其他州有效教師證欲到印州工作者，在申請印州的教師證之前，可以先申請一年的互惠許可證（Reciprocal Permit）作爲緩衝，但之後仍須取得印州的合格證照。欲申請印州的教師證，申請人需在印州教育局（IDOE）的「線上證照驗證資訊系統」（License Verification and Information System; LVIS）提出申請，同時需檢附所需的證明文件材料以完成換證的作業。

　　綜合前述各國幼教服務人員的培育與相關規範，茲可歸結三項發展趨勢說明如後：

1. 幼教機構生師比的規範依國家發展情形而異

　　各國幼教機構的生師比情形不一，但生師比條件與各國的發展情形有所關聯。例如：在幼教生師比低於10：1的國家中，多數集中在歐洲、中亞地區（ECA）或是高所得國家，可見國家的發展條件和師生比之間存在相當程度的連動性。其次，細分不同幼教階段，3歲可視爲分界指標，3歲以下班級的生師比又遠較4歲以上爲低。再者，歐盟各國3歲以下幼教的生師比條件較OECD國家爲佳，可見歐盟國家對相對年幼幼兒教保條件的重視。

2. 幼教機構進用的人員不一，任用資格與教保對象有關

　　各國教保服務人員可概分爲教育人員、保育人員，以及助理人員等三類，各國的任用情形不一，有些國家任用其中兩類人員，有些國家則同時進用三類人員，多數國家對於較大年齡幼兒的教保工作主要由教育人員，有些國家則規定助理人員只能協助年幼幼兒教保工作，或是協助教育人員的工作。在教保服務人員的學歷要求上，除極少數國家（如奧地利、德國要求爲大專文憑）外，多數國家都逐漸規範教保服務人員的學歷爲大學層級以上，甚至有部分國家要求碩士學歷（如葡萄牙和冰島），前述學歷提升的趨勢也值得關注。

3. 實習與教保專業訓練逐漸成為必要的培育條件

在培育內容方面，教保服務人員的培育管道的專門化是值得關切的另一趨勢。有的國家以幼兒教保訓練機構或職業學校（如奧地利、德國），有的國家以專門系所培育（如芬蘭），有的國家則要求必須修習特定的學分或學程（如加拿大）。除前述培育方式的差異外，有些國家還會要求教保服務人員領有特定的專業證照（如加拿大規定應有兒童照顧經驗與急救證書），有些國家則是要求教保服務人員另需經過實習（如比利時、德國），顯示該等人員的培育內容已更臻專業與細緻。

附註

1　如依我國國情，實稱入園（所）率較妥切，而且不會有將幼稚園誤解爲學校的疑慮。然考量慣常用語，又許多國家初等學校招生始於幼兒時期，故此處仍以「入學率」稱。

2　由於跨國比較時，各國的國內生產毛額均要照該年的美元平均匯率折算方得資參照，但美元匯率一般因美元需求與供給之間市場條件而波動，並不反映各國眞實購買能力，許多服務性產出（尤其是開發中國家缺少此項數據）也不可能在傳統的國內生產毛額表示中包括，於是形成對開發中國家經濟實力的低估，相對地高估了已開發國家。是以，聯合國推行「購買力平價理論」（PPP）匯率折算計20餘年，旨在正確地重估各國的經濟表現。參見陶在樸（1998）。

歷史經驗與未來展望
CHAPTER 7

　　1897年「臺南關帝廟幼稚園」成立，這所仿日制但由臺人自辦的幼稚園成為臺灣開辦幼教機構之先，設置期間雖短，是為本土幼教機構的源頭；約莫同時期的中國，則是出現蒙養院為最早的幼教機構，雖非為教育的設置初衷，但逐步演進為提供幼兒教保服務的機構。臺灣隨著政治實體的移轉，受到日本、中國，以及本土等多方勢力的影響，在不同的時空脈絡下摸索著機構發展的出路。其後幼稚園、托兒所等機構逐漸普及，幼教專業化發展逐漸獲得認肯，加上幼兒教保需求日殷的推助下，幼教得以獲得各界更多的關注與資源投入；2012年幼托整合的政策發展，將幼托機構整合為幼兒園，不僅在法令、組織、師資、課程及資源等面向都有別於以往的發展規劃，可視為近年臺灣幼教發展的巨大變動，變動後的幼兒教保品質，則仍待時間加以檢視。

　　臺灣幼教歷經前人篳路藍縷地拓展，曾經開創許多珍貴的經驗，也續留許多亟待吾人持續開拓或解決的課題，成為幼教史探討與藉以省思的課題。本書在探討的時空脈絡方面，劃出清末至國府遷臺前的中國、日據至國府遷臺前的臺灣，以及國府遷臺後的臺灣等三個主要脈絡，逐一梳理各脈絡下的幼教發展情形。

　　要言之，清末至國府遷臺前的中國幼教，成立的蒙養院逐步轉型為蒙養園及幼稚園並確立其在學制的定位；受到政局及戰爭影響，該時期的幼稚園在政府、教會及私人籌辦的促動下，雖在數量方面逐步增加，但成長的幅度有限。日據時期的臺灣幼教，早在1897年即由臺人成立第一所私立幼稚園，其後日本政府雖零星設立幼稚園，但目的不在求幼教制度化發展，而在遵循殖民意志貫徹，使得幼教邁向專業化發展有著實際困難；日本二戰戰敗離開臺灣後，臺灣的幼教發展逐步改循中國制度，惟當時國府未盡心投注對臺的幼教經營，幼教發展未見明顯進展。國府遷臺以後，臺灣社會從初期的休養生息逐漸實質變遷，戰後嬰兒潮的出現助長幼教需求日殷，私幼為主的幼教生態

逐步成形之後，在政策逐步介入之下，幼教步向制度性的發展軌徑，加上幼教學界的促動，幼教在學術研究、實務，以及觀念等面向都呈現出蓬勃的發展樣貌，已然爲臺灣幼教開展出不同的新里程。21世紀的幼托整合政策，除在行政與幼教機構進行整合外，另有教保目標、師資、課程整合等都成爲亟待討論與努力的課題，幼教依舊面臨複雜又充滿挑戰的情境。

　　盼得鑒往知來之功，本章擬歸結先前各章節探討之幼教發展歷史與國際比較經驗，析論歷史經驗的影響與啓示；最後，綜結比較研究與歷史經驗等發現，提出臺灣幼教發展的未來展望。茲分就歷史經驗及其啓示、臺灣幼教未來展望等兩部分，分節說明如後。

第一節　歷史經驗及其啓示

　　臺灣逾百年來的幼教發展源頭，無論是臺南關帝廟幼稚園，或是在中國出現的蒙養院，前述機構的出現或可視爲機遇，也可視爲教育現代化發展的時勢所趨，惟出現在臺灣與中國的因緣各異，卻開啓引領兩地後續幼教機構發展的契機，成就出臺灣今日幼兒園的樣貌。在吸納日本、中國及西方國家等多方發展經驗下，幼稚園成爲主要的幼教機構，托兒所在20世紀中期農忙時期的農村中出現，幼、托機構分軌並立便成爲逾半世紀臺灣幼教的樣貌；其中幼稚園標榜教育功能，在民國11年（1922）納入中國的學制系統，爲百年來的機構訂出屬性方向；托兒所於農忙時期協助家庭照料幼兒，在機構功能方面則以福利屬性爲定位。

　　隨著各界對幼教需求日增且幼教發展更見成熟，幼稚園與托兒所不僅在數量方面不斷地增加，兩者的功能也逐漸模糊原有教育、福利的屬性疆界；臺灣加上少子化的推波助瀾，幼兒接受教保服務已普遍成爲常態。前述發引發各界從制度面研商原有幼托功能區劃的適切

323

性，臺灣的幼教制度也在21世紀之初做出大幅的更迭。

《幼兒教育及照顧法》的實施，在法令與機構面快速地改變幼托分立的現象，但對於幼兒園的課程、教保環境、師資培育、幼兒學習，乃至整體教保品質等影響，更是各界關注之所繫。面對少子化衝擊的臺灣社會，每年約20萬名的新生兒都是教育發展必須關切的對象，尤其幼教品質良莠可能影響生育意願與少子社會的發展趨向，更是當前臺灣教育必須嚴正面對的課題。

綜合前述研究發現，茲依據研究探討的三大主軸：機構設立、師資培育，以及經費投入等，將前述分析的歷史經驗歸結如後。

一、機構設立方面

關於幼教機構設立的歷史經驗，茲歸結有八項說明如後：

(一)幼教機構設置目的與時更迭，初設時期多著眼於擴增教育機會

以清光緒33年至宣統元年（1907-1909）的中國而言，蒙養院為首見的幼教機構，平均每年招收的幼兒數僅3,388名，約為同時期初等小學堂學童數之千分之三，幼兒進入蒙養院的人數不多。民國初年，中國的幼教機構名稱多改為蒙養園，數量依舊不多，推估每園招收規模僅約為30餘名幼兒。臺灣在約略同時期成立幼稚園，明治30年（1897）首見第一個幼稚園，大正5年（1916）之後幼稚園數量增加幅度明顯，在昭和16年（1941）達98所規模，各園招生規模都約在百人以下，招生對象由初期以日人子女為主逐漸轉變成以臺人子女為多。初建幼教制度的階段，政策資源與社會需求等情形與今日不同，不僅多著眼於擴增教育的數量，即使在師資或課程等面向均以直接援引日本經驗為主，至於相關經驗如何融合並符合本地幼兒的需要，顯然還在摸索之中。

其次，就清末民初的中國幼教機構設置性質言，各地幼教機構在具有法令支持下分別設立，除部分由政府公辦外，私人教會成為該時期重要的辦學主體；民國初年基督教全國會議提出教堂均要附設幼稚園的規定，使教會創設的幼稚園數不斷增加，13年（1924）教會籌辦幼稚園已達總數的八成。此後，受到收回教育權及排外勢力等因素影響，幼稚園設立的主體更以公立（國、省縣、市立等）為主，私幼主要由教會及關心幼教人士籌辦，僅能部分彌補官方供應的機會不足。整體而言，清末民初中國的幼教機構提供的教育機會雖有增加，但整體幼教品質仍不完善。

民初中國的幼教機構發展，部分沿海城市以擴增私立幼教機構為多，可見沿海城市對幼教需求日益迫切，關於制度、師資、經費等有益於提升幼教品質的努力仍顯得相對缺乏；日據時期的臺灣幼教，機構性質仍以私立占多數，幼教發展多仰賴民間努力；國府遷臺以後，政府曾主動新設公立幼稚園，但為時不長，其後雖然公私幼教機構並立，但仍以私立為多。綜觀幼教機構的發展，設置初期之目的多著眼於擴增教育機會，私人與教會等為該時期幼教機構的辦理主體，隨著幼教機會的擴增逐漸普及發展扎下根基，並為往後制度化發展立下條件。

(二) 清末與民初將幼教機構納入學制，定下幼教系統發展的條件

清光緒29年（1904）《奏訂學堂章程》頒行，幼教機構以「蒙養院」之名首度納入中國學制。當時幼教機構的設置背後有日本、西洋教會，以及中國等各方勢力，始終未能尋得適切的發展著力點，清末幼教發展雖零星引進外來經驗，在量與質的成長方面均極為有限。民國初年，中國的幼教發展仍舊不脫清末多股勢力交雜，另則欠缺整體發展規劃，不僅機構名稱混雜，幼教品質亦受限制。約略同時期，

大正8年（1919）《臺灣教育令》在臺灣頒行，大正10年（1921）制訂《臺灣公立幼稚園規則》，在法令面針對幼稚園的設置立下規則，幼稚園也從以招收日籍幼兒為主轉而兼收臺籍幼兒，另方面同時推廣以訓練日語為旨的「幼兒日語講習所」，兩者的教保目的顯有差異。

　　民國11年（1922）「壬戌學制」頒行，「幼稚園」首度納入我國的學制，「幼稚園」名稱雖為外來語，但納入學制並正式定名，為幼教發展奠下基礎，幼教得以在學制系統的架構下逐步發展出特有的課程標準、師資條件，以及設備規範等，與其他教育階段別共同尋求合理、健全的發展條件，前述條件隨著政治與外交等紛亂而無法得到適切的發展環境，但奠基於學制系統的發展至少提供後續有利的發展銜接。

(三)外國思潮、制度引介及本土學者耕耘，讓幼教發展更形多元

　　清末中國的《蒙養院及家庭教育法章程》與日本稍早發布的《幼稚園保育及設備規程》，兩者內容幾乎隻字不差；輔以該章程頒行前未見中國有獨設的幼教學制，可見蒙養院創設實受到日本幼教制度影響。蒙養院設立之初，以院裡的節婦、乳媼為法定師資，至於私人設立的幼教機構，則散見聘自日本的保姆、教習，或是傳教士養成的幼教師資等，在幼教制度初創之際，師資來源頗為多元。

　　清末至民初中國境內的幼教機構，在名稱、制度、師資來源等不盡相同，也陸續引進外國幼教思潮與資源，讓中國幼教制度初建之際得以獲得多元力量挹注，幼教發展顯得多元。在師資專業能力方面，清末的法定師資的專業條件不及許多外籍幼教師資，外籍幼教師資在中國不僅承擔幼兒教保之責，甚至培育或影響本土幼教師資，為引領幼教發展的另一重要渠道。

　　日據初期臺灣的幼稚園，收托對象多以日籍臺兒為主，保姆更為

日籍，直到據臺約20年後才出現臺籍保姆，昭和19年（1944）之後臺、日籍保姆數量才約略相同。在殖民爲主的教育規劃下，當時的幼稚園或可視爲日本經驗的複製，幼教內容與本土經驗結合的程度薄弱，但移植型態的教保內容與師資條件卻也使當時幼教保有獲得一定程度的專業性，呈現出日據時期幼教的獨特面貌。

民初中國引介外國學者如蒙特梭利、孟祿、希爾、杜威等人的學說，對幼教發展注入新的活力與生命，猶如啓蒙著中國的幼教發展。其次，陸續出現幼教專長學者如陳鶴琴、張雪門、陶行知、張宗麟等，不僅吸收西方幼教學理與經驗，也參與本土幼教的實驗工作，在師資培育、課程發展及教保環境營造等面向持續投入，讓幼教發展得以與本土文化及經驗接續，對幼教發展奠下重要的基礎。

細究外國幼教思潮的引介與本土學者的耕耘，師資培育都是各方積極經營的領域；透過師資培育不僅有助於引介與深化幼教的學理學說，同時影響課程設計、師生互動、教保情境營造等，能對幼教現場產生最直接的影響。民初中國的幼教獲得多元的啓蒙資源與發展機會，讓這個新興的教育領域得以在師資培育、課程發展及教保思潮等逐步地與時俱進，同時逐漸激起各方對幼教發展的關注。藉由前述引介與經驗的補足，爲當時幼教開啓多元化的機會，也爲日後幼教發展創造良好的條件。

(四)仿日的幼托分立，立下教育與社福的幼教雙軌制度

臺灣在日據時期出現幼稚園與托兒所，兩者出現的時間不同，功能也各有差異，惟均源於日本的制度。日據時期除臺人蔡夢熊設立的關帝廟幼稚園外，陸續有日人設置的公、私立幼稚園，惟數量不多，受託的對象也難達普遍。在托兒所方面，民國17年（1928）在臺東出現日本人在移民村開設的農村托兒所，旨在照顧當地日人子女，爲另一幼教機構類型。

國府遷臺後，初期幼稚園的發展規模有限，機構數量與收托的幼兒數量不多，仍設定為教育機構；另於農村也出現協助保育幼兒的農忙托兒所，從原先的零星設立，歷經變遷逐漸發展為一常設制度，功能定位在協助家庭照料幼兒，轄於社會福利行政機關，以福利機構為定位，並以私立為多。綜觀幼稚園與托兒所的發展實源於日制，設置之初各有不同的需求與定位，也各轄於教育與社福行政機關，兩者在設置條件、功能定位、師資資格、教保內容等條件，均有實質差異，即便部分收托年齡重疊，仍維持雙軌穩定運作。

幼稚園與托兒所分別隸屬於教育與社福行政機構的運作情形，直到民國101年（2012）《幼兒教育及照顧法》正式施行後才有所改變。部分收托幼兒年齡重疊、功能逐漸相近，以及家長不易區分等現象受到關注，「同年齡幼兒接受不同品質教保」的批評聲浪日起，「幼托整合」成為臺灣二十世紀末的重要幼教議題，該等議題在制度源頭的日本也已獲討論近二十年。《幼兒教育及照顧法》的頒行，將教育與社福雙軌的幼教制度「一刀切」式地處理，以機構名稱整併、同一行政機關隸屬等方式讓幼、托得以快速整合，但原有兩不同幼教類型的師資、課程、教保方式等實質整合等議題，仍在法令通過之後持續受到關注與調整，成為臺灣幼教仍有待努力解決的重要課題。

(五) 國府遷臺初期以國校附設幼稚園為主流型態

國府遷臺後的幼教仍延續國府遷臺前之教育制度與措施。國府遷臺後的幼稚園設置，主要依據民國32年（1943）公布的《幼稚園設置辦法》，規定招收4至6足歲的幼兒，且以「附設於國民學校中心學校或小學」為原則，「並得單獨設置」，形成實務現場以國民學校附設為主、單獨設置為輔的方式，同樣規定也見於《國民學校法》。沿用國府遷臺前教育法令的情形同樣見於幼稚園課程、師資條件等部分，在幼教制度的運行方面採延續與穩定等作法，與遷臺前無明顯變

革。

　　承繼國府遷臺前的法令與制度，在幼稚園設置型態方面，國府遷臺初期以公立的數量為多，政府在新設公幼的態度其實未顯積極，但另方面私人籌設幼稚園的情形也不普遍。民國50年代末期，私幼數量逐漸超越公幼，之後私幼數量加速增加，私幼與公幼數量比例甚至曾達到約九比一，可以想見當時私人興辦幼稚園的熱絡情形。隨著普及幼教的訴求逐漸受到關注，各界重行省思未來幼教發展的可能作為；在幼教機構型態部分，公幼與私幼的比重應當如何？功能任務是否應有所區隔？如何相互合作提供弱勢家庭子女充分的教保機會等？都成為臺灣幼教亟待討論的重要課題。此外，隨著幼托整合政策的施行，幼兒園招收對象包含2歲至國小入學前幼兒，各幼教機構如何提供各年齡幼兒適性的教保環境並持續提高幼教品質，更是廣受關注的議題。

(六)政策與法令雙重支持，提供幼教機構快速成長條件

　　隨著經濟結構的轉型，社會發展從農業逐漸過渡到工業，傳統婦女在角色改變下紛紛投入就業市場，幼教因經濟與家庭結構的轉變以致需求日益迫切。在社會、經濟及教育等層面的考量下，提供適切的教育機會與良好環境成為幼教政策的重要走向，加上相關政策與法令的相互支持，讓幼教機構的發展更顯快速。

　　在幼稚園數量方面，私幼數量在民國50年（1961）首度超越公幼，逐漸成為幼教機構型態的主體。戰後嬰兒潮的趨勢下，民國50年代末期之後的幼兒人口成長不斷達到頂峰狀態；面對幼兒人口數量遽增的情形，無論在教育或社福等層面，相關法令都相繼修訂或頒行以因應新增的需求。70年（1981）《幼稚教育法》頒訂，為幼教發展的重要宣示里程碑，也象徵政府將幼教發展列為規劃要項之舉。此間私幼數量仍持續增加，增設國小附設幼稚園的政策，不僅讓國小附

幼成為公幼設置的主要型態，採國小空教室新設附幼的方式也快速地增加幼教機會。

提供充分的幼教機會、持續提升教保品質、優先照顧弱勢幼兒的受教權利等，逐漸成為近年臺灣幼教的政策目標。原有以私幼型態為主的幼教生態，除了提供的幼教機會不足外，幼兒接受教保服務的成本高也成為各界關注的焦點，促使公部門以廣設公幼方式回應，針對家庭經濟弱勢幼兒、離島與原住民地區幼兒等提供優先入園的機會，近年實施「非營利幼兒園」的推動政策也可視為對前述議題的回應。對照OECD國家和歐盟各國無論是「幼兒教育發展」（ISCED 01）或「學前教育」（ISCED 02）階段，平均進入私立幼教機構的比例都未達20%；在「幼兒教育發展」（ISCED 01）與「學前教育」（ISCED 02）階段，OECD國家的幼兒進入公立幼教機構的比例分別為43%、52%，歐盟各國的幼兒進入公立幼教機構的比例分別為61%、67%，均以入公立幼教機構為大宗，進入公私合作機構的比例次之，以進入私立者為最末。

在政策與法令雙重支持下，公、私幼數量快速成長以企圖滿足社會變遷所致的幼教需求，甚至提升各年齡層幼兒入園的比例等，仍將是臺灣幼教政策發展的重要方向。公、私幼提供的幼教機會比例如何為宜？如何兼顧臺灣幼教發展的脈絡以協助公私幼的互動發展？如何確保所有幼兒合宜的入園機會等？都將是現階段必須審慎應對的課題。

(七) 機構名稱與各國歷史發展及功能需求有關，比較研究尤須謹慎

臺灣幼教朝向制度化發展約百餘年，幼教機構的名稱在不同時期的脈絡下，先後出現蒙養院、蒙養園、幼稚園、托兒所、幼兒園等，其間發展有其歷史脈絡，也與機構功能相關。目前幼兒園以招收2歲

至國小入學前的幼兒，另依《兒童及少年福利與權益保障法》得設置托嬰中心辦理未滿2歲幼兒的托育服務。綜觀各國的幼教機構型態多元，為利比較研究並真實呈現各國幼教現貌，「國際教育標準分類」（ISCED 2011）不失為可資參照的依據外，研究者須輔以各國幼教機構歷史發展脈絡的理解，方可使各項探究趨於真實。

　　另以美國為例，自19世紀後期出現幼教機構以來，陸續出現不同名稱的幼教機構，形成背景與功能或有差異。例如：常見的幼教機構名稱包含有"nursery school"、"children's center"、"preschool"、"pre-kindergarten"、"kindergarten"等。進一步分析美國幼教的歷史發展，20世紀初期幼教簡單劃分成為較高或中高社經家庭提供幼兒照料的"nursery school programs"，以及為貧窮幼兒服務的"daycare program"等兩種，但1980年代之後，昔日"nursery school"開始轉型為"children's center"，同時延長收托時間，兩機構的差異益漸模糊便是一例。在"preschool"、"pre-kindergarten"、"kindergarten"方面，"preschool"通常是指私人或教會成立的學校，"pre-kindergarten"則指附設在公立學校並且受到公立學校的行政監督，"kindergarten"通常指進入小學附設的前一年教育，但前述機構功能則相近。

　　再以「國際教育標準分類」（ISCED 2011）為例，臺灣若套用前述標準，2012年幼托整合政策實施之前的幼托機構包含托嬰中心、托兒所與幼稚園等三類，前兩類機構屬性比較類似「幼兒教育發展」（ISCED 010），幼稚園機構屬性則類似「學前教育」（ISCED 020）。幼托整合政策實施之後，原托兒所與幼稚園整合並改稱為「幼兒園」，英文翻譯名稱也訂為"preschool"，機構屬性則類似「學前教育」（ISCED 020）；托嬰中心機構屬性則比較類似於「幼兒教育發展」（ISCED 010）。若循此進行跨國幼教機構與制度比較，便容易取得相互參照。總之，幼教機構名稱的多元性與各國幼教發展的歷史背景及功能需求等因素有關，在探討各國幼教發展的同時，必

須同時考量幼教發展的歷史脈絡，才能有助於了解各國幼教機構的實況。

(八)各國幼兒入園率持續攀升，入園率高低與國家發展存有關聯

世界各國的教育發展日益普及，幼教也不例外。依據OECD（2015b）於2013年針對各國入學模式的統計，OECD國家5歲幼兒在40歲之前，預期可以接受17年的全時與部分時間的教育，各國提供國民就學的條件各有差異，其中已開發國家提供國民受教的年限相對較長。在幼教方面，依「聯合國教科文組織統計局」（UIS, 2013）的統計，2010年學齡前幼兒進入幼教機構的比例未達同齡總人數之半，但全球已有將近1.64億名幼兒接受幼教機構教育，相對於2005年的1.34億名及1999年的1.12億名，接受幼教機構教育的人數不斷地增加；OECD（2015b）針對會員國的幼兒進入幼教方案人數的統計，以2013年和2005年兩年為對比，各國幼兒的入園率都存在普遍提升的現象。由前述統計結果可見，各國國民接受教育的時間不僅持續增加，幼兒接受教育的人數的也逐漸攀升。

復依UIS（2013）分析130個國家的資料，2010年全世界幼教淨入園率（NER）高於九成者計有19個國家，均為經濟發展條件較佳的國家，可見幼教入園的情形與國家經濟發展存在相當程度的關聯。另以OECD和歐盟國家的幼兒入園率言，2005年OECD國家3歲及4歲幼兒的入園率分別為52%、72%，歐盟（EU21）國家同時間的3歲及4歲幼兒入園率分別為67%、84%；再以2013年的幼兒入園率言，OECD和歐盟國家的5歲和6歲幼兒入園情形均分別為95%、97%，4歲幼兒的入園率都在九成左右，即使2歲幼兒的入園率也都有接近四成的表現（OECD，2015b）。可見入小學前一年的幼兒入園率極為普及，低年齡幼兒入園規模也呈現不斷擴張的趨勢。

　　歸結前述統計結果發現，各國幼兒的入園率呈現逐年增加之勢，低年齡幼兒入園率也呈現相同趨勢，前述情形在經濟發展較佳的國家更為明顯。近年臺灣幼教的發展也隨社會變遷而需求日增，成長趨勢與前述相近，低年齡幼兒入園需求的增加，將是臺灣幼教須及早應對的課題。

二、師資培育方面

　　師資是幼教機構運作的重要環節，但幼教機構出現之初，師資來源與資格要件不一。以清末中國為例，節婦乳媼充抵為主要師資，稱不上符合幼教專業的資格要件；即便到民國初年，師資來源與資格條件仍舊缺乏系統的規劃，以外國傳教士或保母充任的情形屢見。隨著幼教益漸普及，伴隨而來的師資來源數量與素質等議題，逐漸受到討論與重視；時至今日，幼教師資培育逐步邁向專業化，師資資格門檻提高且專業社群日漸成形，以回應各界對幼教品質的要求。歸結歷年幼教師資培育的歷史經驗主要有六，茲分述如後。

(一) 外國與本土勢力的交互運作，從實踐中調整師資培育的內涵

　　光緒29年（1903）「湖北幼稚園」成立，聘請三名日本保姆來華經辦，幼稚園的運作規制完全仿日；其次，外國教會也投入籌設幼稚園，並自行培育幼教師資。前述以日本保姆、外國教會傳教士或另行培育幼稚園師資的情形，在清末與民國初期都逐漸普遍，中國在幼教制度尚未建立完整之際，由民間自行努力的作法，補足當時幼教專業人力的缺口。此外，除引進外國力量協助籌設與培育幼教師資外，本土學者也陸續投入經營並參與師資培育的工作，在學者的努力下，民初女子師範學校便成為幼教師資培育的重要機構；復次，許多大學陸續開設幼教學系或相關課程，有陳鶴琴、張雪門、陶行知、張宗麟

333

等學者的提倡甚至投入幼稚園的經營運作，更使得幼教師資培育的本土發展益漸成形。

由幼教師資培育的歷史經驗觀之，外國與本土勢力的交互運作，逐漸成為民初以後的中國幼教師資培育模式，也奠下幼教師資培育的根基。從吸收外國經驗、漸次反省本土幼教發展需求的變革中，師資專業化培育逐漸得到認同，培育模式益漸成形。隨著專業化訴求日現、培育模式漸趨成熟，兼重量質的師資培育聚焦成為關注的焦點，師資培育逐步邁向系統運作則對爾後普及幼教政策的發展，奠定重要的基礎。

(二)逐步制度化的師資培育，提供幼教邁向健全發展的基礎

清末中國的幼教師資培育，兼容習日、教會及本土學者等努力，初期缺乏系統的指引與努力，不僅師資培育數量無法穩定持續，其素質亦難以掌控。以習日的師資培育狀況言，除了直接引進日籍保姆外，「取經式」的培育方式雖有助導入外國經驗，但無從評估外國經驗對本國幼教發展的影響與適切性，其結果又不免令人擔憂。其次，外國教會的師資培育，雖不乏曾受外國幼教師資培訓者充任，但部分教會或有以未受專業培育者（如由傳教士或傳教士之妻）擔負籌辦幼稚園與培訓師資之責，招生素質良莠不齊，師資培育者的專業能力也必須加以檢視，依賴是等培育管道終非長久之計。再者，中國要發展幼教師資培育，緣於長期以女性充任幼兒保育的文化，師資培育的發展必須與開放女子教育的議題相對抗而難以短時間普及，更遑論培育內容需進階以發展專業為考量。

民國初年中國幼教師資培育系統化發展出現契機。長期以來女子教育束縛的逐漸解除，開啟女子入學風氣，男女不僅可以共學，甚至課程內容也不分軌；其次，《師範教育令》的頒行，將保姆培育任

務置於正式學制中的女子師範學校，與培育小學校教員並列爲女子師範學校的任務，對幼教師資素質提升具正面意義，也開啓本土化的出路。爾後，陸續出現保姆養成所和幼稚師範學校等，「壬戌學制」並規定師範學校和女子師範學校可附設幼稚師範科以培育幼稚園師資，幼教師資由短期培訓逐漸進入學校系統養成；在師資篩選及培育內容方面，均呈現質與量的提升，此時期的幼教師培素質雖難稱完善，但對日後幼教師資培育的奠基有其正面意義。

　　綜觀清末民初的幼教師資培育經驗，其培育制度由良莠未齊的多元管道逐漸步向制度化，師資培育的數量雖顯不足，但擴充師資數量已成爲主要方向；師資培育的品質雖未臻完善，但專業化的訴求已漸萌發。在幼稚園的發展與幼教師培都逐漸朝向系統化建置時，前述發展對爾後幼教師資培育制度化有奠基之效。不僅適時地填補師資短缺，更爲往後幼教發展提供重要的支持條件。

(三)幼教師培政策兼採補足與專業兩取向，逐步聚焦於師資素質

　　民國以來的中國幼教師資培育漸步向制度化，各省師範學校和鄉村師範學校依法得酌設幼稚師範科，隨後陸續頒行相關法令，具體臚列幼教師資培育方式與內容，加速幼教師資培育的本土化發展。在熱心幼教者的努力下，民初中國曾短暫於大學開設幼教課程，幼教師資的教育水平之高前所未見，但終因培育數量不敷實際需求、各界對幼教師資素質的期望未見同步提升等複雜條件的影響下，幼教師資仍由師範學校培育。師範學校培育的幼教師資數量有限，許多培育的人才甚至埋沒於家庭，致使此際幼教培育重點仍在補足師資員額。本時期即使有本土學者投入幼教師資專業化的工作，師資需求仍難獲得滿足，使得師資培育的專業化方向必須稍做讓步。

　　日本據臺時期，幼稚園發展並不普及；在師資方面，以日籍的保

姆為主；並在殖民教育政策的考量下，師範教育旨在為普及國語（日語）政策並為日籍人士服務而努力，關於幼教師資專業培育的考量反而較低。光復初期，臺灣政經局勢未定，幼教師資的培育管道及資格雖沿用國府規定，但幼教現場與法令規定明顯出現落差。國府遷臺後，師資培育的速度仍舊不及幼兒入園數量的擴增，其間甚至一度關閉幼教師培的管道，對幼教師資不足的窘境無疑是雪上加霜。之後，師範學校漸次轉型為師範專科學校，但師專成立初期仍未見單獨設科培育幼稚園師資，僅以附屬於國教師資科下的分組選修方式培育之。為因應幼兒數量增加、師資需求量亦增的趨勢，除再度委由師專培育幼教師資外，另為彌補合格幼教師資的不足，教育部頒布《幼稚園教師登記及檢定辦法》，提供多種任免教師資格的管道以招募更多幼教師資，師培政策以補足為重點而暫時放緩專業的要求。隨著《幼稚教育法》頒行，幼教漸獲重視，師專也附設「幼稚教育師資科」培育幼教師資；爾後更「廢科設系」，並在《師資培育法》頒行後，確立幼教師資培育以學士學歷為主流，培育管道也開放給一般大學。幼教師資培育的政策除仍維持補足師資外，提升師資專業素養反成另一培育重點。

總之，增加師資數量及提升教師專業素質兩大目標，雖著不同的發展脈絡而有所消長。師培管道的確立提升了幼教教師的教育程度，師培機構本身也隨師培制度轉型而有質與量的改變。隨著各界漸次體認幼教的重要性並伴隨日益增加的幼教需求，補足與專業目標相互消長的師培政策，為幼教發展提供適時支援；其中師資素質的專業化，更已獲聚焦為此際臺灣幼教的重要方向。

(四)幼教專業社群日益成形，厚植幼教學理基礎並加強學術研究

民初以來中國陸續出現設有幼教課程的大學，以及以幼教學術研

究爲設立宗旨的學術性組織，諸多本土與赴外國留學從事幼教研究者陸續投身幼教的實務與研究工作，逐步地耕耘出幼教實務與研究領域，也喚起社會對幼教領域發展的關注。

　　臺灣幼教除漸次提升幼教師資的教育程度外，大量研究人才隨著師培制度轉型以及各界對幼教議題的重視，逐漸形成不容忽視的專業社群。以近年科技部專題研究計畫狀況言，102至106學年度（2013-2017）教育學門獲得補助的計畫中，總計畫數爲1,276件，其中與幼教相關的主題達82件，約占獲補助總計畫件數之6.42%，幼教在專業人才陸續投入該研究領域之餘，逐步充實專業內涵，更爲專業社群成熟發展奠定根基。其次，高等教育機構提供現職幼教教師進修與從事研究的機會，設有幼教領域相關的研究所提供職前與現職教師諸多進修機會，不僅提升現職教師的專業素養與研究能力，更令幼教學術研究逐步結合理論與實踐。再者，在幼教專業社群方面，除高教機構設置有幼教相關的系所或學程外，以促進幼教發展爲任務的民間社團組織也蓬勃運作，如中國幼稚教育學會、中華民國幼教聯合總會等，提供從事幼教相關研究或實務人員互動平臺，均有助於專業社群的互動。

　　隨著幼教專業社群的成形，社群成員對幼教相關議題益形關切，使得幼教專業內涵得以日益充實，加上幼教的重要性及其發展獲得更多科學論據的支持，吸引更多研究人力投身幼教研究與實務工作。前述發展歷經相當的時間積累終非一蹴可及，持續鞭策幼教專業社群成員應致力於延續此得來不易的努力。

（五）生師比持續降低，致力於幼兒的受教品質與無差別待遇

　　中國幼教機構發展初期，籌辦的規模並不大。民初蒙養園每園規模約爲三十多人；日據時期，臺灣每園平均規模均不足百人，且每園

保姆數約爲二至三人，生師比大多數時間均維持或低於30：1。國府遷臺後，幼教的發展日漸普及，幼教需求日殷，但初期師資培育數量並未符合實際需求，合格師資亟爲缺乏，生師比例過高爲普遍存在的問題；前述生師比例過高的現象在「政策引用期」高達約66：1；在「政策急轉期」維持爲40：1左右；在「政策擺盪期」爲22：1；在「多元並呈期」則逐漸降爲14：1。

生師比逐漸降低的情形，在公、私幼之間並非呈現等距的變動；以公、私幼生師比言，私幼的生師比例明顯較公幼爲高，此等情形則代表私幼教師的教保負擔仍有待持續關注與改善。在公幼生師比降低的政策奏效之際，私幼的生師比必須持續檢討並改善，方可維護私幼師生的教保品質。

生師比的逐漸降低，回應各界對提升幼教品質的訴求，在臺灣幼教益漸普及發展的今日，此等努力更顯其意義。隨著生師比的逐年降低，幼教師資的工作條件獲得相當程度的改善，提升幼兒教保品質、重視幼兒的個別差異等方可得到適切的實踐機會，對於促成臺灣幼教的發展，提供更具助益的條件。

(六)綜觀幼教生師比條件與師資資格，臺灣與先進國家相較已無遜色

臺灣幼教經過多年的發展，能有幼教機構的生師比逐漸降低、師資資格逐漸提升等成果，前述成果相較於先進國家不僅毫無遜色，相關條件甚至相對較優。以OECD國家爲例，2013年OECD各國在ISCED 01階段整體平均的生師比爲14：1，同一階段歐盟各國整體平均的生師比爲7：1，歐盟的生師比條件較OECD國家爲佳。就ISCED 02階段言，OECD各國整體平均的生師比仍爲14：1，歐盟各國整體平均生師比爲13：1，歐盟與OECD國家生師比條件約略相當。對照前述各國的生師比條件，臺灣幼兒園在3歲以上生師比規定應低於

15：1，2歲則為8：1，生師比條件與OECD及歐盟等國十分相近。

　　另就師資條件言，OECD和歐盟等國的教保服務人員可概分為教育人員、保育人員，以及助理人員等三類，任用情形各國不一，有些國家任用其中兩類人員，有些國家則同時進用三類人員，多數國家對於較大年齡幼兒的教保工作主要由教育人員，有些國家則規定助理人員只能協助年幼幼兒教保工作，或是協助教育人員的工作。在教保服務人員的學歷要求上，除極少數國家（如奧地利、德國要求為大專文憑）外，多數國家都逐漸規範教保服務人員的學歷為大學層級以上，甚至有部分國家要求碩士學歷（如葡萄牙和冰島）。臺灣的教保服務人員可分為園長、教師、教保員，以及助理教保員等四類，多數人員已具大學以上學歷，在專業養成背景與OECD與歐盟等國家相較也不遜色。

　　綜觀幼教機構的生師比與師資條件，臺灣與先進國家的發展現況已十分趨近，應有提供良好幼兒園品質的條件。如何基於此等條件再就課程與教學、教保環境、親師互動、師生互動等面向進行提升教保品質的努力，是為現階段幼教人員致力改善的方向。

三、經費投入方面

　　經費支持對於教育發展的重要性不言可喻，對於幼教發展自不例外。民國以來中國的幼教系統化發展雖日趨穩定，但幼教發展的規模與實際受益的幼兒數量有限，政府興辦且負擔的經費不足，反觀民間經費成為此階段幼教發展的重要支持來源。日據時期的臺灣幼教發展，同樣是機構創設不普及且提供的幼教機會有限，初期教保服務對象更僅以在臺日人子女為主，即便爾後逐步開放就讀幼兒的背景限制，幼教發展的規模與政府挹注的經費依舊有限。國府遷臺以後，幼教發展規模隨著社會需求而逐步成長，民間對幼教發展的經費投入始

終居高，另方面也顯示政府角色與經費投入都有待調整與改變；隨著幼教日益普及，各界期盼政府強化在幼教發展的角色，政府漸增經費以擴增幼兒入園機會或提供弱勢幼兒家庭入園補助等，逐步拉近公私之間的經費投入差距。歸結幼教經費投入的歷史經驗主要有五，茲分述如後。

（一）幼教經費呈成長趨勢，但與其他教育階段別相較仍相 對偏低

關於近年臺灣幼教經費支出情形，茲就幼教經費支出與其他教育階段別比較，以及幼教經費支出占教育經費支出總額比例等兩部分，說明如後。

在幼教經費支出與其他教育階段別比較方面，以民國47至88會計年度為例，每年的經費支出規模持續增加，平均每年幼教經費支出約為新臺幣37億7千餘萬元，其中61、69、70、74、81、86等會計年度的經費較前一年度有較大幅度的增加。相較於其他教育階段別，平均每年的幼教經費規模約為國小、國中教育經費規模的11%、12%。進一步分析民國88至104學年度的幼教經費支出情形，除了在94、95兩學年度的幼教經費出現短暫消退的情形外，其餘年度都呈現逐步成長，其中100到104學年度的經費呈現快速成長，此等情形應與實施幼托整合政策而增加幼兒園數量規模有關。以104學年度為例，幼教經費支出規模約達國小、中教育經費的18%，幼教經費所占經費比重情形顯然較前一階段（47至88會計年度）為高。從教育經費分配的角度觀之，幼教與其他教育階段別的教育經費差距頗大，顯示出幼教經費偏低的現象；但未來幼教經費應如何調升、調升幅度應為何等議題，尚待進一步探究。

其次，在幼教經費支出占教育支出總額的比例方面，近年臺灣每年幼教經費支出所占比例約為3.85%，其中僅民國89、93、94、95等

四學年度的教育經費未達3%，100學年度不僅超越5%，101到104等四個學年度更一舉超越7%。90學年度的幼教經費支出所占比例提升應與幼兒教育券的實施有關，100學年度之後與實施5歲幼兒免學費與幼托整合政策等有關，讓幼教經費支出所占比例達到新高。近年幼教經費支出占教育支出總額比例遞增的情形，或許令幼教工作者感受振奮，但相關經費對於教保品質實質改善的影響，才是應予正視之所在。面對幼教經費對於教保品質提升的實質影響，如何形成相應的評估機制以利經費績效檢視，已成為現階段幼教經費的重要課題。

(二)社會變遷與政策牽動經費消長，如何穩定幼教經費發展值得關注

從歷年幼教經費的消長情況言，與社會變遷與政策變動等因素實存有關連，其中政策變動影響幼教經費支出占教育支出總額比例的情形已如前述，社會變遷的因素則是另一項值得關注的議題。

以國府遷臺前的中國幼教經費狀況言，民國26年（1937）對日抗戰開始，幼教經費大幅滑落僅約25年（1936）總額的42%，28年（1939）時甚至僅餘19%；隨著戰爭與社會狀況逐漸穩定，幼教經費逐漸回升，對日戰爭結束後則是呈現急速攀升趨勢。因應戰爭造成社會變動，影響的面向也及於幼教，此應與戰時入園幼兒數減少以及因抗戰勻支政府經費有關。其次，社會變遷也造成教育需求的改變，58年至60年（1969-1971）配合延長九年國教政策，幼教經費呈現滑落現象；70年（1981）《幼稚教育法》頒行，對照69年（1980）的經費情形，國小經費投入明顯呈下滑趨勢，幼教經費則是隨法令頒行而明顯上升。

再者，就近年臺灣教育經費發展占GDP比例情形為例，自民國57至105會計年度，平均每年的教育經費占GDP比例約5.74%，近五年則約占5.57%到5.05%之譜，但呈現逐年下降的趨勢，2016年僅達

5.05%之譜。就OECD國家而言，2012年、2013年OECD國家整體教育經費占GDP比例分別分5.9%、5.2%，對照臺灣的5.48%和5.47%，可見我國教育經費和OECD國家的水準差距不遠。在初等、中等及中等以上非高等教育經費方面，OECD國家在2012年、2013年前述經費占GDP比例平均均為3.7%，反觀臺灣2012年是項經費僅達2.81%，2015年更下滑至2.48%，顯示臺灣在非高等教育經費支出遠較OECD國家為低，教育經費過度側重高教的現象對其他教育階段產生的排擠與影響，值得持續關注。

歸結前述現象可知，各階段教育經費分配的消長，實與社會變遷與重要政策牽動有關；當教育經費無法另開財源以供新需要時，勢必出現排擠現象。其次，臺灣在教育經費的配置上，相較先進國家有側重高教的情形，此等經費配置對於基礎教育的發展影響以及如何重新合理分配，都須進一步探究。

(三)民間負擔較高比例幼教經費，政府角色與家長負擔成本廣受批評

綜觀幼教機構的發展情形，除國府遷臺前的中國及國府遷臺後十餘年的幼稚園以公立為主外，日據時期以及民國51年（1962）以後臺灣的幼稚園皆以私立為多，迄今公、私幼維持約1：2的比例。發展之初不僅幼教機構多由私人籌設，政府投注幼教經費的比例不高，幼教經費多由私人負擔，此等情形常遭致政府角色與家長負擔成本適切性等批評。

以近年臺灣整體幼教經費單位成本為例，民國83至86會計年度（1994-1997），幼教經費單位成本平均每年為60,270元，公幼幼兒為23,480元，私幼幼兒為70,060元，私幼為公幼之3.07倍；88會計年度（1998）臺北市私幼平均幼兒教育經費單位成本為82,724元，公幼幼兒平均教育經費單位成本為81,651元，但其中49,151元由政府補

助，與私幼兒家長需擔負之教育經費82,724元相較，公幼幼兒家長需負擔幼兒的教育經費僅約為私幼幼兒家長之四成。

復以幼托整合政策為界，民國98至100學年度平均每年幼稚園幼兒的單位成本為新臺幣140,870元，其中公幼平均單位成本為111,220元，私幼平均單位成本為159,540元，每年私幼幼兒單位成本約較公幼多4萬餘元。在101至102學年度部分，平均每年幼稚園幼兒的單位成本為115,000元，其中公幼單位成本為126,000元，私幼平均單位成本為110,000元，每年私幼幼兒單位成本反較公幼低約16,000元左右。無論公、私幼兒平均單位成本的消長為何，私幼家長負擔的教育成本都較公幼為高，政府除廣設公幼與新增非營利幼兒園外，如何以政策消弭前述差異以維護所有幼兒的公平入園機會，都將是臺灣幼教政策發展必須因應的課題。

長期以來，私幼幼兒的教育經費單位成本較公幼幼兒高出甚多，民眾期待國家在幼教方面擔負更多的協助角色，但幼教經費卻多由私人／民眾負擔，其中不僅涉及整體教育經費的配置，另涉及就讀不同性質幼教機構負擔成本的公義性，值得省思。從早期批評政府在幼教經費的投入偏低，隨著幼教需求日殷，各界關注幼教經費的焦點轉而聚焦於民間負擔為主的合理性，督促政府在規劃幼教政策的發展與教育資源配置等，必須妥予回應。

(四)影響教保成本的因素多元，人力資源攸關幼教品質值得關切

臺灣長期以私幼為主的幼教生態，近年在政府角色介入漸增的情形下，公、私幼的比重漸有調整，政府與民間在幼教經費的負擔方面也產生相應的變動。除了整體幼教經費支出的變動外，教保成本是另一項應予關注的面向，也是探討幼教經費支出時必須一併關注的焦點。

343

　　近年來，各界對於政府的教保服務角色多有討論，政府角色不僅攸關教保服務的經費結構與來源，也影響所提供的教保服務品質。依據美國主計處（GAO, 1999）的研究指出，由於美國幼教環境是開放性的競爭市場，但公立教保服務機構比例頗高，其所占的教保服務經費支出比例也相對較高，其中私部門的支出結構與完全由公部門負擔教保環境的國家便有所差異。美國主計處（GAO, 1999）另在一項針對軍方與市民中心設置的教保機構所進行的成本分析研究中，以軍方所設的「兒童發展中心」（child development centers）、市民中心所設的「托育中心」（nursery schools）或「托兒所」（preschools）為對象，選擇「高品質」的教保機構進行研究分析；研究結果指出，教保機構的成本包含直接與非直接的勞力、成員教育訓練、食物、消耗品、設備、設施、每年機構使用費（如租金）加上合法服務與捐贈服務的價值等；其中直接的勞力成本超過成本半數（52.4%），且教保服務的對象年齡越小，所擔負的成本也相對較高。該研究進一步分析影響教保服務成本的因素指出，幼兒年齡、成員條件、教保品質要求、設施規模、同一教保機構服務的幼兒年齡組等因素均屬之。

　　幼教機構的教保成本旨在支持並協助教保服務業務，並以追求教保品質的提升為最高宗旨。依據美國主計處（GAO）的研究分析，高品質幼教機構的人力成本達52.4%，人力資源對於提升幼教品質的重要性不言可喻。反觀臺灣幼教經費的支出，公幼的人力成本所占比例相對較高，公幼具有相對較佳的待遇環境以吸引優質人力投入幼教服務，此為政府推動幼教發展的相對優勢；但多年來，私幼在自由市場取向的發展環境下，可用於人力資源的經費投入便有較大的差異，許多幼兒園未能投入足夠經費以優化人力資源，不僅對私幼的經營將產生影響，對幼兒受教品質的影響更是令人關切。如何透過政策與理念宣導以提升幼教機構對於人力資源的經費投入，誠為臺灣幼教必須妥為因應的課題。

(五)幼教經費挹注方式多元，部分國家幼教經費已勝過其他教育階段

在顧及幼兒與家長需求並提升教保服務品質等考量下，各國幼兒教保服務的型態頗爲多元。以OECD國家爲例，教保服務型態有家庭式、公立、父母自行照顧、私立機構等；許多國家無法完全提供公立教保服務，另透過經費補助的方式協助減輕家庭的教保負擔，例如給予家庭減免優惠（如稅收或教育券等）、直接補助家庭教保費用、給付給教保服務提供者，或是透過各種補助並進等不同型態。各國政府在經費補助的方式上，常見的方式如提供家庭津貼（family allowance）、稅賦減免（tax relief）、教育券（voucher）、依據家庭條件給予入園費用減免等；前述由政府提供經費補助的方式，另方面也顯示各國正視政府在幼兒教保服務中的角色，透過政府進行資源配置以減低家長的育兒負擔，並藉由資源的統一配置，輔以提升教保服務品質的作爲。

隨著政府增加其幼兒教保服務的角色，先進國家的幼教經費支出也呈現逐漸增加的趨勢。以2011年OECD國家爲例，幼教階段每位幼兒平均的年度經費爲7,428元，歐盟國家的平均經費則爲7,933美元，其中澳大利亞、奧地利、丹麥、德國、冰島、盧森堡、荷蘭、紐西蘭、斯洛維尼亞、英國，以及美國等國的幼兒平均年度經費支出，均高於OECD與歐盟國家的整體平均。其次，對比初等教育階段學生平均年度支出，澳大利亞、智利、丹麥、德國、盧森堡，以及紐西蘭等國家，幼教階段每位幼兒平均的年度經費支出高於初教階段的學生，顯示前述國家對於幼教階段幼兒經費支出的側重。

當教育經費的投入不隨學生年齡呈現正比，幼教將可獲得更加充裕的經費支持，對幼兒教保品質的提升將更有助益。近年臺灣的幼教經費同樣呈現增加的趨勢，但與其他教育階段相較，幼教經費支出仍

相對較低。如何回應幼兒教保服務的真實需求並提供適切的幼教經費協助，將是教育經費配置的重要課題。

🙂 第二節　臺灣幼教未來發展的展望

本書分析清末至國府遷臺前的中國大陸、日據至國府遷臺前，以及國府遷臺迄今的臺灣幼教發展經驗，分從機構設立、師資培育以及經費投入等層面檢視幼教發展，進一步探討世界主要國家的幼教現況，期藉歷史與跨國經驗的探索與反思，就臺灣幼教發展的方向提出建言。茲歸結前述討論，分從機構設立、師資培育，以及經費投入等三大層面，提出對臺灣幼教未來發展展望的建言。

一、對機構設立的展望

依據前述歷史經驗，茲就幼教機構設立提出八項未來發展的展望。

(一) 開拓「以幼兒需求為本位」的幼教環境刻不容緩

臺灣幼教機構經歷長時間的發展，從昔日制度移植到辦學內涵的仿效等，制度的發展逐漸穩定。在不同的發展脈絡下，機構設置、師資培訓、教保理念的引進等都可能是焦點，隨著制度穩定發展，建置幼教環境已不再是單純以量的提升為重點，如何回歸到「幼兒需求為本位」已逐漸成為幼教環境建置的最核心理念。幼教究竟應以家庭或機構為先？這仍是個有待深入討論的議題，隨著幼教機構提供教保服務逐漸成為主流，並非意味幼教機構可完全取代家庭的教保任務，也提醒家長不可棄置對孩子的教保角色。其次，無論是以家庭或機構的型態進行幼教活動，都必須在斟酌幼兒的需求與最佳利益為前提，規

劃適切的教保環境與內容，方可使幼兒實質受益。即使臺灣已實施幼托整合制度，但僅是機構合一不能解決教保問題；家長與幼教工作者均應積極建構以幼兒需求為本位的幼教環境，隨時檢視教保內容對幼兒的影響，方是此際刻不容緩之舉。

(二) 鼓勵從事本土幼教課程與實踐的研究

衡諸臺灣的幼教發展史，曾歷經外國制度模仿、殖民制度移植、外國思潮引進，以及部分本土學者專家的努力開拓等。不同脈絡各有影響幼教發展的勢力本無可厚非，隨著幼教發展逐漸系統化且專業化，面對前述歷史變遷所遺留的發展成果，如何去蕪存菁且融入本土的養分以協助幼教發展或轉型，便成為現階段所有幼教人必須省思且努力的課題。例如：在幼教課程的研究方面，曾有陳鶴琴的活教育思想與五指教學、張雪門的行為主義課程等，其中張雪門在臺灣幼教研究經營三十餘年，不僅留下許多寶貴的研究成果，在師資培育方面也培植諸多人才；惟前述努力在今日受到幼教學界的關注仍相當有限，循此進行本土幼教課程研究與實踐的努力也有待持續耕耘。是以，幼教學界與實務應研擬合作議題，積極地進行符合本土需求與特色的幼教課程研究，讓幼教研究與實踐能在本土經驗的融合下，發展出適合幼兒的教保服務內容。

(三) 審慎評估提高幼教普及率政策與相關措施

幼兒的高入園率已成先進國家發展的重要趨勢，各國除了持續提供充分的幼教機會外，也致力於幼兒教保品質的提升。在幼兒高入園率方面，近年臺灣也呈現相同的現象，不僅5歲幼兒入園率已逾九成，4歲以下幼兒的入園率也持續攀升中。幼兒入園率的提升，一方面顯示幼兒教保的高度社會需求，另方面亦可視為家長對幼兒教保服務專業程度的肯定；前述高入園率在相關政策如5歲幼兒免學費、臺

北市「助妳好孕政策」，以及臺中市「托育一條龍政策」等推助下更攀高峰，甚至每到各式選舉日期接近，各項幼兒教保的補助政策四起，令人眼花繚亂。政府以政策支持家庭的教保角色本無可厚非，但政策內涵與相關措施是否符合公義及幼兒最佳利益，各項政策都必須妥予檢視。例如：選擇幼教機構的教保服務是政策唯一推薦的教保類型？以政策衝高幼兒的入園率，能相對展現何等品質保障嗎？未進入幼教機構的幼兒，能夠接受哪些教保協助？各項提高幼兒入園率的作為，是否同步有益於教保品質的提升等？都是推動各項幼教普及政策之際，必須審慎評估的課題。是以，政府需要檢視幼教政策的方向與目的，以作為規劃幼教政策內涵之依，逐步轉化為具體的政策措施及內容，進而定期評估各項政策的效益與調整方向。

(四) 重新省思政府對於幼教發展的角色與職責

臺灣曾經有相當長時間處於政府對幼教機構採幾近放任式管理，政府在幼教發展的推動角色居於次位，反而由民間大量興辦幼教機構以提供幼兒教保機會。近年來，政府強化對幼教發展的角色，陸續提出擴增幼教機會或相關的補助政策；政府力量的介入，對原有幼教生態產生實質影響，造成私幼在經營條件、師資聘用等都與公幼產生一定程度的相抗，對私幼發展產生影響。隨著政府的幼教角色增加，行政力量對幼教「鬆」、「綁」間的程度拿捏出現失調，公幼提供的教保機會雖然相對確保品質且家長較易負擔，但私幼長年來已發展出的多元與活潑特性，卻在此際受到相當程度的經營挑戰。臺灣在政府逐步強化推動幼教發展角色與職責之際，應同步提供各類型幼教機構具鼓勵與輔導功能的作為，引進不同力量加入幼教發展，協助有志於幼教工作者都能獲得良好的參與條件，以構思並提供良好品質的教保服務。

(五) 建立幼小能相互交流的務實銜接制度

臺灣隨著入園率不斷攀升，5歲幼兒入園率已逾95%，機構式教育已成為5歲幼教的主要型態。在機構類型方面，目前仍有逾六成的幼兒就讀私幼，幼兒自幼兒園到小學的學習銜接，已成為各方關注的焦點。由於私幼的教保內容與方式相當多元，各有其教保理念與主張，當幼兒畢業進入小學時，面對來源不同的幼兒，對小學教師而言將是第一關必須面對的挑戰；對幼兒而言，接受多元與自由學習取向的幼兒園教育後，如何適應小學的教學方式，則是另一項值得關切的課題；對幼兒園教師言，如何根據不同教學環境特性以設計適切的學習銜接課程，更是一大挑戰。倘使幼兒園與小學各憑想像並各自努力，能否幼兒創造良好學習銜接的環境，實有疑義。面對5歲幼兒高入園率，從師資培育到教師在職進修等，有必要導入幼小學習銜接的師培課程，引導教師了解兩機構的學習特性並轉化為具體的課程規劃；其次，小學應主動規劃與學區幼兒園的互動機會，從師資與幼兒的學習互動等，營造有利於幼兒學習適應的友善環境，務實地進行學習銜接規劃。

(六) 持續鼓勵比較研究且應明確交代各國的發展脈絡

近年臺灣幼教學術發展發展蓬勃，大學幼兒教育、幼兒教保等相關科系林立，以幼教研究為主的研究所數量也不斷增加，不僅提供現職教保服務人員多樣的進修選擇，也累積著學術發展的能量。隨著臺灣幼教學術研究與外國學界的接軌，部分研究更汲汲於吸收跨國發展經驗的精髓，比較研究便是此等幼教研究的可行選項。關於各國幼教制度的複雜性已於第6章分析，進行幼教比較研究時必須體認前述複雜的特質，明確交代並分析各國幼教的發展脈絡，方可適切地進行跨國比較與分析。舉例言之，關於教保內涵的研究，北歐福利國家常是許多學界引介的焦點，但北歐國家在教保機構的類型、師資條件、師

資培育的管道、教保活動的內容等，有其理念與發展脈絡；學術研究在引介相關國家的幼教制度與內容時，必須清楚交代各國發展的歷史與理念脈絡等，方有助於形成合宜的研究分析與判斷，對臺灣幼教發展的變革做出貢獻。

(七)重視民間力量，營造公平多元的競爭環境

自1897年臺人蔡夢熊自設第一所關帝廟幼稚園以來，私人興設幼稚園的情形雖有消長，復於民國50年代以後興盛，私幼數量多於公幼的情形已逾半世紀。基於前述發展脈絡下，當政府欲強化自身推動幼教的角色時，如何衡酌私幼為多的幼教生態並研擬適宜的幼教政策，便是首要應對的課題。選擇與私幼共同合作與否，雖是政策可以斟酌之處，但若以《教育基本法》第7條為依：「人民有依教育目的興學之自由；政府對於私人及民間團體興辦教育事業，應依法令提供必要之協助或經費補助，並依法進行財務監督。其著有貢獻者，應予獎勵。」政府對民間力量參與辦學實有引導與鼓勵之責。關於民間參與幼教發展由來已久，雖品質良莠不一且行政指導不易，但如輕言捨棄民間參與力量，對整體幼教發展未必有利。政策的當務之急應營造公平、多元與完善的幼教競爭環境，提供民間參與幼教政策制訂及發展持份，鼓勵合作發展專業機制共同規劃幼教發展，藉由專業制衡與良性競爭協助篩檢幼教機構品質，共謀幼教的健全發展。

(八)建構公、私、第三勢力等併置的公義經營環境

臺灣為提供平價且普及的幼教機會，普設公幼成為近半世紀以來的主要選項，其中又以國小空教室興辦附設幼稚園的型態為主，便是今日國小附幼普遍的情況。惟持續擴增國小附幼的情況受限，臺灣又於民國101年（2012）實施《非營利幼兒園實施辦法》，推動新設非營利幼兒園，期能持續提供平價與普及的幼教機會；但前述實施辦法

未能提供足夠的誘因，致使推動多年以來，引進民間參與的力量十分有限，新設園數與擴充的幼教機會實緩不濟急。對照以往過度依賴民間力量並缺乏適當監督機制的現象，普設公幼與新設非營利幼兒園等政策雖發揮一定程度功能，但關於擴增幼教機會、提升幼教品質等目標仍有待努力促成。因此，除持續進行幼教機構評鑑外，應致力於不同類型幼兒園的經營研究，分析幼兒園的經營問題與困境以提供適切的政策協助，方能對於幼兒園發展提出積極且正向的政策規劃建議；其次，各項幼教政策應在兼顧公、私、第三勢力等公平競爭的前提下，評估規劃、設置幼兒園的相關方案，如設置公辦民營幼稚園、獎勵私幼，或設置實驗幼兒學校等，讓幼教發展確實能達成多元且優質的理想。

二、對師資培育的展望

依據前述歷史經驗，茲就幼教師資培育提出五項未來發展的展望。

(一)持續提升師資專業化與持續成長的機會

清末中國設立蒙養院時，師資來源主要為育嬰與敬節兩堂的節婦及乳媼，以前述人力充當保姆職責。民國以來，師資來源包含外國保姆、傳教士，以及新訓練的本國人才，甚至出現大學設有幼教師資培育相關課程，但師資培育的來源與體系並不穩定。《幼稚教育法》實施後，對於幼稚園師資培育資格有較高且系統要求，隨後《師資培育法》頒行更將幼稚園師資資格提升至大學以上，許多大學都設有幼兒教育與幼兒保育等相關學系，師資專業化程度與先進國家已無差別。綜觀臺灣的師資培育經驗，提升師資數量與素質仍將是發展趨勢，在既有多數幼教師資已具大學以上學歷之際，持續提升專業成長的管道與機會，以協助幼教師資在教保專業的持續精進並促進教保品質的提

升。關於師資專業成長管道與內容的規劃，必須揚棄單一且缺乏彈性的作法，應提供教保服務人員主動提列進修需求的機會，就前述需求規劃具有彈性且合宜的進修課程內容，主動評估進修課程的實施效益並因應調整，才能發會提升師資專業化的實效。

(二)努力消弭公私幼教保服務人員的環境落差

教保服務人員是確保教保品質的核心人物，良好的服務環境對於提升教保品質居有關鍵性影響。臺灣在教保服務人員的福利待遇方面，公幼的條件通常優於私幼，公幼教保服務人員薪資福利相對穩定，即使近年各大學已普遍設有幼兒教保相關科系，畢業生多以進入公幼服務爲優先選擇，私幼年年「教師荒」依舊；其次，另在公幼教保服務人員甄選中，一部分錄取現職私幼人員，形成私幼教保服務人員高流動率現象，甚至有「私幼爲公幼培訓師資」之譏；再次，幼托整合政策實施後，教保服務人員包含園長、教師、教保員，以及助理教保員等，人員結構與幼稚園、托兒所時期不同，幼兒園裡存在不同職稱的教保服務人員，彼此的福利待遇相異，尤其教師與教保員之間同工不同酬的現象，已是教保現場飽受批評的問題。是以，應致力以政策引導改善公、私幼教保服務人員的環境落差，是當前首要任務；其次，應努力消彌公、私幼教保服務人員以及教保服務人員之間待遇福利的矛盾現象，讓人才能夠各盡所能並各安其位，方有助於激勵教保服務人員的士氣，以維持教保品質。

(三)政策支持教保服務人員工作條件以提升社會地位

清末以來的幼教機構人力，歷經不同的資格條件規範，對照幼教人員所做的教保貢獻，人員的社會地位其實有不小的改善空間，即使在今日教保服務人員學歷要求已普遍提升至大學以上，此等社會地位亟待改善的情形仍舊存在。關於教保服務人員社會地位有待改善的問

題，與歷來幼教人員教育程度不高、以女性爲主要人力的刻板印象、受誤解爲對國家社會的貢獻低，以及受制於專業知能高低隨著任教對象年齡而遞減的價值觀等，許多人對於教保服務人員採「照顧幼兒生活」、「陪幼兒遊戲」等非專業形象，輕忽教保工作的重要性與人員的專業性。近年來，臺灣的教保服務人員學歷要求已普遍提升至大學以上，雖可視爲對教保服務人員的專業肯定，但有關幼兒園教保環境待改善、人員待遇福利不佳以及社會地位持續低落等問題，也同時浮出檯面。提升幼教品質有賴於持續引進優質的教保服務人員投入教保服務，以政策作爲協助提升教保服務人員的社會地位則是幼教現階段應發展的方向；除應致力宣導社會各界關注幼教的重要性與發展情況外，爲教保服務人員創造合理的工作環境並優化其福利待遇等，將有助於強化優秀人力的就職意願，方可爲臺灣的幼教立下穩定且優質的發展條件。

(四) 積極營造能專業對話與和諧的師資工作環境

隨著教保服務人員的資格條件要求逐漸提升，除了一方面呼籲政策致力改善教保服務環境外，教保服務人員如何經營積極的成長環境以回應各界期望，則是另一重要關注面向。由於教保環境有其獨特性，多數以班級爲區分，教保服務人員容易自限於區隔的班級環境而缺少與同儕的互動，如此便容易限縮專業對話與交流的機會。當教保服務人員已具備相當的學經歷與專業條件，營造專業成長的環境並規劃專業成長的進階機會，便是追求持續專業發展的必要作爲。是以，教保服務人員必須體認教保工作的專業特性並積極尋求同儕力量，規劃有利於幼兒園的專業成長環境；當幼兒園能以營造專業成長環境而自我砥礪，便將督促教保服務人員共同營造和諧以及能相互對話氛圍。經由持續的專業自我提升並努力尋求外界對幼教專業的認可，方有益於教保服務人員社會地位的提升，並促成專業成長的永續。

353

(五)提供教保服務人員安心的教保職場並展現創意

相較於其他的教育階段，幼教的教保服務內容更能展現出多元與創意，不僅在教保方式相當多元，各界對於師生互動與幼兒的學習成果，也期盼能展現出相當的創意。臺灣多年來以私立為主的幼教生態，訂有幼托機構的課程標準但不強制實施，各機構秉其理念各展專長之餘，讓幼托機構得以呈現出多元活潑的樣貌。教保服務的多元與創意有利於涵養幼兒的多樣化能力，吾人應持續維護前述發展特性與價值，其中便是要讓教保服務人員具有安心且可以秉其專業發展的教保環境。今日教保服務人員除了需承擔教保工作並回應家長與幼兒的期望與成長外，在教保職場仍有諸多如園務行政、政策協助、機構評鑑等協辦業務，此等協辦業務可能以定時或突發方式為之，對教保工作已然產生壓力與不當影響。期盼教保服務人員能發揮專業引領幼兒學習並發展創意之餘，致力於提供鼓勵與安心的教保環境，當是現階段幼教政策規劃的重要方向。

三、對經費投入的展望

依據前述歷史經驗，茲就幼教經費投入提出五項未來發展的展望。

(一)建立教育經費分配的檢視與合理分配機制

幼教納入學制且系統化地發展已逾百年，相對於其他教育階段，幼教發展的起步相對較緩，所獲得的經費挹注也較其他教育階段別為低，此種情形直到今日仍存。在政府有限的教育經費挹注之餘，民間力量補足了幼教經費投入的缺口，但以民間為主的幼教經費支出，又引來有關合理與公益的質疑。歷來偏低的幼教經費，使幼教發展無法得到適切的後盾，而行之有年以民間為主的幼教經費生態，不僅造成

入園機會不公，更可能剝奪部分幼兒的受教機會。因此，政府如能基於提供幼兒公平的受教機會與普及幼教發展的前提，適時地擴增幼教經費，調整幼教經費來源的政策方向，對於幼教發展將提供積極正面的助益。隨著民眾對幼教需求日殷，可預見未來勢將面對擴增幼教經費的訴求；而為使幼教發展能獲更多的經費支持，未來教育經費的分配不僅要求充足的經費支援，相較於其他教育階段，更期待在具相互抗衡的預算分配制度下，幼教經費能獲合理的分配與成長；為實現前述理想，建立教育經費公平分配的檢視機制實刻不容緩。建立教育經費公平分配檢視機制，不僅有益於檢視教育資源的使用效益，更可藉由合理且具彈性的經費配置，協助各教育階段的均衡發展，使所有師生都能受益。

(二) 補助不利幼兒受教經費並注重公平正義，落實均等理想

擴增幼兒入園機會，除了回應臺灣社會發展產生的需求，另方面則是幼教專業化發展逐漸受到肯定，期許幼兒及早接受機構教育以增加未來學習成功的機會。臺灣社會當前的高入園率，使得幼教呈現蓬勃發展之象，但幼教人員也必須正視伴隨而來的教育期望與課責。近年實施5歲幼兒免學費政策，除了提供5歲幼兒就讀公、私立幼兒園學費補助外，另有「弱勢加額補助」提供經濟弱勢家庭幼兒其他就學費用補助，期能以政策協助弱勢幼兒獲得公平的受教機會。關於保障弱勢幼兒入園機會，已是許多先進國家的政策共識，如美國行之多年的"Head Start Program"、"Follow Through Program"等便是一例，後來更延伸出"Early Head Start Program"、"Early Head Start-Child Care Partnerships"等，將照顧對象的年齡延伸至3歲以下，政策補助幼兒年齡的延伸情形，將是臺灣同將面對的課題。其次，當提供弱勢幼兒公平入園機會的政策方向逐漸形成共識，政策應致力於補助對象的合

355

宜性；臺灣的稅賦制度長期以來遭人詬病，以家庭稅賦情形篩選補助
對象的作法，必須與稅賦制度進行連動檢視。以政策協助眞正需要的
幼兒接受優質的教保機會，是臺灣必須檢視制度並妥予回應的方向。

(三)幼教經費效益須有歷程性檢視並宜增配置彈性

臺灣幼教經費支出相較於其他教育階段雖有相對偏低的現象，
但近年整體幼教經費支出也逐漸增加。幼教經費的逐漸擴增值得肯
定，經費資源挹注的效益性，則是未來經費發展必須關切的面向。
綜觀臺灣幼教經費的發展情形，在民國97學年度（2008-2009）以
前多占比在3%以下，政府幼教經費投入偏低的情形長期爲人詬病；
100學年度（2011-2012）幼教經費增加幅度加大至5.32%，之後幾年
都超過7%的經費規模，經費大幅擴張當爲5歲幼兒入園免學費政策
所致。幼教資源挹注的擴增固然令人欣喜，但經費大幅度用於擴增5
歲幼兒入園機會之餘，對其他年齡幼兒的受教機會是否產生影響？5
歲幼兒教保品質是否因資源挹注增加而有所提升？免學費政策是否
應延續並占有高幼教經費支出比重等？都將是臺灣幼教經費配置必
須面對的挑戰課題。爲回應前述課題，建置合宜的幼教經費歷程性
檢視機制更顯迫切與必要；除系統性建置前述制度外，宜依據幼教
經費使用效益的評估結果，增加經費配置的彈性，確保教育資源在
具效益並符合公益的支用情形下，確實達成提升教保品質的理想。

(四)以政策引導調整教保服務人員薪資結構並利於減輕私
##　幼家庭負擔

公、私幼的收費差距過大，引發各界對是項支出差距合理性的爭
議，其中公、私幼的幼兒教育經費單位成本差距逾二倍，公幼幼兒多
數受到政府經費補貼，私幼部分則多數教育經費成本由家長負擔，其
間不僅公平性堪議，更令人擔憂部分幼兒是否受限於家庭經濟而影響

其受教機會與權利。私幼收費居高不下的原因，除了用地取得或租金成本隨物價波動而墊高外，人事開銷則是另一項重要的成本支出；以3至5歲班生師比15：1的現有規範言，三班規模的幼兒園應聘的教保服務人員至少7名（園長專任），另聘廚工、行政人力或司機等，幼兒園的成員編制至少需10名。面對居高不下的場地與人力成本，一方面期待幼兒園員工能獲得良好的待遇福利且人事穩定以維護幼兒受教權益，另方面則又期待幼兒園能降低收費，顯然落入兩難困境之地。私幼提供的教保機會，攸關全體幼兒的受教權益，當政府無力普遍設置公幼或非營利幼兒園之際，如何藉由政策引導並協助私幼改善教育經費支出並使幼兒與家長受惠，顯然是當前政策必須著力的要項。其次，教保服務人員的素質與穩定留任攸關幼兒的受教品質已如前述，如能藉由政策引導，同時改善教保服務人員的待遇福利與私幼的經費支出，應是當前政策可予優先考慮的選項。政府宜藉由擴增幼教經費的機會，以政策要求符合補助條件的私幼訂立改善教保服務人員薪資結構與學雜費用調整計畫，輔以計畫研考以確保政策的落實情形，系統地引導私幼改善教保服務人員薪資結構並確實反映於學雜費用，使私幼幼兒與家長能實質受益。

(五)政府宜採多元經費挹注方式讓所有幼兒實質受惠（公立和非營利非單一型態）

　　隨著幼教資源的逐漸擴增，政府回應社會對幼教需求的用心應予肯定，如果透過適切的經費分配以讓多數幼兒實質受惠並獲致經費最佳效益，則是臺灣此際應細心規劃的議題。經歷長時間以私幼為主的幼教環境，臺灣在民國70年代開始推動廣設公幼政策，以國小空教室為主的廣設公幼方式雖然未臻理想，但短期之內幼教資源挹注擴增公幼的舉措，確實讓許多幼兒實質受益。以國小附設方式廣設公幼的政策除了開辦成本外，人事成本的擴增則是另一個影響政策發展的重

357

要因素。當擴增國小附幼的發展越趨飽和但可提供的公幼機會仍相當有限，近年另以推動非營利幼兒園的政策輔之，期能引入民間力量並配合政府補助的方式，協助增設平價且優質的幼兒園；非營利幼兒園雖是挹注幼教發展的可行選項，但推展數年來，實質擴增的幼教機會與引領社會仿效的成效相當有限，致使政府雖有意持續挹注經費鼓勵幼教發展卻遭遇發展瓶頸。持平言之，公幼與非營利幼兒園縱有益於提供平價與優質幼教品質，惟政府若僅固守此等選項，能夠產生的成效及其對幼兒的實質助益顯然難以估測。在平價、優質、近便等政策目標下，政府必須在政策規劃層次思考更加多元的方式，讓擴增的幼教經費得以嘉惠更多幼兒獲致高品質教育的機會。是以，重新盤點公幼、非營利幼兒園，以及私幼提供的教育機會，規劃出共贏的政策引領前述幼教機會均能邁向平價、優質、近便的政策理想，並作為幼教經費配置的規劃依據，將是更為務實並符合公義的政策走向。

附錄一　蒙養院及家庭教育法章程

蒙養院及家庭教育法章程

蒙養院章程及家庭教育法章程總目

蒙養家教合一章

保育教導要旨及條目章

屋場圖書器具章

管理人事務章

蒙養院章程及家庭教育法章程

蒙養家教合一章第一

第一節　蒙養家教合一之宗旨在於以蒙養院輔助家庭教育以家庭教育包括女學

第二節　蒙養院即為保育教導三歲以上至七歲之兒童中國此時情形若設女學其間流弊甚多斷不相宜既不能多設女學即不能多設幼稚園惟有酌采外國幼稚園按各國皆有幼稚園其義即此章所設之蒙養院為保育三歲以上至七歲幼兒之所令女師範生為保姆以教之每日不得逾四點鐘

法式定為蒙養院章程

第三節　凡各省府廳州縣以及極大市鎮現在均有育嬰堂及敬節堂即撥款就堂內附設蒙養院

第四節　各庭育嬰堂規模大小不一均為有常年經費其規模過狹各應設法擴充屋舍增加穎乳媼必宜多設以期廣涵嬰堂乳媼之數育嬰堂城至少須在五十人以外各府縣城至少須在三十人以外即於堂內劃出一院為蒙養院令其講習為乳媼及保姆者保育教導幼兒之事由官將後開保育要旨條目並將後開之官編女教科書家庭教育書刊印多本發給該堂令其自相傳習乳

359

蒙養院及家庭教育法

娼既多其中必有識字者即令此識字之乳媼爲堂內諸
人講授此講授之人每月格外優給工資由該堂員董察
其是否得力酌辦日久效著可隨時酌加若堂內乳媼
全無識字者即專雇一識字之老成婦人入堂按本講授
凡本地擬充乳媼保姆諸生之貧婦願入堂隨眾講習者
聽人數限三十人以內嚴禁擁擠雜亂頃成該堂員董稽
察者可蒙充乳媼保姆之事惟年世有夫

第五節　各處敬節堂本是極貶崇善舉亦應設法擴充尾老
增加額數以憮窮發每堂養贍節婦之數省城至少須在
五十名以外各府縣城至少須在三十名以外即於堂內

劉出一院爲蒙養院合其講習爲保姆者保育教導勢兒
之事需各處貧苦裁縫多係爲人作活計當女媼保姆以
保湖之技能倘由官將後開保育要官條目並將後開之
官編女教科書家庭教育普刊印多本發給該堂其中
婦亦必有識字者即合其爲堂內諸人講授每月格外優
驗照銀由該堂員董察其是否得力酌辦日久效著可
隨時酌加若堂內節婦全無識字者即專雇一識字之
婦入堂爲之講授其堂內節婦有癱老已甚或志在佛
家處不肯目課授其願來聽授者亦聽其便凡本地
擬充乳媼保姆之貧婦願入堂隨眾講習者聽人數限

三十人以內嚴禁擁擠雜亂頃成該堂員董稽察

第六節　兩堂開辦一年以後由各該堂員董考察其講授
之乳媼節婦講習認眞保育教導合法者此米基送往
國因無女師範生故於育學敬節兩堂內附設蒙養院之
學雖然較淺然其中緊要理法已得大要已達辦於
其住育嬰敬節兩堂學保姆者無論院外均發給獎
不患其棄明地方官分別給予獎費并發給保姆
養院學過保姆選單聽其自營生業講習無成效者不給
憑單

第七節　外國女師範學堂例置保姆講習科以教成之中
國因無女師範生故於育學敬節兩堂內附設蒙養院所

之女俟各省貧家婦人頗爲女媼及抱兒之保姆女備資
以翻口者甚多此事學成不過一年領有憑單展能有
雇值必可加豐資爲補益貧民生計之大端

第八節　凡兩種蒙養院中本地附近幼兒其父母願送入
其中受院內之教育者聽以便保姆中學保姆者練習實地
保育之法其每院人數之多少由地方官及紳董體察情
形酌辦如貴族紳富自願延請女師在家教授者聽

第九節　保姆學堂既不能曑設蒙養院在家教養者
所急者仍賴家庭教育惟有刊布女教科舊之一法應令
各省學堂將奉經四書列女傳女誡女訓及教女遺規等

著擇其最切要而極明顯者分別次序淺深明白解說繪
成一書并附以圖至多不得過兩卷每家散給一本并隨
取外國家庭教育之書擇其平正簡易與中國篇道繁疑
不相悖者若日本下田氏等之所著家政學之類為譯出刊布其書卷帙
少亦宜家置一編此外如初等小學字課本及小學前數
年之各種教科惠語甚淺顯地方官宜廣為刊布婦人之
識字者即可自看自解以供自教其子女之用其不識字
不能自行觀覽者或由其夫或請旁人為之講說有子者
母自教其子以為入初等小學之基有女者母自教其女
以知將來為人婦為人母者寶貴行其女

故女學之無與者惟有家庭教育女學原不徒保育幼兒
一事而此一事為尤要使全國女子無學則非教必不能
善幼兒身體斷不能強氣質習染斷不能美蒙養通于聖
功皆為國民教育之第一基址

育於家庭之中母不能教者或雇保姆以教之是家庭中
自有一蒙養院矣
第十節　三代以來女子亦皆有教備見經典所謂教養
、以為女為婦為母之道也惟中國男女之辨甚謹少年女
子斷不宜令其結隊入學遊行街市且不宜多讀西書以
學外國習俗致開自行擇配之漸長戮親父母夫婦之風
故女子只可於家庭教之或受母教或受保姆之教令其
能識應用之文字通解家庭應用之書算物理及婦職應
盡之道女工應為之事足以持家教子而已其無益文詞
概不必教其干預外事妄發關繫重大之議論更不可教

保育教導要旨及條目章第二
第一節　保育教導要旨如左　外國所謂保育即保教導之
　　故并施教導　義并優長養愛護之謂也蓋
　二字以明之
一　保育教導兒童專在發育其身體漸啟其心知使之
遠於澆薄之惡習習於善良之軌範
二　保育教導兒童當體察幼兒身體氣力之所能為心
力知覺之所能及斷不可強授以難詞難解之事或使為
疲之過度之業
三　保育教導兒童務留意兒童之性情及行止儀容使
趨端正

做之孟母三遷即此意也

第二節　蒙養院保育之法在就兒童最易通曉之事情慎
所嗜好之事物漸次啟發涵養之與初等小學之授以學
科者迥然有別其保育教導之條目如左

一遊戲　遊戲分為隨意遊戲及同人遊戲兩種隨意遊
戲者使幼兒各自運動同人遊戲者合眾幼兒為諸種之
運動且使合唱歌謠以節其進退要在使其心情愉快活
潑身體健適安全且養成兒童發眾樂羣之氣習

二歌謠　歌謠俟幼兒在五六歲時漸有心喜歌唱之際

四　兒童性情極好模做務專意示以善良之事物使爾

可使歌平和淺易之小詩如古人短歌謠及古人五言絕
句皆可并可使幼兒之耳目賬舌運用舒暢以助其發育
且使心情和悅為德性涵養之題

三談話　談話須擇幼兒易解及有益處有興味之事實
或比喻之寓言以期發其性情與致與小兒對話時且難
常兒之天然物及人工物等指點言之亦可啟發其見物
留心之思路其所談之話兒童已通曉時保姆常使兒童
演述其要領演說之際務使聲音高朗語無帶藝尤不乍

四手技　手技投以盛長短大小各木片之匣使兒童將
兒童將說話之次序淆亂錯誤

此木片作房屋門戶等各種形狀又授以小竹籤數莖及
豆若干使兒童作各種物體之形狀又使用紙作各種物體之形
狀更進則使用黏土作碗盞等形又使於蒙養院附近之
庭院內播草木花卉之種於地漫潤以水與肥料使觀察
其自發生以至開花結實等各形象諸如此狼要在使引
導幼兒手眼使之習用於有用之處為心知意與開發之
育

第三節　保育教導幼兒之時刻每一日不得過四點鐘於
食之時此外徐時可聽其自便性傷生之事須隨時防範

屋場圖書器具章第三

第一節　蒙養院房舍以平地建造為宜斷不可建造樓房
致幼兒登降有危險之虞

第二節　蒙養院當備保育室遊戲室及其他必需之諸室

第三節　保育室面積之大當合時幼兒五人占地六平方
尺

第六節　庭園面積之大至小者當合幼兒一人占地六平
方尺

第五節　凡手技用之器物園畫遊戲物具樂器儿案椅凳
時辰表寒暑暖房器及其他必需之器具觀其經體酌

童憤備但只可簡樸不可全缺若各器俱無卽無從指點

引導矣

第六節　院地內外一切衛生等件均按照小學堂之例

管理人事務章第四

第一節　蒙養院醫院董一人管理院中一切事務司事酌

設但董司均須擇老成端謹而又和平耐煩者

第二節　蒙養院中董事司事人等若係官立者由官選派

若係鄉村公立者由紳董公議稟請本地方官核定若私

立之蒙養院則由創設者自主之亦須稟報本地方官批

准立案無論公立私立均須稟明本省學務處以備查考

蒙養院及家庭教育法

363

附錄二　幼稚園設置辦法

1.中華民國32年12月20日教育部令訂定發布
2.中華民國59年6月19日教育部(59)臺參字第12873號令修正發布
3.中華民國62年2月28日教育部(62)臺參字第5172號令修正發布
4.中華民國66年6月23日教育部(66)臺參字第17318號令修正發布
5.中華民國72年5月24日教育部臺(72)國字第19285號令發布廢止

第　一　條　幼稚園之設置，除法令另有規定外，依本辦法之規定。

第　二　條　幼稚園收四足歲以上至六足歲以下之兒童，必要時得報請主管教育行政機關收三足歲以上之兒童。

第　三　條　幼稚園得由直轄市或縣（市）政府單獨設置或附屬於國民小學，公私立機關、學校團體及私人亦得設置之。

第　四　條　幼稚園之單獨設置者，應以地名、人名或切合幼稚教育意義之詞語命名。

第　五　條　私立幼稚園之設置，應由創辦人擬具設園計畫，先行申報直轄市或縣、市政府教育局，並須開具左列各事項：
一、擬設幼稚園園址。
二、擬設幼稚園經費之來源及其概數。
三、創辦人詳細履歷。
四、擬聘董事姓名及其履歷。
直轄市或縣市政府教育局，對於私立幼稚園設園計畫，應依據法令及當地需要予以審定。

第　六　條　私立幼稚園創辦人，應於該園設園計畫核准後，籌設董事會，第一任董事，由創辦人聘請相當人員充任之，創辦人爲當然董事。創辦人人數過多時，得互推一至三人爲當然董事。

第　七　條　私立幼稚園設董事會，董事名額五至九人，並應互推
　　　　　　一人爲董事長。

第　八　條　私立幼稚園董事會，至少須有三分之一董事，以曾研
　　　　　　究或從事教育工作或具有辦理相當學校經驗之人員充
　　　　　　任。現任主管教育行政人員或對私立幼稚園具有監督
　　　　　　權之公務員，不得兼任董事。外國人充任董事之名
　　　　　　額，至多不得超過三分之一，並不得充任董事長。

第　九　條　私立幼稚園董事會之組織、董事之任期及改選辦法，
　　　　　　應於董事會組織章程中明確規定之。

第　十　條　私立幼稚園董事會之職權如左：
　　　　　　一、董事長之選聘及解聘。
　　　　　　二、園長（或主任）之遴聘或解聘。
　　　　　　三、園務計畫及報告之審核。
　　　　　　四、基金之保管及運用。
　　　　　　五、經費之籌畫。
　　　　　　六、預算決算之審核。
　　　　　　七、財務之監察。

第　十一　條　私立幼稚園董事會之成立須開具左列各事項報請主管
　　　　　　教育行政機關備案：
　　　　　　一、董事會組織章程。
　　　　　　二、設置基金、資產之項目與數額及其確實證明。
　　　　　　三、董事長、及董事詳細履歷。

第　十二　條　私立幼稚園籌備完竣後，應由董事會報請主管教育行
　　　　　　政機關立案，俟核准後始得開辦招生。

第　十三　條　私立幼稚園董事會，於報請幼稚園立案時須開具左列
　　　　　　事項：
　　　　　　一、幼稚園名稱。
　　　　　　二、園址：（附平面圖及面積、地質、環境、狀況、
　　　　　　　　及衛生安全等說明書）。
　　　　　　三、園則：（包括兒童之數額、班數兒童入園出園之

手續及免費學額等）。

四、設備：依照幼稚園設備標準規定辦理。

五、經費來源及經費預算表。

六、財產目錄。

七、園長及擬聘教師履歷冊。

八、開辦日期。

第　十四　條　私立幼稚園董事會報請幼稚園立案時，其申請程序照第五條之規定辦理。

第　十五　條　幼稚園之編制，應按幼兒之年齡分班，每班以四十人為限，每班教師二人（教師一人、助理教師一人）。

幼稚園之兒童數以不超過一百六十人為原則，必要時得報請直轄市或縣市政府教育局增加其人數。

第　十六　條　幼稚園得分為全日制及半日制。

第　十七　條　幼稚園兒童之活動，應依照幼稚園課程標準之規定辦理。

第　十八　條　幼稚園園舍建築以平房為原則，並須有保健、遊戲、工作及其他必要之設施與遊戲及自由活動之園庭。

幼稚園園址面積按兒童人數多少而定，平均每一兒童室內應占面積至少一點五平方公尺以上，室外至少須為二平方公尺以上為原則，其最低總面積由省（市）教育廳局依實際狀況訂定報由教育部核備。

第　十九　條　幼稚園課程標準及設備標準，由教育部定之。

第　二十　條　幼稚園每學期所收費用，其數額應報請直轄市或縣市政府教育局核定之，並應為貧寒幼兒設置免費學額。

第　二十一　條　單獨設置之幼稚園置專任園長一人，綜理園務。學校附設之幼稚園（班）置專任主任（班主任）一人，秉承校長掌理園務。

第　二十二　條　單獨設置之幼稚園園長，以幼稚師範科及大專有關科系畢業或具有中小學教師資格，從事教育工作二年以上著有成績者，為合格。

第　二十三　條　幼稚園教師及助理教師，均應聘請經幼稚園教師登記
　　　　　　　　及檢定合格者擔任之。
　　　　　　　　前項教師及助理教師，均以女性擔任爲原則。
　　　　　　　　幼稚園教師登記及檢定辦法，由教育部定之。

第　二十四　條　幼稚園辦理完善，成績優良者，由直轄市或縣市政府
　　　　　　　　教育局，予以獎勵。

第　二十五　條　幼稚園辦理不善或有不遵守教育法令時，直轄市或縣
　　　　　　　　市政府教育局，得視情節輕重，分別予以左列處分：
　　　　　　　　一、限期整頓及改善。
　　　　　　　　二、令飭暫停招生，切實改進。
　　　　　　　　三、撤銷立案，令飭停辦。

第　二十六　條　未依本辦法規定申請核准立案，以幼稚園或類似幼稚
　　　　　　　　園名義擅自招生者，由直轄市或縣市政府教育局，嚴
　　　　　　　　予取締。

第　二十七　條　私立幼稚園年度預算，應報請直轄市或縣市政府教育
　　　　　　　　局備查並執行之。
　　　　　　　　私立幼稚園之收入，應悉數用於預算項目之支出；如
　　　　　　　　有餘款，應撥充幼稚園基金。

第　二十八　條　私立幼稚園之停辦，應申敍停辦之緣由及停辦後幼兒
　　　　　　　　之安置方法，報請直轄市或縣市政府教育局核准後，
　　　　　　　　始得結束。

第　二十九　條　私立幼稚園依前條之規定停辦後，應由直轄市或縣市
　　　　　　　　政府教育局派員，監督董事會清理及結束一切事務，
　　　　　　　　其清理及結束情形，應由董事會申報直轄市或縣市政
　　　　　　　　府教育局備案。

第　三十　條　本辦法未規定事項，依其他有關法令之規定辦理。

第　三十一　條　本辦法自發布日施行。

附錄三　幼稚教育法

1. 中華民國70年11月6日總統(70)臺總（一）義字第7258號令制定公布全文25條
2. 中華民國91年6月12日總統華總一義字第09100119130號令修正公布第8、13條條文；並增訂第6-1～6-3、17-1、20-1、22-1、23-1條條文
3. 中華民國92年6月25日總統華總一義字第09200114930號令修正公布第8條條文
4. 中華民國98年6月17日總統華總一義字第09800150531號令修正公布第17-1條條文
5. 中華民國100年4月13日總統華總一義字第10000067801號令修正公布第8、12、25條條文；除第8條施行日期由行政院定之外，餘自公布日施行

   中華民國100年8月31日行政院院臺教字第1000044998號令定自101年1月1日施行
6. 中華民國103年6月18日總統華總一義字第10300093741號令公布廢止

第　一　條　幼稚教育以促進兒童身心健全發展爲宗旨。

第　二　條　本法所稱幼稚教育，係指四歲至入國民小學前之兒童，在幼稚園所受之教育。

第　三　條　幼稚教育之實施，應以健康教育、生活教育及倫理教育爲主，並與家庭教育密切配合，達成左列目標：

　　　　　　一、維護兒童身心健康。

　　　　　　二、養成兒童良好習慣。

　　　　　　三、充實兒童生活經驗。

　　　　　　四、增進兒童倫理觀念。

　　　　　　五、培養兒童合群習性。

　　　　　　幼稚教育之課程標準，由教育部定之。

第　四　條　幼稚園由直轄市、縣（市）政府設立或由師資培育機構及公立國民小學附設者爲公立；其餘爲私立。

第　五　條　幼稚園之設立應符合左列標準：

一、園址適當且確保安全。

二、園長及教師符合規定資格。

三、私立者應寬籌基金，其資產及經費來源，足供設園及發展之需要。

四、園舍、面積、保健、衛生、遊戲、工作、教學等設備符合幼稚園設備標準；其標準由教育部定之。

第　六　條　公立幼稚園由師資培育機構附設者，應報請所在地主管教育行政機關備查。

私立幼稚園應由設立機關、團體或創辦人擬具設園計畫載明左列事項，報請所在地主管教育行政機關核准後籌設之：

一、擬設幼稚園之名稱。

二、擬設幼稚園之園址、面積、園舍圖。

三、擬設立班級。

四、經費來源。

五、擬設幼稚園所需經費概算。

六、創辦人姓名、住址及履歷；經捐資人推薦者其證明文件。

私立幼稚園籌設完竣，應報請所在地主管教育行政機關立案，經核准後始得開辦招生。

私立幼稚園如不對外募捐經費，且未超過五班者，得不設董事會或辦理財團法人登記。但均應指定負責人，並報請所在地主管教育行政機關核備。

設董事會者，其章程由創辦人報請主管教育行政機關核備。

第　六之一　條　私立幼稚園依前條第三項之規定籌設完竣後，由設立機關、團體或創辦人檢具左列文件，向所在地主管教育行政機關申請立案：

一、園則：包括兒童之人數、班級數、兒童入園出園
之手續及免費名額等。

二、設園園址、園舍所有權證明或租用或借用三年以
上經公證之契約。

三、園舍平面圖及設備一覽表。

四、財產目錄。

五、基金存款證明文件；其屬財團法人者，以法人名
義專戶儲存；非屬財團法人者，應以負責人，並
列幼稚園名義專戶儲存。

六、園長及教職員名冊。

第　六之二　條　私立幼稚園依第六條第四項之規定設董事會者，其董
事會應依左列各款辦理：

一、董事名額五人至十一人，並互推一人為董事長。

二、第一任董事，除由創辦人擔任外，其餘由創辦人
遴選適當人員充任，並召開董事會成立會議，推
選董事長。

三、董事會成立後三十日內，應檢同左列文件報請主
管教育行政機關核備：

(一)董事會組織章程。

(二)董事名冊。

(三)董事受聘同意書。

(四)董事會成立會議紀錄。

四、董事會之職權如左：

(一)董事會組織章程之制訂及修訂。

(二)董事之選聘及解聘。

(三)園長之選聘及解聘。

(四)園務發展計畫及報告之審核。

(五)基金之保管及運用。

(六)經費之籌措。

(七)預算、決算之審核。

(八)財務之監督。

五、董事會每學期應開常會一次，必要時，得召集臨時會，董事會由董事長召集，並為主席。

第　六之三　條　私立幼稚園園址遷移，應先由董事會或負責人開具左列文件、資料，報請主管教育行政機關核准後辦理：

一、擬遷往之園址、面積及園舍平面圖。

二、園舍及設備一覽表。

三、園址及園舍所有權證明或租用或借用三年以上經公證之契約。

第　七　條　有左列情形之一者，不得充任幼稚園之董事或負責人：

一、曾犯內亂、外患罪，經判決確定或通緝有案尚未結案者。

二、曾服公務因貪污瀆職，經判決確定或通緝有案尚未結案者。

三、曾受有期徒刑一年以上刑之宣告，服刑期滿尚未逾三年者。

四、褫奪公權尚未復權者。

五、曾任公務人員受撤職或休職處分，其停止任用或休職期間尚未屆滿者。

六、受破產宣告尚未復權者。

七、無行為能力或限制行為能力者。

第　八　條　幼稚園教學每班兒童不得超過三十人。

幼稚園兒童得按年齡分班，每班置教師二人，均兼任導師。但班級人數十五人以下者，僅其中一人為導師；其導師費之發給，由教育部會商各地方主管教育行政機關另定之。

幼稚園行政組織及職員編制，由各該主管教育行政機關定之。

第　九　條　幼稚園置園長一人，綜理園務，專任，得擔任本園教

學。但學校、機關、團體附設之幼稚園園長,得由各該單位遴選合格人員兼任。

第　十　條　直轄市、縣(市)政府設立之幼稚園,其園長由各該政府派任。

師資培育機構附設之幼稚園,其園長由該機構遴選合格人員聘任,並報請所在地主管教育行政機關備查。

公立國民小學附設之幼稚園,其園長由校長遴選合格人員報請該管主管教育行政機關派任。

私立幼稚園,其園長由董事會遴選合格人員聘任;未設董事會者,由設立機構、團體或創辦人遴選合格人員聘任,並均報請所在地主管教育行政機關核備。

第　十一　條　直轄市、縣(市)政府設立之幼稚園,其教師由各該政府派任。

師資培育機構附設之幼稚園,其教師由校長遴選合格人員聘任。

公立國民小學附設之幼稚園,其教師由該主管教育行政機關遴選合格人員派任。

私立幼稚園,其教師由園長遴選合格人員聘任,並報請所在地主管教育行政機關核備。

第　十二　條　幼稚園教師應具下列資格之一:

一、依師資培育法及其相關法規之規定,領有幼稚園教師證書者。

二、中華民國八十三年二月七日師資培育法公布施行前,依當時法規規定取得幼稚園教師證書,尚在有效期間者。

幼稚園園長應具教師資格,並就具有下列資格之一優先遴用之:

一、大學幼教相關院、系、所碩士班或碩士學位學程以上畢業,從事幼稚教育工作二年以上成績優良者。

二、大學幼教相關院、系學士班或學士學位學程畢
　　業，從事幼稚教育工作三年以上成績優良者。

第　十三　條　公立幼稚園園長、教師、職員之待遇、退休、撫卹、
保險及福利等，比照公立國民小學教師、職員之規定
辦理。

公立幼稚園園長、教職員之成績考核，比照公立國民
小學校長、教職員之規定辦理。

私立幼稚園園長、教師、職員之待遇、退休、撫卹及
福利等，由各私立幼稚園參照有關法令訂定章則，籌
措專款辦理，並報請所在地主管教育行政機關備查。

私立幼稚園辦妥財團法人登記者，其園長、教師、職
員之保險，準用私立學校教職員保險條例之規定辦
理。

第　十四　條　私立幼稚園辦理成績卓著者，由主管教育行政機關予
以獎勵；其辦法由教育部定之。

第　十五　條　私人或團體對公立幼稚園或辦妥財團法人登記之私立
幼稚園之捐贈，除依法予以獎勵外，並得依所得稅
法、遺產及贈與稅法之規定免稅。

第　十六　條　公立幼稚園或辦妥財團法人登記之私立幼稚園，進口
專供教學使用之圖書及用品，經所在地主管教育行政
機關證明，得依關稅法之規定，申請免稅進口。

第　十七　條　公私立幼稚園收費項目、用途及數額，須經所在地主
管教育行政機關核定。

第　十七之一　條　幼稚園應辦理兒童團體保險；其範圍、金額、繳費方
式、期程、給付標準、權利與義務、辦理方式及其他
相關事項之辦法，由各該主管教育行政機關定之。

兒童申請理賠時，幼稚園應主動協助辦理。

各級主管教育行政機關應為所轄之公私立幼稚園場所
投保公共意外責任保險。

前項之經費，由教育部按年度編列預算支應之。

第　十八　條　幼稚園兒童上、下學應實施導護，確保交通安全；其
　　　　　　　　由幼稚園備車接送者，車輛應經交通監理單位檢定合
　　　　　　　　格，嚴格限定乘車人數，並派員隨車照護。

第　十九　條　私立幼稚園辦理不善或違反法令者，所在地主管教育
　　　　　　　　行政機關應視其情節，分別爲左列之處分：
　　　　　　　　一、糾正。
　　　　　　　　二、限期整頓改善。
　　　　　　　　三、減少招生人數。
　　　　　　　　四、停止招生。

第　二十　條　私立幼稚園有前條規定之情事，其情節重大或經依前
　　　　　　　　條規定處分後仍不改善者，得撤銷其立案並命停辦或
　　　　　　　　依法解散之。

第 二十之一 條　私立幼稚園之停辦，應依左列規定辦理：
　　　　　　　　一、依前條規定勒令停辦者，由主管教育行政機關派
　　　　　　　　　　員監督其董事會或負責人清理結束事務。
　　　　　　　　二、私立幼稚園自請停辦者，應由董事會或負責人
　　　　　　　　　　申敘停辦理由，報請主管教育行政機關核准後辦
　　　　　　　　　　理。

第　二十一　條　幼稚園負責人、園長、教師或職員有左列情形之一
　　　　　　　　者，主管教育行政機關視其情節，予以申誡或記過處
　　　　　　　　分；其情節重大者，得解除其職務；如觸犯刑法應移
　　　　　　　　送法院依法處理：
　　　　　　　　一、虐待兒童摧殘其身心健康者。
　　　　　　　　二、供應兒童有礙身心之讀物（包括電影、照片或其
　　　　　　　　　　他視聽資料及器材）者。
　　　　　　　　三、供給不衛生之飲料或食物，經衛生機關查明有案
　　　　　　　　　　者。
　　　　　　　　四、供應不安全之遊戲器材，經視導人員查明屬實
　　　　　　　　　　者。
　　　　　　　　五、不按課程標準實施教學，致嚴重影響兒童身心

　　　　　　　　　　　　者。

　　　　　　　　六、不遵守第十八條規定者。

　　　　　　　　七、違反第六條第二項規定者。

　　　　　　　　幼稚園園長、教師或職員因有前項情事之一而受處分
　　　　　　　　者，其負責人處一千元以上、一萬元以下罰鍰。

第　二十二　條　私立幼稚園未經核准立案，擅自招生，或受停止招
　　　　　　　　生、停辦或解散之處分而仍招生者，由主管教育行政
　　　　　　　　機關報請當地政府取締。其負責人處一萬元以上、五
　　　　　　　　萬元以下罰鍰。

第二十二之一條　第二十一條第二項及前條規定之罰鍰，在直轄市由該
　　　　　　　　管教育行政機關報請市政府；在縣（市）由縣（市）
　　　　　　　　政府處罰，並限期繳納。

第　二十三　條　依第二十一條及第二十二條所處之罰鍰，逾期不繳
　　　　　　　　者，移送法院強制執行。

第二十三之一條　私立學校法第十五條至第十八條、第二十三條至第
　　　　　　　　二十五條、第二十八條至第三十條、第三十二條至第
　　　　　　　　三十四條、第六十二條、第六十四條、第六十七條第
　　　　　　　　二項及第三項之規定，於私立幼稚園準用之。

第　二十四　條　本法施行細則，由教育部定之。

第　二十五　條　本法除中華民國一百年三月二十九日修正之第八條施
　　　　　　　　行日期，由行政院定之外，自公布日施行。

參 考 書 目

一、中文部分

中國陶行知研究會主編（1991）。**陶行知全集**。成都：四川教育出版社。

中國學前教育史編寫組（1989）。**中國學前教育史資料選**。北京：人民教育出版社。

中華民國年鑑社（1951）。**中華民國年鑑**。臺北：作者。

中華民國年鑑社（1952）。**中華民國年鑑**。臺北：作者。

中華民國年鑑社（1954）。**中華民國年鑑**。臺北：作者。

中華民國年鑑社（1956）。**中華民國年鑑**。臺北：作者。

中華民國年鑑社（1961）。**中華民國年鑑**。臺北：作者。

中華民國年鑑社（1971）。**中華民國年鑑**。臺北：作者。

中華民國年鑑社（1976）。**中華民國年鑑**。臺北：作者。

中華民國年鑑社（1991）。**中華民國年鑑**。臺北：正中書局。

內政部戶政司（2000）。**臺閩地區人口出生、死亡與遷徙狀況**。2000年1月11日下載自http://www.moi.gov.tw/W3/stat/handbook/list.html。

內政部戶政司（2015）。人口統計資料。下載自http://www.ris.gov.tw/zh_TW/346。

內政部戶政司（2016）。出生數按生母年齡、生母平均年齡及生第一胎平均年齡。下載自http://www.ris.gov.tw/346?p_p_id=populationdata_FastDwnld&p_p_lifecycle=2&p_p_state=normal&p_p_mode=view&p_p_resource_id=getFile&p_p_cacheability=cacheLevelPage&p_p_col_id=column-1&p_p_col_count=1&m4=y2s4&e3=xls&d5=。

內政部兒童局（2002）。**幼托整合規劃結論報告書（草案）簡明版**。臺中：作者。

內政部統計處（2011）。**內政統計年報**。臺北：作者。下載自http://
　　sowf.moi.gov.tw/stat/year/y04-06.xls。

毛連塭、吳清山、林佩蓉、幸曼玲、劉春榮（1994）。**當前幼稚園教育
　　問題及意見之調查研究**。國立教育資料館。

王炳照主編（1994）。**中國近代教育史**。臺北：五南圖書公司。

王連生（1985）。**現代幼兒教育原理與應用**。高雄：復文圖書出版社。

王連生（1986）。**幼兒教育研究**。臺北：五南圖書公司。

王靜珠（1987）。**幼稚教育**（增訂八版）。臺中：省立臺中師範專科學
　　校。

王靜珠（1992）。**幼稚園行政**。臺北：五南圖書公司。

王靜珠（1995）。淺談中國幼兒教育的發展史。**幼兒教育年刊，第8期，**
　　91-104。

北京市教育科學研究所（1992）。**陳鶴琴全集（第一卷至第六卷）**。江
　　蘇：江蘇教育出版社。

史念海（1991）。**中國歷史人口地理和歷史經濟地理**。臺北：學生書
　　局。

史靜寰（1991）。**狄考文和司徒雷登在華的教育活動**。臺北：文津出版
　　社。

田正平（1996）。**留學生與近代中國教育**。廣州：廣東教育出版社。

田培林（1978）。**教育與文化（下）**。臺北：五南圖書公司。

申荷永（1994）。從一種歷史觀來看中國心理測驗。載於中國測驗學會
　　主編：**華人社會的心理測驗**（頁33-46）。臺北：心理出版社。

申報年鑑社編（1933）。**申報年鑑**。上海：編者。

申報年鑑社編（1934）。**申報年鑑**。上海：編者。

申報年鑑社編（1935）。**申報年鑑**。上海：編者。

立法院（2009年10月16日）。立法院第7屆第4會期教育及文化委員會第3
　　次全體委員會議紀錄。臺北：作者。下載自http://lci.ly.gov.tw/lcew/
　　index_5.zul。

任代文（1995）。福祿貝爾。載於戴本博編：**外國教育史（中）**（頁
　　297-324）。北京：人民教育出版社。

多賀秋五郎（1976）。**近代中國教育史資料民國編（下）**。臺北：文海出版社。

安徽省陳鶴琴教育思想研究會編（2002）。**陳鶴琴教育思想與實踐**。安徽：安徽文藝出版社。

朱有瓛、戚名琇（1990）。我國現代學制的建立。載於瞿葆奎主編：**教育制度**（頁3-17）。北京：人民教育出版社。

朱敬先（1983）。**幼兒教育**。臺北：五南圖書公司

行政院（2000）。**發放幼兒教育券實施方案**。行政院臺八十九教字第二六○二五號函。

行政院主計處（1996）。**中華民國行業分類標準**。2000年1月11日下載自http://140.129.146.192/dgbas03/bs1/31/text/indu/INDUALL.htm。

行政院主計處（2000）。**薪資與生產力統計**。2000年1月11日下載自http://www.stat.gov.tw/ecosoc/CDBMain.htm。

行政院教育改革審議委員會（1996）。**行政院教育改革審議委員會總諮議報告書**。臺北：作者。

行政院新聞局（1996）。**中華民國年鑑**。臺北：正中書局。

行政院新聞局（1999）。**院會通過財政部「財政收支劃分法」部分條文修正草案**。1999年7月1日下載自http://www.gio.gov.tw/98news/870326/8703264.html。

何曉夏主編（1989）。**簡明中國學前教育史**。北京：北京師範大學出版社。

余民寧（1995）。義務教育往下扎根──從教育經濟學的觀點來談。**新幼教**，第五期，12-17。

吳文侃、楊漢清主編（1994）。**比較教育學**。臺北：五南圖書公司。

吳文星（1986）。日據時期之臺灣師範教育。載於中華文化復興推行委員會主編：中國近代現代史論集 **第29編近代歷史上的臺灣**（頁503-594）。臺北：臺灣商務印書館。

吳文星（1995）。日治時期臺灣教育史料及其研究評介。載於張炎憲、陳美蓉、黎中光編：**臺灣史與臺灣史料**（頁1-26）。臺北：財團法人吳三連臺灣史料基金會。

吳式穎、閻國華編（1997）。中外教育比較史綱（近代卷）。濟南：山東教育出版社。

李志剛（1981）。容閎與近代中國。臺北：正中書局。

李桂林、戚名琇、錢曼倩編（1995）。中國近代教育史資料匯編。上海：上海教育出版社。

李喜所、劉集林（2000）。近代中國的留美教育。天津市：天津古籍出版社。

李園會（1997）。日據時期臺灣師範教育制度。臺北：國立編譯館。

杜成憲、王倫信（1998）。中國幼兒教育史。上海：上海教育出版社。

阮碧繡、李連珠（1994）。中美幼兒教育制度之比較研究。臺北：教育部。

周志宏（1996）。「教育基本法」立法必要性之研究。臺北：行政院教育改革審議委員會。

周谷平（1996）。近代西方教育理論在中國的傳播。廣東：廣東教育出版社。

周愚文（1996）。宋代兒童的生活與教育。臺北：師大書苑。

周愚文（1998）。宋代幼兒的生活與其影響。發表於1998年11月18日「幼幼──傳承與變革」學術研討會。國立臺北師院幼兒教育學系主辦。

林玉体（1990）。一方活水──學前教育思想的發展。臺北：信誼基金出版社。

林玉体譯，J. S. Brubacher著（1980）。西洋教育史──教育問題的歷史發展。臺北：教育文物出版社。

林來發（1996）。幼教政策的變遷。載於國立臺北師院編：臺灣幼教世紀發展史學術研討會實錄（頁34-46）。臺北：編者。

林清江（1996）。教育理念與教育發展。臺北：五南圖書公司。

林靜子（1995）。法國幼兒教育。新幼教，第四期，18-19。

林鴻珍（1999年4月26日）。幼稚園教師年輕化。民眾日報，第九版。

非營利幼兒園實施辦法（民104年10月15日）。下載自http://law.moj.gov.tw/LawClass/LawContent.aspx?PCODE=H0070050。

洪福財（1998）。變遷中的幼兒教育。**國民教育，38**(3)，63-75。

洪福財（2000）。**幼稚教育史——臺灣觀點**。臺北市：五南圖書公司。

洪福財（2002）。幼稚教育與保育——意涵、家長角色與待解議題。**國民教育，42**(5)，頁18-22。

洪福財（2004）。**陳鶴琴的活教育思想——兼論其幼教啓示**。臺北：群英出版社。

洪福財（2005）。臺灣地區幼托支持體系的構建——日本「育兒不安」對策的省思與啓示。發表於澳門大學「兩岸四地教育改革的實踐與反思學術研討會」。澳門：澳門大學教育學院。

洪福財（2011）。「幼兒教育及照顧法：實施前夕的檢視與期待」座談會。**幼兒教育，303**，4-18。

洪福財（2011）。臺灣的幼兒教育。載於周祝瑛編著：**比較幼兒教育**（9-2～9-30）。臺中：華格那企業有限公司。

洪福財（2012）。「邁向幼托整合成功之道——幼兒園師資的整合與蛻變」學術研討會紀實。**幼兒教育，308**，4-9。

洪福財（2013）。臺北市的幼稚園發展：沿革與挑戰。幼兒教育，309，8-17。

洪福財（2015）。幼兒園經營問題之因應與對策。載於林新發主編：**學校退場問題與因應策略**（頁3-26）。臺北：五南。

洪福財、翁麗芳、蔡春美（1999）。**臺北市五歲幼兒教育現況研究**。臺北：國立臺北師院。

洪福財、翁麗芳、鍾志從（2012）。**「5歲幼兒免學費教育計畫」政策效益評估**。行政院研究考核委員會委託研究計畫。

胡宙巖（2017）。張雪門與星蔭幼稚園。**寧波文史資料**，第八輯。下載自http://202.107.212.146:838/nbwshj/index.php?option=com_content&view=article&id=198:2011-09-08-07-32-41&catid=41:2011-09-07-00-48-33&Itemid=60。

倪鳴香、蔡延治（2007）。臺北市立建成托兒所成立五十年發展景圖之研究（**1954-2007**）。臺北市社會局補助專案研究計畫。

唐淑、鍾昭華主編（1996）。**中國學前教育史**。北京：人民教育出版

社。

孫孝恩、丁琪（1997）。**光緒傳**。北京：人民出版社。

孫邦正（1973）。**中國學制問題**。臺北：臺灣商務印書館。

容閎（1977）。**西學東漸記**。臺北：廣文書局。

翁麗芳（1995a）。「幼稚園」探源。**臺北師院學報**，第八期，451-470。

翁麗芳（1995b）。**托兒所的演變在臺灣幼稚教育發展上的意義**。發表於5月24日至25日行政院國家科學委員會主辦之「八十三年度教育學門研究計畫成果發表會」。

翁麗芳（1998）。**幼兒教育史**。臺北：心理出版社。

翁麗芳（2010）。日本的幼兒教育‧托育及其人才的培育。**幼兒教保研究期刊，5**，65-72。

馬信行（1996）。**國民教育公辦民營之可行性研究**。臺北：教育部國民教育司。

高級中等以下學校及幼兒園教師資格檢定辦法（2014年8月29日）。臺教師(二)字第1030122455B號令修正發布。

國立臺北教育大學（2015）。北師軌跡。下載自http://alumnus.ntue.edu.tw/history.php?t=1。

張克勤（1935）。國內幼稚園教育今昔的比較觀。**中華教育界，23**(1)，192。

張厚粲（1994）。中國大陸心理與教育測驗的研究與發展。載於中國測驗學會主編：**華人社會的心理測驗**（頁1-21）。臺北：心理出版社。

張雪門（1929）。**幼稚園的研究**。北平：北新書局。

張雪門（1966）。**增訂幼稚園行為課程**。臺北：臺灣書店。

張雪門（1994）。幼稚教育新論。載於戴自俺編：**張雪門幼兒教育文集（上）**（頁441-512）。北京：北京少年兒童出版社。

張鈿富（1996）。**教育政策分析──理論與實務**。臺北：五南圖書公司。

教育部（1995）。**中華民國教育報告書**。臺北：作者。

教育部（1997a）。輔導幼稚園、托兒所依法立案。**教育部公報**，第**268**

期，23。

教育部（1997b）。「幼稚教育法修正草案」總說明。臺北：作者。

教育部（1997c）。優先區指標補助項目。2000年1月8日下載自http://www.moe.gov.tw/primary/business/2-1-2-2.html。

教育部（1998）。教育改革行動方案。臺北：作者。

教育部（2005）。扶持五歲弱勢幼兒及早教育計畫。臺北市：作者。

教育部（2008）。扶持5歲幼兒教育計畫。下載自http://www.grow22.com/download/school/school_1.pdf。

教育部（2011）。教育施政理念與政策。臺北：作者。

教育部、內政部（2011）。5歲幼兒免學費教育計畫。行政院100年7月12日院臺教字第1000031046號函核定。

教育部國民教育司（1993）。發展與改進幼稚教育中程計畫（修訂本）。臺北：作者。

教育部國民教育司（1999）。發展與改進幼兒教育中程計畫。臺北：作者。

教育部統計處（2011）。各級學校概況表（80-100學年度）。臺北：作者。下載自http://www.edu.tw/files/site_content/b0013/b.xls。

教育部統計處（2014a）。103 學年度各縣市幼兒園概況。下載自https://stats.moe.gov.tw/files/city/103/103cityk.xls。

教育部統計處（2014b）。主要教育統計圖表。下載自http://www.edu.tw/pages/detail.aspx?Node=4075&Page=20046&Index=5&WID=31d75a44-efff-4c44-a075-15a9eb7aecdf。

教育部統計處編（2011）。中華民國教育統計（民國100年版）。臺北：教育部。下載自http://stats.moe.gov.tw/files/ebook/Education_Statistics/100/100edu.pdf。

教育部統計處編（2012）。中華民國教育統計（民國101年版）。臺北：教育部。下載自http://stats.moe.gov.tw/files/ebook/Education_Statistics/101/101edu.pdf。

教育部統計處編（2013）。中華民國教育統計（民國102年版）。臺北：教育部。下載自http://stats.moe.gov.tw/files/ebook/Education_

Statistics/102/102edu.pdf。

教育部統計處編（2013）。**教育統計指標之國際比較**（民國102年版）。臺北：教育部。下載自https://stats.moe.gov.tw/files/ebook/International_Comparison/2013/i2013_EXCEL。

教育部統計處編（2014）。**中華民國教育統計**（民國**103**年版）。臺北：教育部。下載自http://stats.moe.gov.tw/files/ebook/Education_Statistics/103/103edu.pdf。

教育部統計處編（2015）。**中華民國教育統計**（民國**104**年版）。臺北：教育部。下載自http://stats.moe.gov.tw/files/ebook/Education_Statistics/104/104edu.pdf。

教育部統計處編（2017）。**105**學年度各縣市幼兒園概況。下載自http://stats.moe.gov.tw/files/main_statistics/k.xls。

教育部編（1981）。**中國教育年鑑 第一次第五冊**。臺北：宗青圖書公司。

教育部編（1994）。**中華民國教育統計**。臺北：編者。

教育部編（1995）。**中華民國教育統計**。臺北：編者。

教育部編（1996）。**中華民國教育統計**。臺北：編者。

教育部編（1997a）。**中華民國教育統計**。臺北：編者。

教育部編（1997b）。**中華民國教育統計指標**。臺北：編者。

教育部編（1998）。**中華民國教育統計**。臺北：編者。

曹斐、曹孫景曜、曹彭祖安（1910）。幼稚園保育實習談。**教育雜誌**，二年，第六期，1837-1846。

清華大學（2002）。**學校沿革**。下載自http://www.tsinghua.edu.cn/publish/newthu/newthu_cnt/about/about-2.html/。

莊安祺譯，H. Gardner原著（1998）。**七種IQ**。臺北：時報文化。

郭為藩（1969）。教育學的發展。載於田培林主編：**教育學新論**（頁1-5）。臺北：學生書局。

郭隆興、魏慧美、楊宏仁（2015）。**104年中國民國師資培育統計年報**。臺北市：教育部。

郭靜晃、陳正乾譯，B. Spodek & O. N. Saracho著（1998）。幼兒教

育——適合**3-8**歲幼兒的教學方法。臺北：揚智圖書公司。

陳漢才（1996）。**中國古代幼兒教育史**。廣東：廣東高等教育出版社。

陳學恂主編（1994）。**中國近代教育文選**。北京：人民教育出版社。

陳曉林（1995）。**學術巨人與理性困境**。臺北：時報出版公司。

陳鴻璧（1927）。幼兒教育之歷史。**教育雜誌，19**(2)，29229-29238。

單中惠、劉傳德（1997）。**外國幼兒教育史**。上海：上海教育出版社。

喻本伐、熊賢君（2000）。**中國教育發展史**。武漢：華中師範大學。

湯志鈞等（1993）。**中國近代教育史資料匯編——戊戌時期教育**。上
　　海，上海教育出版社。

舒新城（1927）。中國幼稚教育小史。**教育雜誌**，第十九卷，第二號，
　　29244。

馮燕（1997）。**托育服務**。臺北市：巨流出版社。

黃光雄（1965）。福祿貝爾教育思想之研究。**教育研究所輯刊**，第八
　　輯，185-279。

黃怡貌（1995）。**光復以來臺灣幼兒教育發展之研究**。國立臺灣師範大
　　學歷史研究所碩士論文，未出版。

黃昭堂（1995）。臺日關係的過去、現在與未來。載於張炎憲、陳美
　　蓉、黎中光編：**臺灣史與臺灣史料**（頁109-138）。臺北：吳三連臺
　　灣史料基金會。

黃書光（1998）。**陳鶴琴與現代中國教育**。上海：上海教育出版社。

黃迺毓、簡淑眞（1988）。幼兒教育理論基礎。**教育資料集刊**，第**13**
　　輯，1-28。

黃寶珠（1976）。**幼稚教育資料彙編**。臺北：臺北市立女子師範專科學
　　校。

楊牧之、石家金審定（1994a）。**中國教育大系——歷代教育制度考**（上
　　卷）。湖北：湖北教育出版社。

楊牧之、石家金審定（1994b）。**中國教育大系——歷代教育制度考**（下
　　卷）。湖北：湖北教育出版社。

楊漢麟、周采（1998）。**外國幼兒教育史**。廣西：廣西教育出版社。

經國三民非營利幼兒園（2015）。**簡介**。下載自http://85sanminkid.com/

edcontent.php?lang=tw&tb=1&id=2。

葛承調（1935）。**幼稚教育**。北京：正中書局。

詹中原（1994）。**民營化政策 —— 公共行政理論與實務之分析**。臺北：五南圖書公司。

詹棟樑（1994）。**兒童人類學 —— 兒童發展**。臺北：五南圖書公司。

廖秀眞（1980）。**清末的女子教育**。國立臺灣大學歷史研究所碩士論文，未出版。

廖季清、陳文章、張翠娥（1988）。**我國學前教育師資培育方案之研究**。臺北：教育部教育研究委員會。

熊秉眞（1996）。人之初 —— 中西幼兒觀之比較。載於國立臺北師院編：**臺灣幼教世紀發展史學術研討會實錄**（頁13-25）。臺北：編者。

熊秉眞（2000）。**童年憶往 —— 中國孩子的歷史**。臺北：麥田出版。

臺北市政府秘書處編（1972）。**臺北市政紀要**。臺北市：編者。

臺北市政府教育局（1996）。**國民小學法令彙編**。臺北：編者。

臺北市政府教育局（1997）。**臺北市幼兒教育改革諮議報告書**。臺北：作者。

臺北市政府教育局（2017）。**臺北市幼兒園收退費辦法**。臺北：作者。下載自http://www.doe.gov.taipei/ct.asp?xItem=41589110&ctNode=33557&mp=104001。

臺灣省文獻委員會編（1954）。**臺灣通志稿 卷五教育志制度沿革篇**。臺中：編者。

臺灣省文獻委員會編（1955）。**臺灣通志稿 卷五教育志教育施設篇**。臺中：編者。

臺灣省文獻委員會編（1957）。**臺灣通志稿 卷五教育志教育行政篇**。臺中：編者。

臺灣省行政長官公署主計室編（1946）。**臺灣省五十一年來統計提要**。臺北：臺灣省行政長官公署統計室。

臺灣教育會（1973）。**臺灣教育沿革志**。臺北：古亭書屋。

蓋浙生（1993）。**教育經濟與計畫**。臺北：五南圖書公司。

劉寧顏編纂（1993）。**重修臺灣省通志 卷六文教志社會教育篇**。臺中：臺灣省文獻委員會。

樟新幼兒園（2015）。**招生訊息**。下載自http://jamgshin.topschool.com.tw/parten/G08/page1_5.asp?SC=sc200509020001。

蔡春美（1988）。近四十年來我國幼兒教育師資之培育。**教育資料集刊，第13輯**，41-63。

蔡春美、張世宗、翁麗芳（1996）。幼教師資培育的歷史研究——從幼教教師教學實務能力培育的觀點。**國家科學委員會研究彙刊——人文及社會科學，6**(2)，213-234。

盧美貴（1997）。**臺北市幼兒教育券政策研究**。臺北：臺北市政府教育局。

盧美貴（1998）。**幼兒教育**。臺北：五南圖書公司。

盧樂山（1991）。**學前教育原理**。北京：北京師範大學出版社。

盧燕貞（1989）。**中國近代女子教育史**。臺北：文史哲出版社。

錢曼倩、金林祥主編（1996）。**中國近代學制比較研究**。廣東：廣東教育出版社。

戴本博（1995）。夸美紐斯。載於作者編：**外國教育史（中）**（頁32-58）。北京：人民教育出版社。

戴自俺主編（1994）。**張雪門幼兒教育文集（上卷）**。北京：北京少年兒童出版社。

戴自俺主編（1994a）。**張雪門幼兒教育文集（上卷）**。北京：北京少年兒童出版社。

戴自俺主編（1994b）。參觀三十校幼稚園后的感想。載於編者：**張雪門全集**。北京：北京少年兒童出版社。

璩鑫圭、唐良炎編（1991）。**中國近代教育史資料彙編——學制演變**。上海：上海教育出版社。

羅廷光（1948）。**師範教育**。上海：正中書局。

二、英文部分

Adams, V. A., & Goranson, D. G. Jr. (Eds.) (1988). *A guide to program development for kindergarten: part I and part II.* Connecticut: Connecticut State Dept. of Education.

Ariés P. (1962). *Centuries of childhood: a social history of family life.* New York: Knopf.

Barnett, W. S. (1995). Long-term effects of early childhood programs on cognitive and school outcome. *The future of children, 5*(3), 25-50.

Bennett, J., Bettens, C., & Buysse, B. (2008). *Beyond regulation: effective quality initiatives in Early Childhood Education and Care.* 21-23 Nov. 2007 report on the "2nd OECD Starting Strong Network workshop". Brussels, Belgium.

Berg, D. L. (1995). Canada. In T. N. Postlethwaite (Ed.), *International encyclopedia of national systems of education* (pp.180-189). New York: PERGAMON.

Bredekamp, S. (1996). Early childhood education. In J. Sikula (Ed.), *Hand book of research on teacher education* (2nd ed., pp.323-347) New York: Macmillian.

Brewer, J. A. (1995). *Introduction to early childhood education—preschool through primary grades.* Boston: Allyn and Bacon.

Brooks-Gunn, J., & Liaw, F. (1994). Early experience and human development. In T. Husen, & T. E. Postlethwaite (Eds.), *The international encyclopedia of education: Vol. 3.* (2nd ed., pp.1637–1641). Oxford: Pergamon Press.

Burnstein, L. (1988). Educational quality indicators in the United States: Latest developments. *Studies in educational evaluation, 14,* 75-89.

Child Care Facilities Act (2005). Canada: Legislative Counsel Office. Retrieved from http://www.gov.pe.ca/law/regulations/pdf/C&05G.pdf.

CIA (2015). The World Factbook. Retrieved from https://www.cia.gov/

library/publications/the-world-factbook/.

CIA (2016). The World Factbook. Retrieved from https://www.cia.gov/ library/publications/the-world-factbook/rankorder/2091rank.html.

Curtis, A. M. (1992). *A curriculum for the preschool child*. London: NFER-Routledge.

David, T. (1998). From child development to the development of early education research: the UK scene. In Author (Ed.), *Researching early childhood education* (pp.157-173). London: Paul Chapman Publishing.

Department for Education and Employment (2000). *Early years education*. Retrieved January 11, 2000 from the World Wide Web: http://www.dfee.gov.uk/provider/prova.htm.

Economist Intelligence Unit (2012). *Preschool is gaining in importance and Europe leads the way in providing it*. London: author.

Ekwall, S. (1987). *The earliest infant schoolteachers in the county of Malmohus, Sweden, and their training, 1856-1884*. Sweden: The FILDR Degree of Lunds University.

European Commission (2014). *Key Data on Early Childhood Education and Care in Europe* (2014 Edition). Eurydice and Eurostat Report. Luxembourg: Publications Office of the European Union. Retrieved from http://eacea.ec.europa.eu/education/eurydice/documents/key_data_series/166EN.pdf.

European Union (2015). *Education and Training Monitor 2015—Austria*. Luxembourg: Publications Office of the European Union. Retrieved from https://ec.europa.eu/education/tools/docs/2015/monitor2015-austria_en.pdf.

Finnish National Board of Education (2016). *Early childhood education and care*. Retrieved from http://www.oph.fi/english/education_system/early_childhood_education.

Friendly, M. (1997). What is the public interest in child care? In *Policy options, January-February*. Montreal: Institute for Research on Public Policy. Retrieved October 31, 1999 from the World Wide Web http://www.childcarecanada.org/home/pubin.html#services in Canada.

Fuller, B. (2008). *Standardized Childhood: The Political and Cultural Struggle over Early Education*. Palo Alto: Stanford University Press.

Führ, C. (1989). *Schools and institutions of higher education in the Federal Republic of Germany* (1st ed., T. Nevill, Trans.). Bonn: Inter Nationes.

GAO (1999). *CHILD CARE: How do military and civilian center costs compare?* Washington, D.C.: General Accounting Office. Retrieved from http://www.gao.gov/assets/230/228418.pdf.

Goffin, S. G., Wilson, C, Hill, J., & McAninch, S. (1997). Policies of the early childhood field and its public: seeking to support young children and their families. In J. P. Isenberg & M. R. Jalongo (Eds.), *Major trends and issues in early childhood education* (pp.13-28). New York: Teachers College Press.

Government of Saskatchewan (1999). *Saskatchewan job future*. Canada: Author. Retrieved October 24, 1999 from the World Wide Web: http://www.sk.hrdc-drhc.gc.ca/lmi/futures/en/frames/home.html.

Grierson, H. (2000). *Early childhood education and care policy in Finland: Background report prepared for the OECD thematic review of early childhood education and care policy*. Retrieved from http://www.oecd.org/dataoecd/48/55/2476019.pdf.

Halls, W. D. (1995). United Kingdom. In T. N. Postlethwaite (Ed.), *International encyclopedia of national systems of education* (pp.1025-1033). New York: PERGAMON.

Harrison, J. F. C. (1969). *Quest for the new moral world: Robert Owen and the Owenites in Britain and America*. New York: Scribner's

Press.

Hauser-Cram, P., Pierson, D. E., Walker, D. K., & Tivnan, T. (1991). *Early education in the public schools.* Oxford: Jossey-Bass Publishers. http://www.ece.moe.edu.tw/?p=784.

Indiana Core Assessment (2016). *Early Childhood Education.* Retrieved from http://www.in.nesinc.com/TestView.aspx?f=HTML_FRAG/IN004_TestPage.html.

Indiana Department of Education (2016). *New Program Assessment Rubric.* Retrieved from http://www.doe.in.gov/sites/default/files/licensing/new-program-rubric-revised-may-2012.pdf.

Katz, L. G., & Mohanty, C. T. (1985). Early childhood education. In T. Husen & T. E. Postlethwaite (Eds.), *The international encyclopedia of education: Vol. 3.* (2nd ed., pp.1477-1487). Oxford: Pergamon Press.

Klein, A. (January 20, 2015). *In State of the Union, Obama Pitches College Access, Child-Care Aid.* Education Week Blog. 2015/03/02 retrieved from http://www.edweek.org/ew/section/blogs/index.html.

Lazard, I., & Darlington, R. B. (1982). Lasting effects of early education: A report from the Consortium for Longitudinal Studies. *Monographs of the society for research in child development, 47*(2-3), 1-151.

Lehmann, R. H. (1995). Germany. In T. N. Postlethwaite (Ed.), *International encyclopedia of national systems of education* (pp.346-355). New York: PERGAMON.

Lindeboom, G.-J., & Buiskool, B.-J. (2013). *Quality in early childhood education and care.* Brussels, Belgium: European Parliament. Retrieved from http://www.europarl.europa.eu/RegData/etudes/etudes/join/2013/495867/IPOL-CULT_ET(2013)495867(ANN01)_EN.pdf.

Liu, X., Nakata, T., Hiraiwa, S., Niwa, M., & Shishido, T. (2011). *Training Child Care Specialists in Japan and China: Current Situation and Issues.* Tokyo, Japan: Child Research Net. Retrieved from http://www.childresearch.net/projects/ecec/2011_02.html.

Meisels, S. J. (1994). Ecological models of human development. In T. Husen & T. E. Postlethwaite (Eds.), *The international encyclopedia of education: Vol. 3.* (2nd ed., pp.1643 –1647). Oxford: Pergamon Press.

Ministry of Education, Science, Sports and Culture (1998). *Statistical abstract of education, science, sports and culture.* Japan: Author.

Monbusho (1998). *1998 Ministry of education, science, sports and culture government of Japan.* Tokyo: Author.

Monbusho (1993)(Ed.). *Statistical abstract of education, science, and culture.* Tokyo: PrintingBureau, Ministry of Finance.

Monchablon, A. (1995). France. In T. N. Postlethwaite (Ed.), *International encyclopedia of national systems of education* (pp.331-339). New York: PERGAMON.

Morrison, G. S. (1991). *Early childhood education today.* New York: Macmillan Publishing Company.

Morrison, G. S. (2009). *Early childhood education today* (11th ed.). Upper Saddle River, New Jersey: Pearson Education, Inc.

National Association of Early Young Children (1986). NAEYC position statement on developmentally appropriate practice in programs for 4- and 5-year-olds. *Young children, 41*(6), 20-29.

National Association of Early Young Children (1997). *Developmentally appropriate practices in early childhood programs.* Washington D. C.: Author.

National Association of Early Young Children (1999). *National institute for early childhood professional development.* Retrieved October 23, 1999 from the World Wide Web: http://www.naeyc.org/profdev/institute/default.htm.

National Center for Education Statistics (1999). *The condition of educa-*

tion 1999. US: U.S. Department of Education. Retrieved October 30, 1999 from the World Wide Web: http://nces.ed.gov/pubs99/condition99/pdf/1999022.pdf.

National Institute For Educational Policy Research (2011). *Preschool education and care in Japan*. Retrieved from https://www.nier.go.jp/English/educationjapan/pdf/201109ECEC.pdf.

Nikandrov, N. D. (1995). Russia. In T. N. Postlethwaite (Ed.), *International encyclopedia of national systems of education* (pp.819-828). New York: PERGAMON.

OECD (2000). *Early childhood education and care policy in the Flemish community of Belgium*. OECD Publishing. Retrieved from http://www.oecd.org/belgium/2479277.pdf.

OECD (2001). *OECD country note: Early childhood education and care policy in Finland*. Retrieved from http://www. oecd.org/dataoecd/52/27/2534770.pdf.

OECD (2006). *Starting strong II: early childhood education and care*. OECD Publishing. Retrieved from http://www.oecd.org/education/school/37423255.pdf.

OECD (2011). *Doing Better for Families*. Paris: Author.

OECD (2013). *Education indicators in focus*. Retrieved from http://www.oecd.org/education/skills-beyond-school/EDIF11.pdf.

OECD (2014). *Education at a Glance 2014: OECD Indicators*. OECD Publishing. Retrieved from http://dx.doi.org/10.1787/eag-2014-en.

OECD (2015a). *Early childhood education and care*. Retrieved from http://www.oecd.org/education/school/earlychildhoodeducationandcare.htm.

OECD (2015b). *Education at a Glance 2015: OECD Indicators*. OECD Publishing. Retrieved from http://dx.doi.org/10.1787/eag-2015-en.

OECD Directorate for Education (2003). *Early Childhood Education and Care Policy—CANADA*. OECD Publishing. Retrieved from http://

www.oecd.org/canada/33850725.pdf.

Organisation for Economic Co-operation and Development (1997). *OECD education, employment labour and social affairs.* France: Author. Retrieved September 27, 1998 from the World Wide Web: http://www.oecd.org/els/stats/eag97/newdev.htm.

Organisation for Economic Co-operation and Development (1999). *Education database: definitions and explanations.* France: Author. Retrieved August 26, 1999 from the World Wide Web: http://www.oecd.org/els/stats/edu_db/def_uoe2.htm.

Phillips, D., McCartney, K., Scarr, S., & Howes, C. (1987). Selective review of infant day care research: A cause for concern! *Zero to Three, 7,* 18-21.

Rayna, S., & Plaisance, E. (1998). Early childhood education research in France. In T. David (Ed.), *Researching early childhood education* (pp.37-56). London: Paul Chapman Publishing.

Schweinhart, L. J. (1992). Early childhood education. In M. C. Alkin (Ed.), *Encyclopedia of educational research* (6th ed., pp.351-361). New York: Macmillan Publishing Company.

Schweinhart, L. J., & Weikart, P. (1997). The high/scope preschool curriculum comparison study through age 23. *Early childhood research quarterly, 12,* 117-143.

Seefeldt, C. (Ed.)(1987). *The early childhood curriculum —a review of current research.* New York: Teachers College Press.

Service Canada (2016). *Early childhood educators and assistants.* Retrieved from http://www.servicecanada.gc.ca/eng/qc/job_futures/statistics/4214.shtml.

Spodek, B., & Brown, P. C. (1992). Curriculum alternatives in early childhood education: A historical perspective. In B. Spodek (Ed.), *Handbook of research in early childhood education* (pp.91-104). New York: The Free Press.

Stevenson H. W., Lee S.-Y., & Nerison-Low R. (1994). *Contemporary research in the United States, Germany, and Japan on five education issues: structure of the education system, standards in education, the role of school in adolescents' lives, individual differences among students, and teachers' lives.* USA: United States Department of Education. Retrieved October 23, 1999 from the World Wide Web http://www.ed.gov/PDFDocs/research5.pdf.

Strickland, C. E. (1992). Paths not taken: seminal models of early childhood education in Jacksonian America. In B. Spodek (Ed.), *Handbook of research in early childhood education.* New York: The Free Press.

Teacher Training Agency (1999a). *What age-range could I teach?* U. K.: Author. Retrieved October 25, 1999 from the World Wide Web http://www.teach-tta.gov.uk/teach/whatdoineed/age.htm.

Teacher Training Agency (1999b). *Specialist early years initial teacher training.* U. K.:Author. Retrieved October 25, 1999 from the World Wide Web http://www.teach-tta.gov.uk/early/guidance.htm.

Teacher Training Agency (1999c). *Initial teacher training.* U. K.: Author. Retrieved October 25, 1999 from the World Wide Web http://www.teach-tta.gov.uk/itt/index.htm.

Teacher Training Agency (1999d). *The employment-based route; graduate and registered teacher programmes.* U. K.: Author. Retrieved October 25, 1999 from the World Wide Web http://www.teach-tta.gov.uk/teach/howdoi/grtp/index.htm.

Tobin, J. J., Wu D. Y. H., & Davidson D. H. (1989). *Preschool in three cultures: Japan, China, and the United States.* New Haven: Yale University Press.

Tobin, J. Jay, Hsueh, Y., & Karasawa, M. (2009). *Preschool in three cultures revisited: China, Japan, and the United States.* Chicago: University of Chicago Press.

UNESCO Institute for Statistics (2013). *Pre-Primary Education—A Global Report*. Retrieved from http://datatopics.worldbank.org/education/wStateEdu/StateEducation.aspx.

UNECSO Institute for Statistics (2015). *Education: official entrance age by level of education*. Retrieved from http://data.uis.unesco.org/Index.aspx?queryid=218#.

United Nations Educational, Scientific and Cultural Organization (1997a). *Statistical yearbook*. USA: Author.

United Nations Educational, Scientific and Cultural Organization (1997b). *International standard classification of education—ISCED 1997*. USA: Author. Retrieved September 6, 1999 from the World Wide Web: http://www.unesco.org/.

United Nations Educational, Scientific and Cultural Organization (1997c). *Operational manual for ISCED-1997* (1st ed.). USA: UNESCO Institute for Statistics.

United Nations Educational, Scientific and Cultural Organization (1999). *Member states*. Retrieved October 26, 1999 from the World Wide Web: http://www.unesco.org/general/eng/about/members.html.

University of Toronto (1999). *From G7 to G8*. Toronta: Author. Retrieved October 27, 1999 from the World Wide Web http://www.library.utoronto.ca/g7/what_is_g7.html.

US Department of Education (2000). *The federal role in education*. Retrieved January 14, 2000 from the World Wide Web http://www.ed.gov/offices/OUS/fedrole.html.

Valverde, G. A. (1995). United States. In T. N. Postlethwaite (Ed.), *International encyclopedia of national systems of education* (pp.1033-1042). New York: PERGAMON.

Visalberghi, A. (1995). Italy. In T. N. Postlethwaite (Ed.), *International encyclopedia of national systems of education* (pp.466-474). New York: PERGAMON.

Will, M. (2015). *Government Programs Undergird Early-Ed*. Priorities. 2015/03/01 retrieved from http://www.edweek.org/ew/articles/2015/01/08/government-programs-undergird-early-ed-priorities.html?intc=EW-QC15-TOC.

World Bank Group (2016). *The World Bank Databank.* Retrieved from http://databank.worldbank.org/data/home.aspx.

Wortham, S. C. (1984). *Organizing instruction in early childhood—a handbook of assessment and activities.* Boston: Allyn and Bacon.

國家圖書館出版品預行編目資料

臺灣幼教史/洪福財著. -- 初版. -- 臺北市：
五南, 2018.03
　　　面；　　公分.

　ISBN 978-957-11-9580-3（平裝）

　1.幼兒教育 2.教育史 3.臺灣

523.2933　　　　　　　　　107000794

1IEA

臺灣幼教史

作　　　者 ─ 洪福財（164.1）

發 行 人 ─ 楊榮川

總 經 理 ─ 楊士清

副總編輯 ─ 陳念祖

責任編輯 ─ 黃淑真　李敏華

封面設計 ─ 姚孝慈

出 版 者 ─ 五南圖書出版股份有限公司

地　　　址：106台北市大安區和平東路二段339號4樓

電　　　話：(02)2705-5066　　傳　　真：(02)2706-6100

網　　　址：http://www.wunan.com.tw

電子郵件：wunan@wunan.com.tw

劃撥帳號：01068953

戶　　　名：五南圖書出版股份有限公司

法律顧問　林勝安律師事務所　林勝安律師

出版日期　2018年3月初版一刷

定　　　價　新臺幣600元

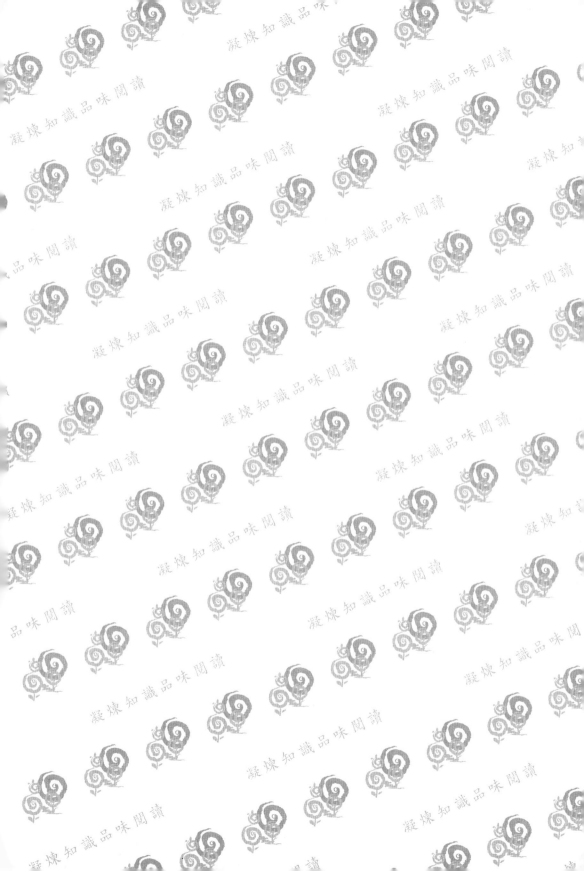